CW01197317

ROGER BARTRA
El Salvaje artificial

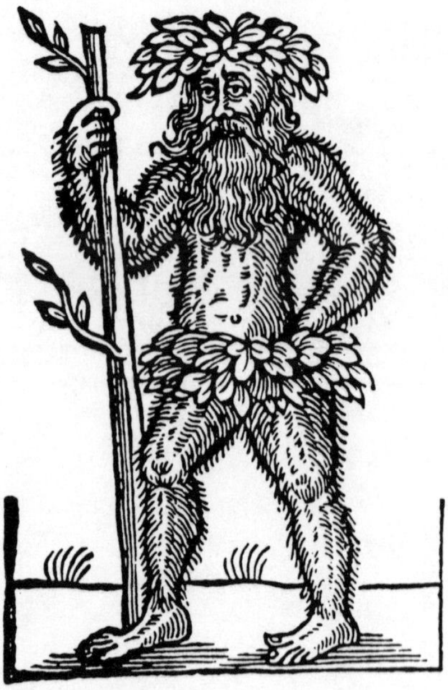

ROGER BARTRA

El Salvaje artificial

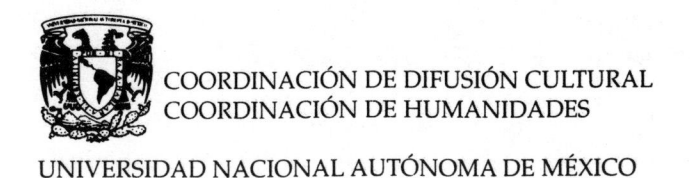

COORDINACIÓN DE DIFUSIÓN CULTURAL
COORDINACIÓN DE HUMANIDADES
UNIVERSIDAD NACIONAL AUTÓNOMA DE MÉXICO

EDICIONES
ERA

Primera edición: 1997
ISBN: 968-411-383-8
DR © 1997 ● Universidad Nacional Autónoma de México
　　　　　　Coordinación de Difusión Cultural
　　　　　　Coordinación de Humanidades
　　　　　　Ciudad Universitaria. 04510, D. F.
　　　　　● Ediciones Era, S. A. de C. V.
　　　　　　Calle del Trabajo 31, 14269 México, D. F.
Impreso y hecho en México
Printed and made in Mexico

Este libro no puede ser fotocopiado ni reproducido
total o parcialmente por ningún medio o método
sin la autorización por escrito del editor

*This book may not be reproduced, in whole or in part,
in any form, without written permission from the publishers*

PRÓLOGO

Los hombres salvajes de Europa guardan celosamente los secretos de la identidad occidental. Su presencia ha custodiado fielmente los avances de la civilización. Detrás de cada hito plantado por el progreso de la cultura europea se esconde un salvaje que vigila las fronteras de la civilidad. En los albores de la modernidad, durante el Renacimiento, los hombres salvajes adquirieron una nueva fuerza que provenía de la extraordinaria síntesis que ocurría en la cultura occidental. Estos nuevos hombres salvajes fueron pintados por el más extraño y misterioso de los artistas italianos renacentistas, Piero di Cosimo, quien nos dejó un maravilloso testimonio iconográfico de la prodigiosa confluencia de sátiros, centauros y seres humanos agrestes. Sus pinturas son la mejor entrada al nuevo mundo de los hombres salvajes de la modernidad: en seis cuadros Piero di Cosimo despliega los diferentes matices de una nueva sensibilidad ante la figura mítica del salvaje.[1] Esta nueva textura sentimental parte del discurso mitológico, pero se despega de él para volar por propio impulso un vuelo imaginario que revela cómo la sensibilidad europea ya estaba preparando las fantasías de Giambattista Vico y los sueños de Jean-Jacques Rousseau. El sátiro que se inclina sobre el cuerpo muerto de una bella mujer tiene una actitud y un gesto de dolor profundo: arrodillado, acaricia el hombro y la frente de la joven, que yace en el suelo, con una ternura melancólica que no es la que podría esperarse de un ser tradicionalmente lúbrico; revela, más bien, la tragedia de un sátiro amoroso que ha perdido a su ninfa.[2] En otro cuadro que representa la famosa batalla de los lapitas y los centauros, hallamos la expresión de la misma paradoja; en el primer plano vemos la más conmovedora y tierna escena de amor: una mujer centauro abraza con tristeza a su amante muerto, un centauro atravesado por una lanza. En torno a esta pareja –que son Cílaro e Hilonome– vemos la lucha brutal de los lujuriosos centauros ebrios contra los lapitas que intentan evitar que rapten a Hipodamia. Piero di Cosimo sigue la versión latina de este mito, tomada de las *Metamorfosis* de Ovidio, pero el eje de su

---

1. Esta extraordinaria sensibilidad no la encontramos en la obra religiosa de Piero di Cosimo, ni siquiera cuando representa a un santo salvaje, Onofrio, que aparece desnudo junto a la Virgen, el Niño y san Agustín (pintura al temple sobre madera, *circa* 1483-4, en una colección privada de Toronto).

2. Se ha interpretado este cuadro, pintado entre 1500 y 1510, como una representación de la muerte de Procris, herida accidentalmente por la jabalina de Céfalo, su marido. Véase Sharon Fermor, *Piero di Cosimo. Fiction, invention and fantasia*, pp. 49ss. El sátiro doliente sería un agregado de Piero di Cosimo, inspirado en la versión del mito de Niccolò da Correggio, y no según el relato de Ovidio en las *Metamorfosis*.

cuadro es el contraste entre la escena de triste ternura amorosa y la crudelísima agresividad de los centauros durante la boda del rey Piritoo.[3]

El artista del Renacimiento se expresa como individuo en su obra. Las figuras alegóricas cobran vida al ser atravesadas por emociones y sentimientos personales. Los hombres salvajes pierden la frialdad heráldica gótica y asumen las pasiones que habían atormentado a los caballeros que se sumían en un delirio silvestre. A estas angustias eróticas medievales se agregan las pasiones humanas que los pintores renacentistas rescatan de la antigüedad grecolatina. Los hombres salvajes que pinta Piero di Cosimo expresan, además, la naturaleza casi bestial del artista, o al menos así lo creyó Giorgio Vasari, cuya biografía del pintor florentino es una de las más fascinantes de todas las que escribió. Para Vasari la vida de los artistas se manifestaba en su obra y la personalidad de cada uno de ellos debía dar claves ejemplares para comprender la forma en que habían alcanzado la perfección. Como señaló Jacob Burckhardt, el cultivo de la biografía como búsqueda de la personalidad individual es una de las peculiaridades del Renacimiento italiano.[4] Según Vasari, Piero di Cosimo era él mismo un verdadero hombre salvaje que amaba la soledad, no permitía que nadie viese cómo trabajaba y "llevaba una vida de hombre más bien bestial que humano".[5] Piero no dejaba que sus habitaciones fuesen barridas, ni que los frutales de su huerto fuesen podados o escardados, pues "le daba gusto verlo todo salvaje, tal como iba con su naturaleza".[6] Tal vez nunca sabremos si la vida de Piero era la del salvaje que describe Vasari, o bien éste construyó una biografía moralizada para mostrar las correspondencias entre la obra y su pintor, las cuales debían formar parte de un microcosmos orgánico coherente.[7] Vasari, al referirse a los dos cuadros que ilustran bacanales (*Las desventuras de Sileno* y *El descubrimiento de la miel*), dice que en ellos "se ve una alegría natural hecha con gran ingenio", que demuestra

> una habilidad cierta en la investigación de ciertos detalles agudos de la naturaleza, sin hacer caso del tiempo o de la fatiga, sólo para su deleite y por el placer del arte; y no podía ser de otra manera porque, enamorado del arte, no se cuidaba de su comodidad y se limitaba a comer continuamente huevos duros, que para ahorrar fuego los cocía cuando hervía el pegamento, y no seis u ocho a la vez, sino una cincuentena que guardaba en una cesta para consumirlos poco a poco. Que otra vida diferente a esta que tanto disfrutaba le pareciera servidumbre.[8]

---

3. Ovidio, *Metamorfosis*, XII:210-535. Sobre los salvajes griegos, véase el primer capítulo de mi libro *El Salvaje en el espejo*; véase también Paola Ceccarelli, "Le monde sauvage et la cité dans la comédie ancienne".
4. Jacob Burckhardt, *Die Kultur der Renaissance in Italien*, IV:5.
5. Giorgio Vasari, "Vita di Piero di Cosimo", p. 277.
6. Ibid.
7. Siguiendo a Sharon Fermor, podríamos poner en duda la interpretación de Erwin Panofsky ("The early history of man in a cycle of paintings by Piero di Cosimo", p. 29), según la cual la psicología del artista determinó su inclinación a describir la vida de los hombres primitivos. Sobre el universo mental de los italianos renacentistas y su visión moralizadora que concebía al universo en términos de correspondencias más que de relaciones causales, véase Peter Burke, *The Italian Renaissance. Culture and Society in Italy*, p. 201.
8. Vasari, "Vita di Piero di Cosimo", pp. 284-85.

Esta conexión entre las peculiaridades de la obra artística y la individualidad del pintor permite comprender la sobrevivencia, en los tiempos modernos, del arquetipo del hombre salvaje, que además de ser una poderosa alegoría comienza a ser un vehículo para expresar las emociones que definen al hombre nuevo que se está gestando en la Italia renacentista. Los cuadros de Piero di Cosimo retratan con gran vigor y belleza una transición en la larga historia del mito de los hombres salvajes.

Las dos pinturas de bacanales siguen el texto de Ovidio que relata la forma en que Baco descubre la miel y cómo después se cae de su asno al ser picado por las abejas.[9] El vivaz jolgorio de los sátiros y las ménades con sus niños se parece más a una escena de alegría popular campestre y pastoral que a las tradicionales procesiones báquicas (*thiasos*) que los artistas del Renacimiento solían copiar de las esculpidas en los sarcófagos romanos. Las escenas que pinta Piero di Cosimo no están exentas de connotaciones eróticas, como la figura pánica que con las piernas abiertas nos enseña maliciosamente un manojo de cebollas (consideradas por los antiguos como afrodisiacas). La miel misma es una alusión a las dulzuras del amor.[10] En otros dos cuadros, *La caza* y *El retorno de la caza*, Piero plasma con un vigor sorprendente la confluencia de hombres y mujeres salvajes con sátiros y centauros. La escena de caza es de una violencia inaudita, en un bosque que comienza a incendiarse, lleno de fieras. Después de la matanza los salvajes se retiran a una bahía para refugiarse en sus barcos con los productos de la caza; allí los vemos en parejas amorosas, incluyendo a una mujer salvaje montada en la grupa de un centauro, preparándose para zarpar y alejarse de los peligrosos bosques en llamas donde han librado una cruenta batalla con las bestias. Erwin Panofsky ha interpretado estos cuadros como parte de una serie que, según cree, representa la evolución del hombre primitivo hacia la civilización, tal como lo esbozaron Lucrecio y Vitruvio.[11] Creo que Panofsky exagera la presencia de un argumento evolucionista cuasi darwiniano; la mezcla de elementos salvajes y civilizados forma parte del simbolismo característico tanto del *homo sylvestris* como de los sátiros. Es una expresión dualista que opone la bestia al hombre y la naturaleza a la cultura. Lo que no cabe duda es que Piero di Cosimo agrega a las ideas clásicas latinas sobre los hombres primitivos las imágenes mitológicas de seres salvajes; es difícil determinar las razones precisas por las que Piero hermanó al hombre salvaje con sátiros y centauros, pero es posible que haya sido por influencia de los grabados de Durero donde aparecen mezclados hombres, ninfas y sátiros.[12] Como quiera que sea, esta fusión entre la tradición medieval del *homo sylvestris* y los seres salvajes de la antigüedad clásica refleja uno de los signos más conocidos del espíritu humanista del Renacimiento. En Piero di Cosimo es la fusión de su desbordante *inventiva* con la *imitación* vívida de la naturaleza, una veradera *fantasía naturalista* que con razón fue vista con admiración por los surrealistas franceses.[13] El pintor florentino, en sus cuadros de temas profanos, lleva esta combi-

---

9. *Fasti*, III:713-18.
10. Véase Thomas F. Matheus, "Piero di Cosimo's *Discovery of Honey*", p. 359.
11. Erwin Panofsky, "The early history of man in a cycle of paintings by Piero di Cosimo".
12. Lynn Frier Kaufmann, *The Noble Savage: Satyrs and Satyr Families in Renaissance Art*, p. 77. En el segundo capítulo de este libro discuto con más detalle el tema.
13. Sobre la peculiar vinculación entre "invención" o "fantasía" e imitación de la realidad o fide-

nación a un grado tal de creatividad que el relato mitológico que ilustran queda enterrado por el maravilloso artificio de unos salvajes que se comportan con tanta naturalidad como si existieran realmente y Piero conociese sus secretos íntimos y sus hábitos. El hombre salvaje renacentista –lo mismo que el barroco– es la sorprendente mutación de un ser cuya artificialidad es pintada con un naturalismo exquisito.

La peculiar mutación que ocurre en la obra de Piero es un ejemplo del tipo de problemas que aborda este libro. Mi propósito es buscar en la historia del mito del hombre salvaje las mutaciones que permiten entender su continuidad a lo largo de los siglos. Así, observaré las formas en que el folklore pagano influye en el pensamiento místico, en la lírica popular de los poetas de la Reforma o en el humanismo renacentista español. Extrañas mutaciones permitieron que este mito popular fuese retomado por Ariosto, Cervantes, Montaigne, Shakespeare y Spenser. En el taller de Durero también podemos observar transformaciones peculiares de la antigua figura. Y cuando el mito cae en manos de Calderón de la Barca y de Hobbes, adquiere dimensiones insospechadas. Hay un hilo conductor que une las honorables damas salvajes de Lope de Vega con los nobles salvajes de Diderot y Rousseau. Una cadena de mutaciones conecta a los profetas salvajes, los náufragos antropófagos, los yahoos de Swift y a Robinson Crusoe con los impresionantes caníbales que pintó Goya y el monstruo de Frankenstein ideado por Mary Shelley. Este libro ofrece una nueva aproximación a los problemas de la historia del hombre salvaje. En esta como en otras áreas de la investigación histórica nos topamos con dos grandes corrientes de interpretación. Por un lado tenemos lo que Fernand Braudel llamó despectivamente *histoire événementielle* y que en el campo que me interesa adopta la forma de una historia de las ideas que se ocupa principalmente de las secuencias ideológicas vistas como la narración de hazañas intelectuales que se pueden documentar gracias a los testimonios de sus protagonistas. En contraposición, hallamos el enfoque estructuralista propio de la antropología de los mitos, que privilegia el estudio de las texturas culturales y las funciones de sus componentes.[14]

La historia de las ideas suele circunscribirse excesivamente al estudio de los eventos (las ideas-clave), por lo que se dificulta la comprensión de las ideas como expresiones de amplias redes culturales; por ejemplo, el mito del hombre salvaje ha sido interpretado como una manifestación ideológica de las meditaciones sobre el curso de la historia humana; estas manifestaciones adoptan la forma de lo que se ha denominado *primitivismo* (y otros "ismos" tales como exotismo o naturalismo).[15] En contraste, la antropología de los mitos tiende a ver al hombre sal-

---

lidad a la naturaleza, véase Erwin Panofsky, *Idea. Contribution à l'histoire du concept de l'ancienne théorie de l'art*, pp. 63-70. El hermoso libro de Alain Jouffroy, *Piero di Cosimo ou la forêt sacrilège*, traduce la imaginería del artista florentino a la sensibilidad actual, en la línea poética de André Breton y de Antonin Artaud.

14. Sobre las discusiones teóricas en la historiografía véase la interesante colección de ensayos preparada por Peter Burke, *New Perspectives in Historical Writing*. Las polémicas en la interpretación antropológica de los mitos son comentadas con agudeza por G. S. Kirk, *El mito. Su significado y sus funciones en la Antigüedad y otras culturas*.

15. Véase George Boas, *Essays on Primitivism and related ideas in the Middle Ages* y George Boas y A. O. Lovejoy, *A Documentary History of Primitivism and Related Ideas*. El *Dictionary of the History of*

vaje como la expresión inmanente de la polaridad estructural que opone la naturaleza a la cultura.[16]

El estudio del primitivismo, enfocado desde la perspectiva de una historia de las ideas, ha reducido la interpretación del hombre salvaje a sus versiones nobles y benignas, ya se refieran a una vida paradisiaca sin penurias (primitivismo blando), a una existencia sobria sin lujos civilizados (primitivismo duro), a un periodo primigenio dorado de la historia humana (primitivismo cronológico) o a la condición natural sobre la que se imponen nocivos suplementos artificiales (primitivismo cultural).[17] Esta perspectiva hace a un lado, entre otras cosas, las facetas malignas, agresivas y peligrosas, sin las cuales se pierde la posibilidad de comprender tanto la extraordinaria complejidad del mito como su enorme plasticidad. Es cierto, por otro lado, que las interpretaciones estructuralistas del mito del hombre salvaje han producido visiones estáticas que no ayudan a entender los cambios que sufre este conglomerado de figuras, ideas, metáforas, fábulas y leyendas a lo largo de la historia occidental.

A mi juicio es necesaria una perspectiva evolucionista capaz de hacer una historia de los mitos (o, si se prefiere, una antropología de las ideas), para comprender las largas secuencias de eventos sin dejar de apreciar la presencia de estructuras. El enfoque evolucionista intenta ir más allá de la narración secuencial; pero no se limita a la revisión formal de las estructuras mitológicas. Creo que es necesario, además, enfocar nuestra atención en ciertos momentos de transición durante los cuales se operan mutaciones sintomáticas tanto en la composición del mito como en su función, dentro de la textura cultural que la envuelve. Por este motivo me parece revelador el ejemplo de Piero di Cosimo y sus pinturas mitológicas. ¿Qué determina la peculiar composición de elementos míticos que pinta Piero? Desde el punto de vista de la historia de las ideas, podríamos afirmar con Panofsky que se trata de un eslabón, desarrollado a partir de Lucrecio, en la reflexión sobre la evolución del hombre.[18] Otra interpretación podría ser la siguiente: una estructura mítica profundamente enclavada en el espíritu humano envía señales o mensajes que son traducidos por cada cultura e individuo (en este caso, la visión renacentista de Piero di Cosimo) a formas concretas.

La primera interpretación no permite entender las razones por las que una determinada idea encarna en la obra de Piero; la segunda interpretación asume la existencia de lo que podríamos llamar un sistema de mensajes: los cuadros de Piero serían construcciones míticas cuyas peculiaridades obedecerían a la recepción codificada de ciertas "instrucciones" provenientes de una estructura profunda (una especie de gramática generativa) en la que habría cristalizado la opo-

---

Ideas editado por Philip P. Wiener se basa en las orientaciones generales de Boas y Lovejoy. Sobre el exotismo, véase Gilbert Chinard, *L'Amérique et le rêve exotique dans la littérature française au XVIIe et au XVIIIe siècle*.

16. Un ejemplo puede encontrarse en Jacques Le Goff y Pierre Vidal-Naquet, "Lévi-Strauss en Brocéliande. Esquise pour une analyse d'un roman courtois", y desde luego en Claude Lévi-Strauss, *La pensée sauvage*. Véase una brillante síntesis de las tesis estructuralistas sobre el mito en Maurice Godelier, "Mito e historia: reflexiones sobre los fundamentos del pensamiento salvaje".

17. Tal como se exponen en George Boas y A. O. Lovejoy, *A Documentary History of Primitivism and Related Ideas*.

18. Erwin Panofsky, "The early history of man in a cycle of paintings by Piero di Cosimo".

sición naturaleza-cultura.[19] Esta forma de analizar los mitos dificulta la interpretación evolucionista. Para comprender esta dificultad conviene dar un salto a la biología: el código genético de los organismos no contiene, como se sabe, las instrucciones para un cambio evolutivo; los cambios y las variaciones no se encuentran programados en los mensajes genéticos. Es la estabilidad de la especie la que está programada, no su evolución. Me parece que la neurobiología evolucionista se ha enfrentado a un dilema similar; tal como lo formula Gerald M. Edelman, los mapas neuronales no se pueden explicar por la operación de códigos genéticos prestablecidos que enviarían supuestamente instrucciones sobre la manera de tejer las redes de sinapsis. Según Edelman, debemos entender la red neuronal a partir de un sistema de selección, en el cual la conexión ocurre *ex post facto* a partir de un repertorio preexistente; es decir, las conexiones no se tejen a partir de un instructivo –como en un telar o una computadora– sino a partir de un repertorio previo sobre el que opera un proceso de selección de las conexiones más funcionales.[20] La comparación entre los fenómenos biológicos y los culturales es estimulante e ilustrativa, pero no puede llevarse demasiado lejos. Lo que he querido señalar es el problema teórico al que se enfrenta la interpretación evolucionista: la necesidad de eliminar la contraposición cultura-naturaleza y de abandonar la esperanza de encontrar un lenguaje natural universal.[21]

En este libro continúo la tarea de trazar el mapa, aún borroso, de la evolución del mito del hombre salvaje;[22] las peculiaridades de este mapa no proceden de un código estructural impreso en la mente de los hombres; los hitos, los meandros, los caminos, las fronteras y las conexiones se han ido formando gracias a una especie de selección cultural; no en un proceso determinado por instrucciones prestablecidas en un sistema simbólico de mensajes. El Renacimiento, como ha señalado Franklin L. Baumer, mantuvo su atención en temas típicamente medievales,[23] y tuvo que seleccionar de ese repertorio los elementos para construir su visión del mundo. Entre los elementos medievales, presentes hasta el siglo XVII, encontramos por ejemplo diversas supersticiones y creencias en la hechicería; pero a nivel más profundo, según Baumer, tenemos el ejemplo del tema de la *vanitas*, el éxtasis religioso, la vida como sueño y, sobre todo, la disposición a pensar el mundo en función de *ser*, en oposición a la idea de *devenir* propia de la modernidad. En este aspecto, una de las sobrevivencias medievales que fueron escogidas por la modernidad para pensar el devenir fue precisamente la figura

---

19. Clifford Geertz ha hecho una crítica sutil e inteligente a este tipo de interpretaciones en "The Cerebral Savage: On the Work of Claude Lévi-Strauss". Véase también la crítica a la dicotomía salvaje-moderno hecha por Ernest Gellner en "The Savage and the Modern Mind"; no obstante, Gellner acaba proponiendo una visión general de la "mentalidad salvaje", contrastada con la "mentalidad científica".

20. Gerald M. Edelman, *Bright Air, Brilliant Fire: On the Matter of the Mind*, pp. 81ss.

21. Como lo ha expresado Richard Rorty, no requerimos de una separación entre el espíritu y la materia, y tampoco necesitamos hallar una vía general para analizar las funciones que tiene el conocimiento en contextos universales; lo único que necesitamos, considera Rorty, es una antropología cultural, en un sentido amplio que incluye la historia intelectual (*Philosophy and the Mirror of Nature*, pp. 249 y 381).

22. Iniciada en *El Salvaje en el espejo*.

23. Franklin L. Baumer, *El pensamiento europeo moderno. Continuidad y cambio en las ideas, 1600-1950*, p. 45.

mitológica de un ser salvaje. La imagen del hombre salvaje, que en la Edad Media permitía afirmar por contraste la idea de un ser civilizado, fue usada en los tiempos modernos como metáfora para comprender el movimiento y los cambios, para construir el gran espacio histórico que separa la vida civil de la natural. El pensamiento moderno usó al hombre salvaje para tomar distancia, en forma trágica o irónica, de la civilización, ya fuese para realizar una crítica o bien para fundamentar los valores del gobierno civil, sin renunciar por ello al uso de este mito para explorar los laberintos del ser y sus castillos interiores. Estos procesos no se hallaban inscritos en la estructura del mito del *homo sylvestris* ni en la configuración cultural premoderna.[24]

En los siguientes capítulos el lector encontrará la continuación práctica de esta discusión teórica; la propuesta evolucionista es, entre otras cosas, la actividad de un antropólogo enamorado de la historia y fascinado por la posibilidad –que raras veces se le ofrece en su labor tradicional– de explorar la prolongada extensión en el tiempo de los fenómenos que investiga. El hombre salvaje que se estudia en este libro no vive en una comunidad primitiva: habita una larga franja temporal, a veces muy delgada, que se extiende a través de los milenios sobre la civilización occidental. Para estudiar este mito he escogido el método que me ha parecido más adecuado: enfocar directamente la lente sobre el hombre salvaje como quien espía por el ojo de la cerradura, con paciencia y durante un tiempo prolongado, para descubrir los secretos de alcoba de la historia occidental. Es como mirar un *peep show* en la gran feria de Occidente. Hay que confesar que los secretos se pagan: en este caso con la renuncia a contemplar la gran panorámica, el amplio escenario del espectáculo de la historia; pero se tiene la ventaja de evitar ser deslumbrados por la gran puesta en escena, con todas sus falsificaciones, de lo que Calderón de la Barca llamaba el gran teatro del mundo. No estoy tan lejos de esa concepción de los mitos que buscaba descifrar en la idolatría los secretos de una sabiduría escondida; así lo creyó el mitólogo español Juan Pérez de Moya en el siglo XVI, quien definió así el objeto de sus estudios: "Mitológica es una habla que con palabras de admiración significa algún secreto natural, o cuento de historia".[25] En ello seguía las enseñanzas de Pico della Mirandola, que buscaba los sentidos ocultos de las *favole antiche*, pues debían esconder algunas verdades perdidas. Hablar, fabular o narrar la historia en busca de los secretos del comportamiento humano: he aquí una sugerencia –tal vez una intuición– sobre la necesidad de enlazar la narrativa de eventos con el estudio de las estructuras; de unir el cuento con el secreto y el suceso con el mensaje en el estudio de los mitos.

---

24. A su vez la Edad Media "seleccionó" del repertorio judeocristiano y grecorromano ciertos elementos míticos que fue capaz de refuncionalizar en esa nueva síntesis que fue el *homo sylvestris*. Véase una estimulante reflexión sobre estos problemas de la *longue durée* del mito del salvaje en Carlos Aguirre Rojas, "Raíces y destellos del salvaje europeo".

25. Juan Pérez de Moya, *Philosofia Secreta donde debaxo de historias fabulosas, se contiene mucha doctrina, provechosa: a todos estudios. Con el orígen de los Idolos, o Dioses de la Gentilidad. Es materia muy necesaria, para entender Poetas, y Historiadores*, p. 1v. La mitología era admitida en la España del Siglo de Oro en la poesía, donde ganó terreno ante la alegoría como forma dominante; no ocurrió lo mismo en la pintura, donde los héroes y los dioses, que podían ir sólo vestidos de metáforas en los poemas, no eran admitidos desnudos en los cuadros, como ha hecho notar Julián Gállego, *Visión y símbolos en la pintura española del Siglo de Oro*, p. 79.

1. Un típico hombre salvaje medieval, pintado en el siglo XIV, clava su lanza en el cuello de una especie de oca feroz y gigantesca.

2. En el techo del monasterio de Vileña, en Burgos, un ágil hombre salvaje del siglo XIV muestra su destreza en el manejo de la lanza.

I
Mutaciones silvestres

Un grupo de hombres salvajes se reúne en los bosques de Minnesota para celebrar un ritual mitopoético. Comienza con un ejercicio de "nombramiento" en el que cada uno, después de decir su nombre, habla de sus experiencias. El ejercicio, que ocurre en 1989, es dirigido por un personaje llamado Pastor Buenaventura. A esta ceremonia no pueden asistir mujeres y dura dos o tres días. Los salvajes se forman en círculo, crean un espacio ritual y se pasan unos a otros un bastón: de acuerdo a una tradición indígena, el que sostiene el bastón puede hablar cuanto tiempo lo desee sin ser interrumpido por los demás que lo escuchan. Cuando todos terminan de hablar, bailan desenfrenadamente, baten el tambor, caminan a gatas por el suelo como animales, aúllan, se olisquean entre sí, se ponen máscaras que ellos mismos han confeccionado durante la reunión y entrechocan sus cabezas como machos cabríos o renos. Creen que deben matar al niño que aún llevan dentro, para liberar una fuerza interior masculina reprimida. El ritual busca conectar a los hombres con un padre-tierra al que han perdido. En ocasiones alguien recita unos versos:

> Las fuertes hojas del maple
> se hunden en el viento, y a desaparecer nos llaman
> en los yermos salvajes del universo
> donde nos sentaremos al pie de una planta
> y viviremos para siempre como el polvo.

Hay centenares de grupos como éste en los Estados Unidos, en las más diversas regiones. Un practicante del ritual, celebrado en Topanga Canyon, declaró: "Cantábamos y sudábamos y chillábamos y gritábamos. Era divertido y edificante porque ello implicaba rezos y mucha afirmación. La gente hablaba sobre el dolor". El dirigente de la ceremonia suele explicar a los participantes el sentido de los rituales. Uno de ellos decía en Santa Fe que era un error creer que nuestras necesidades pueden ser satisfechas: "Las necesidades son manifestaciones del alma. Deben preguntarse: ¿qué necesita la necesidad? Dejen que la necesidad surja realmente. Díganlo en voz alta. Escúchenlo en su propio cuerpo. Canten las tristezas. Quéjense. Sientan la carencia como una carencia, en lugar de pensar en lo que podría satisfacerla". El principal objetivo de estas ceremonias es la recuperación del hombre salvaje que subsiste reprimido en el fondo de cada varón.

Estos rituales salvajes son parte de un movimiento moderno, encabezado por el poeta Robert Bly, que pretende encauzar las frustraciones de muchos hombres hacia una nueva forma de liberación masculina.[1] Lo interesante es que este sensible poeta de inspiración bucólica ha construido su propuesta a partir del antiguo mito del hombre salvaje, y toma como eje de su interpretación un cuento recopilado por los hermanos Grimm en el siglo XIX. No deseo detenerme aquí a explicar el complejo proceso que, a fines del siglo XX, ha impulsado a miles de varones en los Estados Unidos a canalizar sus angustias por medio de un culto del hombre salvaje. Quiero, eso sí, destacar el hecho inquietante de que un antiguo mito, reinterpretado por un poeta, logra ejercer una gran influencia en el corazón mismo de la más poderosa de las civilizaciones industriales de nuestra época. El núcleo de la leyenda que utiliza Robert Bly es la historia de un hombre salvaje, llamado Juan de Hierro, que es encerrado por el rey en una jaula y que es liberado por su hijo. Según Bly el antiguo mito sugiere que en el fondo de la psique de todo hombre moderno yace un gigantesco ser peludo y primitivo: es necesario, afirma, que la cultura contemporánea establezca contacto con este hombre salvaje que se asocia con las tendencias sexuales e instintivas.[2] La interpretación de Bly, de inspiración junguiana, tiene los mismos defectos que los famosos análisis que hicieron Erich Fromm y Bruno Bettelheim de la leyenda de Caperucita Roja: simplemente atribuye al salvaje una función simbólica –similar a la asignada al lobo que devora a la abuela y a Caperucita– que sólo tiene sentido si la comprendemos como una imposición ahistórica de los dogmas psicoanalíticos del siglo XX a un mito cuyo complejísimo desenvolvimiento y gran difusión a lo largo de milenios es preciso tomar en cuenta.[3] En realidad es necesario observar el fenómeno desde otro punto de vista: las interpretaciones modernas de Bly, lo mismo que las de Bettelheim y Fromm, son un eslabón reciente de la misma cadena mitológica que pretenden analizar. Quiero decir que ellos no son sólo descodificadores del mito, sino principalmente parte de la historia del mito mismo; son una nueva forma de recodificar el mito, y en este sentido pueden ser vistos como Geoffrey de Monmouth o como Paracelso quienes, uno en el siglo XII y

1. Los ejemplos anteriores proceden de Jon Tevlin, "On Hawks and Men: a Weekend in the Male Wilderness", *Utne Reader* n. 36, noviembre-diciembre de 1989, pp. 50-59; del reportaje "Drumms, Sweat and Tears" de *Newsweek*, 24 de junio de 1991; y de Don Shewey, "Town Meeting in the Hearts of Men", *Voice*, 11 de febrero de 1992. Los versos citados son de Robert Bly, del "Poem in Three Parts" en el libro *Silence in the Snowy Fields* (1962) citado por el propio Bly en *Iron John*, p. 223: "The strong leaves of the box-elder tree, / Plunging in the wind, call us to disappear / Into the wilds of the universe, / Where we shall sit at the foot of a plant, / And live forever, like the dust". La persona citada en Topanga Canyon es el director de una empresa de asesoría de Santa Mónica en California, de cuarenta y nueve años de edad (citado en *Newsweek*). El dirigente de Santa Fe es James Hillman, psicólogo, quien junto con Bly y Michael Meade, un mitólogo, es uno de los principales impulsores del movimiento (citado en *Voice*). El "Pastor Buenaventura" es un psicólogo que usa el curioso nombre de Shepherd Bliss, organizador del "Mythopoetic Weekend -A Journey Into the Male Wilderness" en Camp Kings Wood, Minnesota (descrito en *Utne Reader*).

2. Bly, *Iron John*, p. 6.

3. Erich Fromm, *The Forgotten Language. An Introduction to the Understanding of Dreams, Fairy Tales and Myths*. Bruno Bettelheim, *The Uses of Enchantment. The Meaning and Importance of Fairy Tales*. Véase la devastadora crítica de Robert Darnton a estas interpretaciones en "Peasants Tell Tales: the Meaning of Mother Goose". Ya lo había advertido Edward Tylor: "Ninguna leyenda, alegoría o canción de cuna está segura frente a la hermenéutica de un meticuloso teórico de la mitología" (*Primitive Culture*, I, p. 319).

I. En los albores de la modernidad los hombres salvajes adquirieron una nueva fuerza. Nunca antes habían sido representados con la extraordinaria ternura con que Piero di Cosimo pintó a este sátiro que acaricia melancólicamente el cuerpo muerto de una ninfa.

II. La paradoja del hombre salvaje del Renacimiento radicaba en el hecho de que estos seres lujuriosos eran capaces de las más tiernas expresiones del amor, como lo muestra el dolor de la mujer-centauro que abraza a su amante muerto. El tema del cuadro de Piero di Cosimo es la batalla de los lapitas y los centauros.

III. Más que el delirio de una bacanal, Piero di Cosimo pintó una escena de alegría popular campestre y pastoral, donde los salvajes sátiros y las ménades con sus hijos escenifican con jolgorio el descubrimiento de la miel atribuido a Baco.

IV. Vasari escribió de esta bacanal de Piero di Cosimo que podía verse en ella "la historia de Sileno montado en un asno, rodeado de muchos jóvenes que lo sostienen y le dan de beber, y donde se ve un regocijo vivaz pintado con gran ingenio". El nuevo hombre salvaje que vemos en *Las desventuras de Sileno* era la culminación de una desbordante inventiva combinada con la hábil imitación de la naturaleza.

V. Ésta es posiblemente la más bella e impresionante representación de los hombres salvajes renacentistas. En *La caza* Piero di Cosimo nos muestra la violencia descarnada de la lucha por la sobrevivencia en un bosque lleno de fieras.

VI. En *El retorno de la caza* de Piero di Cosimo vemos la sorprendente confluencia de hombres y mujeres salvajes con sátiros y centauros: después de la sangrienta cacería los salvajes se retiran a una bahía, donde forman amorosas parejas.

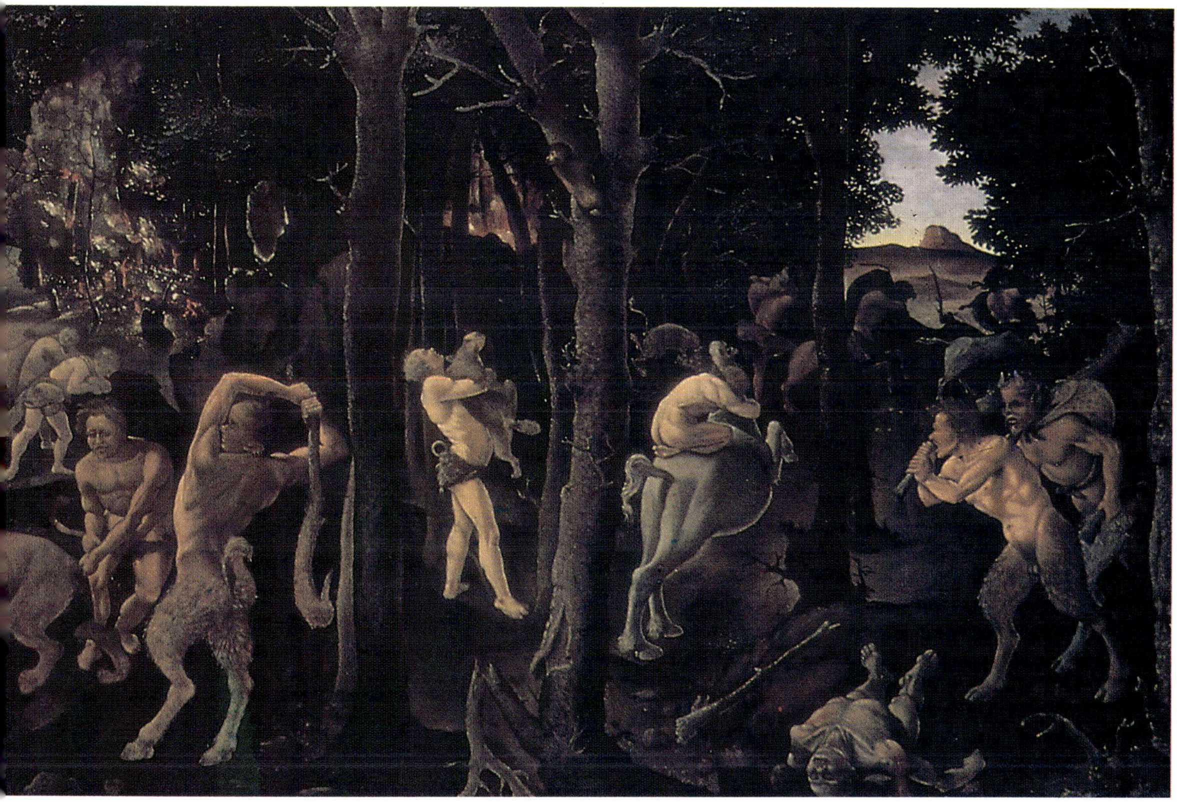

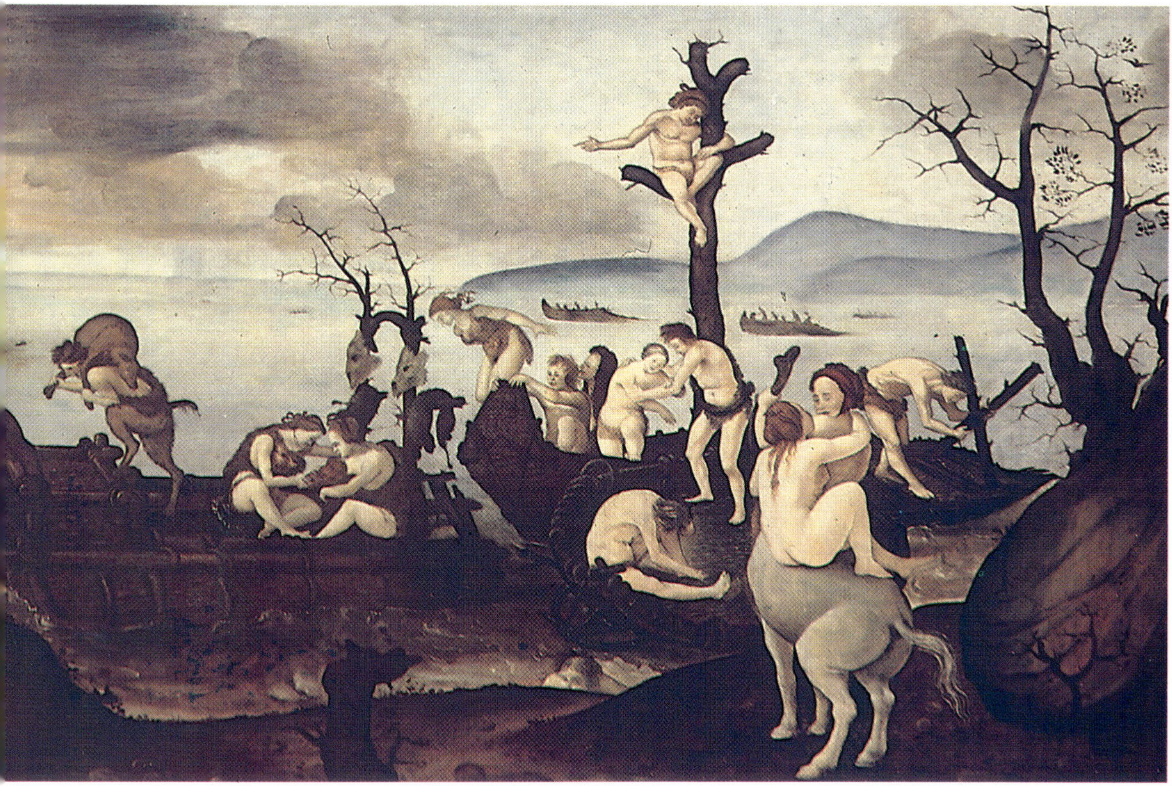

VII. Cuando Albrecht Altdorfer pintó en 1507 su versión de *La familia del sátiro*, influido por el grabado de Durero de 1498, nos presentó lo que podría ser el desenlace de la tragicomedia: después de amenazar a la familia, la mujer vestida huye perseguida por el hombre salvaje desnudo.

VIII. Durante la Edad de Plata imaginada por Lucas Cranach las mujeres salvajes cuidan de sus niños, pero predomina la violencia desencadenada por los vicios y las pasiones.

IX. En este infierno, pintado a mediados del siglo XVI por un artista anónimo portugués, el demonio sentado en su trono está vestido como un salvaje brasileño, con tocado y manto de plumas.

X. Jan Mostaert pintó una escena de la conquista de América donde sus habitantes aparecen completamente desnudos, con armas primitivas, cuerpos atléticos y rostros barbados. No son seres infernales y montruosos sino encarnaciones del buen salvaje europeo.

en el siglo XVI el otro, retomaron e interpretaron el tema del hombre salvaje.[4]

Estamos, pues, enfrentados al problema de la continuidad del mito durante un tiempo muy prolongado y, más específicamente, a la dificultad de comprender las conexiones entre la tradición popular oral y su recuperación por las formas escritas y cultas de codificación mitológica. Dejaré para otro momento el tema de la resurrección, en la segunda mitad del siglo XX, de movimientos primitivistas como el que encabeza Robert Bly, que sin duda ofrecen un ejemplo vivo de la forma en que la élite intelectual recicla y transfigura antiguas tradiciones. En este caso Bly utiliza como fuente del mito una versión recogida, corregida y elaborada por los hermanos Grimm a principios del siglo XIX. Aunque sin duda su origen se remonta al medioevo, los hermanos Grimm dejaron en la transcripción del cuento, titulado *Der Eisenhans*, las improntas de su visión romántica.[5] Nos encontramos aquí con un ejemplo especialmente interesante de la forma en que la élite culta refuncionaliza los cuentos y mitos populares. En realidad los hermanos Grimm no tomaron los cuentos de fuentes campesinas, sino que fueron por lo general transcritos de los relatos que les hicieron sus amistades, en muchos casos mujeres educadas de la burguesía o de la aristocracia alemanas que, a su vez, los habían leído en libros franceses (de Perrault principalmente) o los habían escuchado de sus nanas y sirvientas. Pero esto no lo supieron los folkloristas que durante el siglo XIX se interesaron enormemente y discutieron incansablemente los cuentos de los hermanos Grimm, quienes no solían citar las fuentes de los textos recopilados.[6] El verdadero origen de los cuentos no se conoció sino hasta que, poco antes de terminar el siglo XIX, Hermann Grimm, hijo de Wilhelm, le permitió a Johannes Bolte consultar ejemplares de las primeras ediciones de los cuentos que habían sido anotadas por los recopiladores: en las notas marginales, escritas a mano, asignaban nombres a los textos, lo que permitió comprender que las verdaderas fuentes de los cuentos eran exclusivamente amigos cercanos de los hermanos Grimm y sus familiares.[7] El problema radica en que, gracias a los inter-

---

4. Véase Geoffrey de Monmouth, *Vida de Merlín*, y Paracelso, *Libro de las ninfas, los silfos, los pigmeos, las salamandras y los demás espíritus*.

5. Se trata del cuento número 136 de los *Kinder- und Hausmärchen*. Los propios hermanos Grimm en el prefacio declaran que "el lenguaje y los detalles han sido en su mayor parte proporcionados por nosotros".

6. Solían mencionar la región de origen de los cuentos; la mayoría proviene de Hesse, todos ellos proporcionados por Dorothea Viehmann, a quien definen como una "campesina de un pueblo"; no era exactamente así: ella era una vendedora de frutas en Kassel, bilingüe de francés y alemán, de origen hugonote, esposa de un sastre de las cercanías de Zwehrn y recomendada a los Grimm por la familia de Ramuz, predicador francés de Kassel (Jack Zipes, *The Brothers Grimm. From Enchanted Forests to the Modern World*, pp. 10-11; Heinz Rölleke, "New Results of Research on *Grimm's Fairy Tales*", p. 101).

7. Johannes Bolte y Georg Polívka, *Anmerkungen zu den Kinder- und Hausmärchen der Brüder Grimm*, originalmente publicado en Leipzig en 1913-32. La revelación de los intermediarios burgueses y aristocráticos y de los orígenes franceses de muchos de los cuentos fue destacada posteriormente en 1975 por Heinz Rölleke en la introducción y comentarios a la publicación del texto manuscrito de 1810 de los Grimm, en *Die älteste Märchensammlung der Brüder Grimm*. Más recientemente John M. Ellis ha dedicado un interesante libro al tema, que ha provocado discusiones e inquietudes entre los folkloristas (*One Fairy Story Too Many. The Brothers Grimm and their Tales*); algunas de las discusiones pueden leerse en el libro editado por James M. McGlathery, *The Brothers Grimm and Folktale*. El origen francés de muchos de los cuentos se debe a que proceden de la familia Hassenpflug (Amalie, Jeannette y Marie), descendiente de hugonotes franceses, y que los habían

mediarios, quedaba eliminado de los relatos todo lo que ellos no consideraban interesante para transmitírselo a los Grimm y todo aquello que los sirvientes creían que podía ofender a sus señores, ya sea por obsceno o por manifestar rencores de clase. A esta selección se agregaba la que hacían los propios hermanos Grimm, que eliminaban lo que no les parecía artístico. El cuento sobre el hombre salvaje, *Der Eisenhans*, fue proporcionado por la aristocrática familia von Haxthausen, que fue una de las principales agencias recopiladoras de cuentos para los Grimm (casi un tercio de los cuentos procede de esta familia).[8] Hoy sabemos, gracias al descubrimiento de sus verdaderas fuentes, que estos cuentos no tienen el carácter popular que se les asignó en un principio; ello ha ocasionado no pocas fracturas en el edificio de los estudios del folklore europeo, en cuyos cimientos se encuentran los famosos *Kinder- und Hausmärchen*. Sin embargo, como lo ha señalado Heinz Rölleke, hemos ganado la posibilidad de iluminar el fascinante y multifacético fenómeno que provocó que los cuentos de Grimm se convirtiesen en la obra alemana más traducida, más publicada y mejor conocida de todos los tiempos.[9] El proceso civilizatorio, o de aburguesamiento y modernización, que sufrieron los relatos recopilados por los hermanos Grimm, hasta convertirlos en uno de los libros más leídos del mundo, no es un fenómeno inédito en la historia de los mitos; por el contrario, es una manifestación moderna del extraño proceso que permite localizar los nexos y las coyunturas que explican la continuidad a veces milenaria de algunos mitos.

La versión alemana original de *Juan de Hierro* usada por los hermanos Grimm, editada por Bolte y Polívka, nos permite establecer los elementos que ellos agregaron. Es muy interesante observar cómo varios pasajes, considerados por Bly como significativos para su interpretación, fueron en realidad agregados de los Grimm y no pertenecen a la versión original. El cazador que atrapa al hombre salvaje no es un joven, como pretende Bly, sino un viejo que usa la astucia para

---

conocido, no por tradición popular oral, sino gracias a los libros de Charles Perrault o de Marie Cathérine d'Aulnoy que sus ancestros habían leído cuando estaban de moda en los círculos parisinos elegantes de finales del siglo XVII (véanse los comentarios al respecto de Robert Darnton, "Peasants Tell Tales: The Meaning of Mother Goose", pp. 11ss).

8. Como dije, los Grimm no solían citar sus fuentes; hay dos excepciones: la ya mencionada Dorothea Viehmann y la familia von Haxthausen. August y Werner von Haxthausen fueron compañeros de escuela de Wilhelm Grimm (Walter Scherf, "Jacob and Wilhelm Grimm: A Few Small Corrections to a Commonly Held Image", p. 180). En 1808 Jacob Grimm hizo amistad con Werner von Haxthausen, de Westphalia, y en 1811 lo visitó en su finca, donde conoció a diversos jóvenes que le recopilaron muchos cuentos: Ludowine, Marianne y August von Haxthausen, así como Jenny y Annette von Droste-Hülfshoff. Se trataba de un verdadero equipo que recolectaba cuentos en los entornos de su hacienda de la misma forma en que los Grimm lo hacían en Kassel, en la región de Hesse (Jack Zipes, *The Brothers Grimm. From Enchanted Forests to the Modern World*, p. 10). En esta última región la fuente de los cuentos es la familia Wild: las jóvenes Gretchen y Dorothea, futura esposa de Wilhelm Grimm (John M. Ellis, *One Fairy Story Too Many. The Brothers Grimm and their Tales*, pp. 30ss). Hay que señalar que no todas las fuentes de los Grimm eran familias acomodadas; además de Dorothea Viehmann, también les relató historias un soldado retirado, Johann Friedrich (*Wachtmeister*) Krause, a cambio de que le regalasen ropa usada (Zipes, *The Brothers Grimm*, p. 11). Se sabe que en muchos casos los intermediarios retocaban los relatos, como se ha comprobado precisamente en textos enviados a los Grimm por la familia Haxthausen (Heinz Rölleke, "New Results of Research on *Grimm's Fairy Tales*", p. 107).

9. Rölleke, "New Results of Research on *Grimm's Fairy Tales*", p. 109.

cazarlo. Cabe señalar la similitud de esta escena de caza con la leyenda –contada por Apolodoro– del rey Midas que atrapa a Sileno al atraerlo gracias al vino que tanto gusta al salvaje. Así comienza la versión original:

> Érase una vez un hombre salvaje que había sido encantado y que entraba en los huertos y campos de los campesinos y destrozaba sus cultivos. Se quejaron con el terrateniente porque ya no podían pagar la renta. El señor mandó llamar a todos los cazadores y les dijo:
> –El que logre cazar a este animal recibirá un buen premio.
> Entonces llegó un cazador ya viejo y prometió:
> –Yo puedo cazar al animal.
> Le tuvieron que dar una botella de aguardiente, una de vino y otra de cerveza. Las puso cerca del agua donde el animal todos los días se lavaba. Estando escondido detrás del árbol, llegó el animal y bebió de las botellas. Se chupaba los labios y miraba por todas partes para ver si no había más. Se emborrachó y luego se quedó dormido. Entonces el cazador ató sus manos y sus pies; después lo despertó y le dijo:
> –¡Hombre salvaje, ven conmigo! Te daremos de tomar todos los días.
> Y se lo llevó al castillo del señor; allí lo encerraron en la torre. El señor fue a invitar a sus vecinos para que vieran qué clase de animal había cazado.[10]

En la historia original la pelota con que juega el niño *no* es dorada (supuesto símbolo solar), la llave de la jaula *no* está en la cama de la madre, bajo la almohada (lo que se interpreta como una manifestación edípica) y el niño *no* atraviesa por las pruebas que convierten su pelo en oro (experiencias a las que se asigna un carácter iniciático). Véase la continuación de la historia:

> Uno de los señoritos jugaba con una pelota, y súbitamente se le cayó dentro de la torre. El niño dijo:
> –Hombre salvaje, aviéntame la pelota.
> Y el hombre salvaje dijo:
> –Tienes que venir tú mismo por la pelota.
> –Pero no tengo las llaves –contestó el niño.
> –Entonces trata de agarrar la bolsa de tu madre y de robar las llaves.
> Así pues, el niño abrió la torre y el hombre salvaje se escapó. El niño gritó:
> –Ay, hombre salvaje, quédate aquí; si no me van a pegar.
> Entonces el hombre salvaje montó en sus hombros al niño y corrió hacia el bosque. El hombre salvaje desapareció y el niño se perdió con él.

En la versión de los hermanos Grimm el niño entra a trabajar en la cocina del palacio acarreando agua y leña, y recogiendo la ceniza: se interpreta como la pér-

---

10. Johannes Bolte y Georg Polívka, *Anmerkungen zu den Kinder- und Hausmärchen der Brüder Grimm*, tercer volumen, pp. 94-97. Señalan que este cuento procede de la región de Main y que fue transmitido y recogido por la familia von Haxthausen en Münsterlande; llevaba el título de "El hombre salvaje" (*Der wilde Mann*). Traducción del alemán de Anne Huffschmid y Christopher Follett especialmente para este libro.

dida del mundo materno y el descenso al mundo rudo de la masculinidad bajo la forma del niño Ceniciento despreciado. Después, cuando el niño trabaja como jardinero, llama la atención de la hija del rey por su hermoso cabello dorado; ella le regala monedas de oro a cambio de las flores que él le lleva. La versión original es mucho más cruda, ya que el niño jardinero y la princesa se casan en secreto:

> El hombre salvaje le puso al niño un overol roto y lo mandó con el jardinero de la corte imperial, para preguntar si no necesitaban un asistente en el jardín. Le dijeron que su ropa estaba muy sucia y que los demás jardineros no querían dormir a su lado. Él respondió que se acostaría en la paja para dormir. En la mañana entró al jardín. Allí apareció el hombre salvaje y le dijo:
> –Ahora lávate y péinate.
> Y mientras tanto el hombre salvaje hizo que el jardín luciera más bonito que como lo hubiese logrado el jardinero. Todas las mañanas la princesa veía al joven, tan guapo; y le ordenó al jardinero que el pequeño asistente le trajera un ramo de flores. Y le preguntó al niño de qué familia era. Respondió que no lo sabía; entonces ella le dio un gallo gordo relleno de ducados. Cuando él regresó a la casa le dio el dinero a su patrón y le dijo:
> –¿De qué me sirve? No lo necesito.
> En otra ocasión tuvo que llevarle un ramo de flores a la princesa, y ella le dio un pato relleno de ducados, que también entregó a su patrón. La vez siguiente le dio un ganso relleno de ducados, y nuevamente se lo entregó a su patrón. Así, la princesa creyó que él ya tenía dinero –aunque no tenía nada–, y se casaron a escondidas. Pero sus padres la encerraron en una taberna donde tenía que ganarse la comida como hilandera. Y él fue a trabajar a la cocina como ayudante, dando vuelta a los rostizados, y de vez en cuando robaba un pedazo de carne y se lo llevaba a su mujer.

Posteriormente el jardinerito harapiento, con la ayuda del hombre salvaje, realiza grandes proezas guerreras en Inglaterra y acaba recibiendo como regalo todas las propiedades del emperador.

Este cuento ha sido recogido en diversas variantes, algunas de las cuales dan al hombre salvaje el nombre de Merlik, Murlu o Merlín, lo que conecta la tradición oral con el texto de Geoffrey de Monmouth, la *Vita Merlini*, donde el legendario adivino de la literatura arturiana se vuelve salvaje y es capturado por los hombres del rey. La versión oral francesa que Delarue y Tenèze consideran prototípica también tiene un gran interés, pues nos muestra un cuento seguramente mucho más cercano a la forma medieval que la presentada por los hermanos Grimm. El relato del juego con las naranjas, la crueldad del rey, la escena del despiojamiento del niño y su trabajo como cuidador de vacas le dan a esta versión francesa un marcado sabor campesino y popular que poco se conserva en la versión de Grimm. He aquí la versión francesa:

> Un rey mantenía encerrado en una jaula a un salvaje que había sido apresado en los bosques, y estaba muy interesado en este salvaje.
> Este rey tenía un hijo. El niño jugaba con unas naranjas que hacía rodar hasta

cerca de la jaula. Una de las naranjas cae dentro y el niño se la pide al salvaje. Pero éste dice:

–Libérame si quieres que te la regrese.

–No puedo hacerlo.

–Te diré cómo hacerlo. Tu madre tiene la llave de mi puerta en el bolsillo de su delantal. Ve a decirle que tienes insectos en la cabeza, ella te peinará y tú le coges la llave.

Así lo hace, y hurta la llave mientras su madre lo despioja. Abre la jaula del salvaje, quien le regresa su naranja y se escapa. El niño regresa con su madre y le dice:

–Todavía tengo piojos.

Y le regresa la llave a su bolsillo.

Cuando el rey ve que el salvaje se ha ido, se enoja con su mujer porque era ella la que guardaba la llave.

–No fui yo –dice ella–, no sé cómo ha ocurrido.

–¡Te voy a matar! Seguro que tú fuiste.

Entonces, en el último momento, el niño reveló toda la verdad. El rey le dice a dos hombres:

–Llévenselo lejos dentro del bosque. Mátenlo y tráiganme su lengua y su corazón.

Estos hombres iban a matar al niño en el bosque, cuando llegó el salvaje:

–¡Váyanse! –les ordenó–. Maten un perro y llévenle al rey su lengua y su corazón.

Y se lleva al niño consigo. Le regala un anillo que mata todo cuanto toca.

–No regreses a tu casa –le dice–. Ve a alguna parte a pedir trabajo.

El joven príncipe se va, encuentra a un campesino, le pide intercambiar su ropa pues teme ser reconocido. Después se va a pedir trabajo a una granja, donde se queda para cuidar las vacas.

–Pero ten cuidado –le dijo el campesino–, hay un gigante peligroso.

–No tengo miedo, yo.

Sus vacas no debían salir de los límites del prado, pero como ya no quedaba hierba las deja entrar al bosque. Llega el gigante:

–¡Llévate a tus vacas!

–No, ellas están bien allí.

–¡Que te mato, pequeño!

Pero el niño, con un golpe del anillo, mata al gigante. Regresa con sus vacas y no cuenta lo que ha sucedido; dice que nada ha visto. Al día siguiente suelta a sus vacas en el bosque, donde se adentran; así, encuentra el castillo del gigante, donde éste vivía con otros gigantes; en total eran doce. Entra, y allí había todavía once: los mata a todos. Faltaba la madre de los gigantes, la más maligna. Huye de ella, que lo persigue alrededor de un pozo; estaban dando vueltas cuando bruscamente él se voltea, le da un golpe con el anillo y la mata. Se convierte en el dueño del castillo y de sus tesoros. Después retorna con sus vacas a la granja sin contar nada.

Un día, una princesa de la región quiso casarse y decidió escoger de entre todos los jóvenes reunidos. Sus patrones le dijeron lo siguiente:

–Tú, ve también.

–Iré tal vez.

A la mañana siguiente llevó las vacas hacia su castillo, y se hizo enganchar dos caballos a una carroza. Iba retrasado para la reunión, y llegó a galope tendido. Era guapo. Cuando la princesa lo ve pasar, pide verlo, lo escoge y se casa con él. Se lleva a la princesa a su castillo, después regresa a ver a su padre y deja que lo reconozcan.[11]

El cuento es una de las versiones más frescas y vivas que podamos tener hoy de lo que durante el Renacimiento fue una extendida y antigua tradición popular de leyendas y cuentos sobre el hombre salvaje.[12] Cuando cuentos como éste comenzaron a ser recopilados y clasificados sistemáticamente en el siglo XIX, se generó una gran polémica y surgieron muchos interrogantes: ¿cómo habían logrado sobrevivir leyendas y mitos de la antigüedad grecorromana y oriental? ¿Cómo podrían explicarse los elementos irracionales, demenciales, monstruosos y sobrenaturales que aparecen con tanta frecuencia en los cuentos populares? Cuando el gran folklorista escocés Andrew Lang preparó la introducción a los *Kinder- und Hausmärchen* de los hermanos Grimm intentó responder estas cuestiones;[13] se oponía a las tesis de Max Müller, cuyos estudios filológicos lo llevaron a la conclusión de que los ancestros de los griegos y de los hebreos no podían haber pasado por un periodo en que predominasen las desagradables costumbres de los salvajes.[14] En cambio Lang establece, basado en las teorías evolucionistas de Tylor, que los cuentos populares tienen su origen en un primitivo estado salvaje (*savage*: Lang usa la palabra de raíz latina, no la sajona *wild*). Los cuentos primitivos fueron elaborados por los antiguos griegos (y por otras civilizaciones antiguas) hasta convertirlos en mitos complejos; según Lang los cuentos populares, como los recopilados por los hermanos Grimm, ocupan un lugar intermedio, en el proceso evolutivo, entre las historias relatadas por los salvajes y los mitos de las civilizaciones antiguas. De esta forma se explicaban las peculiaridades irracionales de los cuentos: precisamente su irracionalidad era la prueba de que los cuentos eran pervivencias –en las regiones rurales de Europa– del estado salvaje original del hombre. Pero quedaba un problema por resolver, que solía ser formulado en términos de difusión: ¿cómo podía explicarse la enorme difusión de los cuentos populares, con el mismo motivo y similar relato, en culturas diferentes y en regiones muy alejadas? Lang admite que no tiene una contestación precisa a esta pregunta, pero señala que podría deberse a la "identidad de la fantasía humana" en todo el mundo; en cambio, los elementos irracionales de los cuentos y los mitos son supervivencias de "las cualidades de la imaginación incivilizada". Los difusionistas criticaban a Lang por hacer un énfasis excesivo en la transmisión vertical de mitos (persistencia en el tiempo) y por despreciar la transmisión lateral (dispersión en el espacio); la polémica entró en un callejón sin salida, pero

11. P. Delarue y M.-L. Tenèze, *Le conte populaire français*, tomo 2, pp. 221-227, cuento tipo 502, señorita Millien-Delarue, Nivernais, versión A. Se registran quince versiones diferentes de este cuento.
12. Un panorama y una interpretación del mito del hombre salvaje desde la antigüedad hasta el Renacimiento puede verse en mi libro *El Salvaje en el espejo*.
13. "Introduction" a *Household Tales*.
14. Véase Andrew Lang, "Mythology and Fairy Tales".

3. Encerrado en la jaula de los símbolos heráldicos, un hombre salvaje porta dos escudos en los que vemos un conejo y la cabeza de un moro.

4. Terco y enérgico, este hombre salvaje castellano monta un caballo cuyas riendas y arnés están hechos de ramas entretejidas.

difusionistas como Joseph Jacobs establecieron puntos importantes: se percataron con mayor claridad de que el mito se transmitía con mucha frecuencia sin el contexto cultural que lo había generado, y subrayaron el hecho de que las supervivencias se habían transmitido cuando ya habían alcanzado el estado de supervivencias. A partir de esto Jacobs estableció su teoría de la "supervivencia del cuento popular más apto", de manera que su persistencia y difusión dependía del grado de habilidad artística que se agregaba al mito, que partía de los cuentos "informes y vacíos" de los pueblos salvajes (lo que explicaría la gran influencia de los cuentos de Perrault y de los hermanos Grimm).[15] Como puede verse, en estas discusiones encontramos ya esbozadas las tres grandes interpretaciones que se ofrecen al estudioso de los mitos y su pervivencia: a] el mito *evoluciona* a partir de una fuente primigenia; b] el mito se *difunde* en la medida de su aptitud; c] los mitos derivan de la *identidad* estructural del espíritu humano. Todavía hoy seguimos discutiendo estas interpretaciones, aun cuando se formulan de manera diferente.[16]

Me parece que el cuento de Juan de Hierro, el salvaje enjaulado por el rey, contiene un elemento que nos permitirá arrojar un poco de luz sobre los problemas de la *longue durée* de los mitos, para usar la expresión de Braudel. Este cuento nos presenta un hombre salvaje que se presta bondadosamente a ayudar al hijo del rey, como retribución por haberlo liberado; se trata de un *salvaje noble* que es capaz de hacer a un lado su ferocidad natural para darle poder y riquezas al niño que ha robado la llave para dejar que escapase. Hay que señalar que este hecho paradójico –la existencia de un salvaje bueno– es un aspecto marginal que sólo aparece embrionariamente en la tradición medieval del *homo sylvestris*. Los salvajes eran seres feroces que solían ser cazados por los señores, pues asolaban con su agresividad a los aldeanos. No se suponía que pudiesen ser personajes benefactores. Por su parte, la imagen de las mujeres salvajes se asociaba a veces con la brujería. Un ejemplo característico lo encontramos en un caso narrado por Nicolás de Cusa en un sermón pronunciado en la cuaresma de 1457. Tres viejas de Val di Fassa consideradas medio locas (*semideliras*) habían declarado haber participado en un culto a la *bona domina* llamada Richella y que, durante una ceremonia donde había mucha gente que danzaba alegremente, unos hombres peludos (*irsuti homines*) devoraron a unos niños y a unos hombres que no habían sido bien bautizados; la propia Richella, la "buena señora", según las viejas tenía las manos peludas.[17] Las mujeres salvajes, debido a su carácter maléfico, en ocasiones se entremezclaban con las descripciones de las brujas, pero en general es posible comprobar que estas mujeres de los bosques constituían un grupo de leyendas separadas: las silvanas que menciona Burchard de Worms, la "raue Else" que

---

15. Joseph Jacobs, "The Problem of Diffusion: Rejoinders".

16. Por ejemplo Carlo Ginzburg, en *Ecstasies. Deciphering the Witches' Sabbath*, se enfrenta al problema de las conexiones milenarias de una cadena de variantes o reelaboraciones de un mismo tema, y discute diversas explicaciones a partir de las tres interpretaciones citadas (pp. 213ss, 222 y 225).

17. "Dicuntur eam habere irsutas manus, quia tetigerit eas ad maxillas, et sentiebant esse irsutan" (Dicen que tiene las manos peludas, porque les había golpeado la mandíbula y sintieron que eran peludas), "Ex-Sermone: Haec omnia tibi dabo", *Nicolai Cusae Cardinalis Opera*, II, París, 1514, cc. CLXX verso-CLXXII recto, cit. por C. Ginzburg, *Ecstasies*, p. 145.

5. Este pequeño salvaje, armado de garrote y escudo, aplasta con su pie a una bestia.

6. El unicornio, símbolo de la castidad, sólo podía ser domesticado por una virgen si ésta lograba recostar la cabeza del animal en su falda. Aquí un hombre salvaje apunta su flecha al unicornio, amenazando la virtud de la dama.

seduce a Wolfdietrich, la horrible Faengge de enormes pechos o la peluda Skogsnufra de Suecia. El mejor relato que nos ha llegado de la mujer salvaje medieval lo escribió con gracia extraordinaria Juan Ruiz, el Arcipreste de Hita, en el *Libro de Buen Amor*. La salvaje Alda, la cuarta serrana con que se topa el narrador, notable por su gran lujuria y extrema fealdad, es gigantesca: "Sus miembros e su talla no son para callar, / ca bien creed que era una grand yegua caballar". Es una mujer monstruosa y apocalíptica de cabeza enorme, cabellos negros, ojos hundidos y rojos, grandes orejas, cuello velloso, negro y grueso, largas y gordas narices, boca inmensa, dientes anchos y cara barbada:

> Más ancha que mi mano tiene la su muñeca,
> vellosa, pelos grandes, pero non mucho seca,
> voz gorda e gangosa, a todo home enteca,
> tardía como ronca, desdonada e hueca.
>
> El su dedo chiquillo mayor es que mi pulgar,
> piensa de los mayores si te podrías pagar;
> si ella algún día te quisiese espulgar,
> bien sentiría tu cabeza que son vigas de lagar.
>
> Por el su garnacho tenía tetas colgadas,
> dábanle a la cinta pues qu' estaban dobladas,
> ca estando sencillas darl' yen so las ijadas,
> a todo son de cítola andarían sin ser mostradas.[18]

Todo sentimiento amoroso queda petrificado ante la serrana Alda, horrorosa imagen de salvajismo, cuya agresividad bestial no deja un solo resquicio para la bondad pastoril o la tranquilidad rural. Las serranas con que se encuentra el Arcipreste de Hita son todas, unas más que otras, mujeres salvajes que dan fuertes golpizas al viajero, para después llevárselo a la cama. Una de ellas, la Chata, tras propinarle un golpe con la cayada, lo cargó sobre su robusta espalda, lo llevó a su casa, encendió un fuego para calentarlo, le dio comida y vino, lo desnudó e hizo con él "lo que quiso" (estrofas 959-971). La segunda serrana, Gadea de Río Frío, también lo golpeó, lo llevó a su cabaña y le hizo pagar con el juego de los amantes la comida que le había dado (estrofas 976-983).

Aunque a veces la vida pastoral era asimilada a la condición salvaje, como en el *Libro de Buen Amor*, por lo general se solía distinguir entre los salvajes y los pastores. Un ejemplo lo constituye la *Diana* de Jorge de Montemayor, novela pastoril que tuvo una enorme difusión en el siglo XVI. En ella, aunque algunos pacíficos pastores usan nombres típicos de salvajes (Selvagia, Sylvano), aparecen otros personajes que descienden directamente del *homo sylvestris* medieval y que atacan cruelmente a unas ninfas:

> Y fue que, aviéndose alexado muy poco de adonde los pastores estavan, salieron de entre unas retamas altas, a mano derecha del bosque, tres salvages, de

---

18. Estrofas 1017-1019; ortografía ligeramente modernizada.

7. Las serranas del *Libro de Buen Amor* eran seres tan feroces como esta mujer salvaje peluda, a la que un simio encadenado trata de detener al jalarle la cabellera.

8. El unicornio es montado por una joven salvaje que intenta domarlo.

extraña grandeza y fealdad. Venían armados de coseletes y celadas de cuero de tigre. Eran de tan fea catadura que ponían espanto: los coseletes trayan por braçales unas bocas de serpientes, por donde sacavan los braços que gruessos y vellosos parecían, y las celadas venían a hazer encima de la frente unas espantables cabeças de leones; lo demás trayan desnudo, cubierto despesso y largo vello, unos bastones herrados de muy agudas púas de azero. Al cuello trayan sus arcos y flechas; los escudos eran de unas conchas de pescado muy fuerte. Y con una increíble ligereza arremeten a ellas.[19]

He traído estos ejemplos para ilustrar brevemente la imagen más extendida del hombre salvaje, y contrastarla con la que refleja el cuento de Juan de Hierro, donde aparece un salvaje noble. Lo interesante es que este contraste está conectado a un proceso de transición, que se inicia durante el Renacimiento, que da origen a la versión ennoblecida del hombre de la naturaleza que se desarrolla entre los siglos XVI y XVIII.

Mircea Eliade sostiene que el mito del buen salvaje no es más que un relevo y una prolongación del mito de la Edad de Oro, del paraíso perdido y de la perfección original de los tiempos primordiales, que encontramos tanto en las antiguas civilizaciones europeas y orientales como en las culturas primitivas.[20] Sin duda durante la Edad Media se conservó la imagen mítica del hombre natural descrito por Hesíodo y Horacio, y que fue recogida tanto por Pedro Mártir y Las Casas como por la literatura pastoral. Pero hay que señalar también que durante muchos siglos la cultura religiosa medieval condenó al hombre en estado natural, como se puede comprobar en los numerosos libros de penitencia y tratados confesionales, cuyos autores, como dice Aron Gurevich, "asumían que era inevitable el conflicto entre el *homo naturalis* pecador e incivilizado y el *homo Christianus*, el hombre correcto que sigue las enseñanzas cristianas".[21] Yo creo que el mito del buen salvaje no es simplemente una prolongación de los antiguos sueños en una Edad de Oro perdida, sino que proviene de una mutación en la figura del *homo sylvaticus* medieval, mutación que a su vez se conecta con las leyendas grecorromanas de sátiros, faunos y centauros, como puede verse en los cuadros mitológicos de Piero di Cosimo; el hombre salvaje no es un espectador o un habitante de la naturaleza primordial: él mismo es un ser animal. Los habitantes de la Edad de Oro o del Edén no eran seres salvajes. A diferencia de los pastores que viven pacífica y bucólicamente en contacto con la naturaleza, o de Adán y Eva en el Paraíso, los salvajes son ellos mismos seres semibestiales. En todo caso, más que una lenta evolución del mito del paraíso original, encontramos su *confluencia* conflictiva y contradictoria en el mito del *homo sylvestris*. Es muy probable que esta confluencia se haya producido primero en las creencias populares, donde la influencia de la teología era menos fuerte, y haya pasado posteriormente a las expresiones cultivadas de escritores como Montaigne. Personajes del tipo de Juan de Hierro son indicios de que en la cultura popular

19. *Diana*, pp. 87-88.
20. "Le mythe du bon sauvage", p. 231. Véase además Harry Levin, *The Myth of the Golden Age in the Renaissance*.
21. Aron Gurevich, *Medieval Popular Culture*, p. 26.

9. Las bellas y elegantes salvajes muestran con orgullo sus senos desnudos mientras sostienen el escudo de su dueña. Emparentadas con las horrendas y agresivas serranas del Arcipreste de Hita, estas mujeres salvajes han sido ya completamente domadas por sus señores.

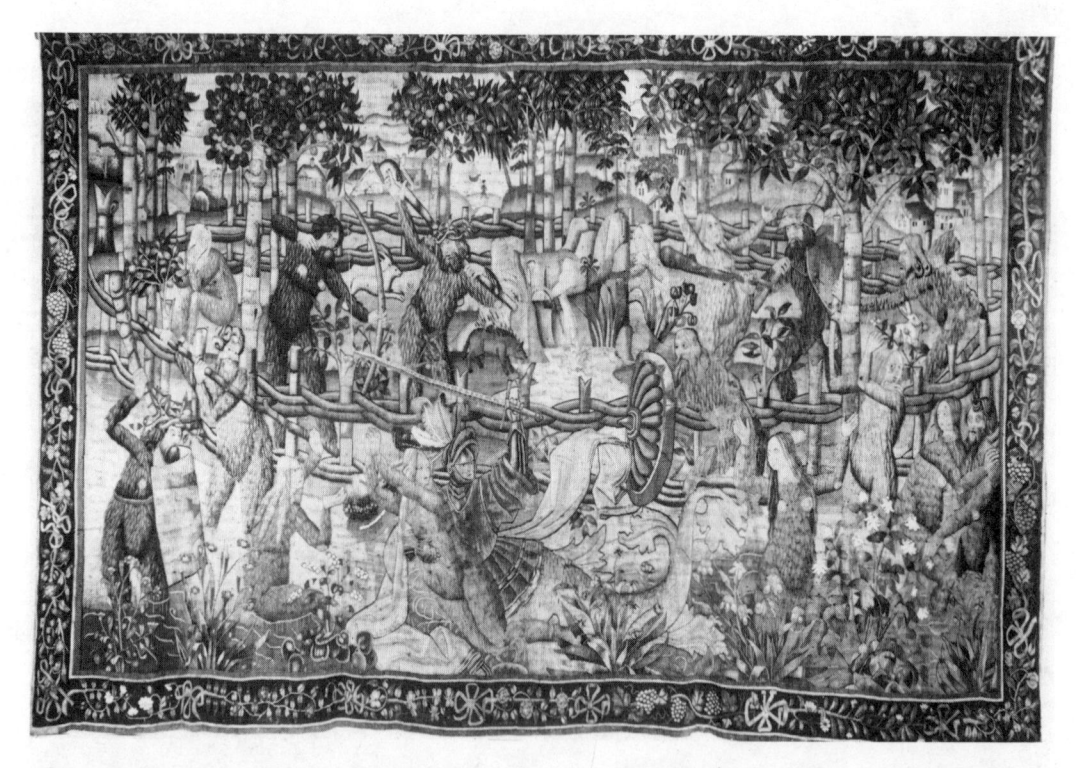

10. En un tapiz del siglo XVI una mujer salvaje es raptada por un extraño monstruo marino que usa armadura y blande una espada, ante el espanto y la resistencia de los compañeros de la dama silvestre.

11. Dos agresivos hombres salvajes son tenantes del escudo de Pedro Fernández de Velasco, en la catedral de Burgos.

12. Los gestos un poco grotescos –uno mira hacia abajo, el otro hacia arriba– quitan solemnidad a estos hombres salvajes que sostienen el escudo de su amo en la capilla del condestable Fernández de Velasco en la catedral de Burgos.

medieval se desarrollaron elementos que, si bien marginales, formaron un punto de partida para el desarrollo de la imagen de un salvaje virtuoso, tan necesaria para la configuración del pensamiento renacentista y moderno. La continuada influencia de la imaginería ligada a la Edad de Oro contribuyó seguramente a modelar las nuevas formas que fue adoptando el mito del hombre salvaje.

También es posible documentar otras tendencias que, en el seno mismo del pensamiento cristiano, auspiciaron una apreciación positiva del hombre salvaje. Con gran sensibilidad Michel de Certeau comprendió que la figura del salvaje emana naturalmente del misticismo y prepara el camino para la definición –por contraste– del *homo economicus*, en la medida en que este último se presenta como el reverso del místico. Al igual que el salvaje, el místico se opone tanto a los valores del trabajo, como al orden económico y político que se consagra en el siglo XVII: iletrado iluminado, monje inflamado o profeta vagabundo, el místico de los siglos XVI y XVII será vencido, pero su silueta aplastada contribuirá a perfilar el hombre nuevo de la modernidad.[22] Estos santos salvajes capaces de comunicarse directamente con Dios tienen una larga historia, desde la época de los padres del desierto egipcio. En el siglo VI Gregorio de Tours hace referencia a un precedente europeo de los místicos salvajes, analizado por Michel de Certeau: se trata de una especie de Cristo salvaje originario de la región de Bourges. Un hombre se internó en el bosque, cuenta Gregorio, para cortar leña y fue atacado por un enjambre de moscas que lo volvió loco: vagó por varias aldeas y llegó a Provenza vestido con una piel de oso para predicar como si fuera Cristo, acompañado de una mujer llamada María. Mucha gente adoraba y rendía culto a este nuevo Cristo salvaje, que tenía la capacidad de profetizar, distribuía entre los pobres las ofrendas que le hacían los aldeanos e incluso robaba para regalar el botín a los miserables. Una de las cosas que más indignó al obispo de Vellavae –quien mandó matar al místico salvaje y torturar a María– es que los seguidores de este santo silvestre danzaban desnudos en forma indecente, sin duda inspirados por el diablo.[23] En el siglo XVI esta tradición mística, cuyo salvajismo radica en saltarse las instituciones religiosas salvadoras para establecer comunicación directa con el Señor, adquiere proporciones importantes; Juan de la Cruz le exige a su Dios:

Acaba de entregarte ya de vero;
   no quieras enviarme
     de hoy ya más mensajero
que no saben decirme lo que quiero.[24]

La animadversión contra los "mensajeros", intermediarios entre los hombres comunes y la divinidad, respondía a un impulso popular que desconfiaba de las instituciones eclesiásticas establecidas, y que contribuyó a crear un clima espiritual propicio para la exaltación de la pobreza, la apertura de caminos de unión con Dios para todos y la reivindicación de la vida salvaje y sencilla. No en balde

22. Véase la cuarta parte, "Figures du sauvage", de *La fable mystique, 1. XVIe-XVIIe siècle* de Michel de Certeau, pp. 277-405.
23. *Historia de los francos*, X: 25, cit. por Aron Gurevich, *Medieval Popular Culture*, pp. 63-64.
24. Juan de la Cruz, *Cántico espiritual*, 6.

13. Desde la altura, un enorme hombre salvaje mira con furia a los feligreses que acuden a la catedral de Ávila.

14. En esta pintura catalana de Pere Vall, de Cardona, vemos al salvaje Onofre cuya desnudez contrasta con la severa figura vestida del otro santo, quien posiblemente es san Benito, un monje que advirtió sobre los peligros de la vida solitaria y salvaje. Onofre representa a los santos salvajes místicos capaces de comunicarse directamente con Dios y que rechazaban los intermediarios eclesiásticos.

la teología institucional veía con malos ojos a los místicos que, como el maestro Eckhart, propiciaban que mucha gente creyese en la posibilidad de unirse con el mismísimo ser de Dios: temían que ello pudiese tener –y de hecho tuvo– serias consecuencias teológicas y políticas.[25] Una de las consecuencias del nuevo espíritu fue, sin duda, el gran movimiento reformista encabezado por Lutero. Por lo que se refiere al tema que nos ocupa, desde el siglo XV encontramos en tapiceros, grabadores y pintores, con actitudes a veces más sensibles a la cultura popular que los escritores, la expresión iconográfica de salvajes nobles haciendo una vida familiar pacífica en los bosques y las montañas. Estudios recientes han mostrado la importancia de la polaridad salvaje/domesticado en los tapices de Basilea y Estrasburgo del siglo XV, donde se muestra una gran variedad de hombres salvajes que aparecen con frecuencia en escenas paradisiacas, pastorales y agrícolas.[26] A lo largo de los siglos XV y XVI diversos grabadores y pintores desarrollaron la nueva imagen de un hombre salvaje pacífico capaz de vivir en familia monógama con sus hijos: Martin Schongauer, Jean Bourdichon, el Maestro bxg y Hans Schäufelein nos han dejado grabados e ilustraciones con imágenes de este nuevo hombre silvestre que representa una alternativa idílica y virtuosa a los males del mundo civilizado. Este último hizo un grabado en 1530 para ilustrar un poema de Hans Sachs; el texto es uno de los más sintomáticos e interesantes ejemplos de la transición del mito del hombre salvaje. El grabado que lo ilustra representa una mujer salvaje desnuda mirando a su pareja, un hombre salvaje que sostiene un largo garrote; ambos llevan guirnaldas en la cabeza y ramas de vid enrolladas en sus cuerpos velludos cubren sus sexos; acarician la cabeza de dos niños salvajes, uno de los cuales sostiene a un perro con una correa.[27] El poema de Hans Sachs no puede menos que hacernos meditar sobre el hecho de que hace más de cuatro siglos este poeta utilizó el mito del *homo sylvestris* de manera similar a como hemos visto que Robert Bly lo ha hecho en los Estados Unidos de hoy Hans Sachs –el más célebre de los maestros cantores, gracias a Wagner– conocía perfectamente la leyenda del hombre salvaje, pero decidió en uno de sus poemas presentarnos su imagen invertida bajo la forma de unos seres puros, sencillos y humildes que denuncian las atrocidades de la sociedad mundanal. El poema está construido en la típica forma monótona de las *doléances* o *Klagreden* medievales que expresaban quejas lastimeras contra los males del mundo.[28] Su título es revelador: *Lamento de los salvajes del bosque sobre el pérfido mundo;*[29] comienza así:

Oh Dios, qué podredumbre en todo el mundo

---

25. Véase al respecto Steven Ozment, *The Age of Reform, 1250-1550. An Intellectual and Religious History of Late Medieval and Reformation Europe*.
26. Véase Anna Rapp Buri y M. Stucky-Schürer, *Zahm und Wild. Basler und Strassburger Bildteppiche des 15. Jahrhunderts*.
27. El grabado de Hans Schäufelein, inspirado en el *Adán y Eva* de Durero, a su vez se convirtió en un modelo que fue copiado con frecuencia. Véase, por ejemplo, una copia realizada por David de Negker (activo en Augsburg y Viena entre 1545 y 1587), reproducida en Walter L. Strauss, *The German Single-Leaf Woodcut, 1550-1600. A Pictorial Catalogue*, tomo 2, p. 800. El grabado de Schäufelein lo reproduje en *El Salvaje en el espejo*, p. 99.
28. Véase Ch. Schweitzer, *Étude sur la vie et les oeuvres de Hans Sachs*.
29. Hans Sachs, *Werke*, vol. III, pp. 561-64.

Con qué fuerza se impone la perfidia
Qué dura prisión sufre la justicia
Y la injusticia, con qué fuerza brilla
Cómo se honra hoy en día al usurero
Cuánto trabajo para malvivir
Qué alto precio nos cuesta el bien común
Y qué arduo obtener el propio bien
Cómo crece el abuso en las finanzas
Cómo los intereses se incrementan
Con qué descaro es ley la violencia
Con qué dureza la verdad se impone
Cómo se pisotea la inocencia
Cuánto cuesta barrer del mundo el vicio
Cómo corre la sangre por doquier
Y no hay castigo que se dé por bueno
A cuánta ostentación lleva el ser rico
Cómo se menosprecia la pobreza
Cómo el saber se oculta tras la puerta
Cómo imperan riqueza y violencia
Y cómo languidece la piedad
Cómo gana terreno la mentira
Cómo la envidia implacable gobierna
Cómo se hiela la fraternidad
Cómo se apaga la fidelidad
Cómo no queda nadie solidario
Y cómo la humanidad se ha evaporado[30]

Aunque Hans Sachs era una persona fundamentalmente religiosa, que apoyó con incansable fervor a Lutero, su obra se encuentra en las antípodas del misticismo: la suya es una poesía terrenal que trata los temas de la vida cotidiana que preocupaban a las personas comunes y corrientes; como ha escrito Mary Beare, era "un zapatero –un hombre ordinario– que escribía para el hombre de la calle", que no se interesaba por los misterios de la naturaleza o del alma ni se preocupaba por invitar a una sublime renuncia ante los males del espíritu; no era el cantor angustiado que presenta Wagner en la ópera *Die Meistersinger von Nürnberg*.[31] Hans Sachs posiblemente tomó su figura del hombre salvaje del popular carnaval de Nuremberg, donde desfilaban actores con los típicos disfraces de hierba y hojas, rodeados de una turba infernal de seres monstruosos, y lanzando fuegos artificiales.[32] No le preocupó la dimensión metafísica o teológica del *wilde Mann*, pero decidió despojarlo de su naturaleza maléfica para ponerlo como un ejemplo de conducta virtuosa, enfrentada a la corrupción mundanal de la que se queja en repetitiva jeremiada:

30. Versos 1-27, traducción de Feliu Formosa realizada especialmente para este libro. En las siguientes páginas el lector irá encontrando la traducción de todos los 128 versos de que consta.
31. *Hans Sachs: Selections*, ed. por Mary Beare.
32. Richard Bernheimer, *Wild Men in the Middle Ages*, pp. 61-62.

15. Esta pareja de salvajes, en un libro de horas de 1498, nos recuerda los mitos del paraíso primordial.

16. Como si fueran Adán y Eva, estos dos seres peludos reciben a los visitantes que llegan a la catedral de Valladolid.

17. Las parejas de salvajes, aunque en ocasiones se representaban como Adán y Eva, eran sin embargo lúbricos y peligrosos seres semibestiales que intercambiaban signos incomprensibles, como los vemos en este manuscrito inglés del siglo XIV.

> Qué malherida ha quedado la fe
> Cómo se ha reducido la paciencia
> La devoción, cómo se ha ido extinguiendo
> Y se hace burla de la disciplina
> La castidad, qué triste muerte sufre
> Y la simplicidad, cómo se pudre
> Cómo fenece cualquier amistad
> Cómo domina la concupiscencia
> Qué grande y vacuo el lujo cortesano
> Qué gran poder la adulación ostenta
> Cómo se extiende la difamación
> Con qué gusto se escucha a los chismosos
> Cuánta falsía hay en todas las cosas
> Cómo las artes se han devaluado
> Cómo la necedad llena la tierra
> Qué rareza se ha vuelto la templanza
> Y la ecuanimidad, qué cosa extraña
> Cómo la paz tiene que doblegarse
> Cómo se ensalzan la guerra y la muerte
> Qué excesivo el honor que se recibe
> Qué inmotivado el mérito alcanzado
> Qué interés egoísta hay en el juego
> Cómo ha crecido la rapacidad
> Con qué desfachatez roba la gente
> Cómo flota la astucia en todo tiempo
> Cómo es común blasfemar contra Dios
> Qué poco importa el falso juramento
> Cómo en el adulterio no hay oprobio
> Y el propio confesor es un vicioso
> [vv. 28-56]

Hay que señalar que el uso de una figura bestial para poner en su boca lamentos, quejas e ironías contra las miserias y perversiones humanas es un recurso frecuente en la literatura medieval. El mismo Sachs escribió otro poema donde el quejoso es un lobo mucho menos malo que el hombre, "aunque no es más que un animal sin razón, que no ha recibido como herencia ni la capacidad de discernir el bien del mal, ni la revelación de la santa doctrina cristiana, con su promesa de vida eterna".[33] El *Lamento del lobo sobre los malvados hombres*, que usa la misma irónica inversión de valores que el *Lamento de los hombres salvajes*, tiene su raíz en la antigua tradición, que se extendió durante el Medioevo, de contrastar el comportamiento animal con el humano, o de trasladar las costumbres sociales a personajes animales. Dos ejemplos importantes son el *Roman de Renart* y, de Ramon Llull, el *Llibre de les bèsties*. Encontramos en Sachs la continuación de esta tradición medieval, la misma que podemos reconocer en el cuento de Juan de Hierro,

---

33. *Die wolfsklag über die bösen menschen*, Werke, III, p. 554.

donde el horrible hombre salvaje, que ayuda al niño, es un ser benéfico que contrasta con la extrema perversidad del rey. Al igual que el lobo, los hombres salvajes hablan como teólogos:

> Qué ciega llega a ser la hipocresía
> Y qué iracunda es la tiranía
> Cuánta insolencia hay en la juventud
> Cómo los viejos viven sin virtud
> Qué desvergüenza tiene la mujer
> Cuánta brutalidad hay en el hombre
> Qué desleal es nuestra sociedad
> Y cuánta confianza mal vendida
> Cuánta verdad ha sido escarnecida
> Cuántas culpas han sido canceladas
> Cómo la buena vecindad se pierde
> Qué falta de prudencia en los hogares
> Qué grosería en el saber humano
> Cómo cada desgracia se aprovecha
> Qué necia es hoy la Cristiandad entera
> Qué excepcional la santidad se ha vuelto
> La ley de Dios, qué poco se respeta
> Qué mal nos preparamos a morir
> De lo eterno, qué poco se nos da
> Y qué importancia damos a lo efímero
> La palabra de Dios, qué fútil suena
> Y qué poco se vive según ella
> Cómo vive amargado el mundo todo
> Plagado de mentira y liviandad
> Y en mi Summa Summarum, brevemente
> Digo lo bueno y lo malo del mundo
> El mundo tratará con gran respeto
> Cuanto de astuto hay sobre la tierra
> Y escarnecido y engañado es
> El hombre honrado siempre y por doquier
> [vv. 57-86]

El mismo recurso de comparar el odioso mundo humano con el de las fieras fue usado un siglo después por Gracián, como veremos, para exaltar al hombre de la naturaleza, que ha nacido entre las bestias, frente a una humanidad perversa; en *El criticón* dice que "si los hombres no son fieras es porque son más fieros, que de su crueldad aprendieron muchas veces ellas" y que se hallarán "muy pocos hombres que lo sean; fieras sí, y fieros también, horribles monstruos del mundo".[34] Hay, pues, una continuidad en el uso del hombre feral o de los animales como recurso irónico. Y sin embargo encontramos, embrionariamente en el

---

34. *El criticón*, I, crisi iv.

18. Los hombres y mujeres salvajes, antes de ser domesticados para convertirlos en inofensivos tenantes de escudos, formaban parte de una teratología medieval. El hombre salvaje en este manuscrito inglés del siglo XIV tiene una segunda cabeza incrustada en el trasero.

poema de Sachs y en forma desarrollada en Gracián, un cambio fundamental: lo que era un rasgo marginal de la literatura folklórica o un recurso satírico para criticar a la sociedad, se va convirtiendo en una idea fundamental en el pensamiento europeo. Me refiero a la noción de que el lado natural o animal del hombre tiene un carácter benévolo y virtuoso. No es que la idea estuviese ausente de la cultura europea, de ninguna manera: lo que observamos ahora es su codificación en una poderosa figura mítica capaz de sintetizar alegórica y metafóricamente un problema esencial en la gestación de la identidad de la civilización occidental. El mejor analista del tema del *homo sylvestris*, Richard Bernheimer, comparó no sin un dejo de ironía esta tradición que se observa en Hans Sachs con las transformaciones experimentadas por los filósofos de la Ilustración: el pecado original no se extiende al hombre salvaje, que se comporta con bondad sin hacer ningún esfuerzo ni contar con ayuda sobrenatural, lo que nos recuerda a Rousseau "cuando nos damos cuenta de que esta recompostura de la personalidad humana no se debe a un proceso interno de purificación, sino meramente a un cambio de su ambiente social, un retorno a la vida natural que, a través de una alquimia extraña e inexplicable, se muestra capaz de transmutar el alma del hombre y expulsar el mal de ella".[35] Esta rara alquimia hace referencia precisamente al problema que estoy exponiendo, el de la transmutación del mito del hombre salvaje. Lo que observamos, afirma Bernheimer, es un cambio histórico del medio social, que ahora necesita proyectar el mito de la bondad natural del hombre. Efectivamente, los mitos —como he concluido en otro texto— no contienen las causas de su evolución, sino que su misma constitución parece condenarlos a la inmutabilidad y, por ello, a morir si el ambiente social y cultural se transforma. Lo que nos permite entender su permanencia es que ciertas facetas del mito, muchas veces marginales, se adaptan a las nuevas condiciones.[36] En la parte final del poema Hans Sachs desarrolla las facetas marginales del mito del hombre salvaje, al mismo tiempo que conserva los rasgos típicos que permiten identificarlo:

---

35. Bernheimer, *Wild Men in the Middle Ages*, p. 115.
36. En Roger Bartra, *El Salvaje en el espejo*, p. 192. Allí planteo un paralelismo entre las teorías sobre la evolución biológica, basadas en equilibrios puntuados, y el desenvolvimiento de los mitos. La extraordinaria plasticidad de la materia mítica puede ejemplificarse en el caso concreto de Enrique el Joven, príncipe de Brunswick-Wolfenbüttel que, por su carácter belicoso y sus acciones destructivas, se ganó el sobrenombre de Wilde Mann von Wolfenbüttel; su personalidad odiosa y sanguinaria dio lugar, también, a la leyenda de que se había convertido en un hombre-lobo (como el antiguo Licaón). En 1539 este agresivo antirreformista mandó hacer monedas de plata con su efigie y en el reverso la figura de un hombre salvaje. Este salvaje del nuevo tálero de Enrique de Brunswick mostraba una innovación peculiar: en su mano izquierda sostenía lo que parece ser un haz de llamas (y en la mano derecha esgrimía el tradicional garrote). Independientemente de la simbología que inspiró esta nueva representación, en la época fue interpretada como una señal agresiva y como una amenaza de incendiar poblaciones enemigas. Recordemos que la imagen del hombre salvaje también fue usada por Melchior Lorch en 1545 en un famoso grabado que representa al papa como un monstruoso salvaje, velloso y desnudo. Así, lo que inicialmente fue una recuperación del folklore de las montañas de Harz (de donde provenía la plata para fabricar los táleros) y posiblemente una alusión a la importancia de la minería en los dominios del príncipe Enrique, se convirtió en una metáfora sobre su malignidad. Véase el detallado y erudito estudio de este tema en F. J. Stopp, "Henry the Younger of Brunswick-Wolfenbüttel. Wild Man and Werewolf in Religious Polemics, 1538-1544".

Y así es tan falso el mundo y tan cubierto
De falsedad y de infidelidad
Que a la fuerza tenemos que escapar
Pondremos casa en el bosque salvaje
Con nuestros hijos faltos de instrucción
Es lo que el falso mundo nunca busca
Frutos silvestres son nuestro sustento
Recogemos raíces de la tierra
Y bebemos de fuentes cristalinas
Nos calentamos a la luz del sol
Con hierbas y follaje nos vestimos
Y nos sirven de cama y de cobija
Una cueva en la roca es nuestra casa
De donde nadie expulsa a los demás
Y nuestras reuniones y festejos
En el bosque las fieras los comparten
Como no les hacemos daño alguno
Ellas nos dejan movernos en paz
Y en el lugar desierto que ocupamos
Nos van naciendo los hijos y nietos
Viviendo unidos y en fraternidad
Entre nosotros nunca hay altercados
Y cada uno hace por los otros
Lo que quisiera que hiciesen por él
De nada temporal nos ocupamos
Cada mañana hallamos alimentos
Y no tomamos más que los precisos
Y a Dios damos las gracias por tenerlos
Si enfermedad o muerte nos abaten
Sabemos que de Dios nos han venido
Y Él hace lo mejor para nosotros
Así con humildad y sencillez
Aquí abajo pasamos nuestro tiempo
Hasta que un día se produzca un cambio
Por todo el ancho mundo, cuando todos
Se hayan vuelto leales y piadosos
Y prefieran ser pobres y sencillos
Tal vez entonces salgamos del bosque
Y habitemos entre la turba humana
Aquí hemos esperado muchos años
A que crezcan virtud y honestidad
Que ocurra pronto os desea Hans Sachs.
[vv. 87-128]

El tema de la bondad básica del hombre natural fue desarrollado admirablemente en la misma época, pero en el otro extremo de Europa, por fray Antonio de Guevara, el gran moralista franciscano español cuya prosa influyera en Montaigne y en toda la cultura europea del siglo XVI.[37] En una famosa narración contenida en el *Reloj de príncipes* aparece un personaje, el villano del Danubio, que es una de las más antiguas encarnaciones del buen salvaje. El texto, escrito hacia 1520 y publicado en 1529, pone en boca del emperador Marco Aurelio la historia de un villano que se presenta ante el senado romano para exponer las desdichas y penurias de los pueblos del Danubio sojuzgados por Roma. Este personaje, cuyo nombre es Mileno, es caracterizado como un hombre salvaje, con sus atributos típicos: peludo y barbado, lleva un árbol en la mano y más parece una bestia que un ser humano. El paralelismo entre el poema de Sachs y el discurso del villano del Danubio ante el senado es un síntoma revelador de que en Europa una nueva forma de pensar se está tejiendo en torno al mito del hombre salvaje. El villano expresa quejas similares a las que Sachs puso en boca de los hombres salvajes:

> Yo veo que todos aborrecen la soberbia, y ninguno sigue la mansedumbre; todos condenan el adulterio, y a ninguno veo continente; todos maldicen la destemperanza, y a ninguno veo templado; todos loan la paciencia, y a ninguno veo sufrido; todos reniegan de la pereza, y a todos veo que roban.[38]

Este admirable villano salvaje tiene una figura horrenda y animal que contrasta con la extraordinaria racionalidad con que expresa las quejas de un pueblo aplastado y humillado por el imperialismo romano. Su aspecto físico es una versión masculina de las agresivas serranas del Arcipreste de Hita:

> Tenía este villano cara pequeña, los labios grandes y los ojos hundidos, el color adusto, el cabello erizado, la cabeza sin cobertura, los zapatos de cuero de puerco espín, el sayo de pelos de los de cabra, la cinta de juncos marinos, y la barba larga y espesa, las cejas que le cubrían los ojos, los pechos y el cuello cubierto como oso, y un acebuche en la mano. Por cierto, cuando yo le vi entrar en el Senado, imaginé que era algún animal en figura de hombre, y después que le oí lo que dijo, juzgué ser uno de los dioses, si hay dioses entre los hombres; porque si fue cosa de espanto ver su persona, no menos fue cosa monstruosa oír su plática.[39]

---

37. Se sabe que el *Reloj de príncipes* era el libro favorito del padre de Montaigne.
38. "El villano del Danubio", pp. 161-62.
39. Ibid., p. 160. Ha sido J. M. Gómez-Tabanera quien ha destacado la relación entre Mileno y el tema medieval del hombre salvaje; véase "«La plática del villano del Danubio», de fray Antonio de Guevara, o las fuentes hispanas de la concepción europea del «mito del buen salvaje»". El tema del villano del Danubio fue adaptado a un romance popular, que lo llama Juan Melendro y lo describe con estos versos: "Por esas puertas romanas / entra un rústico villano, zapato ni zaragüelle / en su vida no ha calzado, / unas abarcas calzaba / de un perro mal enlanado, / un sayo lleva berrendo / y un jubón desabrochado, / cinto de juncos marinos / lleva a su cuerpo apretado, / en el hombro su capote / y el dedo al cinto agarrado, / en su mano un acebuche / cachituerto y mal labrado, / la barba toda revuelta, / el cabello apelmazado..." (Lucas Rodríguez, *Romancero historiado* [1585], pp. 257-59). Otra versión del tema de Guevara fue elaborada por Jean de La Fontaine en sus fábulas de 1679, quien llamó "sauvage" (v. 87) al villano y lo dibuja así: "Son menton nourrissait une barbe touffue; / Toute sa personne velue / Représentait un ours mal léché: / Sous un sourcil épais il avait l'oeil caché, / Le regard de travers, nez tortu, grosse lèvre, / Portait sayon de poil de chèvre, /

19. Este hombre salvaje castellano que se apoya triste en un escudo podría ser el admirable villano del Danubio que imaginó fray Antonio de Guevara.

He mencionado hasta ahora cuatro ejemplos que ilustran sintéticamente la manera en que el mito del hombre salvaje se expresaba en las grandes tendencias que cruzaron el turbulento siglo XVI europeo: el paganismo que pervivía en el folklore (cuento de Juan de Hierro), el misticismo que exaltaba la comunicación natural con la divinidad, el espíritu popular de la Reforma que criticaba agriamente la corrupción mundanal (Sachs) y el humanismo renacentista cristiano que rescataba la voz de los oprimidos (Guevara). Es importante destacar que estas manifestaciones del mito provienen de contextos culturales, religiosos y políticos completamente diferentes y, en no pocas ocasiones, totalmente opuestos. Lo mismo se puede decir que ocurre con las expresiones más cultas y sofisticadas del mito, como las que encontramos en Ariosto, Montaigne, Shakespeare, Spenser y Cervantes. Ciertamente, Orlando, Cardenio, el caníbal americano, Calibán y Sir Satyrane pertenecen a contextos culturales heterogéneos y contradictorios; no obstante, como he mostrado en otro lugar,[40] en su conjunto constituyen la figura del salvaje renacentista que anuncia ya, trágica e irónicamente, el advenimiento de la modernidad.

Et ceinture de joncs marins" (*Fables*, XI:7, vv. 11-17). Al parecer La Fontaine no copió la trama directamente de Guevara, sino del manuscrito de los *Parallèles historiques* de Cassandre (publicado en 1680 por el mismo editor de las *Fábulas*), donde aparece una traducción del texto del moralista español.

40. Bartra, *El Salvaje en el espejo*, capítulo VII.

II
¿Salvajes o demonios?

La continuidad del mito del hombre salvaje, que atraviesa las más diversas fronteras, nos revela la presencia de un proceso profundo que transcurre a pesar de las enormes diferencias contextuales. Gracias a sus raíces en la cultura popular, la figura del hombre salvaje se desarrolla en los estratos más profundos de la mentalidad europea. Su resurgimiento en la literatura y el arte del Renacimiento lo prueba. El mito del hombre salvaje contradice muchas de las concepciones dominantes, pero como su forma peculiar de manifestarse en el arte y la literatura evita la confrontación, su influencia polivalente se va expandiendo por los más variados canales. El mito, esencialmente laico y profano, forma parte de una tendencia que aprovecha la materia mítica antigua y medieval para ampliar la noción secular de una base natural del comportamiento humano. Mucho después, en los siglos XVII y XVIII, las nuevas ciencias naturales asegurarán el avance impetuoso del mito, que se convertirá en una de las ideas motrices más poderosas de la modernidad. Pero para que ello pudiese suceder, el mito del salvaje realizó un lento trabajo de preparación de un terreno secular que permitiese pensar y sentir los problemas morales y políticos sin necesidad de acudir a las instancias sagradas. Para ello el mito tuvo que adaptarse a las diversas texturas del gran tapiz de la cultura europea del siglo XVI: el salvaje renace como sátiro cariñoso, virtuoso luterano, místico iletrado, aldeano católico, monstruo bondadoso, ironía erótica, caballero gótico, furia pasional, antropófago o melancólico. Un panorama más completo del inmenso mosaico del mito del hombre salvaje durante el complejísimo proceso de transición que fueron los diversos renacimientos europeos (desde el temprano italiano hasta los tardíos alemán y español) sólo puede ser fruto de una larga y ardua búsqueda; esta tarea se encuentra aún en sus etapas iniciales, de manera que sólo contamos con indicios relativamente aislados de la casi increíble plasticidad de este mito. No obstante, es posible abordar el examen de su plasticidad de otra forma: en espera de que las piezas del rompecabezas se vayan acumulando, podemos fijar nuestra atención, de manera experimental, en algún caso singular y concreto en el que podamos estudiar una combinatoria de ingredientes tradicionales culturalmente heterogéneos que produzca un resultado (una mutación) capaz de insertarse en forma nueva en las tendencias que modelan la incipiente fisonomía de la modernidad occidental. Una mutación de este tipo ocurrió, como ya lo observé, en los cuadros mitológicos de Piero di Cosimo.

Creo que el grabado al buril llamado *Hércules* de Durero puede también ser un

20. En este grabado de 1498 Durero dibujó, como en una tragicomedia, la gran mutación renacentista del hombre salvaje. El sátiro forma, con su ninfa y el niño, una familia que es defendida por un hombre salvaje desnudo de la furiosa mujer vestida.

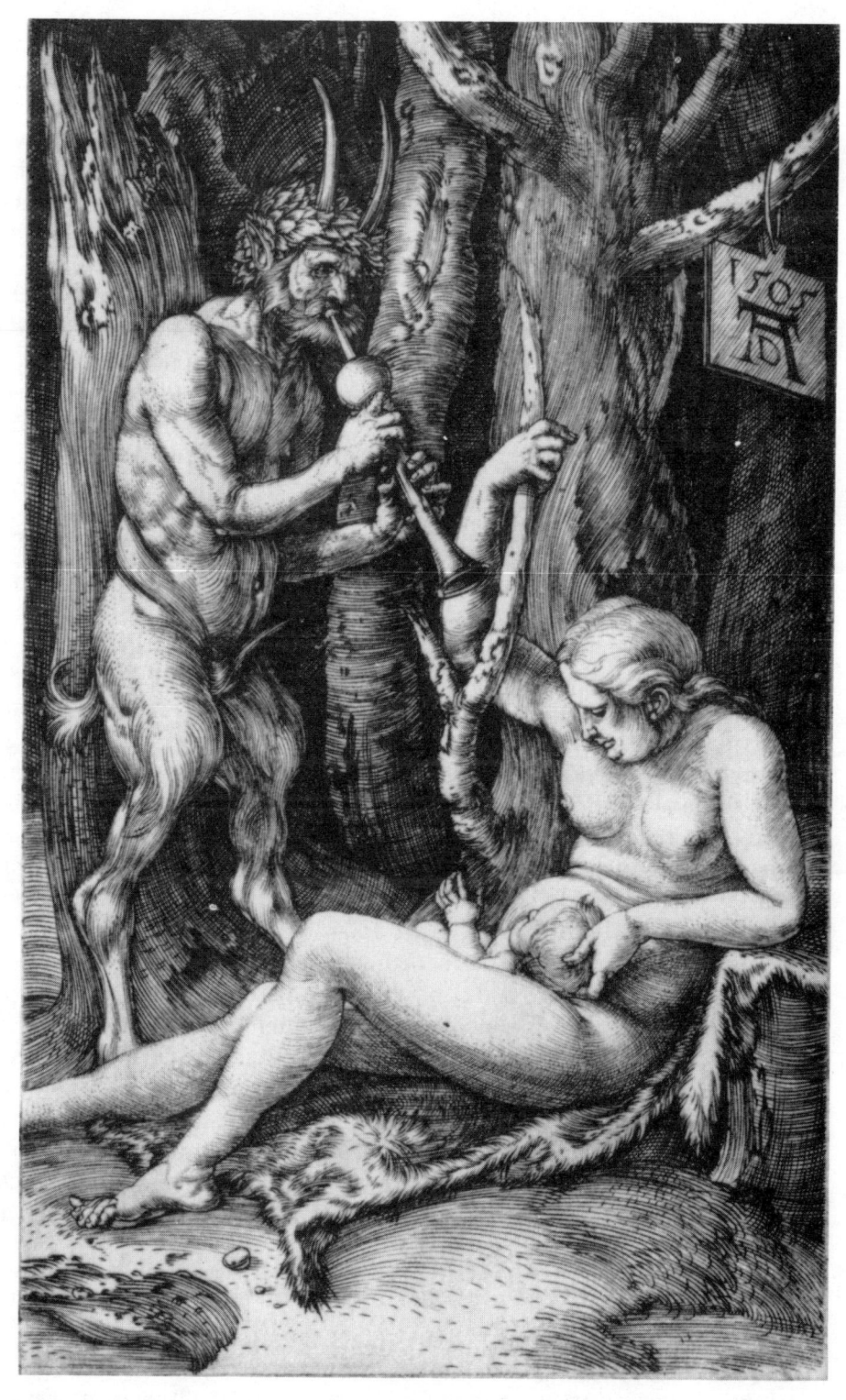

21. Este grabado de Durero, de 1505, podría representar el momento en que el sátiro y su familia gozan de idílica tranquilidad, antes de ser interrumpidos por la rabiosa mujer que los amenaza con un palo en el grabado de 1498.

fértil campo de experimentación. En este grabado, realizado en 1498, aparece un tema extraño e insólito: un sátiro con su familia (su mujer está recostada sobre él y su niño está corriendo, sujetando un pájaro en la mano). En otro grabado, fechado en 1505, Durero presenta de nuevo el tema de la familia del sátiro, pero esta vez sin los otros dos personajes que aparecen en el grabado de 1498. La diferencia es que, mientras en el segundo grabado la familia está gozando idílica y tranquilamente de la paz silvestre, en el primer grabado están asustados por la amenaza de una mujer que blande un garrote para golpearlos. Lo extraño y novedoso de estos grabados radica en que representan al ser más lúbrico y libertino de la mitología antigua en el paradójico papel de un bondadoso padre de familia, cariñoso con su esposa. Se trata de una auténtica mutación, ocurrida en Alemania a fines del siglo XV: allí los sátiros no eran conocidos, y su imagen fue introducida en el norte de Europa por Durero, quien los descubrió durante su viaje por Italia, dónde los artistas renacentistas los habían estado reproduciendo con frecuencia. Pero los sátiros y faunos que pintaban los italianos eran una representación del vicio, la borrachera y la lascivia; se asociaban a los rituales dionisiacos y báquicos. En contraste, los sátiros de Durero son la imagen de un prudente *paterfamilias* cuyo origen puede encontrarse, como ha sugerido un excelente estudio de Lynn Kaufmann,[1] en las tradicionales representaciones de las idílicas familias salvajes del siglo XV, y que podemos ver en los grabados de Jean Bourdichon y del Maestro bxg, así como en varios tapices de Basilea y Estrasburgo.[2] La inspiración italiana del grabado de Durero resulta aún más evidente si examinamos sus fuentes iconográficas; por ejemplo, la joven desnuda y el brazo del sátiro fueron copiados de la *Batalla de los dioses marinos* (1494) de Andrea Mantegna; el niño que corre atemorizado es una reproducción de los típicos *putti* renacentistas. Pero Durero es responsable de la adaptación de estos seres libidinosos al contexto de una familia de salvajes nobles, idea que desarrolló gracias a su asociación con el artista veneciano Jacopo de' Barbari, quien también hizo un grabado con el tema de la familia del sátiro hacia 1503 o 1504.[3] El grabado de Jacopo y el de Durero –donde aparecen las familias del sátiro– se convirtieron, sintomáticamente, en un influyente estereotipo que fue copiado repetidas veces, aun en Italia, donde no podía dejar de sorprender la insólita mutación del feroz y lúbrico sátiro.[4] Así, gracias a Durero, el lujurioso sátiro del sur se fundió con el noble *wilde Mann* del norte. En el grabado de Durero encontramos otra mutación sintomática, esta vez en la figura del hombre desnudo que con su garrote, hecho de un árbol desenterrado, enfrenta el ataque de la mujer vestida. Pero aquí nos topamos con una complicada discusión sobre la manera de interpretar el grabado de Durero. La interpretación más aceptada es la de Erwin Panofsky, quien identifica al hombre

1. Lynn Frier Kaufmann, *The Noble Savage: Satyrs and Satyr Families in Renaissance Art*, p. xx.
2. Véase A. Rapp Buri y M. Stucky-Schürer, *Zahm und Wild. Basler und Strassburger Bildteppiche des 15. Jahrhunderts*.
3. En la misma época (1504-1505) Durero realizó el dibujo de un centauro y una satiresa; también dibujó a una mujer centauro amamantando a sus pequeños.
4. Piero di Cosimo, en su óleo *El descubrimiento de la miel* (1505-10), pinta una familia de sátiros: la satiresa aparece amamantando al pequeño mientras el padre señala la alegre bacanal que ocurre en torno al viejo tronco de un árbol. El tema de la familia del sátiro fue representado también por Benedetto Montagna, Andrea Riccio y Giovanni Battista Palumba, entre otros.

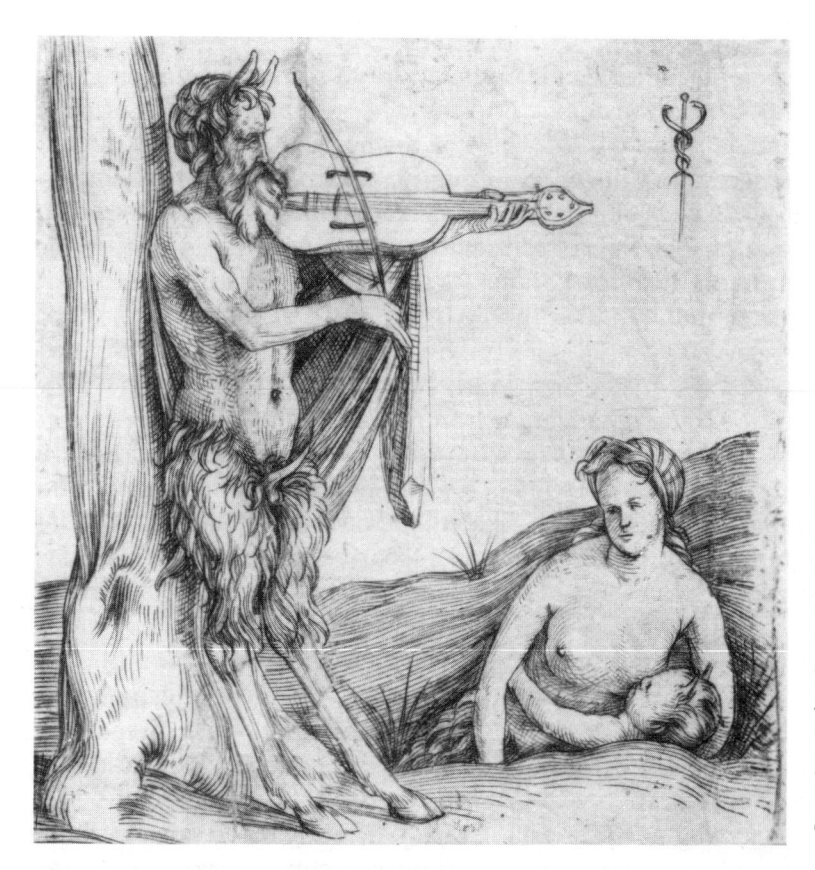

22. La idea del noble sátiro y su familia fue desarrollada por Durero gracias a su asociación con el artista veneciano Jacobo de' Barbari, quien hizo un grabado sobre el tema en la misma época.

desnudo como Hércules, a quien se le ve indeciso entre el camino del placer (el sátiro y la ninfa) y la senda de la virtud (la mujer que ataca a la pareja). Panofsky fundamenta su interpretación principalmente en dos datos: primeramente, el propio Durero en su diario habría hecho alusión a un grabado de Hércules, que por su tamaño podría corresponder al que estamos discutiendo.[5] En segundo lugar, el grabado podría referirse a una leyenda contada por Jenofonte según la cual Hércules, de joven, habría tenido que escoger entre dos bellas damas, una lasciva y otra honesta; la primera lo invitaba a gozar del placer de la lujuria, la segunda le habló de las virtudes morales de una vida virtuosa. Hércules, es sabido, optó por el camino penoso de la virtud.[6] Por estas razones Panofsky puso un nuevo título al grabado: *El combate de la Virtud y el Placer en presencia de Hércules* (Adam von Bartsch lo había llamado *Los efectos de los celos*).

Sin embargo, otro estimulante análisis del grabado, hecho por Edgar Wind, señala que Hércules no parece intervenir en apoyo de la Virtud, sino que más bien mantiene una actitud mediadora.[7] Wind explica que, según él, se trata de la repre-

---

5. Durero enumera grabados por tamaño: *Adán y Eva, Jerónimo en la celda,* el *Hércules,* el *Eustaquio,* la *Melancolía,* la *Némesis,* y después las medias hojas que representan tres *Marías,* la *Verónica,* el *Antonio,* la *Natividad* y la *Cruz*; después se refiere a ocho grabados en cuartos de hoja. El grabado que estamos analizando podría corresponder, por su tamaño, al *Hércules*; aunque plausible, ello no deja de ser una suposición. Véase Kaufmann, *The Noble Savage,* p. 46.

6. E. Panofsky, *Hercules am Scheidewege.*

7. Edgar Wind, "'Hercules' and 'Orpheus': Two Mock-Heroic Designs by Dürer".

sentación cómico-heroica de Hércules Gallicus, adorado por los antiguos galos como un dios de la elocuencia (basa esta interpretación en el peculiar casco en forma de gallo, la corona de laurel y la boca abierta del héroe). De hecho, el mismo casco de gallo lo usa uno de los adoradores de la Bestia, un soldado, en un grabado en madera de la serie sobre el Apocalipsis (*El monstruo marino y la bestia con cuernos de cordero*).[8] La corona de laurel es idéntica a la guirnalda de una de las cuatro brujas de un grabado de 1497. Panofsky respondió a estas observaciones de Wind señalando que el gallo era un símbolo de valentía, victoria y vigilancia, un signo bélico que no sería impropio para un joven héroe como Hércules, futuro matador de leones.[9] Habría que agregar que el gallo en la cabeza del hombre desnudo podría ser un toque carnavalesco e irónico; recordemos que durante el carnaval en Francia desfilaban, con sus fuelles (*follis*), las llamadas cofradías de locos, cuyos integrantes iban tocados con el *coqueluchon*, una capucha rematada con una cabeza de gallo.[10] Es interesante señalar que el modelo para el hombre desnudo lo tomó Durero de un dibujo suyo, de 1495, que ilustra el rapto de las sabinas, y que a su vez está inspirado en *Los diez desnudos* de Antonio Pollaiuolo.[11]

Hay una tercera interpretación que a mí me parece más acertada. Lynn Kaufmann señala que la intención burlona que Wind ve en la representación de Hércules se basa en el presupuesto falso de que el sátiro y la mujer desnuda representan el vicio.[12] La pareja más bien debe ser asimilada al modelo de la familia de salvajes nobles, como lo muestra el grabado de 1505, que representa lo que podría ser un momento anterior a la violenta irrupción de la furiosa mujer vestida; además, el *paysage moralisé* nos presenta un árbol frondoso y un trasfondo de vegetación exuberante del lado del sátiro, en contraste con el árbol seco y las montañas desnudas del lado derecho del grabado. Lo más importante es que, si observamos atentamente el grabado sin dejarnos influir por alguna narrativa de fondo, veremos que en realidad *el hombre desnudo está protegiendo a la pareja salvaje*; el árbol que esgrime como arma se interpone claramente en la trayectoria que tendría el garrotazo que está a punto de asestar la mujer vestida. Según Kaufmann el hombre desnudo sería una representación de las versiones nórdicas de los viajes de Hércules, en donde el héroe grecorromano aparece como ancestro fundador y civilizador en la historia germánica.[13] El curioso casco sería un símbolo de heroísmo.[14]

8. También un Hermes del propio Durero usa ese tipo de casco, típico del dios Mercurio.

9. Erwin Panofsky, *The Life and Art of Albrecht Dürer*, capítulo II.

10. *Coqueluchon* viene de *coq*, gallo, y es posible que tenga su origen en una costumbre de los ganadores en el juego de decapitar, en una carrera, a un gallo suspendido por las patas: adornarse el gorro con la cabeza del animal sacrificado. El *coqueluchon* era también usado para protegerse de las enfermedades de garganta, especialmente de la temida tos ferina (que en francés se llama *coqueluche*, ya que es una tos que recordaba el canto de los gallos). El uso de fuelles tiene relación con la circulación de las almas como soplos; en francés, catalán, italiano y castellano antiguo se conserva la raíz latina: *fou, foll, follia* y *folía*. Véase Claude Gaingnebet, *Le carnaval. Essais de mythologie populaire*, capítulos II y VIII.

11. Se puede encontrar también una similitud con el Hércules que ataca a la hidra de Lerna, esculpido en la fachada de la Capella Colleoni de Bérgamo.

12. Kaufmann, *The Noble Savage*, p. 48.

13. Ibid., p. 50.

14. Puede verse una imagen de Hércules con casco de gallo en un grabado que aparece en la obra

A mi juicio habría que dar un paso más en la misma línea de interpretación propuesta por Lynn Kaufmann. Independientemente de que el personaje que inspiró originalmente la figura del hombre desnudo sea o no Hércules, su papel en la escena grabada por Durero es el de un hombre salvaje. Así como el sátiro italiano aparece en una sorprendente mutación como noble, el Hércules clásico ha sufrido también una curiosa metamorfosis: ha sido despojado de la tradicional piel de león que lo caracteriza, para resurgir en heroico desnudo como el vigoroso *wilde Mann* que ha desenterrado el árbol que usa como arma para defender al sátiro y su familia, con quienes comparte una vida primitiva en los bosques. Lo que sostengo es que tanto el sátiro como el

23. En este dibujo de 1510 Albrecht Altdorfer representó la familia de un hombre salvaje, que tiene en el suelo al agresor que los ha importunado.

héroe fueron parcialmente asimilados por Durero al mito del hombre salvaje. Pero no representó simplemente un panorama idílico de noble vida primigenia: las criaturas del mundo salvaje no dejaban de ser potencialmente violentas (el sátiro sostiene una quijada como garrote en su mano derecha) y lujuriosas (como sugiere la pose de la ninfa); además, vivían aisladas de la sociedad una vida semibestial libre y gozosa, totalmente contrapuesta a los ideales de la civilización cortesana. Esta oposición queda evidenciada por el furor con que la única figura vestida del conjunto ataca a los habitantes del espacio salvaje. Ahora bien, esta figura es una copia de una de las rabiosas ménades que ataca a Orfeo en un dibujo de Durero fechado en 1494, y que muy probablemente está inspirado en Mantegna; de ese mismo dibujo provienen los árboles

de Georg Pictor, *Apotheseos tam exterarum gentium quam Romanorum Deorum libri tres*, Basilea, 1558, p. 96. La primera versión de esta obra fue publicada en 1532 con el título *Theologia mythologica ex doctiss. virorum promtuario*. Véase una copia de este grabado en Marc-René Jung, *Hercule dans la littérature française du XVIe siècle*, p. 98. Es posible que el grabado exprese una tradición iconográfica más antigua que fuese conocida por Durero.

24. Como era tradicional, el hombre salvaje podía con su exraordinaria fuerza arrancar de raíz un árbol. Albrecht Altdorfer lo muestra en este dibujo sin la pelambre que lo caracterizó en la Edad Media.

centrales y el *putto* que huye aterrorizado. Es muy posible que la mujer que ataca al sátiro y a su ninfa haya sido pensada por Durero como poseída por una furia virtuosa, similar a la que corroe a las ménades que matan a Orfeo como castigo por introducir en su pueblo el vicio de la pederastia, según una leyenda que recogió Ovidio.[15]

Veamos ahora el problema desde otro ángulo. Así como el propio Durero representó a la familia del sátiro en un grabado posterior como si hubiese querido retroceder en el tiempo hasta el feliz momento primigenio, otro artista alemán retomó el tema, con los mismos cinco personajes, pero hizo avanzar la escena hasta un desenlace que nos puede dar claves para entender el sentido del extraño enfrentamiento. Se trata de un cuadro pintado por Albrecht Altdorfer en 1507, titulado *La familia del sátiro*, y que fue sin duda inspirado directamente por las obras de Durero.[16] En él vemos en medio de un bosque exuberante, típico de Altdorfer, a la ninfa desnuda sosteniendo a su hijo y abrazando a su marido el sátiro; están alarmados, miran hacia otra pareja que se aleja. Esta segunda pareja, como ha hecho notar Kaufmann,[17] es similar a la que forman Hércules y la mujer furiosa en el grabado de Durero: él está completamente desnudo, ella va vestida y cada uno lleva un palo. Pero hay tres importantes diferencias: a] la mujer vestida no está agrediendo a la familia salvaje; b] ambos se están alejando; c] ella le da la espalda al hombre desnudo, no lo enfrenta. ¿Qué está haciendo esta pareja? Según el análisis de Larry Silver, se trata de otra pareja salvaje que se interna en el bosque,[18] aunque advierte que ello no es claro: no se sabe si él la empuja, la retiene o la encamina tranquilamente.[19] Yo creo que el grotesco movimiento de ella es un paso en su desordenada escapatoria, y no indica una relación pacífica entre ellos; el hombre desnudo intenta retenerla, y no dudo que sus intenciones sean las del *homo sylvaticus*: quiere llevarla al fondo del bosque, poseerla, después de que ella ha perturbado la paz del bosque al amenazar a la familia del sátiro. Altdorfer conocía perfectamente la figura del hombre salvaje, como lo comprueban dos dibujos a tinta de 1508 y 1510; por ello pudo reconocer en el "Hércules" del grabado de Durero a uno de ellos. En su dibujo de 1510, titulado *Familia salvaje*, vemos una escena similar, pero en lugar de un sátiro aparece un salvaje barbado que acaba de matar a otro que yace en el suelo, mientras la ninfa con el niño en brazos lo mira aún asustada. El atacante que yace en tierra se parece al rudo

---

15. Ovidio, *Metamorfosis*, x:83-85.
16. Sobre la relevancia de Altdorfer, descubridor del paisaje como tema artístico por sí mismo, véase el importante libro de Christopher S. Wood, *Albrecht Altdorfer and the Origins of Landscape*. Este autor considera que la narrativa de *La familia del sátiro* es "ininteligible" e "incomprensible" (pp. 97-8).
17. Kaufmann, *The Noble Savage*, pp. 47ss.
18. L. Silver, "Forest primeval: Albrecht Altdorfer and the German wilderness landscape", p. 10. Altdorfer se caracterizó por un predominio, sin precedentes, del paisaje sobre las figuras humanas, lo que podría estar relacionado con su inclinación por las pinturas en muy pequeño formato (como es el caso del cuadro que estamos considerando, de la *Natividad* y del *San Jorge*), según ha hecho notar Reinhild Janzen, *Albrecht Altdorfer. Four Centuries of Criticism*, p. 14. Piero di Cosimo también dio una gran importancia al paisaje, pero no al grado en que lo hizo Altdorfer.
19. Silver, "Forest primeval", p. 5. La interpretación de Kaufmann (*The Noble Savage*, p. 48) es que el hombre desnudo la jala gentilmente, como para mediar en el movimiento impulsivo de la dama vestida.

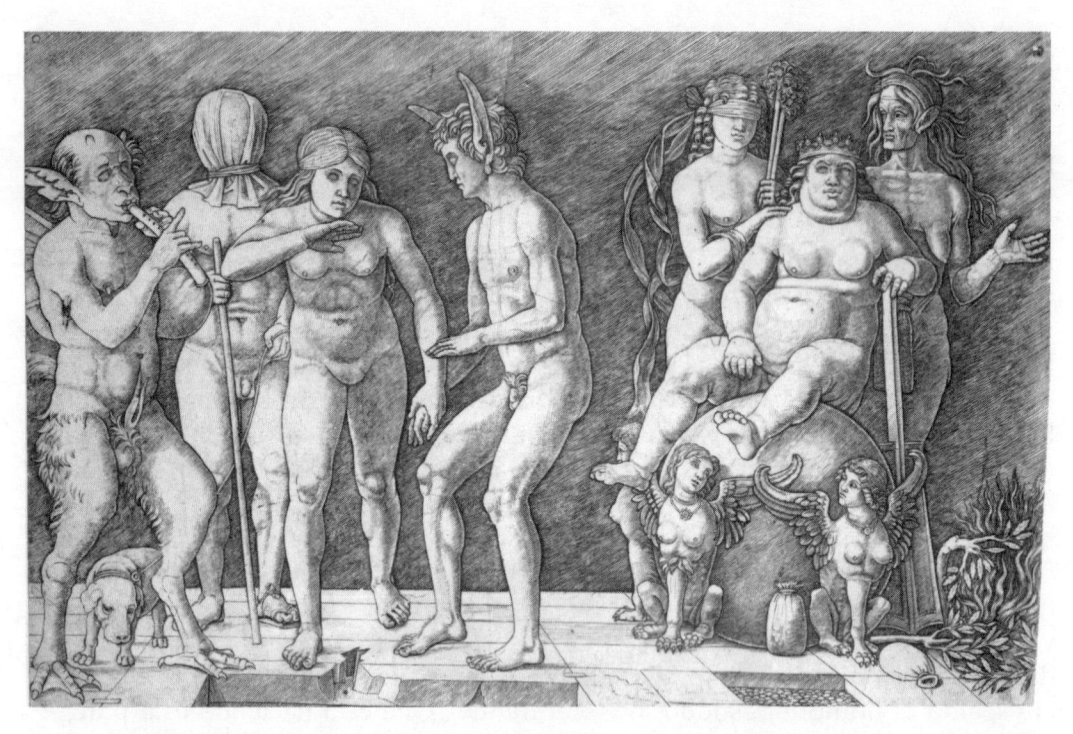

25. En esta alegoría sobre los vicios, el sátiro aparece con los atributos tradicionales. Andrea Mantegna lo dibuja con atributos bestiales y monstruosos.

26. Esta bacanal, de Andrea Mantegna, está inspirada en las antiguas escenas dionisiacas que pueden verse esculpidas en numerosos sarcófagos romanos.

personaje que carga un enorme tronco en el dibujo de Altdorfer titulado *Hombre salvaje* y fechado en 1508.

Hay un aspecto de la interpretación de Wind que es importante recuperar: Durero, en su grabado, expresa una de las tendencias más importantes del humanismo renacentista. Me refiero a la ironía, actitud que rara vez se estudia en el artista alemán. Wind ha hecho notar que los pensadores renacentistas que apadrinaron la revitalización de los mitos antiguos creían, siguiendo las enseñanzas de Platón, que las cosas profundas se describen mejor con un tono irónico. *Serio ludere*, divertirse seriamente, era una máxima socrática plenamente aceptada por Nicolás de Cusa, Ficino y Pico della Mirandola.[20] Las palabras de Platón ilustraron el pensamiento renacentista y son hoy todavía muy estimulantes: "¿Debemos, a la manera de Homero, rogar a las musas que nos digan cómo comenzó la discordia y dejar que nos hablen en un tono dramático y exaltado, pretendiendo gran seriedad, cuando en realidad sólo están jugando con nosotros como si fuéramos niños?"[21] Como las musas, Durero trazó con gran solemnidad a un musculoso héroe desnudo defendiendo a una ninfa y a un sátiro de la furia puritana; pero en realidad estaba divirtiéndose con la manipulación, mezcla y combinación de los elementos dispersos que había reunido en una sola escena. En el grabado Durero parece burlarse de todos: de la virtud que aparece como ménade indignada, de Hércules que es dibujado como un salvaje, y del sátiro y la ninfa que paradójicamente forman una familia. Si yo tuviera que ponerle un título a este grabado, lo llamaría *Tragicomedia salvaje*.

El grabado de Durero es una especie de modelo reducido, a una escala utilizable para fines experimentales en nuestro laboratorio, del proceso de transformación del mito del hombre salvaje. En él encontramos algunos de los más importantes fenómenos que han intrigado a los mitólogos: vemos allí la *difusión* de elementos culturales italianos, la *mezcla* de tradición popular y refinamiento intelectual, la *pervivencia* de la leyenda del hombre salvaje en Alemania, la *refuncionalización* renacentista de la antigua figura del sátiro, la *imbricación* de ingredientes heroicos e irónicos y la codificación de un aspecto marginal que sufre *mutaciones* impredecibles. Podríamos aplicar a este modelo reducido la metáfora del *bricolage*, una de las más felices que haya usado Lévi-Strauss para comprender el pensamiento mítico.[22] Ciertamente, en el taller del *bricoleur* –de Durero– se amontona un conjunto heterogéneo de materiales e instrumentos que serán utilizados por el artista para recomponer un conjunto en donde las funciones originales de cada parte quedarán trastocadas. El resultado es contingente e impredecible. Por supuesto el *bricolage* es una metáfora que le permite a Lévi-Strauss suponer que los elementos constituyentes funcionan como signos lingüísticos o como operadores en un sistema informático, de modo que las piezas que son ensambladas en forma contingente transmiten un código que permite construir una estructura sin

---

20. E. Wind, *Mystères païens de la Renaissance*, p. 253.
21. *La República*, 545 d-e.
22. Las expresiones francesas *bricolage*, *bricoler* y *bricoleur* son intraducibles; se refieren a los trabajos manuales caseros, no profesionales, de creación de artefactos y reparación de objetos (*La pensée sauvage*, capítulo I). Hay que advertir que Lévi-Strauss se negaría a aplicar su método a los mitos occidentales que han sido sometidos a demasiadas manipulaciones intelectuales.

27. Una ilustración en la *Hypnerotomachia Poliphili* de Francesco Colonna, publicada en Venecia en 1499, muestra la típica actitud libidinosa de un sátiro que se aproxima con intenciones lúbricas a una ninfa dormida.

28. El estereotipo del sátiro fue trasladado a la etnografía imaginaria descrita por los viajeros. Aquí vemos a un ser que se creía habitaba en el este de la India, según una ilustración de la *Historiae Animalium* (1551-1563) de Konrad Gesner.

29. La innovación de un sátiro o fauno noble entregado a una vida familiar monogámica y honesta llegó a transformarse en un modelo imitado por muchos artistas, como puede verse en la *Familia del fauno* de Giovanni Battista Palumba.

necesidad de que exista un plan previamente diseñado. En el caso que nos ocupa, se diría que cada ingrediente de diverso origen se encuentra preconstreñido de tal manera que la creación de una escena completamente inédita reproduce la antigua estructura fundamental del mito del hombre salvaje. Cuando Durero ensambló diversas piezas (fragmentos de mitos relacionados con el salvaje: ménades, sátiros, ninfas, *homines sylvestres*), cada una de ellas operó como un signo: entonces el mito, parafraseando la conocida expresión de Lévi-Strauss, se pensó en Durero sin que éste se diera cuenta. Esta situación irónica, que plantea el problema fundamental aunque lo esquematiza peligrosamente, nos permite sin embargo reconocer un terreno fértil para la discusión. Es preciso reconocer que hemos hallado un canon mítico cuya continuidad a lo largo de milenios es posible comprobar. Carlo Ginzburg se ha enfrentado a un problema similar en su estudio sobre el *sabbath*, y coincidido con su conclusión: la vitalidad a lo largo de varios siglos de un núcleo mítico no puede ser simplemente atribuida a una tendencia del espíritu humano, como supone Lévi-Strauss en su reformulación de las ideas de Dumézil y de Freud.[23] La interpretación freudiana supone que las experiencias culturales y psicológicas vividas por los progenitores forman parte del bagaje de sus descendientes, lo cual –como bien dice Ginzburg– es una hipótesis indemostrada.[24] Sabemos que las ideas de Freud estaban profundamente inmersas en el pensamiento lamarckiano y que veía con buenos ojos las teorías de Haeckel; Freud era un ferviente recapitulacionista –creía que cada individuo resumía el desarrollo completo de la especie– y contra los avances de la biología se mantuvo hasta el fin de su vida convencido de que sólo la herencia de caracteres adquiridos podía explicar el desarrollo biológico, tal como lo expresó en su último libro, *Moisés y el monoteísmo*, en 1939.[25] Estas ideas freudianas, desarrolladas con variaciones por Ferenczi y Jung, han influido poderosamente en los estudiosos del mito, principalmente en Dumézil y Lévi-Strauss. Me parece que en el fondo, cuando este último utiliza la metáfora del *bricoleur*, está en realidad ofreciendo una solución estructuralista –en el terreno de la mitología– a los problemas lamarckianos sobre la recapitulación y la herencia de caracteres adquiridos por nuestros ancestros. ¿Cómo explicar la continuidad milenaria de un canon mítico? En la explicación estructuralista, los signos –que están a medio camino entre la imagen y el concepto– serían los portadores de antiguos significados y de mensajes pretransmitidos; estos signos –mitemas– formarían el puente que permitiría establecer un vínculo entre la arquitectura espiritual de la especie humana y la formación concreta de mitos, y también un vínculo entre la primigenia configuración de complejos mitológicos y su manifestación posterior en sucesivos *bricolages* donde la reunión azarosa de diversos elementos y su refuncionalización contingente reproduciría conjuntos estructurados.

En realidad, la metáfora del *bricolage* cumple una función mucho más limitada: aunque nos permite comprender las sobredeterminaciones que imprimen los mitemas en la formación de estructuras míticas, no nos explica la evolución y la

---

23. C. Ginzburg, *Clues, Myths, and the Historical Method*, pp. xii-xiii.
24. Ibid., p. 153.
25. Véase una discusión sobre el tema en Stephen Jay Gould, *Ontogeny and Phylogeny*, pp. 156ss.

30. Cada artista introducía variaciones al tema de la familia del sátiro. Aquí Benedetto Montagna dibuja al niño con los atributos semibestiales de su padre.

31. Andrea Riccio, en un bronce (*circa* 1500), representó a todos los miembros de la familia como sátiros, y enfatizó la relación erótica de los padres.

continuidad de los mitos cuando el contexto cultural que los rodea cambia significativamente, ya sea por obra de grandes transformaciones que abren paso a nuevas épocas o bien porque el mito se haya difundido a espacios étnicos diferentes. En estas situaciones los códigos pretransmitidos no explican la continuidad de los mitos, y más bien pueden propiciar su extinción. Estos códigos sólo explican la permanencia de una estructura mítica en un contexto cultural relativamente estable y en donde la estructura mítica se reproduce a sí misma en virtud de su correspondencia funcional con la sociedad que la rodea. A menos que se crea, a mi juicio erróneamente, que el pensamiento mítico opera siempre por medio de oposiciones binarias inscritas en el seno de códigos que transponen sus mensajes a los términos de otros códigos, como afirma Lévi-Strauss;[26] desde su perspectiva, me imagino, se debería entender la imagen del hombre salvaje como una transformación mítica que mantiene siempre la misma oposición, aun cuando muchas veces esta última degenera: "De una oposición inicial entre humano y no humano —escribe Lévi-Strauss—, por transformación se pasará a la de lo humano y lo animal, después a otra aún más débil entre grados desiguales de humanidad (o de animalidad). Esta última oposición será connotada, en su caso, por términos heterogéneos a los precedentes: tal vez por los de glotón y frugal, en una sociedad que hace de la temperancia una virtud [...] y sin embargo, *se trata siempre de la misma oposición*".[27] Gracias a este método Lévi-Strauss encuentra, mediante el estudio de los mitos sobre gemelos, que todos los pueblos amerindios explicaron el mundo a partir de un dualismo en permanente desequilibrio, mientras que el Viejo Mundo favorecía soluciones extremas (identidad o antítesis).[28] Por ello, concluye, los europeos fueron incapaces de abrirse a la otredad, pues sólo la concebían como una ligera diferencia o bien como contraposición

---

26. Claude Lévi-Strauss, *Histoire de Lynx*, p. 249. Las pinturas sobre piel en los techos de la Sala de Justicia de la Alhambra son otro fascinante laboratorio iconográfico para explorar las consecuencias de trasplantar el mito del hombre salvaje a un contexto cultural diferente. Artistas posiblemente mudéjares las pintaron entre 1350 y 1375; en una de las pinturas vemos dos escenas contrapuestas: en la primera vemos a un caballero cristiano atravesando con su lanza al hombre salvaje que ha raptado a una dama, la cual sostiene a un león dormido con una cadena; en la segunda escena un caballero moro traspasa con su lanza a un caballero cristiano que se desploma de su montura. Seguramente tomaron la primera escena de un motivo común en cofrecillos labrados con escenas de caballeros rescatando doncellas raptadas por hombres salvajes (véanse ejemplos de estos cofres en Timothy Husband, *The Wild Man*, pp. 67-69). Pero esta escena, con sus personajes alegóricos medievales europeos (Enyas rescatando a la dama, el león como posible alegoría de la soberbia domesticada por la doncella, el *homo sylvestris*), no tenía sentido desde la perspectiva de la cultura árabe. Por eso, me parece, el artista mudéjar agregó la segunda escena, donde traduce el tema: el hábil y valiente moro puede vencer aun a los temibles caballeros cristianos capaces de enfrentarse al extraño ser salvaje que rapta a sus mujeres. Extrañamente, un estudio erudito y bien documentado no establece ninguna relación entre estas dos escenas y concluye que los pintores simplemente manipularon y usaron mal varios motivos que copiaron sin ningún respeto por su contenido simbólico o narrativo (Jerrilynn D. Dodds, "The Paintings in the sala de Justicia of the Alhambra: Iconography and Iconology", p. 193). Los estudios sobre estas intrigantes pinturas no han iniciado un análisis que permita vislumbrar la recodificación de la iconografía medieval europea de acuerdo a los modelos de la cultura árabe musulmana que, en este ejemplo, no tenía por qué respetar el contenido simbólico original del mito del hombre salvaje (véase también de Jesús Bermúdez Pareja, *Pinturas sobre piel en la Alhambra de Granada*).

27. Lévi-Strauss, *Histoire de Lynx*, pp. 250-51. Las cursivas son mías.

28. Ibid., pp. 316 y 302.

32. En la *Familia del sátiro*, del Maestro de 1515, aparecen dos niños, y sólo el padre tiene aspecto de sátiro.

radical e irresoluble a su propia identidad.[29] Lévi-Strauss reconoce que el método estructuralista corre el riesgo de volverse demasiado general, al reducir progresivamente el pensamiento mítico a su forma, de manera que los mitos nos dicen cada vez menos en la medida en que vamos entendiendo *cómo* lo dicen. Así, el análisis estructural "ilumina el funcionamiento –en estado puro, se podría decir– de un espíritu que, al emitir un discurso vacío y puesto que ya no tiene nada más que ofrecer, devela y desnuda el mecanismo de sus operaciones".[30] Parece que nos topamos con las propuestas hegelianas para la comprensión del *Zeitgeist* bajo una nueva envoltura estructuralista. ¿Estaremos encerrados en el espíritu de un bucle cibernético, condenado a repetir siempre las mismas oposiciones?[31]

De ninguna manera. Lo que hemos presenciado en el *bricolage* de Durero no es sólo la transmisión de los significados de cada elemento ensamblado (ninfa, *putto*, brazo de monstruo marino, sátiro, paisaje, Orfeo, ménade, garrote, desnudez, Hércules, corona de laurel, casco de gallo, etcétera) al conjunto de la estructura; lo más importante es que hemos presenciado una mutación extraña que no está inscrita en los códigos de que se compone el grabado, aunque se aprovecha de ellos para expresarse. El origen de esta mutación podría ser alguna leyenda o cuento que desconocemos, y que sería el trasfondo narrativo compartido por el cuadro de Altdorfer y el grabado de Durero. Esto no lo sabemos, pero podemos comprobar que una mutación similar –que generó la figura del *buen salvaje*– ocurrió en diferentes momentos y contextos durante el siglo XV. Un maestro cantor de Nuremberg, un tapicero de Basilea, una vieja campesina francesa que contaba cuentos a sus nietos, un franciscano español, un pensador francés, un novelista español: estas y muchas otras personas contribuyeron a dibujar la imagen de un hombre salvaje dotado de una bondad natural y primigenia. Se trataba de una variante mítica marginal que hubiese quedado en el olvido si no se hubiese concatenado con una serie compleja de circunstancias históricas que aseguraron no sólo la continuidad del mito, sino que además se constituyese en el más poderoso símbolo imaginado por Occidente para representar a la inmensa masa de Otros hombres, los habitantes de las regiones no civilizadas del orbe.[32]

---

29. En *Histoire de Lynx* Lévi-Strauss establece grandes generalizaciones, discutibles en el caso de los antiguos pueblos amerindios, pero absolutamente insostenibles en referencia al pensamiento mítico europeo; por ejemplo, cuando afirma que entre los *sylvaticus* y los *paganus* sólo se percibía una ligera diferencia de grado (p. 291): ello fue así sólo en algunos pocos casos (La Bruyère, por ejemplo), pero es evidente que la complejidad del mito del *homo sylvaticus* desborda con creces la esquematización de Lévi-Strauss.

30. Ibid., p. 255.

31. Véase una buena crítica a los enfoques hegelianos de la historia cultural en E. H. Gombrich, *In Search of Cultural History*.

32. Para ver los problemas de la continuidad del mito desde un ángulo diferente, podemos traer otro ejemplo a nuestro laboratorio. Recientemente, al parecer, se identificó la tan buscada obra de Shakespeare (y de John Fletcher) que retoma la historia del salvaje Cardenio narrada por Cervantes en el *Quijote* (véase la edición preparada por Charles Hamilton de *Cardenio or The Second Maiden's Tragedy*). Los autores de esta obra –supongamos que realmente fueron Fletcher y Shakespeare, cosa que muchos dudan– adaptan el tema a la sensibilidad isabelina: Cardenio no sufre delirios salvajes porque su amada Luscinda se casa con Don Fernando; en la obra de Shakespeare la amada de Cardenio se suicida antes de ser apresada para ser llevada a la cama del rey Fernando, el tirano que ha usurpado el trono que legítimamente pertenece a Cardenio. En una deliciosa escena tragicómica con sus soldados, Don Fernando roba el cadáver de Luscinda, que reposa en su tumba de la catedral.

33. Lucas Cranach, en su visión de la humanidad primitiva, mezcló hombres y mujeres salvajes con un sátiro libidinoso.

*

En el siglo XVI el más extendido símbolo para comprender o designar al Otro no era el salvaje: era la figura maligna del demonio. Ello implicaba que la definición de la alteridad, la externidad y la anormalidad dependía conceptualmente de un eje vertical que tenía como polos opuestos el inframundo infernal y el supramundo celestial. Esta noción, consagrada por la teología, adjudicaba automáticamente a los fenómenos extraños y anormales una connotación negativa y diabólica. Así, los seres humanos dotados de características anormales, sea en su conformación espiritual o en su aspecto físico, eran sospechosos de mantener algún vínculo con el demonio y con las fuerzas del inframundo. Bajo esta sospecha eran vistos no sólo los extraños monstruos reales o imaginarios con los que convivían los europeos del siglo XVI, sino también los bárbaros del otro lado del Mediterráneo o del Lejano Oriente, así como los habitantes del Nuevo Mundo. Al mismo tiempo existía otro eje conceptual cuyos polos extremos eran la naturaleza viva (animal o vegetal) y la civilidad; en este eje horizontal podemos ubicar, de un lado, a los hombres salvajes y, del otro, a los refinados habitantes de las ciudades.[33] Si pensamos en las grandes cacerías de brujas nos daremos una idea con-

---

En su delirio, establece una relación erótica con el cuerpo de la muerta. Cuando Cardenio va a postrarse ante la tumba vacía, se le aparece el fantasma de Luscinda. Ella le cuenta que su cuerpo ha sido robado y que es objeto del amor necrofílico de Fernando, quien manda llamar a un artista para embellecer el cadáver de la mujer. Cardenio se disfraza de embalsamador y se presenta ante el usurpador para cumplir el macabro trabajo artístico en el cadáver de su amada. Shakespeare hace de Cardenio un personaje que es exactamente opuesto al de Cervantes: frío, calculador y vengativo, sabe controlar la furia salvaje que lo corroe cuando se enfrenta a los despojos carnales de Luscinda, que tanto placer erótico producen en Don Fernando, para pintarlos con los colores de la vida. Cardenio confiesa que siente una "furia sobria" (*a sober fury*, verso 2068) mientras maquilla el rostro del cadáver de Luscinda con pinturas de colores fabricadas con un poderoso veneno. El usurpador, maravillado por el cadáver que parece haber recobrado la vida, besa los labios de la muerta y cae instantáneamente envenenado. El Cardenio de Shakespeare no se convierte en un furioso hombre salvaje, a la manera del Orlando de Ariosto, pues su malestar no tiene como motivo los celos, sino la muerte de la bella Luscinda. La suya es una locura gélida, de rencor contenido y dosificado, capaz de manipular el cadáver de su amada para convertirlo en una obra de arte mortífera. No fue capaz de matarla para impedir su deshonra, pero entrega su hermoso cuerpo muerto a la lascivia de su enemigo. Ni Shakespeare ni la cultura isabelina fueron un terreno fértil para continuar el tema de la furia salvaje, al estilo italiano y español. La melancolía amorosa inglesa era fría y seca, tal como la describió Robert Burton en su magnífica disección crítica de la enfermedad. El salvajismo barroco, con sus zigzagueantes reflejos especulares y sus juegos miméticos, se avenía mal con el espíritu de Shakespeare, que prefirió desarrollar una tragicomedia gótica de aberraciones bárbaras y perversiones grotescas. Para que el mito del salvaje Cardenio pudiese haber pervivido en la obra de Shakespeare, éste hubiese debido encontrar algún elemento mutante que pudiese ser significativo en el contexto cultural inglés; pero en la historia de Cardenio, propiamente dicha, no hay tal elemento: la gran mutación la encontramos en Don Quijote y en su extraordinario simulacro de salvajismo artificial; esta mutación, desde luego, tuvo por otros caminos una profunda influencia en la continuidad del mito del hombre salvaje (véase mi libro *El Salvaje en el espejo*, pp. 182-88).

33. Se ha creído que en la historia estos dos ejes son, hasta cierto punto, equivalentes e intercambiables: al poner la naturaleza –lo creado– en el lugar del creador, la actitud naturalista cometería el gran pecado satánico: colocar lo finito en el lugar de lo infinito. De esta forma, la naturaleza ocuparía el lugar que deja vacío el infierno; el salvaje y el demonio serían figuras intercambiables. En esta línea, Christopher Nugent sostiene que la naturaleza sustituyó no sólo a lo sobrenatural, sino a la naturaleza humana misma, y en lugar de elevar a la naturaleza, el hombre fue

creta de lo que significó en esta época la aplicación del eje vertical cielo/infierno para definir la otredad: se calcula que más de cincuenta mil personas fueron ejecutadas, convictas de brujería, entre los años 1500 y 1700 (y otras tantas fueron acusadas de servir al demonio, aunque fueron exculpadas o murieron antes de ser sentenciadas).[34] La sociedad europea, en pleno Renacimiento y jalonada por la revolución científica, usó contra las manifestaciones paganas una furia persecutoria fincada, entre otras ideas, en la suposición de que el demonio penetraba más fácilmente la parte menos racional y civilizada de la humanidad (las mujeres, ante todo).[35]

Un buen ejemplo de la aplicación simultánea y paralela de los dos ejes conceptuales mencionados es la *Historia natural y moral de las Indias*, escrita por el jesuita Joseph de Acosta en la segunda mitad del siglo XVI. Esta obra se encuentra claramente dividida en dos partes: primero una descripción de la *naturaleza* del Nuevo Mundo; después, una discusión sobre su constitución *moral*. En la primera parte Acosta muestra una inquietud científica y una curiosidad orientadas por el pensamiento aristotélico; en la segunda parte predomina su espíritu misionero y doctrinario. Cuando Acosta, en su primera parte y en el marco de la exposición de la historia natural (libros I a IV), se preocupa por el origen de los indios desarrolla su famosa hipótesis sobre el poblamiento de América (que es hoy en día la más aceptada): que llegaron a pie y por navegación aprovechando la continuidad y vecindad de tierras; es en este momento que Acosta menciona a los hombres salvajes como antecesores de los indios:

> y los primeros que entraron en ellas [las Indias Occidentales], más eran hombres salvajes y cazadores que no gente de república y pulida [...] no teniendo más ley que un poco de luz natural, y esa muy oscurecida, y cuando mucho algunas costumbres que les quedaron de su patria primera; aunque no es cosa increíble de pensar que aunque hubiesen salido de tierras de policía y bien gobernadas, se les olvidase con el largo tiempo y poco uso; pues es notorio, que aun en España y en Italia, se hallan manadas de hombres que si no es el gesto y la figura, no tienen otra cosa de hombres [...] [36]

---

rebajado. La consecuencia no fue el salvaje noble sino el dios salvaje (*Masks of Satan. The Demonic in History*, pp. 97-8). Nugent reduce el proceso de sustitución del demonio por el hombre salvaje a una metamorfosis de los ídolos, de acuerdo con la tesis junguiana según la cual los viejos dioses no han desaparecido sino sólo cambiado de nombre. Con ello se borran las enormes diferencias entre las características de los dos ejes.

34. Robert Bartlett, "Witch Hunting". J. B. Russell cree que probablemente más de cien mil personas fueron ejecutadas, acusadas de practicar la brujería, *Mephistopheles. The Devil in the Modern World*, pp. 28-9.

35. Según la hipótesis de Leland L. Estes ("The Medical Origins of the European Witch Craze: A Hypothesis") la cacería de brujas se expandió en forma paralela a la expansión de la revolución médica: las formas más científicas de diagnosticar las enfermedades dejaron sin explicación natural muchos padecimientos que los médicos medievales clasificaban fácil aunque erróneamente en sus esquemas. Y lo que el médico no explicaba era denunciado como un fenómeno sobrenatural fuera de su competencia.

36. Joseph de Acosta, *Historia natural y moral de las Indias*, I:24:63. Véanse al respecto los comentarios de Anthony Pagden, *The Fall of the Natural Man. The American Indian and the Origins of Comparative Ethnology*, pp. 192-97. Véase también Fernando Cervantes, *The Idea of the Devil and the Problem of the Indian: the Case of Mexico in the Sixteenth Century*.

34. En las escaleras de la Universidad de Salamanca vemos la escultura de un hombre salvaje que, a la manera de los indios americanos, va armado de una red, un arco y flechas.

Cuando Acosta pasa a examinar la historia moral (libros V a VII), referida a los hechos y costumbres de los hombres, su perspectiva cambia totalmente: como buen jesuita iluminado por el pensamiento de la Contrarreforma, distingue las obras de la naturaleza de los frutos del libre albedrío de los hombres.[37] Las diferencias entre los hombres no pueden explicarse por razones naturales, de la misma manera que se clasifican los minerales, los vegetales y los animales a partir de la estructura de los elementos y en función de una cadena de relaciones y similitudes en gran medida de inspiración aristotélica. Para Acosta los pueblos indígenas (se refiere casi exclusivamente a los aztecas y a los incas), lo mismo que los hombres de la antigüedad pagana o los pueblos gentiles, no son esencialmente diferentes a los cristianos. Los pueblos gentiles no son distintos a los europeos cristianos por su mayor cercanía a la naturaleza, sino por su mayor proximidad al demonio. La gran diferencia entre la humanidad cristiana y la americana es que en esta última dominan las idolatrías inspiradas por el demonio. La historia moral de las Indias, pese a la gran admiración típicamente renacentista que Acosta tiene por las sociedades indias, se basa en una explicación de los diversos géneros de idolatría y superstición con que Satanás ha oscurecido las almas de los americanos: "[...] ya que la idolatría fue extirpada de la mejor y más noble parte del mundo, retiróse a lo más apartado, y reinó en esta otra parte del mundo, que aunque en nobleza muy inferior, en grandeza y anchura no lo es".[38] Acosta se cuida mucho, y a ello dedica gran parte de su obra, de mostrar que los indios no son "gente bruta, y bestial y sin entendimiento". Por el contrario, las sociedades de los incas y los mexicanos se pueden comparar a las más sabias repúblicas de la antigüedad, como la ateniense y la romana.[39] La figura del hombre salvaje, aunque en forma muy significativa, sólo aparece fugazmente en la obra de Acosta: predomina la apabullante figura del demonio como causa maligna fundamental para explicar las diferencias en las costumbres y creencias de los hombres. Este enfoque será retomado por Juan de Torquemada, que vio la mano directa de Satán en los cultos idolátricos de los mexicas y que identificó al dios Huitzilopochtli con el enemigo de Dios.[40]

La presencia del mito del hombre salvaje, en coexistencia con una demonología bien enraizada, se puede comprobar también en la obra de Bartolomé de las Casas, antecesor de Acosta. El problema al que se enfrentó este gran dominico fue el de explicar las diferencias en las sociedades sin recurrir a la clasificación aristotélica basada en distinciones naturales (y que sirvió para ilustrar la teoría de la esclavitud natural de los bárbaros). Las Casas, en su *Apologética historia sumaria*, partió de una consideración típicamente tomista: todos los hombres tienen, por luz natural, un conocimiento de Dios y las idolatrías no son más que

---

37. Para tener un panorama de la riqueza y complejidad de la obra de Acosta véase el excelente prólogo que preparó Edmundo O'Gorman a la edición de la *Historia natural y moral de las Indias* de 1940, reproducida en *Cuatro historiadores de Indias*, pp. 165-248.
38. Acosta, *Historia natural y moral de las Indias*, V:2:218.
39. Ibid., VI:1:280.
40. Juan de Torquemada, *Los veinte y un libros rituales y Monarquía Indiana*, I:132ss, 236ss; III:174ss. Véanse los comentarios de David A. Brading sobre Acosta y Torquemada y su visión agustiniana contrastada con la de Las Casas (*Orbe indiano*, pp. 217, 310ss).

35. Los indios americanos adorando a sus ídolos, representados como bestias infernales y apocalípticas, según una ilustración del siglo XVI de Théodore de Bry.

36. La imagen adorada por los salvajes del Nuevo Mundo, en esta ilustración de Théodore de Bry, parece escapada de un infierno medieval y nada tiene que ver con los ídolos americanos.

esta religiosidad natural desviada y descarriada: "[...] todos los hombres del mundo, por bárbaros, incultos y silvestres y apartados en tierras o en islas y rincones del mundo que sean, naturalmente por la lumbre de la razón y del entendimiento, sin tener lumbre de fe cognoscen que hay Dios".[41] Así pues, hay una corrupción natural y universal de todo el linaje humano que procede de un impulso desviado en su búsqueda del Dios verdadero; en consecuencia, la idolatría es natural.[42] A este desvarío de la tendencia religiosa natural se agrega, primero, el hecho de que el hombre, en su primigenia simpleza, equivocaba el objeto de su adoración y le rendía culto a ídolos, astros u hombres. En segundo lugar, viene a ayudar a esta degeneración natural la astuta malicia de los demonios,

---

41. Bartolomé de las Casas, *Apologética historia sumaria*, I:III:lxxii:375.
42. Ibid., I:III:lxxiv:381. Es importante señalar que la referencia a lo "natural" usada por Las Casas debe entenderse en el marco de las concepciones tomistas sobre la ley natural, como manifestación de la razón divina, más que en su connotación moderna.

que usurpan para sí los honores ofrecidos a los dioses por los hombres.[43] La conclusión de Las Casas es la siguiente, en sus propias palabras: la idolatría "procede y es efecto de la obtenebración, escuridad, ignorancia y corrupción natural, ayudada y atizada con la malicia e industria demoniaca de la mente del linaje humano, tenebroso y corrupto después del pecado de los primeros padres [...]".[44] Estas consideraciones están claramente ubicadas en el espíritu de la Contrarreforma, que preservaba un espacio para el libre albedrío frente a la predestinación: las fuerzas de Satán, ayudadas por las consecuencias del pecado original, no eran las principales causas de la idolatría, la superstición y las extrañas costumbres de los habitantes del Nuevo Mundo o de los antiguos gentiles. Sin embargo, aun después de establecer el carácter natural de la idolatría y la función secundaria del demonio, Las Casas dedica una gran porción de la *Apologética historia* (unos treinta capítulos, más de 150 páginas) a presentar un verdadero tratado de demonología, brujería y magia, donde expresa su gran admiración por el *Malleus maleficarum*, el célebre e influyente manual para la persecución de brujas.[45] En contraste, Las Casas dedica apenas tres capítulos a examinar el problema de los que llama hombres silvestres o agrestes. En su indagación sobre las causas naturales de la diversidad humana, y siguiendo a Tomás de Aquino, Las Casas se interesa por la influencia del clima en la aparición de hombres salvajes; así, tierras excesivamente cálidas (como Etiopía) engendran "cualidades malas del cuerpo en ser de bajos entendimientos y costumbres silvestres, bestiales y crueles". El frío produce el mismo efecto: "hombres agrestes [...] entendimientos botos y tupidos y en las costumbres feroces y crueles, según Ptolomeo".[46] Más adelante establece diversas causas que explican la presencia en América de hombres silvestres: estas causas se refieren al reciente poblamiento, dificultades de adaptación a una tierra desconocida, escasez de población, necesidad de dispersarse en busca de medios de subsistencia en ríos y montes o a la gran fertilidad de una región que favorece el aislamiento de cada familia.[47] Las Casas se opone tajantemente a las tesis de Juan Ginés de Sepúlveda, quien fundado en apreciaciones sobre el salvajismo y la barbarie de los indios sostenía que eran siervos por naturaleza, sujetos a los hombres civilizados. En su *Democrates secundus* compara a los españoles con los indios, que son tan inferiores a los primeros "como los niños a los adultos, las mujeres a los hombres, los hombres salvajes y feroces a los mansos, los groseros intemperados a los continentes y tem-

---

43. Ibid., I:III:lxxiv:382-84.
44. Ibid., I:III:lxxiv:387.
45. Se refiere a este manual como un "tractado notabilísimo [...] y doctamente compuesto, no por un solo doctor, sino por dos maestros o doctores en theología, inquisidores apostólicos en Alemania en tiempo del Papa Inocencio VIII, los cuales hicieron sobre aquestas materias summa y exquisita diligencia y probaron lo que escribieron con muchas y grandes experiencias, el cual tractado después vieron y aprobaron y firmaron muchos teólogos doctísimos" (*Apologética historia sumaria*, I:III:xcv:492-93). Edmundo O'Gorman se refiere a esta larga sección sobre hechicería, diabología, superstición y magia como un arcaísmo medieval de Las Casas. Yo creo, por el contrario, que la demonología de los siglos XVI y XVII fue un fenómeno típico de los orígenes de la modernidad, que muestra que la frontera entre la Edad Media y la época moderna no es fácil de trazar.
46. Las Casas, *Apologética historia sumaria*, I:II:xxix:147-48.
47. Ibid., I:III:xlvii:248.

perados, y finalmente, debo decir, casi como los monos a los hombres"; después se refiere a unos como "homúnculos en los cuales apenas quedan vestigios de humanidad".[48]

Para Las Casas "parece no haber naciones en el mundo, por rudas e incultas, silvestres y bárbaras, groseras, fieras o bárbaras y cuasi brutales que sean que no puedan ser persuadidas, traídas y reducidas a toda buena orden y policía y hacerse domésticas, mansas y tratables". Esta afirmación se basa en la tesis de que "todas las naciones del mundo son hombres, y de todos los hombres y de cada uno dellos es una no más la definición, y esta es que son racionales; todos tienen su entendimiento y su voluntad y su libre albedrío". "De esta manera –prosigue Las Casas en su argumentación– que cuando algunas gentes tales silvestres en el mundo se hallan, son como tierra no labrada que produce fácilmente malas hierbas y espinas inútiles, pero tiene dentro de sí virtud tanta natural que labrándola y cultivándola da frutos domésticos, sanos y provechosos". Así, y basado en las conocidas expresiones de Cicerón, Virgilio y Ovidio sobre los hombres primigenios y la edad de oro, concluye que aun los pueblos errantes que "viven sin orden como salvajes [...] no por eso dejan de ser hombres racionales".[49] Esta concepción se oponía abiertamente a las ideas luteranas sobre la predestinación y, sobre todo, a las radicales tesis de Calvino, quien aceptaba la unidad de los hombres en Adán, pero rechazaba tajantemente dicha unidad en Cristo, el segundo Adán: el redentor no había llegado para salvar a todos, sino solamente a los elegidos de Dios.[50]

Estos ejemplos muestran el forcejeo que se estableció, en el seno de la cultura renacentista, entre dos tendencias: la explicación natural de la existencia de hombres salvajes y la búsqueda de influencias infernales en las costumbres extrañas. El hecho de inscribir la maldad y la bondad en un sistema *natural*, no sobrenatural, fue un acontecimiento extraordinario de consecuencias duraderas. Podemos apreciar la gran diferencia entre considerar al extraño y al diferente como un emisario de un proyecto satánico, a considerarlo –en el peor de los casos– como una bestia, un animal o una fiera bajo forma humana. El ejemplo de las brujas es ilustrativo: es muy diferente quemar a una mujer en la hoguera, después de haberla torturado cruelmente, que mantenerla encadenada como una esclava, sometida como una bestia útil. Vemos aquí la trágica contradicción en que se debatía la modernidad en sus albores: la herencia escolástica ecuménica medieval, que partía de la unidad esencial de todos los hombres, era incapaz de entender las diferencias culturales sin recurrir a factores externos casi siempre ligados a las influencias del demonio. Al mismo tiempo, el humanismo renacentista, que tendía a buscar causas naturales para descifrar la diversidad humana, renunciaba implícitamente a los ideales comunitarios cristianos, al justificar el sometimiento y la servidumbre de los pueblos salvajes y bárbaros por los requerimientos de la moderna razón de Estado. La gran polémica entre Las Casas y Sepúlveda, como la ha analizado Edmundo O'Gorman, es una expresión de esta

---

48. *Demócrates segundo, o de las justas causas de la guerra contra los indios*, edición y traducción de Ángel Losada, pp. 33 y 35.

49. Las Casas, *Apologética historia sumaria*, I:III:xlviii:257-58 y 260.

50. Véase una discusión de este tema en J. B. Russell, *Mephistopheles. The Devil in the Modern World*, pp. 46ss.

37. Cuando Bartolomé de las Casas escribió sobre los hombres salvajes sin duda tuvo en mente estos peludos seres agrestes esculpidos en las jambas de la fachada del Colegio de San Gregorio, en Valladolid, donde vivió muchos años el fraile dominico.

contradicción insoluble.[51] Me parece que ello es una manifestación de lo que se ha definido como una crisis del humanismo renacentista.[52] Las Casas expresa en forma dramática estas contradicciones: el salvaje, para él, ya no es un monstruo desalmado sino un ser desnudo, desaforado, desamparado, desquiciado, deseducado y vacío, no de espíritu, sino de cultura. Sin embargo, enfatizó enormemente la importancia de las fuerzas infernales, bajo la forma de superstición, magia, brujería y cultos demoniacos, en la conformación de las culturas americanas.

Me parece evidente que, cuando se refiere a los hombres agrestes, Las Casas se imagina al antiguo *homo sylvestris*, el mismo que aparece esculpido en el Colegio de San Gregorio de la ciudad de Valladolid, donde tuvo las agudas polémicas con Sepúlveda. No quepa ninguna duda de que cuando Las Casas mencionaba a

51. "Estudio preliminar" a la *Apologética historia sumaria*, tomo I, pp. lxxvi-lxxix. Véase el excelente análisis y el amplio panorama trazados por Eduardo Subirats en su libro *El continente vacío*.
52. Tesis aplicada por Philippe Desan al ocaso del renacimiento francés en *Humanism in Crisis. The Decline of the French Renaissance*.

unos hombres silvestres, tenía en mente a esos seres hirsutos tallados a fines del siglo XV en la fachada y en las jambas del Colegio de San Gregorio, monasterio donde el fraile dominico vivió varios años y al que legó todos sus escritos y papeles.[53] Este ingrediente mitológico –apoyado con toda suerte de citas de autores grecolatinos y cristianos– ha sido tomado en gran medida del folklore, y su influencia se filtra e impregna de diversas maneras al conjunto de la cultura renacentista como una manera de definir al Otro, pero como una forma que contrarresta la visión teológica que tiende a clasificar a la otredad como una manifestación infernal y satánica. El mismo Bernardino de Sahagún, que tenía una enorme simpatía por los indios, declara que su empresa de investigar la historia de la cultura mexicana está guiada por el deseo ferviente de arrebatar a Satanás el dominio que tiene sobre los idólatras de la Nueva España.[54]

Algunos historiadores se han equivocado al suponer que las imágenes del hombre salvaje son un reflejo de los encuentros de los viajeros medievales y de los colonizadores renacentistas con los habitantes de otras regiones del mundo. La historia ocurre de manera inversa: los europeos usaron viejos arquetipos para definir a los otros habitantes del globo con los que se topaban los expedicionarios. El ejemplo de las expediciones medievales a las islas Canarias puede resultar revelador y sintomático. Aquí podemos observar una de las primeras ocasiones en que los primitivos habitantes de un mundo extraño son clasificados como hombres salvajes por los europeos. Una relación de 1341, que ha sido atribuida tanto al poeta Boccaccio como al capitán genovés Nicolosso de Reccho, describe a los habitantes de las Canarias así: "Hombres y mujeres andan desnudos y son salvajes en sus costumbres y ritos".[55] A partir de estos datos, el historiador Jaime Cortesão dedujo equivocadamente que en Portugal se había extendido la iconografía del *homo sylvestris* como un reflejo de los primeros contactos con los habitantes de las Canarias y como una forma de representar en una nueva categoría a los hombres que descubrían los viajeros.[56] En realidad el viejo arquetipo del hombre salvaje fue usado para nombrar a los nuevos seres humanos descubiertos

---

53. Las Casas, en su epílogo sobre las "Especies de barbarie" en la *Apologética historia sumaria*, en realidad subsume la idea del hombre salvaje en una interpretación tomista y aristotélica de la barbarie. Es evidente que la tercera acepción de barbarie se refiere a los hombres agrestes, llamados aquí *simpliciter*, crueles, feroces, estólidos, fantochados, completamente asociales y apolíticos, "viven desparcidos por los montes, huyendo de la conversación humana, contentándose solamente con tener y traer consigo solas sus mujeres como hacen los animales"; identifica a estos bárbaros con los que Aristóteles define como siervos por naturaleza (II:Epílogo:cclxv:641).

54. Bernardino de Sahagún, *Historia general de las cosas de la Nueva España*, tomo I, pp. 30-31 y 95.

55. *De Canaria et insulis reliquis ultra Ispaniam in occeano noviter repertis*, citado por B. Bonnet Reverón en "Las expediciones a las Canarias del siglo XIV", pp. 603ss.

56. Jaime Cortesão, *Os descobrimentos portugueses*, vol. I, parte II, cap. iv, p. 288. En este libro hay una parte completa dedicada al tema bajo el título "As expedições ãs Canárias e a representação artística do selvagem" (pp. 277-90). La equivocación de Cortesão es reproducida en el ensayo de Fernando António Baptista Pereira, "Notas sobre a representação do Homem Silvestre na Arte Portuguesa dos séculos XV e XVI". Ninguno de los dos autores está al tanto de la profundidad histórica del *homo sylvestris*, ni cita la bibliografía sobre el tema, pero reseñan información interesante sobre las representaciones portuguesas del hombre salvaje. Sobre los descubrimientos portugueses y el mito del buen salvaje véase a J. S. da Silva Dias, *Os descobrimentos e a problemática cultural do século XVI*, donde se critica la idea de que los conquistadores portugueses contribuyeron en forma fundamental al desarrollo del mito (capítulo VI, "Os portugueses e o mito do «bom selvagem»").

38. Todavía en el siglo XVII unos palafreneros y espoliques supuestamente americanos son representados con rasgos de hombre salvaje y de sátiro en este dibujo francés de una escena del carrusel de 1662 en el Louvre de París.

en las Canarias, y cuyo primitivismo sorprendió a los viajeros. Uno de los ejemplos comentados por Cortesão es fascinante, pues se trata de una de las primeras ocasiones en que se funde el mito de la tradición folklórica con la realidad de unos hombres procedentes de otras regiones del mundo. Esta fusión –un verdadero *bricolage*– ocurrió durante los festejos del año 1451 por el casamiento de la infanta Leonor, hermana de Alfonso V, con el emperador Federico III de Alemania, celebrados en Lisboa. Durante los cortejos desfilaron, al lado de varios contingentes de cristianos, judíos, moros y negros, unos "hombres salvajes de varias partes del mundo y de islas lejanas del mar sujetas al Serenísimo Rey de Portugal". Desfilaron "también desnudos los habitantes de ambos sexos de una isla llamada Camaria [Canaria]".[57] Más adelante, esta descripción de las fiestas señala que desfiló ante la nueva emperatriz una multitud

39. El estereotipo del hombre salvaje fue aplicado a los salvajes de tierras remotas, como puede verse en este grabado de un aborigen hirsuto en la *Anthropometamorphosis* (1653) de John Bulwer.

con diversos instrumentos musicales, que se dividía en cuatro conjuntos: "primero los cristianos de ambos sexos, danzando a su manera; segundo, los sarracenos de ambos sexos a su manera; tercero, los judíos, más de mil, de ambos sexos, a su manera; cuarto, los moros etíopes y los hombres salvajes de la isla Carmaria donde sus habitantes de ambos sexos van desnudos, estimándose que son y han sido únicos en el mundo".[58] En la descripción de Rui de Pina de estas mismas festividades se menciona que el infante don Fernando apareció acom-

57. Nicolau Lanckmann de Valckenstein, *Historia Desponsationis Frederici III cum Eleonora Lusitanica*, citado por Jaime Cortesão, *Os descobrimentos portugueses*, p. 288.
58. Ibid.

pañado de unos "ventureiros vestidos de guedelha de seda fina, como selvagens", es decir, unos soldados voluntarios disfrazados con el típico traje de los caballeros salvajes carnavalescos y festivos, simulando con guedejas una desnudez cubierta de pelos.[59] Me parece que en estas fiestas confluyeron los peludos *homines sylvestres* medievales con los habitantes desnudos e imberbes de las islas Canarias. Se trata sin duda del uso espontáneo del eje horizontal, que oponía la naturaleza a la civilidad, en la descripción de los guanches, como serán conocidos después los aborígenes de estas islas. Aquí, en los espacios festivos, no hizo su aparición la demonología.

Tal vez sea pertinente terminar estas reflexiones recordando que Lutero delimitó las funciones de los dos ejes conceptuales que cruzan la definición de la otredad en el siglo XVI: "así como el oficio de predicar tiene como función y honor convertir a los pecadores en santos, a los muertos en hombres vivos y a los condenados en hombres salvados, y a los hijos del demonio en hijos de Dios, asimismo es función y honor del gobierno mundanal convertir en hombres a las bestias salvajes y prevenir que los hombres se conviertan en bestias salvajes [...]".[60] Es decir que la Iglesia debía vigilar el eje infernal/celestial en tanto que el Estado debía administrar los problemas del eje salvajismo/civilización. Pero si los dos extremos negativos de cada eje se confunden, como ocurrió con frecuencia, los resultados pueden ser tremendamente sanguinarios y represivos. De hecho, Lutero desarrolló una verdadera obsesión por la lucha contra Satán, y alentó el extraordinario resurgimiento de la demonología que ocurre en el siglo XVI: *nullus diabolus nullus redemptor*, se solía decir: sin diablo no hay redentor. Igualmente se podría haber dicho: sin hombre salvaje no hay civilización. Pero la idea del salvaje, aun en los cronistas que se enfrentaron directamente a la necesidad de explicar la existencia de los habitantes del Nuevo Mundo, fue marginal y poco desarrollada en comparación con la gran importancia que tuvo la figura del demonio en el siglo XVI para explicar la otredad.

---

59. Rui de Pina, *Crónica de El-Rei D. Alfonso V*, cap. CXXXI, cit. por Cortesão, *Os descobrimentos portugueses*, p. 287.

60. "Sermón para mantener a los niños en la escuela", *Works of Martin Luther*, Philadelphia, 1931, 4:173, citado por Steven Ozment, *The Age of Reform, 1250-1550. An Intellectual and Religious History of Late Medieval and Reformation Europe*, pp. 268-69.

III
Los sueños del Leviatán

Los hombres siempre han tenido miedo que sus vidas no fuesen más que una emanación onírica de otra entidad, celestial o terrenal; han temido que su existencia fuese de la misma sustancia mítica de que están hechos los sueños. Y también han vivido fascinados por la oportunidad que ofrecen los sueños al espíritu de escaparse del cuerpo para viajar hacia esferas que de otra manera no podrían ser conocidas. No es una rareza que Thomas Hobbes, antes de iniciar en el *Leviatán* su viaje imaginario hacia la condición salvaje del género humano, para explicar el Estado moderno, se empeñase en destacar la naturaleza onírica de los centauros, los sátiros, los faunos, las ninfas, las hadas, los fantasmas, los duendes y todas las ficciones que surgieron de las creencias religiosas de los gentiles, que no sabían distinguir los sueños de la realidad. A Hobbes no le hubiera extrañado la conocida reflexión del antiguo filósofo taoísta chino: "Una vez yo, Chuang Tzu, soñé que era una mariposa, y era feliz como mariposa... Súbitamente desperté, y visiblemente era Tzu, allí estaba yo. No sé si era Tzu soñando que era una mariposa o una mariposa soñando que era Tzu".[1] Pero a Thomas Hobbes no le hubieran agradado estas sutilezas metamórficas de los gentiles; muy enfáticamente señaló: "me satisface advertir que estando despierto yo *sé* que no sueño: mientras que cuando duermo, *pienso* que estoy despierto".[2]

Esta ingenuidad materialista típica del siglo XVII –que distingue tajantemente el saber y el pensar– tal vez nos pueda hacer sonreír hoy, pero para Hobbes era fundamental establecer una diferencia entre los faunos y los hombres en estado de naturaleza que viven en una situación de guerra permanente. En ambos casos se trata de una construcción imaginaria; pero mientras los faunos, las ninfas y los sátiros son fruto de la ignorancia de quienes no pueden distinguir los sueños de las sensaciones, el hombre natural en guerra contra todos es una inferencia de Hobbes basada en la observación de las pasiones de sus contemporáneos.[3]

---

1. *Chuang Tzu, Inner Chapters*.
2. *Leviathan* II:6, subrayados míos. Traduzco a partir de la edición de Richard Tuck, pero tomo en cuenta la versión española de Manuel Sánchez Sarto (Fondo de Cultura Económica, México, 1940).
3. Hobbes dice claramente que su descripción del hombre en estado natural es una "Inference, made from the Passions" (*Leviathan*, XIII:62). Sobre el estado de naturaleza en Hobbes como hipótesis véase C. B. Macpherson, *The Political Theory of Possessive Individualism*, II:1:ii. Una opinión diferente, a mi juicio no suficientemente sustentada, que considera que el concepto de Hobbes emana de la realidad de los pueblos americanos, puede verse en Sergio Landucci, *I filosofi e i selvaggi*, pp. 114ss.

El hecho de que inferencia y mito sean semejantes nos indica que no hay, para nada, una evolución lineal del pensamiento, que iría abandonando la mitología para ser iluminado cada vez más intensamente por las luces de la razón. El antiquísimo mito del hombre salvaje es retomado por Hobbes, quien a pesar de su profundo materialismo utilitarista se ve en la necesidad de aceptar la imaginería tradicional para construir la figura del hombre en estado de naturaleza. Hobbes está convencido de que no sueña cuando describe al hombre salvaje: ha ido desnudando al hombre civilizado de los ropajes que lo caracterizan, y le ha ido agregando rasgos bestiales. El resultado es conocido, y podemos sospechar que, por un momento, Hobbes se ha quedado dormido y ha soñado en cíclopes y *homines sylvestres*, y que en su pesadilla han aparecido los caníbales de Montaigne y los calibanes de Shakespeare: "En esa condición [de guerra, durante la cual cada hombre es enemigo de los demás] no hay espacio para la industria, ya que su fruto es incierto: por consiguiente no hay cultivo de la tierra, ni navegación, ni uso de las mercancías que pueden ser importadas por mar, ni construcciones confortables, ni instrumentos para mover y remover las cosas que requieren mucha fuerza, ni conocimiento de la faz de la tierra, ni cómputo del tiempo, ni artes, ni letras, ni sociedad; y lo que es peor de todo, existe continuo temor y peligro de muerte violenta, y la vida del hombre es solitaria, pobre, tosca, embrutecida y breve".[4]

Hobbes acepta que nunca pudo existir una época en que la humanidad viviese tal estado generalizado de guerra salvaje, aunque cree que en algunas comarcas de América hay pueblos salvajes que "carecen de gobierno en absoluto, y viven actualmente en ese estado bestial a que me he referido".[5] Pero en realidad Hobbes ha logrado reconstruir el hombre salvaje al desnudar al hombre artificial que conoce; una tras otra van cayendo las orgullosas vestiduras de la civilización: la industria, la agricultura, la navegación, la arquitectura, las técnicas, las artes, las letras... A continuación el hombre artificial es despojado de la justicia y de las leyes, de la propiedad y de sus dominios. Este ser desnudo y embrutecido, solitario y belicoso, es una especie de cuerpo galileico en movimiento que vive consumido por la repulsión a la muerte pero es acicateado por la atracción de una vida confortable gracias a su trabajo. El extraordinario humanismo de Hobbes radica justamente en su convencimiento de que la especie humana posee un *arte* tan grandioso que es capaz de crear un sofisticado animal artificial a partir de la materia salvaje original. El hombre se hace a sí mismo y logra levantar al gigantesco hombre artificial que es el Estado a partir de "la miserable condición en que efectivamente el hombre se encuentra por obra de la mera naturaleza".[6] De esta manera el Leviatán se erige como un dios cívico para establecer la paz entre los hombres salvajes.

Hobbes publicó el *Leviatán* en 1651. Si damos un pequeño salto barroco hacia atrás y al otro lado del canal de la Mancha, en busca de otros sueños salvajes,

---

4. Hobbes, *Leviathan*, XIII:62. Cf. una similar descripción en Montaigne, "Des cannibales", *Essais*, I:XXXI:204 y en Shakespeare, *The Tempest*, II:1:vv. 155ss.
5. Hobbes, *Leviathan*, XIII:63.
6. Ibid.

podríamos caer en un drama español que ofrece extraordinarios y reveladores paralelismos con la obra del filósofo inglés: *La vida es sueño* de Calderón de la Barca. Tres lustros antes de la publicación del *Leviatán*, Calderón presenta a su hombre salvaje, Segismundo, que vive semidesnudo, vestido apenas con pieles, encadenado en una torre aislada, en un paraje desierto. Segismundo es la alegoría del hombre predestinado por los cielos a causar el mal, y que es encerrado en un estado natural y salvaje en un intento vano por detener la rueda fatídica de la historia. El padre de Segismundo, el rey Basilio de Polonia, hace un experimento filosófico-político: aunque los hados y los astros han predestinado a su hijo a convertirse en un monarca cruel, impío, vicioso y traidor, decide "encerrar / la fiera que había nacido, / por ver si el sabio tenía / en las estrellas dominio" (vv. 734-736).[7]

Segismundo es encerrado en una torre, encadenado en su condición salvaje. La metáfora de Calderón usa las tradicionales imágenes medievales sobre el mundo como cárcel y el cuerpo como prisión: pero en la representación del hombre preso Calderón da vuelo a su imaginación barroca, de manera que el delirio salvaje de Segismundo pone en movimiento, como un torbellino, la sensación de que la humanidad está atrapada en una torre que es –típica dualidad calderoniana– tanto su cuna como su sepultura.[8] El salvaje en la prisión es el hombre atrapado por sus sentidos, que son su origen y su muerte; atrapado en el microcosmos –"un mundo breve" (v. 1565) dice Segismundo– de una vida que sólo es un magro reflejo del macrocosmos divino.[9] De hecho, el argumento de la comedia de Calderón proviene de una de las obras medievales más populares, que se publicó en castellano por vez primera en 1608, bajo el título de *Barlaam y Josephat*. La fuente de esta obra es un texto que no ha sobrevivido, que originalmente circuló en griego en el siglo VII, y que contenía pasajes de la vida de Buda. Se trata de una exaltación de la vida cristiana bajo la forma de una narración de la vida de Josephat, hijo de un rey de la India, que vivió desde su niñez aislado del mundo; su padre le condenó a la soledad debido a que los astrónomos de la corte habían profetizado su conversión al cristianismo. A pesar de su aislamiento, Josephat llega a comprender el sufrimiento del mundo y es bautizado por el ermitaño Barlaam.[10]

---

7. Uso el texto de la comedia *La vida es sueño* editado por Ciriaco Morón. El texto del auto sacramental del mismo nombre, de 1673, es útil para comprender algunas alegorías de la comedia, pero no se trata simplemente de una historia paralela, ya que el desarrollo y el desenlace del auto sacramental difieren totalmente de la historia relatada en la comedia. En el auto sacramental el Hombre aparece, igual que Segismundo, "vestido de pieles" como un salvaje e igualmente se interroga por su falta de libertad (642-802). El vestido de salvaje –con pieles– es un recurso muy usado por Calderón para sugerir en los espectadores el arquetipo del *homo sylvestris* desnudo. Al cubrir el cuerpo con pieles se hacía alusión a una desnudez que era imposible de llevarse a la escena, como ha señalado Aurora Egido en su documentado estudio, "El vestido de salvaje en los autos sacramentales de Calderón".

8. Sobre estas dualidades véase Joaquín Casalduero, "Sentido y forma de *La vida es sueño*", pp. 668 y 687.

9. El concepto de microcosmos era de uso común en la época. En 1621, por ejemplo, apareció en Oxford la primera edición de la cosmografía de Peter Heylyn titulada *Microcosmus, or a little description of the great worlde. A treatise historicall, geographicall, politicall, theologicall*, impresa por John Lichfield y James Short.

10. Puede leerse una versión latina del siglo XIII de esta historia en la *Legenda Aurea* de Santiago

Se ha comparado la torre en la que Calderón coloca a Segismundo con la caverna de Platón, en *La república*, donde los hombres viven prisioneros del mundo sensible de unas sombras que son, para ellos, la realidad.[11] Para enfatizar que el hombre vive no sólo sujeto a sus sentidos, enterrado en su propio cuerpo, sino además prisionero de las pasiones violentas, Calderón recurre al mito medieval del hombre salvaje. Este hecho, que podemos reconocer gracias a las estimulantes sugerencias de Alan Deyermond, y que no había sido tomado en cuenta por los especialistas,[12] nos permite comprender mejor las sutilezas y complejidades de Segismundo encerrado en la torre.

En *La vida es sueño* Segismundo nace como "un monstruo en forma de hombre" (v. 672), como una "vívora humana" (v. 675). Es el hombre natural que tiene la razón nublada, incapaz de reconocer el bien; es el ser esencialmente corrupto concebido por la tradición agustiniana que, abandonado a sí mismo, se comporta como el salvaje imaginado por Hobbes. El experimento político del rey Basilio opone su deseo de evitar la tiranía pronosticada al respeto que se debe al derecho de sangre. Segismundo, hijo del rey, tiene derecho al trono, pero si cumple su destino se convertirá en un terrible tirano que pondrá a la patria en peligro. ¿Qué hacer? El rey cree que, aunque los hados influyen poderosamente, hay un espacio para el libre albedrío, de manera que en un acto de rebeldía frente a los astros encierra a Segismundo en una torre aislada, y lo condena a vivir la condición salvaje que le es natural, en espera del momento en que se le dará la oportunidad a la bestia humana de mostrar si es capaz de regenerarse. En este sentido el rey Basilio encarna la tradición tomista, opuesta a la agustiniana, y defiende el libre albedrío de los hombres: paradójicamente, quitó la libertad a Segismundo "por ver si el sabio tenía / en las estrellas dominio" (vv. 736-737), alusión a la antigua sentencia latina *sapiens homo dominatur astris*, que fuera glosada por santo Tomás en la *Summa Theologica* para fijar su posición cristiana. Santo Tomás aceptaba que el sabio predomina sobre las estrellas si sabe controlar sus pasiones.[13] De esta forma Calderón usa las tesis tomistas para sustentar la alegoría del hombre salvaje dominado por las pasiones. Las predicciones astrológicas simbolizan esa esfera natural donde rigen las pasiones que llevan al hombre a comportarse como una fiera. Sin embargo, es evidente que Calderón –sin abandonar el tomismo– juguetea con las teorías de san Agustín sobre el pecado original, que encarnan en la imagen de Segismundo encadenado.[14]

---

de la Vorágine (capítulo CLXXX); traducción al castellano de José Manuel Macía en *La leyenda dorada*, pp. 789-803. Sobre la edición de 1608 en España de la historia de Barlaam, véase Heinz Gerstinger, *Pedro Calderón de la Barca*, p. 80.

11. Michele Federico Sciacca, "Verdad y sueño de *La vida es sueño* de Calderón de la Barca", p. 554.

12. Alan D. Deyermond, "Segismundo the Wild Man". Anteriormente sólo Edward Dudley ("The Wild Man goes Baroque", pp. 115-16) había señalado el hecho, pero desgraciadamente no desarrolló la idea.

13. "Unde et ipsi astrologi dicunt quod *sapiens homo dominatur astris*, in quantum scilicet dominatur suis passionibus" (I:I:Q.CXV, art. IV). Citado por Robert D. F. Pring-Mill, "La «victoria del hado» en *La vida es sueño*", p. 65.

14. A. Valbuena Pratt afirma que en muchos autos sacramentales Calderón se revela claramente como agustiniano. Véase "El orden barroco en *La vida es sueño*", p. 272.

Al igual que Hobbes, Calderón pinta al hombre salvaje como un "monstruo humano":

> soy un hombre de las fieras
> y una fiera de los hombres.   [vv. 211-212]

En otra parte Segismundo confirma su condición:

> pero ya informado estoy
> de quién soy, y sé que soy
> un compuesto de hombre y fiera.   [vv. 1545-1547]

El juicio de Rosaura, a quien el salvaje trata de violar, es aún más duro:

> Mas ¿qué ha de hacer un hombre,
> que no tiene de humano más que el nombre,
> atrevido, inhumano,
> cruel, soberbio, bárbaro, tirano,
> nacido entre las fieras?   [vv. 1654-1658]

Segismundo vive sumido en la melancolía (v. 179), pero no por ello sus "furias arrogantes" (v. 324) son menos peligrosas. Típico hombre en estado natural, es capaz de aprender directamente de las bestias, las plantas y los astros los conocimientos que necesita, como explica el viejo Clotaldo:

> bajé a la cárcel estrecha
> de Segismundo, y con él
> hablé un rato de las letras
> humanas, que le ha enseñado
> la muda naturaleza
> de los montes y los cielos,
> en cuya divina escuela
> la retórica aprendió
> de las aves y las fieras.   [vv. 1025-1033]

Sólo la mujer es capaz de domesticar, o al menos calmar, al hombre salvaje. Este estereotipo medieval es retomado en *La vida es sueño*, donde la hermosa Rosaura, aún disfrazada de caballero, con su dulce voz femenina es capaz de sosegar las furias de Segismundo, quien confiesa:

> Y aunque en desdichas tan graves
> la política he estudiado,
> de los brutos enseñado,
> advertido de las aves,
> y de los astros süaves

los círculos he medido,
tú, sólo tú, has suspendido
la pasión de mis enojos   [vv. 213-220]

Pareciera aquí que Calderón aludiese directamente a ese hombre salvaje de Hobbes, cuyas pasiones lo mueven como si fuera un cuerpo astral sometido en su orbitar a las leyes del cosmos. Segismundo está condenado a representar al hombre bestial, fruto de una naturaleza esencialmente corrompida. En la influyente visión jansenista el hombre es incapaz de distinguir entre el bien y el mal, de manera que sólo la rara concesión de la gracia divina abre el camino de la salvación para algunos elegidos. El hombre no es un ser libre, y como dice Segismundo, "el delito mayor / del hombre es haber nacido" (vv. 111-112). Pero como este delito lo comparte con otros seres, el salvaje se rebela ante la injusticia:

¿No nacieron los demás?
Pues si los demás nacieron,
¿qué privilegios tuvieron
que yo no gocé jamás?   [vv. 119-122]

Al compararse con otros seres naturales se queja de que todos tienen libertad menos él, lo cual es el motivo de su inmensa melancolía: no admite que los hombres tengan menos libertad que el agua cristalina, los peces, los brutos y las aves: no debe haber una ley humana que contradiga la ley natural. En el momento en que la pasión del salvaje emerge como la lava de un volcán, llega Rosaura: es de inmediato amenazada de muerte por Segismundo, pero ella –que cree en la bondad esencial del hombre– le dice: "Si has nacido / humano, baste el postrarme / a tus pies para librarme" (vv. 187-189). El papel fundamental de la mujer en la estructura metafísica de *La vida es sueño* ha sido uno de los hallazgos más importantes del análisis crítico moderno, que contrasta con las tesis decimonónicas que consideraban la participación de Rosaura como un estorboso añadido.[15] Si además destacamos la presencia del estereotipo medieval del hombre salvaje en la figura de Segismundo, será más fácil comprender la función esencial de la

---

15. Véanse los estudios de viejo cuño de M. Menéndez y Pelayo, *Calderón y su teatro*, y de Arturo Farinelli, *La vita è un sogno*. Un ensayo seminal e innovador de Edward M. Wilson, "*La vida es sueño*", provocó un giro en los estudios calderonianos. Un balance de la discusión puede consultarse en A. E. Sloman, "The Structure of Calderón's *La vida es sueño*" y, sobre todo, en la excelente compilación de Manuel Durán y Roberto González Echevarría, *Calderón y la crítica: historia y antología*. Habría que señalar, sobre la importancia del papel de la mujer, que Calderón creó cinco personajes que son versiones femeninas de Segismundo: en *Las cadenas del demonio* Irene, hija del emperador de Armenia, es encerrada en una torre rodeada de mujeres para evitar los males anunciados por un horóscopo a su padre. En *La hija del aire* Semíramis, vestida de pieles, es encerrada en una gruta para esquivar el presagio de Venus que anunció "que había de ser horror del mundo". En *Apolo y Climene*, la hija de Admeto, Climene, es educada como sacerdotisa de Venus y encerrada en una cueva para librarla del hado adverso. Lo mismo le ocurre a Marfisa, encarcelada en una gruta, vestida de pieles, y definida como "monstruo racional" en *Hado y divisa de Leonido y Marfisa*. Rosarda en *Tres afectos de amor* también es una especie de Segismundo. Estas similitudes han sido señaladas por Blanca de los Ríos de Lampérez, *La Vida es sueño y los diez Segismundos de Calderón*.

mujer como bella encarnación de las virtudes capaces de dominar las pasiones masculinas. La imaginería medieval permea toda la obra de Calderón, de tal manera que no es posible comprender los simulacros barrocos que articulan *La vida es sueño* si no vemos que se trata de torsiones y elaboraciones de viejos temas. Es lo que sucede con el personaje femenino central, Rosaura, que aparece desde la primera escena travestida de hombre y capaz de abandonar al violento hipogrifo –símbolo de las pasiones– que la ha traído al monte fragoso donde se encuentra preso el salvaje en su torre solitaria. Los elementos que componen esta escena son, por así decirlo, góticos; pero Calderón los sumerge en el vendaval vertiginoso de su estilo barroco para darles nueva vida.

Y el vendaval barroco nos lleva al día en que el rey de Polonia decide liberar al salvaje, su hijo, bajo condiciones especiales. Segismundo es dormido mediante un poderoso narcótico con el fin de que despierte en el trono, para gobernar. Si "desmintiendo en todo al hado" (v. 810) resulta un buen gobernante, tendremos un noble salvaje convertido en príncipe; en caso de que se muestre cruel y soberbio, se habrá respetado el derecho de sangre, pero el rey ejercerá su autoridad invicta y habrá de devolverlo al calabozo de su condición bestial. Los dilemas que están en juego son los grandes temas que conmovieron la cultura europea del siglo XVII: ¿puede el hombre modificar su destino?, ¿es el hombre por naturaleza cruel y tiránico? Pero aún más allá de estos problemas, Calderón quiere proponer una alternativa frente al mal y al destino.

Segismundo despierta como príncipe y se comporta con bestial arrogancia. Su padre, que de momento acepta el inclemente destino que los hados han determinado, vuelve a narcotizar al salvaje y lo arroja de nuevo, encadenado, a su torre solitaria. Pero Calderón ha puesto en juego un segundo experimento: hace que el rey Basilio deje "abierta al daño la puerta / del decir que fue soñado / cuanto vio" su hijo (vv. 1135-1137). El salvaje deberá comprender que todo lo que ha vivido fue un sueño:

y hará bien cuando lo entienda;
porque en el mundo, Clotaldo,
todos los que viven sueñan.   [vv. 1147-1149]

Así, el opio que toma el hombre salvaje no sólo le sirve de consuelo; además le abre las puertas de la percepción y le permite comprender la verdadera naturaleza del mundo. Desde la prisión de la torre el salvaje Segismundo exclama:

¿Qué es la vida? Un frenesí.
¿Qué es la vida? Una ilusión,
una sombra, una ficción,
y el mayor bien es pequeño;
que toda la vida es sueño,
y los sueños, sueños son.   [vv. 2182-2187]

Cuando los soldados y el vulgo vuelven a liberar a Segismundo para aclamarlo, él ya no sabe si es un salvaje que sueña ser príncipe o un príncipe que sueña ser salvaje. El experimento político del rey Basilio lo ha confundido y ya no quiere soñar grandezas que se han de esfumar; pero el extraño experimento le ha permitido liberarse de su oprobioso destino, pues el salvaje –al comprender que la vida es sueño– se vuelve noble:

no me despiertes si duermo,
y si es verdad, no me duermas.
Mas sea verdad o sueño,
obrar bien es lo que importa [vv. 2421-2424]

Paradójicamente, ahora el buen salvaje en que se ha convertido Segismundo cumple su destino y derroca a su padre. Rosaura, que se ha revelado como un inquietante símbolo del principio de realidad, le recuerda que ahora toca

la venganza, pues el cielo
quiere que la cárcel rompas
desa rústica prisión,
donde ha sido tu persona
al sentimiento una fiera,
al sufrimiento una roca [vv. 2878-2883]

La sola presencia de la mujer, que *sabe* lo que él *cree* que ha soñado, le permite sospechar: "Luego fue verdad, no sueño" (v. 2934). En medio de la confusión –y gracias a ella– el noble salvaje ejecuta un supremo acto de libertad: perdona a su padre y, con ello, termina demostrando que, aunque la maldad, las pasiones y el destino existen como fuerzas poderosas, es posible dominarlas. En la confrontación entre Segismundo, todavía vestido de pieles como un salvaje, y el rey surge el perturbador interrogante: ¿para que el hombre doblegue a los hados adversos y escoja el bien es necesario lanzarlo antes, aherrojado, a la prisión de su estado salvaje original? Segismundo le reprocha al rey que, por querer escapar del destino al obligarlo a vivir una condición salvaje, *despertó* en él a la fiera humana, de manera que la sentencia de los astros acabó cumpliéndose. Calderón, a pesar de esto, encamina al público a sospechar que la libertad ha sido alcanzada sólo gracias al extraño vaivén entre el salvaje despertado y el civilizado dormido, entre el sueño y la realidad.

Al final de la obra el salvaje pródigo reparte nobles y civilizadas acciones, pero su último acto es el de encerrar en la torre donde él vivió encadenado a su libertador, al soldado rebelde que representa al verdadero salvaje, "el vulgo, monstruo despeñado y ciego" (v. 2478). Podemos imaginar que al vulgo encadenado le va a suceder lo mismo que a Segismundo: se volverá más salvaje y se rebelará cuando la falta de libertad despierte a la fiera dormida en el interior de los hombres.[16]

Conviene contrastar, así sea brevemente, el sofisticado tratamiento barroco del sueño con una obra dramática menor, muy simplona, publicada unos setenta

---

16. Véase el interesante ensayo de T. E. May, "Segismundo y el soldado rebelde".

años antes que *La vida es sueño*, y que conserva un cándido sabor medieval. Juan de Timoneda escribió una *Farça llamada Paliana* donde dos hombres salvajes aparecen en el sueño de una mujer embarazada; no atreviéndose a confesar el sueño a su marido, tal vez por sus connotaciones eróticas, Filomancia se lo cuenta a su criada:

> Sabrás qué sueño espantoso,
> amiga mía, he soñado,
> el cual me tiene elevado
> mi espíritu congojoso:
> y es que en un monte escabroso
> yo me vía,
> y soñé en mi fantasía
> que salían de mis entrañas
> grandes fuegos que con sañas
> me quemaban y encendía:
> después que se consumía
> en placer,
> y que cessavan de arder
> las llamas que me abrasavan,
> y dos salvajes matavan
> sus furias y su poder:
> cierto no puedo entender
> tal harmonía.[17]

Cuando el marido se entera, va a consultar a un nigromante el significado del sueño en que los salvajes apagan los ardores nocturnos de su mujer, inquieto porque "aquestos fuegos y arder / en plazeres se tornavan" (9b). El nigromante predice que el niño que va a nacer provocará "que queme más que tizones / fuego de tribulaciones" (9b) y que la única manera de evitar los problemas consiste en cazar a dos salvajes en la montaña. Aconseja además que se abandone al niño en la espesura del monte. Allí lo encuentran dos salvajes que estaban cantando y cazando, y que se hallan descontentos por la soledad en que viven. Su canción dice así:

> Entre fieras alimañas
> vivimos con gran tristura,
> donde no vemos criatura
> por estas solas montañas. [14b]

Los salvajes recogen al niño y lo crían con gran ternura hasta que es mayor. Un día el muchacho ve a su madre, se inflama de amor por ella y hace que los salvajes la rapten. El enojado marido encuentra a los salvajes y a su mujer, Filomancia, viviendo con el joven; impulsado por los celos los quiere matar, pero se descubre

---

17. Juan de Timoneda, *Farça llamada Paliana*, 5a.

que el muchacho es su hijo y que al haber cazado dos salvajes se ha aplicado el remedio recetado por el nigromante para librar al joven de las fogosas furias con que nació condenado. Podemos reconocer algunos elementos que también aparecen en *La vida es sueño*; pero aquí la confusión entre sueño y realidad forma parte de un universo mágico, y la forma de eludir el destino aciago del hijo de Filomancia es simple y exenta de contradicciones, aunque implica también una etapa de vida salvaje. Se trata sin duda de una obra tosca y mediocre, mal facturada, que tiene interés como precedente de la obra de Calderón y por el hecho de que los salvajes que aparecen allí tienen cierto carácter amable y benigno.[18]

En cambio, en la obra de Calderón hay un contrapunteo paradójico entre dos ideas diferentes. La causa del ennoblecimiento del salvaje es –según una primera idea– el descubrimiento de que la vida es un sueño. Según una segunda idea, el príncipe salvaje opta por sacrificar su amor por el honor de su dama y decide salvar a su padre a partir del momento en que su amada, Rosaura, le ha hecho comprender que sus diferentes metamorfosis no son sueños sino realidades verdaderas; curiosamente, ella que ha ocultado y desdoblado su identidad mediante disfraces es quien revela la existencia de una realidad continua y única. De acuerdo a la primera idea, es el miedo lo que domestica al hombre salvaje: el temor a despertar de nuevo en la cárcel de la torre lo vuelve bondadoso por interés, no por convicción profunda. La otra idea sugiere la posibilidad de un acto moral voluntario y libre mediante el cual se expresa la nobleza profunda del hombre.

Estas dos ideas que se entretejen en la obra de Calderón son el reflejo de una de las tensiones más peculiares de la época barroca. A mi parecer, las dos interpretaciones opuestas del comportamiento de Segismundo revelan, en realidad, una contradicción típica de la cultura europea del siglo XVII. Deyermond ha formulado con rigor la disyuntiva: si el hombre salvaje sólo se regenera gracias al engaño y a la represión (es decir, por el sueño y el miedo), surgirá un ser llana y cruelmente oportunista, un príncipe maquiavélico que decide libremente, pero que es peor que antes, en su violento pero honesto estado primigenio.[19] En cambio, si en el fondo del hombre salvaje yace dormido un ser noble, en este caso la historia –al obligarlo a decidir y, por tanto, a ejercer su libre albedrío– despierta a un príncipe cristiano y justo.[20]

Estamos en una encrucijada: ¿la sociedad debe ser un conjunto de hombres artificiales o un grupo de seres virtuosos? Como ha recordado José Antonio Maravall, se trata de una variante de la discusión escolástica sobre si la prudencia era un arte o una virtud, es decir, una técnica o una condición esencial.[21] La cultura barroca, desde luego, se inclinó por la insegura y laberíntica búsqueda de

---

18. Cabe mencionar otra obra de teatro con hombres salvajes y que usa también el recurso del sueño para enmarcar la acción complicada y confusa de personajes alegóricos. Se trata de *Dolería d'el sueño d'el mundo* de Pedro Hurtado de la Vera, publicada en 1572. Los dos salvajes, Apio y Metio, significan la penitencia y el remordimiento de la conciencia.

19. Es la interpretación de H. B. Hall, "Segismundo and the Rebel Soldier" y "Poetic Justice in *La vida es sueño*: A Further Comment".

20. Es la tesis de A. A. Parker, "Calderón's Rebel Soldier and Poetic Justice".

21. José Antonio Maravall, *La cultura del Barroco*, p. 143.

las artes que puedan en forma eficaz canalizar las ciegas fuerzas que dominan a los hombres, y ello se aprecia en Calderón. Al mismo tiempo, al dramaturgo español le cuesta mucho trabajo renunciar a la fe medieval que considera que las verdades fundamentales son accesibles al hombre directamente gracias a sus virtudes, sin necesidad de artificios técnicos mediadores que las reconstruyan con el fin de lograr una convivencia racional entre seres potencialmente dañinos.[22]

A mi juicio, el genio de Calderón logró transmutar esta contradicción, sin inclinarse completamente por ninguna de las dos opciones, en el típico vaivén espejeante del estilo barroco, donde Segismundo, por ejemplo, se define como "un hombre de las fieras y una fiera de los hombres", un ser encerrado en el trágico círculo en el que enfrenta su humanidad a la fiereza, sólo para después volver su ferocidad contra los hombres.[23]

Ciertamente, la problemática de Calderón es la de Maquiavelo. Véase, por ejemplo, la forma en que en *El príncipe* se plantea la relación entre la ley y la fuerza:

> Hay que saber, además, que hay dos formas de combatir: la una con las leyes, la otra con la fuerza: que la primera es propia del hombre y que la segunda lo es de las bestias: pero como muchas veces la primera no basta, conviene recurrir a la segunda. Por lo tanto, un príncipe debe bien saber usar a la bestia y al hombre. Los escritores antiguos lo enseñaron a los príncipes de manera velada, cuando describieron cómo Aquiles y muchos otros de aquellos príncipes antiguos fueron confiados al centauro Quirón para que los criara y para que bajo su disciplina los educara. Tener un preceptor que es mitad bestia y mitad hombre quiere decir que un príncipe debe saber usar ambas naturalezas, y que una no puede durar mucho sin la otra.[24]

Esta doble naturaleza del gobierno se puede ver con mayor claridad en otra obra de Calderón en la cual el príncipe salvaje aparece desdoblado en dos personajes (Eraclio y Leonido) enfrentados al poder tiránico del emperador de Sicilia (Focas), que también fue criado entre las fieras de la montaña, como salvaje. En esta obra –*En la vida todo es verdad y todo mentira*–, como ha hecho notar Cruickshank, Calderón de la Barca se inclina por la interpretación de Santo Tomás de Aquino, completamente opuesta a la de Maquiavelo, y rechaza la necesidad de comportarse como una bestia:

> Un hombre que ejerce la autoridad –dice Tomás de Aquino–, no de acuerdo a la razón, sino de acuerdo a los deseos de la pasión, no difiere en modo alguno de una bestia. Así Salomón dice: "León rugiente y oso hambriento es el sobe-

---

22. Al respecto véase ibid., pp. 143-56 y Edward M. Wilson, "*La vida es sueño*".
23. El vaivén espejeante puede considerarse una peculiaridad del *ethos* barroco, que "parte de la desesperación y termina en el vértigo", como ha dicho Bolívar Echeverría en su importante ensayo "El *ethos* barroco", p. 26.
24. *El príncipe*, XVIII, "Quomodo fides a principibus sit servanda".

rano malo que domina al pueblo débil" (Proverbios, 28:15). Así los hombres huyen de los tiranos como lo harían de una bestia cruel.[25]

Sin embargo, la opción ideológica de Calderón queda sumergida en una temática y en un estilo donde las seguridades teológicas y morales se diluyen en un paradójico mundo de engañosas apariencias oníricas, donde la historia dramática no se desenvuelve sin una inmersión profunda de los personajes en la experiencia salvaje y bestial. Es precisamente esta coexistencia contradictoria de la moral tomista y la cultura barroca lo que hace del teatro de Calderón un fenómeno fascinante.

Pascal, años más tarde, retomó la idea de que la vida es sueño cuando escribió que "nadie tiene la seguridad, fuera de la fe, de estar despierto o dormido, ya que durante el sueño se cree firmemente estar despierto [...] Y como con frecuencia se sueña que se sueña, empalmando un sueño en otro, podría ser que esta mitad de la vida no sea ella misma más que un soñar en el que están empalmados otros sueños".[26] Pascal liga esta idea a la culpa que todos los hombres cargan desde el pecado original, y recuerda el carácter volátil y pasajero de la existencia. En Calderón hay, además, el juego con la posibilidad de fundar el gobierno del príncipe en la tesis de que la vida es un sueño: sólo así podrán reprimirse los apetitos bestiales de los hombres pecadores. Hobbes, como he dicho, veía con malos ojos la alternativa de introducir la dimensión onírica como fundamento de la política, la justicia o la moral. En el *Leviatán* claramente se refiere a los peligros de mezclar los sueños con las leyes:

> Los sueños son, naturalmente, fantasías que se conservan mientras se duerme, a partir de las impresiones que nuestros sentidos han recibido anteriormente, cuando estaban despiertos; y cuando los hombres accidentalmente no tienen la seguridad de que dormían, creen que vieron visiones reales y, por tanto, quien pretende quebrantar la ley basado en su propio sueño o en el de otro [...] se aparta de la ley de la naturaleza [...] porque si cualquier hombre privado tuviera licencia para hacerlo [...] no podría mantenerse ninguna ley, y cualquier república quedaría disuelta.[27]

En *La vida es sueño* se parte de la necesidad política de encadenar al hombre para someter sus ímpetus salvajes; después es preciso enseñarle que su libertad es un sueño, para ponerlo en una disposición favorable para elegir libremente el camino del bien. Aquí se antoja pensar que los sueños (o, más bien, las sensaciones oníricas inducidas) tienen un valor terapéutico. En efecto, el rey Basilio ha practicado en Segismundo una suerte de tratamiento: le ha aislado en una torre donde ha recibido no sólo las duras lecciones que la naturaleza le ha brindado, sino que además ha recibido las enseñanzas de su viejo tutor, Clotaldo, que lo ha iniciado en las ciencias y en la ley católica (vv. 756-758). Después le ha admi-

---

25. *De regimine principum*, I, iii, cit. por Don William Cruickshank, en la introducción a *En la vida todo es verdad y todo mentira*, p. c.
26. Pascal, *Pensamientos* § 434 (ed. Brunschvrig).
27. Hobbes, *Leviathan*, XXVII:156.

nistrado poderosas drogas narcóticas y anestésicas (beleño y opio) para dormirlo profundamente y despertarlo a un mundo nuevo como príncipe; al fracasar el experimento, pues el hombre salvaje sigue comportándose como tal, recibe otra dosis de droga y despierta de nuevo en su prisión primera.

Desde esta perspectiva, nos podemos preguntar qué clase de enfermedad le habría diagnosticado un médico del siglo XVII a Segismundo que mereciese una terapia basada en la manipulación de los sueños y en la aplicación de narcóticos. La respuesta no es difícil y se encuentra, por lo demás, en el propio texto de la comedia: *sufría de melancolía* (vv. 179 y 1248). Si el médico que llamásemos a practicar el diagnóstico del mal sufrido por Segismundo fuera Jacques Ferrand, sin duda nos hablaría de un caso de melancolía erótica, aunque criticaría las numerosas libertades que Calderón de la Barca se tomó al usar el antiguo estereotipo del humor negro y las formas de curar sus manifestaciones malignas.

Ferrand, autor de un importante tratado sobre la melancolía publicado en 1623, tal vez hubiese aconsejado que el salvaje Segismundo saciase sus deseos eróticos en Rosaura, siguiendo los sabios consejos de Avicena, Arnaldo, Lucrecio, Ficino, Ovidio y muchos más.[28] Pero, advierte Ferrand, no es siempre necesario gozar de la dama para curar a un hombre del morbo melancólico; en ocasiones basta con soñarlo para librarse de la bilis negra. Al respecto cita un caso, narrado por Plutarco, que resulta muy pertinente para iluminar el espinoso tema de los vínculos entre el soñar y el legislar, pues es un ejemplo de lo que puede suceder si los sueños se convierten en materia política, cosa que aborrecía Hobbes y con la cual Calderón se complacía en jugar. Plutarco narra la situación triste de un joven egipcio perdido de loco amor por la bella cortesana Theognis. Una noche el pobre joven soñó que se había acostado con su Theognis; al despertar se dio cuenta de que el ardor que amenazaba consumirlo se había aliviado. Pero la cortesana se enteró, y presentó una demanda ante el tribunal alegando que ella había curado al joven egipcio, razón por la cual tenía derecho a un pago. El juez ordenó al joven que llenase una bolsa con la cantidad exigida y la llevase a la corte, donde fue vaciada en una jofaina frente a la cortesana: así ella fue pagada con el sonido y el color de los escudos, de forma similar a la que contentó al joven con un placer imaginario. Aunque la decisión fue aplaudida por casi todos, hubo quien afirmó que había sido injusta: mientras el sueño había satisfecho los deseos del egipcio, el sonido y el color del oro sólo habían acrecentado los deseos de Theognis.[29]

Podemos comprender el horror que habría sentido Hobbes ante una situación de esta naturaleza: si las leyes han de incluir a los sueños en su esfera de influen-

---

28. Jacques Ferrand, *De la melancholie d'amour ou melancholie erotique*, Denis Moreau, París, 1623. Aquí utilizo la excelente edición moderna preparada por D. A. Beecher y M. Ciavolella, *A Treatise on Lovesickness*. Adolfo Castañón ha sugerido, con razón, que el salvaje es tanto el síntoma como el médico de esa enfermedad llamada civilización ("El Salvaje en el espejo", p. 47).

29. Ferrand posiblemente toma la historia de André du Laurens (*Second discours, au quel est traicté des maladies melancholiques, et du moyen de les guarir*, París, 1613, f. 35 verso). También Jean Aubery usa la historia para mostrar cómo los sueños satisfacen deseos que no pueden ser saciados durante la vigilia (*L'antidote d'amour*, París, 1599, f. 36 verso). Estas referencias están citadas en la edición crítica y traducción al inglés del libro de Ferrand, pp. 562-563. La versión original de Plutarco se encuentra en su "Demetrio", *Vidas*, IX:27.

cia entonces resulta imposible edificar un Estado soberano. Sin embargo, podemos distinguir entre *legislar* y *legitimar*: si bien los sueños no pueden constituirse en base de la legislación y de la justicia, es frecuente que formen parte fundamental de la legitimación del Estado. Sin duda Calderón de la Barca quiso introducir esta perspectiva: a Segismundo, futuro gobernante, le bastó creer que soñaba para comprender el sentido de la vida y domar sus melancolías salvajes. Ahora bien, lo que aquí está en discusión es el problema de la naturaleza profunda del hombre; para Hobbes –como para el rey Basilio– el hombre está predeterminado por una pasión salvaje natural que, de no existir un poder soberano para reprimirla, sería capaz de destruir a la sociedad entera. Desde el punto de vista calvinista o jansenista la naturaleza ineludiblemente salvaje y bestial del hombre proviene, claro está, del pecado original. La iglesia católica, por su parte, no admitía ninguna clase de pensamiento determinista que borrase la plena responsabilidad del hombre en sus decisiones morales, sea a causa de la condición pecaminosa original o bien por la influencia de los astros. La astrología era particularmente perseguida por los tribunales eclesiásticos, pues se veía en ella la aceptación de influencias cósmicas que atentaban contra el libre albedrío. Por estos motivos, dicho sea de paso, el ilustre médico que he citado como autoridad en la diagnosis de la melancolía de Segismundo, Jacques Ferrand, tuvo que enfrentarse al tribunal eclesiástico de Toulouse que acusaba su obra de sacrílega y extremadamente perniciosa para la moral y la decencia; fue acusado de apoyarse en la astrología, de usar en forma lasciva las sagradas escrituras y de divulgar recetas de remedios para hacerse amar de las damas.[30]

No olvidemos que en *La vida es sueño* el rey Basilio, que toma las decisiones que abren paso a la tragedia, es un sabio astrólogo que sabe leer en el libro de la naturaleza el curso futuro de la vida de los hombres. La tragedia, que termina como comedia, nos revela el triunfo final de los principios del libre albedrío, que tanto defendieron los jesuitas en la época de Calderón. En otra obra, el dramaturgo español retoma un incidente cómico de la vida de Ignacio de Loyola, fundador de la Orden de Jesús, que nos ilustra sobre el problema del libre albedrío desde un ángulo insólito. En *El gran príncipe de Fez* (de 1668) Calderón utiliza un gracioso incidente en la vida del santo, que el mismo Ignacio narró en su autobiografía. Sucedió que, en su peregrinar hacia el santuario de la virgen de Montserrat, el joven Ignacio se encontró con un morisco –quien aquí va a tomar el papel de salvaje o bárbaro– que cabalgaba por el mismo camino, para llegar a un pueblo cercano. Al revelarle su destino, Ignacio aviva una discusión sobre la virginidad de María: el morisco niega que María después de parida permaneciese virgen. Por más que argumenta Ignacio, el morisco sólo admite la virginidad antes y durante el parto, más no después de haber nacido Jesús. A mitad de la discusión, abruptamente el morisco espolea su asno por el pequeño camino que conduce a su pueblo, y deja a Ignacio, sorprendido y furioso, montado en su mula en la carretera. Encolerizado por los insultos a la virgen que ha proferido el infiel, detiene su montura y duda si perseguirlo para acuchillarlo para así vengar el honor de María. Lo curioso es que deja la decisión a la mula: si ella sigue por la

---

30. Jacques Ferrand, *A Treatise on Lovesickness*, pp. 27ss.

carretera, se olvidará de la afrenta; pero si el animal va tras el morisco, éste recibirá su merecido. Así, la mula de San Ignacio ejerció lo que podríamos llamar su libre albedrío y avanzó por el camino principal. ¿O fueron los astros los que salvaron al morisco de ser apuñalado por el santo? En todo caso, el joven Ignacio de Loyola, en este episodio que ocurrió en 1522, sintió los primeros rigores de un problema teológico y político que ha atormentado a los hombres durante siglos. Aunque es posible que dejar las decisiones al azar de los caprichos de un animal sea a fin de cuentas una actitud menos irracional que tantas otras que han llevado a los hombres a cometer los actos más infames en defensa del libre albedrío.

IV
El caníbal disfrazado

La lectura paralela del *Leviatán* y de *La vida es sueño* no sólo muestra facetas inquietantes y reveladoras de la cultura del siglo XVII, con lo que tendemos un puente entre las discusiones sobre la libertad que ocurrieron en los albores de la modernidad y las que nos sacuden hoy, a finales del segundo milenio. La comparación, además, nos permite descubrir el mito que ambos textos albergan en su seno: cada uno a su manera contiene el núcleo del mismo canon mitológico que codifica al hombre salvaje. Este núcleo mítico no proviene estrictamente de la tradición literaria y filosófica en la que se inscribe cada uno de los textos, sino que tiene su origen en el antiguo complejo simbólico del *homo sylvestris*. Es cierto que tanto la lógica del discurso teológico de Calderón como el andamiaje empiricista de Hobbes parecen necesitar de un punto de apoyo externo, que se ubica en las ideas sobre la naturaleza originariamente malévola del hombre. Pero el hecho es que ambos textos coinciden en la recuperación y recreación del mito del salvaje como imagen simbólica para representar al hombre en estado natural. Es comprensible que esta afirmación moleste a muchos antropólogos e historiadores de inspiración estructuralista, que en la línea de Lévi-Strauss se resisten a aplicar sus herramientas conceptuales al estudio de la mitología occidental y de las sociedades modernas; se argumenta que al quedar codificado en textos, el mito primitivo original ha pasado por tantas manos que se ha deformado completamente. Pero lo que a mí me interesa aquí es exactamente el proceso inverso: no la reconstrucción del mito original, sino precisamente la historia del mito que pasa de unas manos a otras en una larga y accidentada cadena donde cada eslabón cumple, en su momento y en su sociedad, funciones diversas. El problema radica, desde mi perspectiva, en entender la existencia de una cadena mitológica que une, digamos, a Segismundo con el *homo sylvestris*[1] y los faunos. Esta cadena llega

---

1. La imaginería del hombre salvaje no sólo fue usada por Calderón en la comedia *La vida es sueño*; aunque en forma marginal, también la usó en otras obras. En la comedia *Los tres mayores prodigios*, basada en el mito de Jasón y Medea, aparece un salvaje "vestido de hiedra, con su maza" (en la primera jornada) que sostiene un par de diálogos fugaces con el gracioso Sabañón. En *El golfo de sirenas* un monstruo marino vomita a Alfeo "vestido de salvaje", personaje tildado de "fiera extraña" y "salvaje cruel"; Alfeo se enfrenta a otro salvaje que, en lugar de combatir, desea contarle una historia, y que se siente desfallecer al comprobar que Alfeo no le escucha. Es curioso que, más adelante, cuando Alfeo le pregunta al otro salvaje sobre las armas que debe usar para combatirlo, su antagonista le contesta: "Con no oírme; que a un salvaje / quien no le escucha le mata". En *El jardín de Falerina* hay un salvaje más temible, que no hace un papel burlesco: es un ser feroz, al servicio de una profetisa, la reina Falerina, y que se topa con dos graciosos cobardes –un moro y un

hasta nuestros días, y se conecta con algunos temas fundamentales de la cultura occidental del siglo XX: recorrer la cadena e interesarnos en cada eslabón no nos permitirá, sin duda, recomponer la estructura primigenia del mito, pero sí nos ayudará, por decirlo así, a reconstruir nuestro presente. En una paradójica arqueología del presente, es preciso emprender la tarea de restaurar las ruinas que nos rodean, de reunir los fragmentos del mundo postmoderno, de recomponer el plano roto del horizonte temporal que circunscribe nuestra actualidad. El resultado no será, cosa imposible, un retorno al pasado, pero sí un viaje hacia atrás para reconocer la trayectoria de la cadena que parece arrastrarnos al futuro. Si todavía hoy nos interesa la forma en que el mito del salvaje aparece en los textos de Hobbes y Calderón es porque fragmentos de ese mismo mito siguen formando parte del horizonte cultural del siglo XX. ¿Por qué es posible seguir hablando del *mismo* mito? La identidad del mito no proviene de una misteriosa continuidad estructural, sino de un hecho que es necesario explicar históricamente: es la identidad de la civilización, del hombre occidental, la que se apoya en el mito cambiante del hombre salvaje. En otras palabras: la continuidad del mito no procede de su estructura originaria sino de su encadenamiento al proceso de configuración de la identidad del hombre occidental civilizado.

Es por este motivo que resulta de interés escudriñar los puntos de articulación que dan continuidad al mito. ¿Cómo es que dos escritores tan diferentes alojaron en el interior de su discurso moderno y barroco al antiguo mito gótico y medieval del hombre salvaje? Ellos, así como muchos de sus contemporáneos, hicieron lo mismo que hacen los llamados grupos primitivos observados por los etnólogos: echaron mano de la materia prima mítica que su cultura les ofrecía para llenar las inquietantes lagunas que dejaba el pensamiento hegemónico establecido. El mito permitía pensar y sentir los huecos que dejaba la explicación normal y aceptada. Con toda razón Marcel Detienne afirma que los estudios mitológicos nacen como una "ciencia de lo escandaloso".[2] El mito del salvaje, tal como lo retoman Calderón y Hobbes, es la metáfora perfecta para hablar de los aspectos escandalosos, infames, crueles, adúlteros, sanguinarios y caníbales de ese nuevo dios que el humanismo europeo ha comenzado a entronizar. El Hombre, criatura divina, es presentado bajo su aspecto grotesco, repugnante, deshonroso y obsceno gracias al recurso del mito. El gran problema que abordan tanto Calderón como Hobbes, y que preocupó profundamente a los hombres del siglo XVII, es el

---

francés–, que se han refugiado de una batalla en la cueva de la reina, donde prosiguen sus bufonadas teñidas de implicaciones homosexuales. Por otro lado, el "vestido de pieles" típico del salvaje es usado por diversos personajes de Calderón. Así aparece vestido en varios autos sacramentales el Hombre (*La vida es sueño, El diablo mudo* y *El año santo en Roma*). Igualmente ataviado aparece Adán en dos autos: *La siembra del Señor* y *El día mayor de los días*. El demonio también es un personaje vestido de pieles en cuatro autos: *El verdadero dios Pan, El valle de la zarzuela, La semilla y la cizaña* y *A tu prójimo como a ti*. El Fauno de la comedia *El castillo de Lindabridis* sale "vestido de pieles, con un bastón grande y nudoso"; la Culpa sale de igual forma, con garrote, en el auto *El laberinto del mundo*. Un Príncipe y el Deseo también van de pieles en los autos *Los alimentos del hombre* y *A tu prójimo como a ti*. Véase Oleh Mazur, *The Wild Man in the Spanish Renaissance and Golden Age Theatre. A Comparative Study*; Manuel Ruiz Lagos, "Estudio y catálogo del vestuario escénico en las personas dramáticas de Calderón", y Aurora Egido, "El vestido de salvaje en los autos sacramentales de Calderón".

2. Marcel Detienne, *La invención de la mitología*, p. 13.

siguiente: ¿cómo vestir, cómo disfrazar a ese horrible salvaje que es el hombre en su estado natural? ¿Cómo controlar y ocultar los vicios repulsivos que ha heredado desde el pecado original? En contraste, a los filósofos del siglo XVIII –principalmente a Rousseau– les va a obsesionar el problema opuesto: ¿cómo desnudar al hombre civilizado? ¿Cómo recuperar la naturalidad perdida?

Es precisamente el uso del mito del salvaje uno de los aspectos del pensamiento de Hobbes que más escandalizó y molestó a sus contemporáneos. Hoy podemos percibir la riqueza y complejidad de las propuestas hobbesianas, encaminadas a exaltar al hombre artificial, para defender y proteger al hombre natural de sus propias tendencias devastadoras. Como era corriente en la época, usó metáforas teatrales para explicar sus ideas y mostrar la necesidad de estimular el comportamiento artificial y las apariencias, en un impulso que podemos calificar de barroco, y que comparte con Baltasar Gracián. Al igual que éste, que había establecido –en su célebre apología del pavo real– que la realidad es inútil sin las apariencias,[3] Hobbes explica la importancia de la persona fingida o artificial que es capaz de disfrazarse y actuar detrás de una máscara para representar los intereses y los derechos de otros, que son los autores.[4] El inmenso edificio que es el Leviatán estatal puede compararse a una catedral barroca que cubre de curvas, contracurvas y volutas la vasta materia humana que en su estado natural alberga una peligrosa guerra de todos contra todos. Esta humanidad salvaje ya existía en el teatro inglés de la época de Hobbes: los actores salvajes, descendientes de Calibán, abundaban en las comedias del siglo XVII.[5] Un ejemplo significativo se puede encontrar en *Mucedorus*, una obra anónima publicada en 1598 y que fue muy popular durante todo el siglo XVII, al punto que es muy posible que el propio Hobbes asistiera a alguna de sus representaciones. Si así fue, debe haberse divertido enormemente al ver la actuación de Bremo, el malvado hombre salvaje que secuestra a la bella Amadine. Desde su primera aparición en escena el salvaje se anuncia como el más violento de los seres:

¿Quién que conmigo luche no muere bien muerto? Ninguno.
¿Qué favores hace mi garrote a quienes
en estos bosques combaten contra mí?
Vaya: les da enseguida muerte y nada más que muerte.
Con incansable furor vago por estos bosques;
no hay aquí más criatura que la temible fuerza de Bremo.
Hombre, mujer, niño, bestia y pájaro,
y todo cuanto se acerque a mi vista
por fuerza ha de caer con sólo que Bremo frunza el ceño.[6]

---

3. Baltasar Gracián, *El discreto*, XIII. Gracián adoptó la retórica aristotélica basada en el principio de que la forma literaria es un adorno ingenioso que se agrega a la expresión desnuda del pensamiento, y a partir de ello exaltó la artificialidad; de esta manera fusionó la tradición clásica con las necesidades del espíritu barroco. Véase al respecto Benedetto Croce, "I trattatisti italiani del Concettismo e Baltasar Gracián", p. 310.
4. Véase el capítulo XVI del *Leviatán*.
5. Véase R. H. Goldsmith, "The Wild Man on the English Stage".
6. *A most pleasant Comedie of Mucedorus the kings sonne of Valentia and Amadine the kings daughter of Arragon...*, impreso para William Iones, Londres, 1598. Uso aquí la versión moderna de Arvin H.

Por supuesto, como era de esperarse, la primera intención de Bremo es la del caníbal:

¡Una buena presa! Vamos, Bremo, come la carne.
Delicadezas, Bremo, delicadezas para la panza hambrienta llenar.
Vamos, atraca con sangre tibia tu tripa golosa.[7]

En el transcurso de esta comedia pastoral, ligera y romántica, se desarrolla el antiguo estereotipo del salvaje, Bremo, que es uno de los últimos ejemplos de *homo sylvestris* en el teatro inglés del siglo XVI. Pero el hombre salvaje no abandona la escena inglesa: pasa de los tablados dramáticos a los libros de filosofía. Si Hobbes, como me gusta suponer, alguna vez presenció una puesta en escena de *Mucedorus*, sin duda debe haber sentido la necesidad de retomar el personaje que Shakespeare y Spenser habían popularizado, y que de una u otra forma está presente en las comedias de Dryden, Etherege, Wycherley y Congreve, contemporáneos suyos.[8] Uno de los más célebres y populares personajes heroicos del teatro inglés del siglo XVII pertenece también, de alguna manera, al linaje del hombre salvaje: Almanzor, en *La conquista de Granada* (1670-71) de John Dryden, representa al extraño salvaje y bárbaro que amenaza a los moros; pero en este caso se trata de una reivindicación de los aspectos positivos y valiosos del hombre natural. Cuando Almanzor es condenado a muerte por Boabdelin, rey moro de Granada, exclama con orgullo, usando por vez primera una expresión que quedará inscrita en la historia y que a Hobbes no le habría agradado:

Nadie como yo desprecia tanto la vida que me alienta,
pero ¿por qué tienes tú el derecho de darme muerte?
Obedecido seas como soberano por tus súbditos,
pero entérate que yo soy mi único rey.
Soy tan libre como primero hizo al hombre la naturaleza
antes de que comenzaran las infames leyes de la servidumbre,
cuando corría silvestre por los bosques el salvaje noble.[9]

Jupin, *A Contextual Study and Modern-Spelling Edition of MUCEDORUS*: "Who fights with me and doth not die the death? Not one. / What favor shews this sturdy stick to those / That here within these woods are combatants with me? / Why, death and nothing else but present death. / With restless rage I wander through the woods; / No creature here but feareth Bremo's force. / Man, woman, child, beast and bird / And every thing that doth approach my sight / Are forced to fall if Bremo once but frown." [III:iii:vv. 20-28.]

7. "A happy prey! Now, Bremo, feed on flesh. / Dainties, Bremo, dainties thy hungry panch to fill. / Now glut thy greedy guts with lukewarm blood." [III:iii:vv. 16-18.]

8. Samuel I. Mintz, *The Hunting of Leviathan. Seventeenth-Century Reactions to the Materialism and Moral Philosophy of Thomas Hobbes*, 139. Cabe mencionar que también Ben Jonson presenta unos personajes salvajes, los silvanos, en su *Masque of Oberon* de 1611, pero son completamente marginales.

9. "No man has more contempt than I of breath, / But whence hast thou the right to give me death? / Obey'd as sovereign by thy subjects be, / But know that I alone am king of me. / I am as free as nature first made man, / Ere the base laws of servitude began, / When wild in woods the noble savage ran." [*The Conquest of Granada*, I:i:203-209.]

Ante esta exaltación del salvaje noble, Hobbes habría contestado a Almanzor con las mismas palabras del rey de Granada:

Puesto que no conoces poder por arriba de ti,
la humanidad debe tratarte como a su común enemigo;
deberás ser cazado como una bestia rapaz:
por tu propia ley yo te quito la vida.[10]

Ésta es la primera vez que aparece, hasta donde sabemos, la famosa expresión (*salvaje noble*) que combina la palabra de raíz latina *savage* con la idea de nobleza. Dryden ya había jugueteado con la idea en obras anteriores, en las que trasladó las típicas intrigas cortesanas a los escenarios exóticos de México y del imperio azteca. En una de estas obras, *The Indian Emperour*, aparece un soldado español diciendo que México le parece un país "ignorante y salvaje" ("untaught and salvage"). Otro personaje, Cortez, le contesta:

Salvaje e ignorante sólo son términos
que inventamos para usos diferentes a los nuestros:
pues todas sus costumbres por la naturaleza son forjadas,
y con nuestras artes descomponemos lo que ella compuso.[11]

La idea del salvaje noble, que viene de lejos, no se perderá: será recuperada por Rousseau y se convertirá en un emblema simplificador de una de las nociones clave del pensamiento filosófico de la segunda mitad del siglo XVIII. En cambio, el salvaje Bremo que se enfrenta a Mucedorus se ubica más en la línea de Hobbes y de Calderón. Es cierto que este personaje, como es tradicional, sólo logra ser controlado por la belleza de una mujer, en este caso Amadine de quien el salvaje se enamora perdidamente y ante la cual pierde todas sus fuerzas. Debilitado por el amor, el salvaje se ve obligado a escuchar el discurso de Mucedorus, que ha llegado bajo la apariencia de un inofensivo ermitaño que le explica a Bremo, en palabras que habrían deleitado a Hobbes, la condición del hombre en estado de naturaleza:[12]

---

10. "Since, then, no pow'r above your own you know, / Mankind should use you like a common foe; / You should be hunted like a beast of prey: / By your own law I take your life away." [I:1: 210-213.]

11. "Wild and untought are Terms which we alone / Invent, for fashions differing from our own: / For all their Customs are by Nature wrought, / But we, by Art, unteach what Nature taught." Citado por H. N. Fairchild, *The Noble Savage. A Study in Romantic Naturalism*, p. 30.

12. Estos versos contienen evidentes resonancias de la antigua historia contada por Cicerón sobre el origen de la elocuencia, y que era muy citada por los humanistas del Renacimiento: "Hubo un tiempo en que los hombres vagaban por los campos como animales y vivían de alimentos agrestes; no hacían nada dirigidos por la razón, sino principalmente por la fuerza física; no había aún culto religioso ni cultivo de los deberes sociales; nadie había visto matrimonio legítimo, ni cuidaba a sus propios hijos, ni conocían las ventajas de leyes equitativas [...] En este tiempo un hombre grande y sabio –estoy seguro– se percató del poder latente del hombre [...] Los hombres estaban esparcidos en los campos y escondidos en guaridas silvestres cuando los congregó y juntó de acuerdo a un plan; los indujo a todas las ocupaciones útiles y honestas, y aunque protestaron al principio por la novedad, lo escucharon después más atentamente, y su razón y elocuencia los transformó de crueles y feroces en apacibles y mansos" (*De Inventione*, I, 2).

Antaño, cuando como bestias brutas los hombres
habitaban asquerosas madrigueras en los bosques
y se abandonaban por completo a estúpidos deseos,
como una turba ruda y revoltosa, el hombre se convirtió
en una presa para el hombre; entonces la fuerza dominó,
los débiles fueron deshechados.
La ley era desconocida, la maldad estaba en todos.
Vivían los hombres en gran indignidad
cuando, fíjense bien, llegó Orfeo, cuentan los poetas,
y de su rudo estado los llevó a la razón;
algunos conducidos por la razón abandonaron los bosques,
en vez de cuevas construyeron poderosos castillos,
ciudades y pueblos fundaron.[13]

El ermitaño le ofrece a Bremo la alternativa órfica de la civilización, con la promesa de alcanzar la Edad de Oro. El salvaje, por supuesto, rechaza la oportunidad de salvarse, de manera que sus civilizados cautivos recurren al engaño para escapar; convencen al estúpido salvaje de que les enseñe a combatir con su enorme garrote, y en un descuido Mucedorus le propina un golpe mortal en la cabeza. En suma, lo que no logró la poesía lo pudo la violencia: civilizar al hombre salvaje, matándolo.

Lo que me parece importante destacar, y es la razón por la que he imaginado a Hobbes presenciando una representación de *Mucedorus*, es que el filósofo inglés recurrió a la mitología europea para pensar el estado de naturaleza, además de abrevar en las conocidas fuentes teológicas e históricas. Hobbes no sólo partió, por ejemplo, de la teología luterana o de las crónicas de los viajeros y colonizadores, sino que echó mano del mito del *homo sylvestris*.[14]

A fin de cuentas tenía razón el obispo John Bramhall cuando, durante el curso de su célebre polémica con Hobbes, le advirtió que se podría buscar en todos los rincones de América sin encontrar el estado de naturaleza: "Nunca existió tal canalla degenerada en el mundo, hombres sin ninguna religión, ningún gobierno, ninguna ley natural o civil; no, no entre los bárbaros americanos".[15] El obispo Bramhall sólo hubiese podido encontrar esa ralea de salvajes donde menos se podía esperar: en Europa, que estaba plagada de seres mitológicos carentes de toda ley, gobierno y religión. Claro que la imaginación mítica reflejaba en cierto

---

13. "In time of yore, when men like brutish beasts / Did lead their lives in loathsome cells and woods / And wholly have themselves to witless will, / A rude, unruly rout, then man to man became / A present prey; then might prevailed, / The weakest went to walls, / Right was unknown, for wrong was all in all. / As men thus lived in this great outrage, / Behold, one Orpheus came, as poets tell, / And them from rudeness unto reason brought, / Who led by reason, some forsook the woods, / Instead of caves they built them castles strong, / Cities and towns were founded by them then." [IV:ii:71-83.]

14. Aun el estudio de Richard Ashcraft "Leviathan Triumphant: Thomas Hobbes and the Politics of Wild Men", publicado en un libro expresamente dedicado al hombre salvaje, no se percata de que el hombre natural de Hobbes le debe tanto a la mitología como a la tradición intelectual. Sobre este tema véase también el ensayo de Paul J. Johnson, "Hobbes and the Wolf-Man".

15. Citado por Ashcraft, "Leviathan Triumphant", p. 161.

modo la idea que las clases urbanas acomodadas se formaban de esa fauna peligrosa que habitaba los campos europeos; La Bruyère, a fines del siglo XVII, la describió así:

> Se ven ciertos animales feroces, machos y hembras, esparcidos por el campo, negros, lívidos y completamente quemados por el sol, pegados a la tierra que cavan y remueven con invencible obstinación: tienen una como voz articulada, y cuando se levantan sobre sus pies muestran un rostro humano, y en efecto son hombres. Por la noche se retiran a sus guaridas, donde viven de pan negro, agua y raíces; evitan a los otros hombres el trabajo de sembrar, labrar y cosechar para vivir, y merecen así que no les falte el pan que han sembrado.[16]

La idea de que el estado de salvajismo existe —al menos potencialmente— en el seno mismo de la civilización forma parte de una antigua tradición, que Hobbes retoma para aplicarla con audacia a sus propuestas sobre el Estado. Quiero traer, al respecto, dos ejemplos significativos, pues se encuentran en crónicas dedicadas a narrar las peculiaridades del Nuevo Mundo americano y de sus habitantes. Cabeza de Vaca cuenta en sus *Naufragios* que el invierno de 1528 fue muy frío y escaseaba la comida en la costa norteamericana, en lo que llamó la isla del Mal Hado. La población indígena, los creek, era diezmada por una terrible hambruna, y los europeos que habían naufragado en esa región se veían igualmente amenazados por la inanición. Pero no fueron los salvajes americanos los que recurrieron a la solución menos civilizada y bestial para sobrevivir: dice Cabeza de Vaca que "cinco cristianos que estaban en rancho en la costa llegaron a tal extremo, que se comieron los unos a los otros, hasta que quedó uno solo, que por ser solo no hubo quien lo comiese". A continuación consigna los nombres de estos hombres salvajes españoles (Sierra, Diego López, Corral, Palacios y Gonzalo Ruiz) que tuvieron el honor de contarse entre los primeros antropófagos europeos llegados al continente americano. Cabeza de Vaca no dice cuál de los cinco fue el primero en ser devorado (y que se libraría del calificativo nefando de caníbal) ni cuál fue el odioso pero afortunado sobreviviente, émulo de Bremo; lo que sí cuenta es la reacción de los aborígenes: "De este caso se alteraron tanto los indios, y hobo entre ellos tan gran escándalo, que sin duda si al principio ellos lo vieran, los mataran, y todos nos viéramos en grande trabajo".[17] Esta anécdota hubiese confirmado en Hobbes la creencia de que los mismos hombres civilizados, despojados del poder civil erigido para controlarlos, se convierten en unas

---

16. *Les caractères*, XI:207. En la frase anterior La Bruyère exclama en un tono hobbesiano que para él es "una cosa siempre nueva el contemplar con qué ferocidad los hombres tratan a otros hombres".

17. Álvar Núñez Cabeza de Vaca, *Naufragios*, XIV. Poco más adelante Cabeza de Vaca cuenta otro caso de canibalismo, referido a Esquivel, quien sobrevivió gracias a que se fue comiendo a sus compañeros que morían de frío y hambre. Sobre esta sorprendente inversión de papeles véase el estudio de Beatriz Pastor, "Desmitificación y crítica en la relación de los *Naufragios*", donde se señala también la importancia de la desnudez de los náufragos españoles en el proceso de metamorfosis cultural que sufren durante su inmersión en la vida cotidiana de los indígenas de Norteamérica. Véase también, sobre la desnudez de los náufragos, el ensayo de Margo Glantz, "El cuerpo inscrito y el texto escrito o la desnudez como naufragio".

bestias salvajes que se devoran unos a los otros. La guerra de todos contra todos ocurre, desde una de las perspectivas ofrecidas por Hobbes, si partimos de que cada hombre teme a la muerte y desea apropiarse de las mejores condiciones para una vida confortable. Si éstas son las motivaciones básicas de los hombres en estado de naturaleza, es posible aplicar la moderna teoría de los juegos para demostrar que la hostilidad es la situación más verosímil si partimos de que cada hombre actúa racionalmente en defensa de sus intereses y de su vida. Si usamos la conocida matriz sobre el dilema del prisionero, como alguna vez sugirió Rawls,[18] es posible probar la tesis de Hobbes. Un hombre, sumido en las condiciones naturales de los náufragos descritos por Cabeza de Vaca, tiene dos alternativas: atacar a otro para devorarlo o no hacerlo. Si lo ataca y el otro no hace lo mismo, saldrá ganando y podrá satisfacer su hambre; si ninguno asalta a otro, habrá paz pero el hambre seguirá acechando; si los dos deciden atacarse, la situación será mala, pero habrá posibilidades de sobrevivir; si nuestro salvaje decide no atacar y el otro sí lo hace, se convertirá en el almuerzo de su compañero, la peor alternativa. De acuerdo a la teoría de los juegos, estas cuatro alternativas son valoradas por cada hombre salvaje en orden decreciente. El resultado, como es sabido, es que cada hombre, independientemente de lo que haga el otro, encuentra más racional tratar de comerse a su prójimo. Si el otro no se defiende, uno gana más que si se hubiese reprimido el impulso caníbal. Si el otro también ataca a mordidas, siempre se estará en mejor condición atacando que dejándose convertir pasivamente en alimento para saciar el hambre ajena.[19]

Pero Hobbes no dejó las cosas tan fáciles a los salvajes practicantes racionales de la teoría de los juegos. Como es sabido, introdujo otros ingredientes perturbadores en la condición natural del hombre: las pasiones son las fuerzas disruptivas que provocan la famosa condición de *bellum omnis contra omnem*. Es decir, los hombres no sólo actúan con base en derecho de defender sus bienes y sus vidas, sino también motivados por la vanidad, la gloria, la competencia y la desconfianza. Estas pasiones, evidentemente, no son impulsos primitivos originarios: han surgido bajo condiciones de civilización, es decir, sobre la base de poderes establecidos por los cuales se lucha, de propiedades y territorios instituidos que se quieren dominar, y de honores definidos culturalmente que se disputan los hombres.

En realidad, al introducir las pasiones, Hobbes ha invertido el problema, y aquí ya no se pregunta por qué los hombres en estado de naturaleza se hacen la guerra. Ahora quiere establecer las causas por las que se vuelve salvaje un hombre civilizado. Son las mismas causas que provocan el delirio salvaje de Segismundo: la vanagloria, la codicia, el orgullo.[20] Lo que realmente escandalizó a la sociedad

---

18. John Rawls, *A Theory of Justice*, p. 269.
19. Puede verse un interesante desarrollo de estos juegos en Jean Hampton, *Hobbes and the Social Contract Tradition*, capítulo 2.
20. En sus libros Hobbes se refirió a estas pasiones con términos diferentes, en forma de tríadas. En los *Elements of Law* habla de *vanity, comparison*, y *appetite*. En *De cive* se refiere a *vain glory, combat of wits* y *appetite to the same thing*. En el *Leviathan* se trata de *competition, diffidence* y *glory*. Aunque se pueden establecer equivalencias, la correlación entre estos términos no es fácil ni evidente. En general Hobbes se refiere a pasiones relativas a tres grandes aspectos: el honor, el poder y la pro-

de su época no fue la idea de Hobbes según la cual la humanidad debía provenir de un estado de salvajismo, sino su propuesta de que ese estado salvaje existe en el seno mismo de la civilización. A fin de cuentas, la conclusión de Hobbes es la misma de Calderón: el estado salvaje es provocado por la civilidad (no sin alguna ayuda de la naturaleza y de los astros...), y la única alternativa es el control artificial de las pasiones.

Desde esta perspectiva hay otro ejemplo de hombres salvajes europeos que es mucho más revelador, por dos razones: en primer lugar, se trata de dos españoles náufragos que aparecen con la peculiaridad corporal más típica del *homo sylvestris* medieval, ya que les creció por todo el cuerpo una espesa pelambre; en segundo lugar, se trata de una situación en la que los hombres salvajes logran dominar sus pasiones y establecer un pacto de no agresión y de cooperación, motivo por el cual Locke los tomó como ejemplo para mostrar, en contraposición a Hobbes, que en el estado de naturaleza los hombres no se encuentran en guerra permanente unos contra los otros. El inca Garcilaso de la Vega en sus *Comentarios reales* de 1609 intercala sorpresivamente, en uno de los primeros capítulos dedicado a la descripción del Perú, una sabrosa historia de náufragos. Es la historia de Pedro Serrano, cuyo navío naufragó a mediados del siglo XVI cerca de una isla desierta, a la que logró llegar como único sobreviviente, ya que era excelente nadador. Gracias a su ingenio escapó de la muerte, enfrentado a las más adversas condiciones, en una pequeña isla de apenas dos leguas de contorno, donde no había ni agua para beber, ni hierba para pacer, ni árboles que diesen sombra o leña. Cuenta el inca Garcilaso que por vivir desnudo en situación tan inclemente "le creció el vello de todo el cuerpo tan excesivamente que parecía pellejo de animal, y no cualquiera, sino el de un jabalí; el cabello y la barba le pasaba de la cinta".[21] Una tarde, al cabo de tres años de vida solitaria, Pedro Serrano se topó en la isla con otro hombre que había naufragado la noche anterior. El recién llegado, como lo vio "cubierto de cabellos, barbas y pelaje", creyó que era el demonio; el propio Serrano se asustó mucho de la inesperada llegada de otro hombre, pero cuando certificaron que ambos eran cristianos sumidos en la misma desventura, se abrazaron en medio de lágrimas y con gran ternura, para compartir desde ese momento las penosas tareas de sobrevivencia (alimentar permanentemente un precario fuego con horruras del mar, recoger en conchas de tortuga el agua de la lluvia, pescar mariscos, etcétera). Pero la amistad no duró mucho, según narra Garcilaso, pues intervinieron las pasiones:

Así vivieron algunos días, mas no pasaron muchos que no riñeron, y de mane-

piedad. Véase un buen estudio de estos problemas en François Tricaud, "Hobbes's Conception of the State of Nature from 1640 to 1651: Evolution and Ambiguities".

21. Todas las citas del inca Garcilaso de la Vega provienen de los *Comentarios reales*, I:VIII. Es interesante anotar la forma en que un diccionario de la época consigna la palabra *salvage*: "los pintores, que tienen licencia poética, pintan unos hombres todos cubiertos de vello de pies a cabeça, con cabellos largos y barva larga. Estos llamaron los escritores de libros de cavallerías salvages. Ya podría acontecer algunos hombres averse criado en algunas partes remotas, como en islas desiertas, aviendo aportado allí por fortuna y gastado su ropa, andar desnudos, cubriéndolos la mesma naturaleza con vello, para algún remedio suyo. Déstos han topado muchos los que han navegado por mares remotos" (Sebastián de Covarrubias, *Tesoro de la lengua castellana*, Madrid, 1611).

ra que apartaron rancho, que no faltó sino llegar a las manos (porque se vea cuán grande es la miseria de nuestras pasiones). La causa de la pendencia fue decir el uno al otro que no cuidaba como convenía de lo que era menester; y este enojo y las palabras que con él se dijeron los descompusieron y apartaron.

Éste fue el momento crítico y decisivo para comprobar si estos dos salvajes habrían de hacerse la guerra o mantener el pacto. Hobbes dibujó así la situación:

> cuando se hace un pacto, que ninguna de las partes cumple de momento, pero en el que confían una en la otra, en la condición de mera naturaleza (que es una condición de guerra de todos contra todos), cualquier sospecha razonable es motivo de nulidad [...] Ya que quien primero cumple no tiene seguridad de que el otro después cumplirá, porque los vínculos de la palabra son demasiado débiles para refrenar la ambición humana, la avaricia, la cólera y otras pasiones de los hombres, sin el temor de algún poder coercitivo; poder que no puede ser supuesto en la condición de mera naturaleza, donde todos los hombres son iguales y jueces de la veracidad de sus propios miedos. Por lo tanto, el que cumple primero se confía a su amigo, lo que es contrario al derecho (que nunca debió abandonar) de defender su vida y sus medios de subsistencia.[22]

Pero nuestros dos náufragos no cumplieron la predicción de Hobbes; en lugar de devorarse entre sí, como hicieron los compañeros de Cabeza de Vaca, éstos decidieron cumplir el pacto:[23]

> Mas ellos mismos –sigue narrando Garcilaso–, cayendo en su disparate, se pidieron perdón y se hicieron amigos y volvieron a su compañía, y en ella vivieron otros cuatro años.

Para cuando son rescatados, al amigo de Serrano también le ha crecido el pelo en todo el cuerpo, de manera que ya "no tenían figura de hombres humanos". John Locke no dejó pasar la buena oportunidad de citar este desenlace en el relato de Garcilaso de la Vega, cuya obra conocía bien y apreciaba, como prueba de que en el estado de naturaleza sí se respetan los contratos: "Las promesas y pactos de intercambio, etcétera, entre dos hombres en la isla desierta, mencionados por Garcilaso de la Vega en su *Historia de Perú*, o entre un suizo y un indio en los bosques de América, son obligatorios para ellos, aunque están completamente en un estado de naturaleza en la relación de uno con otro".[24]

---

22. Hobbes, *Leviathan*, XIV:68.
23. De hecho Jean Hampton muestra que, si se introducen las pasiones, de acuerdo a la teoría de los juegos no se descubre ninguna estrategia racional dominante que pueda guiar el comportamiento de dos hombres salvajes, como en el caso que describí en el que se aplica la matriz del dilema del prisionero, donde lo más racional es la hostilidad (*Hobbes and the Social Contract Tradition*, cap. 2).
24. *Second Treatise of Government*, II:14:14-20. Esta referencia proviene de la edición francesa de 1633 de la obra de Garcilaso, y fue añadida por Locke a la segunda edición de su tratado. Hay otra

La historia de los náufragos salvajes contada por el inca Garcilaso no sólo es reveladora de la gran fascinación que en el siglo XVII ejercían estos extraños casos de hombres naturales solitarios; nos muestra también que el arquetipo mítico permanece en la imaginación europea aun en sus detalles anatómicos, como es el caso al suponer que la vida natural en la intemperie produce el crecimiento de una gruesa capa de pelambre en los cuerpos desnudos de los dos españoles náufragos.[25]

El extraño cuerpo peludo de Pedro Serrano, dice Garcilaso, causó tal asombro que se convirtió en una jugosa fuente de ingresos: el náufrago hirsuto viajó a Alemania para exhibirse ante la curiosidad del emperador:

> llevó su pelaje como lo traía, para que fuese prueba de su naufragio y de lo que en él había pasado. Por todos los pueblos que pasaba a la ida (si quisiera mostrarse) ganara muchos dineros. Algunos señores y caballeros principales, que gustaron ver su figura, le dieron ayudas de costa para el camino, y su Majestad Imperial, habiéndolo visto y oído, le hizo merced de cuatro mil pesos y ochocientos ducados en el Perú. Yendo a gozarlos, murió en Panamá, que no llegó a verlos.

Este hombre salvaje murió en el camino de retorno al Nuevo Mundo (su compañero había perecido en el viaje por mar antes de llegar a Europa). Pero el mito no murió: de hecho el ejemplo de Pedro Serrano constituyó uno de los eslabones de la cadena mitológica que unió al salvaje malvado del siglo XVII con su noble heredero, el salvaje rousseauniano del siglo de las luces.

---

referencia a este hecho en el diario de Locke (8 de febrero de 1687). Véase *Two Treatises of Government*, ed. por Peter Laslett, nota al § 14 del segundo tratado, pp. 317-18.

25. Aunque es posible que ambos náufragos hubiesen adquirido una hipertricosis provocada por deficiencia de enzimas, típica del síndrome adrenogenital, me parece más probable que hubiesen desarrollado un hirsutismo imaginario en el curso de la comunicación oral que permitió que la historia llegase a oídos de Garcilaso de la Vega.

V
Las mujeres salvajes del Siglo de Oro, bellos monstruos de la naturaleza

Thomas Hobbes dijo que, cuando nació, en realidad su madre había parido gemelos: a él y al miedo. Esta imagen no sólo describe el peculiar carácter de Hobbes, sino también su época, la de una turbulenta Europa bañada en sangre. Cuenta Hobbes que nació prematuramente el 5 de abril de 1588 a causa del miedo sufrido por su madre al enterarse de que la Armada española, la "invencible", se acercaba a las costas de Inglaterra. En una de las ciento treinta naves españolas se había alistado, tal vez para distraerse de los escándalos cortesanos en que se había visto envuelto, el gran dramaturgo que fuera caracterizado por Cervantes como un "monstruo de la naturaleza": Lope de Vega. La Armada española fue vencida –signo anunciador de la no lejana decadencia del país más poderoso de Europa– y Lope de Vega regresó a su monstruosamente prolífica tarea de escritor. En algunas de sus obras aparecen seres salvajes ligados a la misma larga tradición que dio nacimiento al Segismundo de Calderón de la Barca. Pero lo más sintomático de los salvajes de Lope de Vega no es sólo que muestran que el carácter del salvaje estaba tan arraigado en el teatro español como en la dramaturgia inglesa: además se encuentran tan opuestos a los malvados salvajes de Hobbes como lo estuviera su autor a los ingleses cuando zarpó de Lisboa para combatir contra la patria del filósofo. Los salvajes de Lope de Vega pertenecen, de alguna extraña manera, a esa estirpe de seres nobles que dibujó Montaigne y que consagró Rousseau.

Lope de Vega presentó como personajes centrales a seres salvajes en varias comedias. En una de ellas, de excelente factura y desgraciadamente muy poco conocida, el dramaturgo español creó el primer gran personaje femenino salvaje de la literatura moderna: la Rosaura silvestre de *El animal de Hungría*[1] protagoniza una deliciosa comedia en la que Lope de Vega retrató con habilidad el nacimiento de esos bellos monstruos de la naturaleza en que la cultura europea de los albores de la modernidad convirtió a las mujeres. De hecho, en esta comedia aparecen dos mujeres salvajes que llenan de espanto a los aldeanos de Hungría, país donde transcurre la acción de la obra. La primera salvaje es la reina Teodosia, a quien el rey de Hungría ha abandonado en la desierta montaña entre las fieras. Teodosia es víctima inocente de las intrigas de su propia hermana, que ahora ha tomado su lugar como esposa del rey; pero Teodosia logra sobrevivir en la sierra

---

1. Comedia fechada en 1611-12. *Obras de Lope de Vega*, vol. 3, Real Academia Española, Madrid, 1917.

gracias a que las fieras la protegen y la alimentan. Al poco tiempo se convierte en una mujer salvaje, vive en las cuevas montañosas, come hierbas silvestres y asalta a los campesinos para robar su ganado. Al iniciarse la comedia la reina salvaje, "vestida de pieles", es encontrada por un aldeano que la llama "monstruo espantoso". Pero al acercarse descubre un rostro de rara belleza:

¿Es posible que ha criado
la varia Naturaleza
en este monte nevado
tal rostro en tanta fiereza?
Tú, de quien los labradores
huyeron por tantos años,
más que para dar temores
eres para hacerte engaños
y para decirte amores.   [422a]

En otro encuentro con un labrador ocurre algo similar; cuando el lugareño se topa con la mujer salvaje, exclama: "¿No es aqueste el animal / espanto de toda Hungría?" [428b]. El público de la época seguramente reconocía la alusión a un famoso monstruo sobre el cual se publicó en 1607 la *Relación muy verdadera de un espantable y ferocísimo animal llamado Corlisango que ha aparecido en la provincia de Albania... Enviada a un caballero úngaro por vía de Constantinopla*.[2] La salvaje le contesta al labrador que la ha identificado como un monstruo húngaro: "Fiera soy, pues que me envían / a que entre ellas viva y muera" [429a]. El labrador se da cuenta enseguida de que su cara es tan bella como la estrella de la tarde.

Al poco tiempo llegan a la región el rey, su nueva y malvada esposa –que está embarazada– y varios cazadores con perros. Los villanos del lugar han pedido al rey que mate al animal que los asola y del que dicen que "sabe forzar doncellas" [428a], como suelen hacer los hombres salvajes y para azoro del público, que ya sabe que se trata de una mujer. Con sólo saber que el monstruoso animal se aproxima, la esposa del rey –como la madre de Hobbes– sufre un desmayo y pare allí mismo a una niña, que es raptada por la dama salvaje para criarla como a su hija en la desolada serranía. El segundo acto de la obra presenta a la reina Teodosia y a la pequeña muchos años después, ambas vestidas de pieles como salvajes. La hija del rey es ahora una bellísima doncella salvaje, llamada Rosaura, que comienza a tener conocimiento, desde su ingenuidad primitiva, del mundo que la rodea. La hermosa Rosaura no sólo es una paradoja, al ser al mismo tiempo monstruo y mujer; además ha crecido como una mujer inteligente y discutidora que no acepta fácilmente la educación ferina que recibe de la reina salvaje, que no obstante le ha enseñado a adorar a Dios. Rosaura le dice a Teodosia:

Pues siendo ansí como dice
que nosotras somos fieras,

---

2. Véase Oleh Mazur, *The Wild Man in the Spanish Renaissance and Golden Age Theatre. A Comparative Study*, p. 351.

> si a Dios alaba y bendice
> en cosas tan verdaderas,
> ¿no ve que se contradice?   [434b]

La reina salvaje argumenta que es fiera al ser tratada como tal por el hombre, pero la pequeña salvaje replica:

> Eso deseo saber:
> que si al hombre la mujer
> le dieron por compañía,
> ¿cómo perseguir podría
> a quien debiese querer?   [434b]

Teodosia, salvaje resentida, le explica que no es mujer, sino fiera. Las dos mujeres discuten acaloradamente, la mayor tratando de convencer a la pequeña de que no ha nacido de una pareja, y la doncella salvaje se le enfrenta incrédula, pues siente ya los ardores del amor dentro de sí. Esta confrontación entre madre e hija es uno de los pasajes más interesantes e intensos de la comedia, en el que Lope de Vega mezcla la reflexión sobre el desarrollo de la identidad con el humor y la ironía. La rebeldía de Rosaura es similar a la de Segismundo: ambos comparan su propia existencia con el mundo que los rodea, y se quejan de la incongruencia en que viven. Pero Rosaura se rebela como mujer, no para ir en busca del poder sino para hallar el amor. Es el erotismo latente en la mujer salvaje lo que pone en duda la desolada vida que lleva Rosaura, educada como una fiera. Véase cómo se enardecen discutiendo:

> TEODOSIA: Las fieras han de callar;
>   las fieras no han de entender,
>   ni argüir, ni preguntar.
> ROSAURA: Si soy fiera, a toda fiera
>   veo con su esposo al lado
>   [...]
>   Si es que yo soy animal,
>   ¿con qué animal te juntaste
>   para que naciera igual
>   al ser que de ti imitaste,
>   que es ser con alma inmortal?
>   Enséñame el padre mío.
> TEODOSIA: Yo fui tu madre y tu padre.
> ROSAURA: Eso, madre, es desvarío.   [435ab]

Ante el fracaso de su argumentación, Teodosia trata de convencer a la joven salvaje de que en realidad su padre es el sol; Rosaura sigue dudando:

Que ayude el sol no lo niego;
mas para engendrar un yo,
otro es fuerza, que el fuego
dará calor al que obró
el ser que me forma luego. [435b]

El simbolismo erótico es evidente, y la joven salvaje a medias convencida sólo ansía saber cómo hace su madre para juntarse con el sol, pues ella desea hacer lo mismo.

Los esfuerzos de Teodosia por mantener aislada de los hombres a la doncella salvaje son infructuosos. Rosaura, oculta entre las zarzas, ha visto a un hombre desnudo que se bañaba en la fuente, y ha quedado prendada de él. Se trata de Felipe, el nieto del conde de Barcelona, que fue abandonado de niño en las costas de Hungría por su cruel abuelo, y que ha sido criado por unos aldeanos. Cuando un día el nieto del conde encuentra a la mujer salvaje la llama de momento "monstruo cruel", pero enseguida se percata de que es una "hermosa fiera", y se pregunta si es demonio o mujer. Al punto declara que no es un "monstruo horrendo" pues la sabia naturaleza no ha podido engendrar "monstruo de tanta belleza" [440a]. Ella, por su parte, que se siente arder, cree que él es el sol del que ha hablado su madre. La Rosaura salvaje no sabe nada del mundo ni del amor, condición que Lope de Vega aprovecha para pintar en una extraordinaria escena el maravilloso e irónico descubrimiento de la otredad. La mujer salvaje cree que otra es Otra; el juego de palabras sin duda está inspirado en la confusión provocada por Ulises en el cíclope Polifemo cuando el griego dice que se llama Nadie. Felipe le explica a la doncella salvaje que en ocasiones, cuando una mujer quiere a un hombre, éste no la quiere a ella. Rosaura, asombrada, pregunta cómo es posible tal cosa, y él le explica que por querer a *otra*:

ROSAURA: ¿Y dónde está esa otra?
FELIPE: Él la tendrá primero en el corazón.
ROSAURA: Luego ¿tú puedes querer otra mujer?
FELIPE: Bien podría. [441a]

Pero la mujer salvaje, ser primitivo que confunde el adjetivo con el nombre, siente de inmediato la mordida de los celos: "Y aquella mujer Otra, que tanto desamo, ¿quiéresla bien?" [441b]. Cuando el sol de sus amores se retira, la salvaje alimenta sus celos pensando en la otra hermosura que lo tiene en sus brazos. En eso llega una labradora, llamada Silvana, que se aterra al sentirse amenazada por la mujer salvaje. El juego de palabras reanuda los malentendidos:

SILVANA: No soy la que te ofendí. Otra soy.
ROSAURA: ¿Otra?

SILVANA: Sí, a fe.
ROSAURA: (¡Notable dicha! A Otra hallé.)
¿Que tú eres Otra?
SILVANA: Yo sí,
que no soy la que ella piensa.
Otra soy muy diferente.   [442a]

Así, la mujer salvaje confundida va descubriendo un mundo poblado de *otras* que le disputan, cree ella, a su amado. Por fortuna para la pobre labradora, la llegada de Teodosia le salva la vida. Más adelante se sorprenderá de que también hay *otros*, además de *otras*. De esta forma Lope de Vega mostraba a los espectadores el nacimiento de una educación civil a partir de la ingenuidad salvaje: si el Otro es un nombre (o un pronombre), se desencadena la furia de las pasiones, de los celos; en cambio, si se usa como adjetivo, el reconocimiento de la otredad abre un espacio para el orden civilizado. En la obra de Lope de Vega –y en ello continúa la tradición medieval– el amor *domestica* la ferocidad del salvaje, pero sólo el honor *organiza* a los hombres. El amor cumple una función civilizadora –"¿Quién pudiera, si no Amor, / enseñar un animal?" [440b]–, pero el honor, eje fundamental de la literatura renacentista y del Siglo de Oro, establece el orden básico sobre el que se erige la sociedad. El honor es el principio ordenador que se impone sobre el caos de las pasiones. Así, la salvaje Rosaura es conducida por el amor hacia la civilidad; pero Teodosia, la reina salvaje, retorna a la sociedad para restaurar su honor perdido y, en consecuencia, volver a ocupar su lugar al lado del rey de Hungría. Sólo de esta forma, al final de la comedia de Lope de Vega, la sociedad logra recobrar su debido equilibrio. Los dos bellos monstruos de la naturaleza no son más que almas nobles, libres, encerradas en el cuerpo espantoso de unas mujeres salvajes que han sido torturadas y perseguidas por una sociedad desequilibrada, dominada por las bajas pasiones. El mensaje es evidente: estas bajas pasiones son mucho más salvajes que las fieras de la montaña.[3]

Es interesante contrastar las nobles mujeres salvajes de Lope con las antiguas *feminae agrestes* de las leyendas medievales, que se caracterizaban por su peligrosa agresividad. Una novela de Juan de Flores nos proporciona un sintomático aunque macabro ejemplo en el que se fusionan las imágenes medievales de las mujeres silvestres con el mito griego de las bacantes. En *Grisel y Mirabella* (de 1495) el poeta Torrellas, con su hábil elocuencia dirigida contra las mujeres, ha provocado la muerte de los dos amantes, Grisel y Mirabella. La reina Braçayda, madre de Mirabella, confabulada con las damas de la corte, atrae al poeta una noche al palacio. Han planeado una venganza digna de las más delirantes y malévolas mujeres salvajes:

[...] después de arrebatado hataron lo de pies y de manos: que ninguna defiença de valer se tovo, y fue luego despoiado de sus vestidos y ataparon le la boca porque quixar non se pudiesse, y desnudo fue ahun pilar bien atado, y alli cada una trahía nueva invención para le dar tormentos, y tale hovo que con

---

3. La propia hermana malvada, Faustina, lo confiesa: "Más fiera y cruel he sido..." [447b].

tenazas ardiendo: y otras con unyas y dientes raviosamente le despedaçaron, estando assi medio muerto por creçer más pena nom le quisieron de una vez matar porque las crudas y fieras llagas se le refriassen: y otras de nuevo viniessen y después que fueron ansi cansadas de tormentar le: de grande reposo la Reyna y sus damas a cenar se fueron alli çerca dell porque las viesse: y alli praticando las maldades dell, y trayendo ala memoria sus maliciosas obras: cada una dezía ala Reyna que no les parecía que quantas muertes ad aquell mal hombre se pudiessen dar porque passase largos anyos: non cumpliría ahun que cada noche de aquellas penitencias oviesse, y otras dezían mil maneras de tormentos cada cual como le agradava, y tales cosas passavan entre ellas que por cierto yo stimo que ellas davan al cuytado de Torrellas mayor pena que la muerte misma, y ansi vino a soffrir tanta pena delas palabras como delas obras, y despues que fueron alçadas todas las mesas, fueron iuntas a dar amarga cena a Torrellas, y tanto fue de todas servido con potages y aves y maestre sala: que non se como scrivir las differencias delas iniurias y offiencas que le hazían, y esto duró hasta quel dia esclareció, y después no dexaron ninguna carne en los huessos: fueron quemados, y de su seniza guardando cadaqual una buxeta por reliquias de su enemigo, y algunas hovo que por cultre en el cuello la trahían, porque trayendo más a memoria su venganca mayor placer hoviessen.[4]

Como bien señala Deyermond, que analiza esta especie de asesinato ritual, el salvajismo refleja la violencia que surgía de la contradicción entre el amor cortés y las normas aceptadas de comportamiento. El amor cortés sólo podía conducir a la frustración o al castigo, de otra manera los códigos de honor quedarían hechos trizas. En una revisión de sus interpretaciones, Deyermond concluye que en esta obra encontramos una crítica del amor y de la dama idealizada, así como una visión que ve la pasión sexual como una fuerza que amenaza a la sociedad. Es evidente que Juan de Flores, en esta escena final de su novela, recrea la historia de Penteo, rey de Tebas, asesinado por su madre y por las bacantes que rinden culto a Dionisos.[5] En cambio, las damas salvajes de Lope de Vega son de una naturaleza completamente diferente: ellas son una prueba de que la civilización es capaz de expresarse aun en las más adversas condiciones, para salvar el honor que una sociedad corrupta ha puesto en peligro. Las iracundas mujeres salvajes de Juan de Flores son una furia que estalla en el corazón mismo de una corte de damas nobles que con su violencia borran toda posible secuela de una forma de amor erótico que rompe las convenciones sociales.

Vale la pena detenernos en otro antiguo estereotipo de la mujer salvaje españo-

---

4. Citado por Alan D. Deyermond, "El hombre salvaje en la novela sentimental", pp. 106-7.

5. Deyermond también observa que Juan de Flores no pudo conocer la versión de Eurípides de la tragedia de Penteo en *Las bacantes*, y que posiblemente usó la versión de las *Metamorfosis* de Ovidio publicada en catalán en 1494. Véanse las "Adiciones" a la reedición del magnífico ensayo sobre el hombre salvaje en la novela sentimental, que se encuentra en su libro *Tradiciones y puntos de vista en la ficción sentimental* (pp. 35-42). Por otra parte, Pamela Waley no acepta que la presencia de hombres salvajes sea una tradición significativa en la ficción sentimental en general, ni en Juan de Flores; Waley no comprende la enorme complejidad del mito del hombre salvaje ni su carácter polivalente (véase la introducción a su edición de la obra de Juan de Flores, *Grimalte y Gradissa*, pp. xli-xlv).

la, las serranas, que fue recreado también por Lope de Vega. Una de sus primeras manifestaciones, como ya lo he señalado, se encuentra en el *Libro de buen amor*; pero la actitud del Arcipreste de Hita hacia las terribles serranas tiene connotaciones peculiares. Ciertamente las serranas son una parodia crítica de ese amor cortés que exaltaba las relaciones eróticas entre los caballeros y las hermosas aunque rústicas pastoras que habitaban en las sierras desoladas.[6] El *Libro de buen amor* advierte a las mujeres que se resguarden de la pasión amorosa desenfrenada:

Así, señoras dueñas, entended el romance:
Guardatvos d'amor loco, non vos prenda nin alcance;
Abrid vuestras orejas: el corazón se lance
En amor de Dios limpio; loco amor non le trance.   [904]

Pero el Arcipreste no resiste la tentación picaresca y satírica de introducir a las lascivas mujeres salvajes de la tradición folklórica medieval en un texto didáctico sobre los peligros que acechan al viajero o peregrino que atraviesa regiones montañosas. Un estudio sobre las serranas del *Libro de buen amor* ha demostrado que allí se entretejen las experiencias del peregrinar fervoroso a Santiago de Compostela con un festivo aire carnavalesco, y que sus imágenes salvajes tienen su precedente en el *Libro de Alexandre* (del siglo XIII), que es una de las fuentes reconocidas de Juan Ruiz; en este libro se hace referencia a unos extraños hombres monteses, hembras y machos, que van desnudos y son vellosos:[7]

Entre la muchedumbre   de los otros bestiones
falló omnes monteses   mugeres e barones;
los unos más de días   los otros moçajones,
andavan con las bestias   paçiendo los gamones.
Non vistié ningún dellos ninguna vestidura,
todos eran vellosos   en toda su fechura,
de noche como bestias   yazién en terra dura,
qui non los entendiesse   avrié fiera pavura.[8]

6. Sobre el amor cortés véase el excelente balance crítico que hace Roger Boase, *The Origin and Meaning of Courtly Love*. En esta amplia y documentada revisión de todas las teorías sobre el amor cortés el autor apoya la idea de su origen hispano-árabe conjuntamente con las explicaciones que analizan las condiciones sociales que permitieron su recepción y expansión. En *El Salvaje en el espejo* (p. 93) señalé la extraña manera en que una orden medieval, los *galois* y las *galoises*, practicaba el amor loco o pasional tomando como modelo al hombre salvaje. Mi interpretación coincide con la de Roger Boase, desarrollada en un ensayo que aún no se publicaba cuando escribí mi libro ("The 'Penitents of Love' and the Wild Man in the Storm: A Passage by the Knight of La Tour-Landry").
7. Steven D. Kirby, "Juan Ruiz's *Serranas*: The Archpriest-Pilgrim and Medieval Wild Women", p. 157. Otros precedentes citados por Kirby son la *General Estoria* (parte IV) y las *Cantigas de Santa María* (ilustración de la cantiga 47), ambos de Alfonso X el Sabio, donde hay referencias al hombre salvaje. En efecto, en la cantiga 47 se habla de un "ome mui feo", ilustrado con una figura de un salvaje negro, que es el demonio que se le aparece a Santa María (véase José Antonio Madrigal, "El 'ome mui feo': ¿primera aparición de la figura del salvaje en la iconografía española?").
8. *Libro de Alexandre*, p. 545. Sobre esta y otras apariciones tempranas del hombre salvaje en España, véase el excelente estudio de Santiago López-Ríos, "El concepto de «salvaje» en la Edad Media española: algunas consideraciones". Véase también Jesús María Caamaño Martínez, "Un precedente románico del «salvaje»".

La primera serrana con que se topa el Arcipreste se presenta a sí misma como una típica mujer salvaje:

Yo só la Chata recia, que a los homes ata.
Yo guardo el pasaje e el portazgo cojo:
Al que de grado paga, no le fago enojo;
Al que pagar non quiere, priado le despojo.   [952-53]

Las serranas salvajes del Arcipreste encarnan la antigua tradición de los peligrosos seres liminales que custodian los puertos de acceso, y que obligan a los viajeros a participar en un ritual de pasaje que incluye siempre una comida y un sacrificio erótico.[9] La segunda serrana, Gadea, encuentra al viajero perdido y –después de golpearlo, darle merienda y obligarlo a pagar con amor el hospedaje– lo encamina en la buena dirección. La tercera serrana parece la menos salvaje de todas y, sin embargo, es presentada como una mujer "lerda", "sañuda" y "atrevida" dedicada a rudas tareas como cortar un pino; ella se ofrece en matrimonio a cambio de regalos. La cuarta serrana, Alda, es la que representa más claramente la imagen de la mujer salvaje; le exige también al viajero, a cambio de darle posada, que la tome por esposa. Se ha dicho con razón que estas canciones de serranas, de las que hay diversas muestras en el romancero popular español, expresan un erotismo trágico; no son únicamente versiones picarescas y paródicas de aventuras galantes. Para Jeanne Battesti se trata de expresiones que retoman el antiguo mito de la inquietud fundamental del hombre ante la mujer, es decir, del miedo primigenio del hombre desamparado ante la mujer devoradora.[10] Ciertamente las monstruosas serranas se parecen, por ejemplo, a las *sheelaghs*, esas mujeres grotescas esculpidas en fachadas de iglesias medievales, que mostraban enormes vaginas abiertas para recordar a los fieles el peligroso poder

---

9. Véase al respecto el interesante estudio de Monique de Lope, *Traditions populaires et textualité dans le «Libro de Buen Amor»*, donde el capítulo V está dedicado a un "Portrait de la «serrana» en femme sauvage". También es interesante el estudio de James F. Burke, "Juan Ruiz, the *Serranas*, and the rites of spring". Gil Vicente asoció al *salvagem* con el invierno y el frío: "Aunque veais mi figura / hecho un salvage bruto, / yo cubro el aire de luto, / y las sierras de brancura" (en *Triunfo do Inverno*, de 1529), citado en el interesante y documentado estudio de Ana Cristina Leite y Paulo Pereira, "São João verde, o Selvagem e o Gigante em Gil Vicente -Apontamento iconológico", p. 273. En un contexto diferente, en *El infamador* (1581) de Juan de la Cueva encontramos a dos salvajes –Hipodauro y Demelion– que custodian bajo las órdenes de la Diosa Diana las puertas de la cárcel donde está encerrada la heroína, Eliodora, víctima de las intrigas de un infame seductor. Estos dos salvajes, seres liminales, también se encargan de ejecutar la sentencia final: enterrar vivo al don Juan frustrado. En otra obra, publicada en Sevilla en 1582 y titulada *Comedia salvage*, de Joaquín Romero de Cepeda, también aparecen dos salvajes que secuestran a la madre de la heroína, Lucrecia, que huye de su seductor; al final ella mata a un salvaje y su amante al otro, y acaban casándose el seductor y la seducida.

10. Jeanne Battesti, "Du mythe de la «femme sauvage» à la bergère courtoise: la femme dans la poésie médiévale espagnole", p. 226. Puede verse un balance de las discusiones sobre el origen de las serranas en Rodolfo A. Borello, "Las serranas del Arcipreste: estado de la cuestión". Ramón Menéndez Pidal creía que las serranas reflejaban un personaje real: las pastoras enviadas a cuidar el ganado y los pasos montañeses y que solían ser las jóvenes sin novio; en cambio, Leo Spitzer desde 1934 rechaza esta idea y señala que el modelo mítico de las serranas fueron las *feminae silvaticae* medievales.

de los órganos sexuales femeninos. Andersen ha estudiado la evolución de este motivo femenino, la *sheelagh*, desde el románico francés hasta su extenso uso en Inglaterra e Irlanda durante la Edad Media tardía, y ha descrito su transformación desde las figuras femeninas que muestran agresivamente sus genitales hasta las imágenes espantosas con cabezas descarnadas en forma de calavera dotadas de un enorme agujero genital en exhibición frontal.[11] Aunque al parecer estas figuras cumplían en las iglesias una función protectora contra los demonios, y colocadas arriba de las puertas repelían a los intrusos, sin duda también expresaban el miedo masculino a la vagina, como ha señalado Margaret Miles.[12] Un relato del siglo III consigna una significativa versión de la historia de santa Tecla, que fue condenada a morir en el coliseo devorada por bestias salvajes: la fervorosa mujer logró repeler a un león con sólo exhibir su vagina.[13] No olvidemos, en esta misma tradición, el ejemplo de la mítica *vagina dentata*, una boca genital dotada de filosos dientes que arranca el falo del hombre en el momento que penetra.[14]

Una de las expresiones folklóricas del mito de las agresivas serranas salvajes fue retomada por Lope de Vega en una conocida comedia. Me refiero a la leyenda que consigna el famoso romance de *La serrana de la Vera*, que ha sobrevivido en diversas versiones, y que se encuentra sin duda muy estrechamente emparentado con la historia de Alda, la cuarta serrana del *Libro de buen amor*. La versión más conocida del romance de *La serrana de la Vera* fue recogida por Gabriel Azedo de la Berrueza y publicada en Madrid en 1667. Comienza así:

Allá en Garganta la Olla,
en la Vera de Plasencia,
salteóme una serrana,
blanca, rubia, ojimorena.[15]

Esta serrana está armada con honda y flechas, vive en una cueva y se caracteriza por su odio erótico hacia los hombres, a los que rapta, da de comer y obliga a fornicar, para después matarlos. En este caso el ritual de pasaje marca el paso al otro mundo:

Tomárame por la mano
y me llevara a su cueva;
por el camino que iba,
tantas de las cruces viera.

11. Jørgen Andersen, *The Witch on the Wall: Medieval Erotic Sculpture in the British Isles*.
12. Margaret R. Miles, *Carnal Knowing: Female Nakedness and Religious Meaning in the Christian West*, p. 159.
13. Citado en ibid., p. 223, n. 45.
14. Jill Rait, "The *Vagina Dentata* and the *Immaculatus Uterus Divini Fontis*".
15. Cito el romance a partir del ensayo de Julio Caro Baroja, "La serrana de la Vera, o un pueblo analizado en conceptos y símbolos inactuales". Se ha reprochado al gran folklorista español el que apenas se haya percatado de la estrecha relación entre las serranas del Arcipreste y el romance citado (Monique de Lope, *Traditions populaires et textualité dans le «Libro de Buen Amor»*, p. 135). Tampoco se percató del vínculo entre el mito de los hombres y las mujeres salvajes medievales y las cantigas de serranas.

Atrevíme y preguntéle
qué cruces eran aquellas,
y me respondió diciendo
que de hombres que muerto hubiera.
Esto me responde y dice
como entre medio risueña:
—Y así haré de ti, cuitado,
cuando mi voluntad sea.

Lope de Vega, en *La serrana de la Vera*,[16] escrita antes de 1603, usa el tema legendario del romancero popular para presentar a una serrana con rasgos salvajes muy atenuados: Leonarda es "un poco robusta de persona" (1307a), es descrita metafóricamente como una fiera (1307b, 1312b) con fuerza descomunal comparada a la de Hércules (1310a) o a la del gigante Fierabás (1318a), y tiene una apariencia de "marimacho" (1317b, 1326b) pues "anda en el traje de varón vestida" (1323a) y es "una mujer que es medio hombre" (1322a). Leonarda se ha ido a la sierra para representar el papel de serrana a causa de los violentos celos que la consumen; sin embargo, a diferencia de las serranas del romancero popular y del *Libro de buen amor*, Leonarda defiende como una fiera su virginidad, aunque su amado —que anda desnudo por la sierra como penitencia por haber sido rechazado— en un momento cree (equivocadamente) que la serrana ha dejado de aborrecer a los hombres: "los acaricia y los llama; / ya vive y duerme con ellos, / ya no los mata ni infama" (1331b). Pero se trata solamente de uno más de los numerosos equívocos en que se basa la comedia; en cambio, el romance popular no deja lugar a dudas sobre el desenfreno sexual de la serrana:

y después de haber cenado
me dice:
    —Cierra la puerta.
Hago como que la cierro,
y la dejé entreabierta:
desnudóse y desnudéme
y me hace acostar con ella.
Cansada de sus deleites
muy bien dormida se queda.

En contraste, la serrana de Lope de Vega es en realidad una honorable dama que se vuelve salvaje por creerse desdeñada, y aunque forzuda y diestra en habilidades consideradas masculinas, no mata a nadie ni viola a los hombres; al final, cuando se aclara el embrollo de intrigas cortesanas, acaba casándose con su amado. Pero la serrana del romance popular es una auténtica furia salvaje que, al percatarse de que el viajero secuestrado se escapa, lo persigue "bramando como fiera". En otra versión de este romance hay un final que revela la índole semibestial de la serrana que persigue al pastor que había raptado:

---

16. Lope de Vega, *La serrana de la Vera*, en *Obras selectas*, t. III.

> Con la honda la serrana
> tiró al pastor una piedra,
> que si no es por una encina
> le derriba la cabeza.
> —¡Anda —le dice—, villano,
> que me dejas descubierta,
> que mi padre era pastor
> y mi madre fue una yegua,
> que mi padre comía pan
> y mi madre comía hierba![17]

Esta última alusión a la progenitora animal de la serrana es muy significativa, y nos permite contrastarla con el origen honorable de la serrana Leonarda creada por Lope de Vega. Las mujeres salvajes de Lope, aunque proceden del folklore español, han sido despojadas de la desenfrenada sexualidad y del odio mortal contra los hombres que caracteriza a las serranas tradicionales y a otras hembras salvajes semejantes, como la Basajauna vasca o la llamada Osa de Andara cantábrica.[18]

Veamos ahora algunas facetas diferentes del tema en otra comedia de Lope de Vega, *El hijo de los leones*,[19] donde la nobleza salvaje encarna en un personaje masculino, Leonido, un príncipe cuya madre fue seducida y que, para ocultar el fruto de su deshonra, lo abandona desde pequeño en el monte, al pie de un roble, para que lo devoren las fieras. Pero una leona lo cuida y amamanta durante un año y medio; al cabo de ese tiempo un ermitaño lo toma bajo su cuidado, lo bautiza como Leonido y lo educa. Todo esto ocurre en las cercanías de Alejandría, y el padre del salvaje es el hijo del rey de Egipto. Se reproduce el esquema típico: el salvaje Leonido, armado con un tronco de árbol, ataca a los campesinos, que viven aterrorizados por el monstruo y quienes le piden precisamente al padre del salvaje, el príncipe Lisardo, que los libere de la bestia humana. Leonido se atormenta por su ambigua y extraña condición, ya que desea ser como los hombres,

---

17. Versión recogida por Julio Ateneo y publicada por Bonifacio Gil, *Cancionero popular de Extremadura*, Badajoz, 1956 (t. II, p. 33, número 45), citada por J. Caro Baroja, "La serrana de la Vera", p. 278.

18. La similitud entre la Basajauna —contraparte femenina del Basajaun o señor de los bosques— y las serranas es notable; véase esta historia recogida en 1920 en Zeanuri, y traducida del vasco: "Solía vivir Basajauna en los bosques de Zeanuri. Una vez que fue al bosque un joven halló a Basajauna. Esta le dijo a ver si quería ser su novio. Ese muchacho le miró bien, y viendo que tenía garras en las piernas le contestó que no. Entonces Basajauna le dijo que presto moriría, y dicho y hecho, murió al día siguiente, y Basajauna asistió a su entierro" (J. M. de Barandiarán, *El mundo en la mente popular vasca. [Creencias, cuentos y leyendas]*, I:64, San Sebastián, 1960), citado por José Manuel Gómez-Tabanera, "La conseja del hombre salvaje en la tradición popular de la península ibérica". Este autor reconoce ampliamente la relación entre las serranas y las mujeres salvajes de la tradición medieval. Sobre los Basajauns masculinos, con su cuerpo peludo, grandes barbas y enorme fuerza, el propio J. Caro Baroja ha escrito algunos comentarios en "Culto a los árboles y mitos y divinidades arbóreas", pp. 346ss, donde también se refiere a las Basandereak, mujeres salvajes que, durante el carnaval, aparecen representadas por hombres disfrazados como las "destrozonas" de las comparsas madrileñas.

19. Lope de Vega, *Comedias escogidas*, t. 2. Comedia fechada en 1620-1622.

pero se resigna: "Fiera debo ser, no soy humano" [221a]. Su madre, por otro lado, vive en el campo alejada de la corte, y se extraña amargamente de que la naturaleza –habiendo formado la belleza de las cosas– "pusiese el honor de las mujeres / en el atrevimiento de los hombres" [223c]. Leonido, en su huida de los cazadores que intentan matarlo, se encuentra con la mujer que, ignorándolo él, es su madre; se enamora de ella, pero como es un noble salvaje se escapa del incesto, pues respeta el decoro de la mujer que lo atrae por su belleza sin igual. En un monólogo amoroso reconoce la paradoja de su situación: "yo no estoy sujeto a leyes, / lo estoy a tanta hermosura" [227b]. El incesto apenas es insinuado, pero sólo como un peligro accidental y no como un deseo salvaje reprimido. De esta manera el salvaje evade el destino de convertirse en un nuevo Edipo, que en la tragedia de Sófocles también fue un niño abandonado en el bosque. En realidad Lope de Vega juega con la idea de que los lazos de sangre, aun cuando sean ignorados por los personajes, influyen en las relaciones humanas; así, cuando la madre del salvaje se percata de que Leonido es en realidad el hijo que abandonó en la montaña, exclama:

No en balde me ama Leonido,
aunque la causa no entiende,
ni yo le amaba sin causa.   [231c]

A partir de este momento comienza la domesticación del hermoso salvaje; cuando se enfrenta al cazador que lo persigue –y que sin él saberlo es Lisardo, su propio padre– ya está en condiciones de aceptar su invitación a acompañarlo a Alejandría, aunque se da cuenta de que en la ciudad reinan el vicio y la mentira. El salvaje renuncia a la libertad de su vida silvestre y establece poderosos vínculos de lealtad con el príncipe Lisardo. Esta relación basada en el honor y la fidelidad se sobrepone al amor: el salvaje renuncia a la dama que adora (que es su madre...) al enterarse de que el príncipe Lisardo se ha enamorado de ella. El barroquismo del enredo cortesano atrapa al salvaje en una situación en la que su padre se vuelve a enamorar de su madre, en quien no reconoce a la mujer que sedujo muchos años antes y de la cual tuvo sin saberlo al niño que criaron las fieras. El pobre salvaje en la ciudad debe mostrar una firmeza a toda prueba, a tal punto que declara:

Y yo soy en la ciudad
un monstruo de voluntad
que no de naturaleza.   [230a]

El temple salvaje de Leonido es puesto a prueba por los retos de la ciudad y de la corte, a tal punto que debe alcanzar, como dice Mazur, un nivel de fuerza moral casi sobrehumana.[20] Paradójicamente, es en la ciudad y en medio de la sociedad cortesana donde se revelan con mayor esplendor las nobles cualidades del hom-

---

20. Oleh Mazur, *The Wild Man in the Spanish Renaissance and Golden Age Theatre. A Comparative Study*, p. 367.

bre salvaje, el mismo ser que cuando vivía en la soledad de la montaña aterrorizaba a los aldeanos. El propio Leonido define su carácter:

> Pues perder el respeto
> y la obediencia al Príncipe no es cosa
> que cabe en mi sugeto,
> ni en mi naturaleza generosa.
> Parto soy de una sierra,
> la reina de las fieras me dio el pecho;
> mas la sangre que encierra
> mi corazón, de mil desdichas hecho,
> no admite deslealtades;
> que estas se saben más por las ciudades. [230b]

Al final de la comedia dos felices matrimonios restauran el orden: la madre del salvaje recupera su honor al casarse con el personaje que la sedujo; el salvaje, por su parte, se casa con la princesa de Tebas y retorna así a la cúspide de la sociedad civilizada, su lugar de origen.

Los salvajes de Lope de Vega carecen de la densidad teológica con que Calderón dibuja a Segismundo; no son tampoco bestias humanas como los salvajes primordiales que describió Hobbes. Los salvajes de Lope de Vega, en contraste, son seres fundamentalmente nobles inmersos en una condición circunstancial que, sin carecer de dramatismo, está empapada de ironía. Su estado silvestre es una forma de vivir la deshonra que sufren, pues los salvajes de Lope de Vega han perdido su reputación. La sociedad no los reconoce por lo que valen, y son empujados a un comportamiento vergonzoso en la soledad de los bosques y las montañas. Pero al mismo tiempo el comportamiento salvaje de un ser original y esencialmente honorable y noble es un poderoso reclamo a una sociedad que, injustamente, castiga con la deshonra a seres puros e inocentes. Es necesario subrayar que el carácter esencialmente noble de los salvajes de Lope de Vega no proviene de una exaltación de la bondad de los hombres cercanos a la naturaleza, como los aldeanos –pastores o labradores– que aparecen con frecuencia en el teatro español del siglo de oro. Es cierto que, como ha señalado Américo Castro, era un lugar común literario de la época pensar que "el honor se fue a la aldea".[21] Pero esta migración del honor hacia el mundo campesino no es, como acertadamente ha señalado Dian Fox, el resultado de un impulso democrático que buscase exaltar los sentimientos populares. Al igual que los salvajes, los héroes campesinos de Lope de Vega son en su mayoría aristócratas y cortesanos que por diversas razones aparecen con un disfraz de primitivismo o se ven obligados a vivir una existencia aldeana o pastoral.[22] El estudio de los héroes salvajes en las

---

21. Américo Castro, *Cinco ensayos sobre Don Juan*, Santiago de Chile, s/f, p. 22, citado por Julian Pitt-Rivers, *The Fate of Sechem, or the Politics of Sex. Essays in the Anthropology of the Mediterranean*, quien hace allí un importante análisis etnológico del honor en la historia de España y en la Andalucía rural. Véase también de Américo Castro, "Algunas observaciones acerca del concepto de honor en los siglos XVI y XVII".
22. Dian Fox, *Refiguring the Hero. From Peasant to Noble in Lope de Vega and Calderón*.

comedias de Lope de Vega confirma esta interpretación: se trata de salvajes que, sin dejar de encarnar valores opuestos a la ciudad, son también un refugio para todos aquellos nobles que han sido injustamente deshonrados. Los salvajes de Lope de Vega son una alternativa de comportamiento honorable para soportar la deshonra. Se refiere, ciertamente, a un honor salvaje: de esta manera se puede llevar la deshonra con honor. El honor se va a la aldea, al bosque o a la montaña para encontrar allí un disfraz salvaje detrás del cual se pasa por un periodo de penitencia. La condición salvaje, sin embargo, es el refugio provisional de un alma de noble cuna, en espera de que el desenlace dramático restaure la armonía social fundada en las jerarquías aristocráticas.

Aunque Lope de Vega usa indistintamente las palabras *honra* y *honor*, parece adecuado —para explicar la paradoja de los salvajes en sus comedias— utilizar la diferencia que en ocasiones se establecía en el siglo XVII: el honor es algo que se *posee* y que es preciso defender y resguardar, mientras que la honra es *recibida*. La distinción es sutil, pero marca el hecho de que es posible dejar de recibir la honra debida sin por ello perder el honor. Así puede comprenderse el honor del rústico salvaje al que no se le rinde la honra debida a su noble origen.[23] En este sentido el honor sería la cristalización de la virtud en el hombre noble, mientras que la honra sería el premio a las cualidades virtuosas; es obvio que no se trata de dos fenómenos separados, ya que los premios contribuyen a que el honor se acreciente. El uso reiterado de estas nociones en la obra de Lope de Vega es una muestra de su pensamiento católico conservador, típico de la época; su genio dramático hizo que usara las ideas aristocráticas tradicionales para crear una tensión teatral extraordinaria. El resultado es un sorprendente monstruo noble que, si bien debe su virtud a la sangre, no deja de ser una extraña paradoja que se emparenta con la tradición occidental del buen salvaje, presente desde la Edad Media, que se expande durante el Renacimiento y que adopta su forma clásica en la Ilustración francesa en el siglo XVIII.

La situación dramática en la que hay un desfase entre el honor y la honra hace referencia, en realidad, a una dislocación política, a un desequilibrio de los flujos de poder. Lope de Vega fue sensible a las tensiones que cruzaban los espacios cortesanos y que ponían en duda las tradiciones aristocráticas.[24] Cuando Hobbes se refiere al tema del honor lo hace en los términos más descarnados. Para él el honor es el precio o valor que mutuamente se atribuyen los hombres: se trata de relaciones de poder, obediencia y reputación que no tienen un carácter absoluto, sino que son creadas por la sociedad en forma cambiante, según lo requieran las circunstancias. De hecho, esta definición cancela la diferencia entre honor y

---

23. Sobre esta distinción véase Domingo Ricart, "El concepto de la honra en el teatro del Siglo de Oro y las ideas de Juan de Valdés". La bibliografía sobre el honor y la honra es extensísima y numerosas son las discusiones que se han suscitado al respecto. Consúltese J. G. Peristiany et al., *El concepto de honra en la sociedad mediterránea*. No solamente en el siglo XVII se trasladaban cualidades del hombre civilizado a los salvajes; puede verse el mismo fenómeno hoy en día en numerosos textos; un ejemplo típico de la forma en que las categorías europeas son aplicadas imaginariamente a los pueblos primitivos puede verse en el ensayo de Gilles Lipovetsky, *L'ère du vide. Essais sur l'individualisme contemporain* (capítulo VI), donde se traslada la noción occidental del honor a los pueblos llamados salvajes.

24. Véase al respecto José Antonio Maravall, *Estado moderno y mentalidad social*, t. 2, pp. 34-37.

honra, pues no establece diferencia entre la nobleza esencial −como cualidad del alma− que presupone el primer concepto y el flujo de honra de que se alimentan los nobles; para Hobbes el honor es en realidad el flujo de premios y valores que se transmiten mutuamente los hombres al honrarse entre sí. Esta situación se refleja en las comedias de Lope de Vega, donde los cambios en los flujos de honoración reflejan las modificaciones en las relaciones de poder. Por ello decía Hobbes que "No altera el caso del honor el hecho de que una acción [...] sea justa o injusta: porque el honor consiste solamente en la opinión del poder".[25] Por supuesto Lope de Vega no podría haber estado de acuerdo con esta afirmación; pero sin duda fue la extensión de los crudos mecanismos del poder, liberados de nociones absolutas sobre la virtud, lo que generó grandes conflictos en la sociedad europea del siglo XVII: Lope de Vega convirtió estos conflictos en tensiones dramáticas que enfrentaban la honorabilidad esencial de algunos hombres y mujeres a las desventuras que los habían llevado a una existencia salvaje. Podemos comprender el horror que sentían los cristianos conservadores frente a las insinuaciones de que el hombre no era más que una bestia educada y no una criatura de Dios vestida con pieles de animales (según la célebre fórmula del Génesis 3:21), que era la forma en que aparecían ataviados los actores salvajes de las comedias. Vale la pena citar aquí a un teólogo anglicano, alto representante del platonismo de Cambridge, que criticó ásperamente las ideas de Hobbes a las que calificó de epicúreas y sensualistas. La posición de Henry More es interesante porque hace referencia directa al tema que nos ocupa, y porque su discusión fue un precedente de las polémicas que surgieron dos siglos después en torno a las tesis evolucionistas de Darwin: el epicureísmo y la sensualidad establecen que el alma es tan degenerada y ciega, dice More,

> que no sólo el hombre se contenta con deslizarse en la brutal inmoralidad sino que se complace en la mismísima idea de que él ya es una auténtica bestia, un mono, un sátiro, un mandril; y que los grandes hombres no son mejores, salvo porque la civilización y una educación industriosa los hace aparecer de una forma más refinada [...].[26]

Esta misma posición conservadora era justamente la que Lope de Vega desarrolló en sus comedias: la nobleza y el honor no eran el vestido que la civilización había ido tejiendo sobre el cuerpo desnudo de una bestia; por el contrario, sus salvajes eran seres nobles sumidos en la adversidad. El salvajismo resultaba ser el vestido rústico con que la nobleza civilizada se disfrazaba para comprobar el carácter innato de la virtud. El contrapunteo con Henry More sigue siendo revelador de las obsesiones típicas de la época: el teólogo no estaba de acuerdo con aquellos que sostenían la tesis de que "los preceptos inculcados durante largo tiempo han sido tomados erróneamente por principios innatos de honestidad y

---

25. *Leviatán*, X:44-45.
26. *Conjectura Cabbalistica* (1653), pp. 236-37, citado por Edmund Leach en *Humanity and Animality*. Estas mismas palabras de More fueron citadas por el obispo Samuel Wilberforce en 1860, para atacar a Darwin, en su famosa polémica con el biólogo Thomas H. Huxley.

de conocimiento natural", y rechazaba la influencia dominante de las costumbres y la educación, posiblemente aludiendo a Montaigne.

> A tantos estúpidos que así piensan –continuaba More–, dejemos que revelen su propio salvajismo e ignorancia, pues a un hombre bueno le basta ser consciente ante sí mismo de que es de la más noble ascendencia, mejor criado y nacido, y más hábilmente educado por las depuradas facultades de su propia mente.[27]

¿Qué mejor prueba de la nobleza innata que colocar, desde la tierna infancia, a un príncipe o a una princesa en la más ruda condición salvaje, y observar la forma en que sus virtudes originales afloran con el tiempo? Me atrevería a decir que, a su manera, el teatro asume una actitud experimental: en las obras se representa, bajo control, lo que podría ocurrir en la vida real si el dramaturgo, en funciones de demiurgo, pudiese manipular a los hombres como si fuesen personajes de un drama. ¿Qué sucedería –parece preguntarse Lope de Vega– si dos gemelos de noble cuna fuesen educados en forma completamente distinta, uno criado por las fieras del bosque y el otro cuidado por su propia madre? La respuesta la fue a buscar en una leyenda medieval de origen francés: la historia del salvaje Sinnombre (*Sansnom*, *Namelos*) y su hermano Valentín.[28] Según la antigua historia se trata de los hijos gemelos de la hermana del rey Pipino, que son abandonados a su suerte: mientras uno va a dar a la corte del rey, el otro es criado por una osa (la versión francesa de 1489 lo llama Orson, del latín *ursus*). En la comedia *Ursón y Valentín*[29] Lope de Vega modifica y adapta la leyenda, de manera que Valentín se queda con su madre, que es repudiada por su esposo y vive humildemente en una aldea; y Ursón es raptado por una osa que lo cría como a su hijo. En la comedia de Lope de Vega los gemelos no son sobrinos del rey Pipino, sino hijos de Clodoveo, el rey merovingio cuyo pérfido gobernador le hace creer que la reina lo engaña. En realidad ella ha defendido el honor de su marido al rechazar los amores del gobernador, pero el rey –que no confía en ella– la regala como esclava a un sirviente. La adaptación de Lope de Vega, además, desarrolla mucho la intriga palaciega, elabora con detalle la metamorfosis del salvaje en un ser civilizado y elimina elementos típicamente medievales (la reina es secuestrada por un gigante en un castillo, los hermanos rescatan a una doncella que sólo puede ser ganada por el hijo de un rey que jamás haya sido amamantado por mujer, luchan

---

27. Ibid., p. 237.
28. El texto francés en prosa *Valentin et Orson* fue publicado en Lyon en 1489, pero se trata de una versión de otra obra francesa, que se ha perdido, de la primera mitad del siglo XIV. De esta obra original, a la que se le da el título de *Valentin et le chevalier Sansnom*, derivaron otras versiones, la más conocida de las cuales es la alemana, *Valentin und Namelos*. Traducciones y versiones de esta popularísima obra circularon profusamente en toda Europa en inglés, sueco, holandés, italiano, islandés y español. Antes que Lope de Vega, el tema fue llevado al teatro por Jacob Ayrer en el siglo XVI. Véase el exhaustivo estudio de Arthur Dickson, *Valentine and Orson. A Study in Late Medieval Romance*. Véanse también las estimulantes reflexiones de Marina Warner sobre las repercusiones modernas de este antiguo tema en su ensayo "Beautiful Beasts. The Call of the Wild".
29. *Ursón y Valentín, hijos del rey de Francia*, en *Comedias novelescas*. Comedia fechada en 1588-1595.

con los sarracenos, el secreto de su origen les es revelado por una cabeza de latón parlante, etcétera.)

El salvaje recreado por Lope de Vega, Ursón, crece en las montañas hasta convertirse en un monstruo sucio que mata a los campesinos, les roba el vino y el pan, y ataca a las pastoras para arrebatarles la comida que llevan. Una osa lo había alimentado durante los primeros tres años de su vida; después una especie de ayo, Luciano, le enseña a hablar y cuando Ursón crece le revela su origen humano. El salvaje, en un soliloquio, se lamenta amargamente de su triste condición: no le gusta comer frutas ácidas, hierbas húmedas, bellotas amargas, madroños silvestres, ni castañas verdes. En lugar del agua de los arroyos quiere vino dulce y rechaza los higos agrestes si puede robar sabroso pan blanco. En este salvaje de costumbres animales pareciera que se acrecientan los apetitos humanos, que sólo puede satisfacer si asalta a los aldeanos.

Pero lo que más desea el hombre salvaje son los deleites que promete la hermosura de las aldeanas; en la fascinación que ejercen sobre él las villanas Ursón descubre, no impulsos bestiales, sino más bien los sentimientos que lo humanizan:

que no soy tan inhumano
que no pierda mil enojos
mirando unos nobles ojos,
tocando una blanca mano.
   Deshágome de placer,
no tengo contento igual;
¡por Dios, que es bello animal
este que llaman mujer!   [443a]

A pesar de que arde en deseos por poseer a una mujer, cuando Ursón se encuentra con una guapa aldeana que tiembla de miedo ante él, la deja ir sin otra cosa que darle un beso en la mano. Ha logrado reprimir sus impulsos salvajes para dar paso a las nobles actitudes típicas del más refinado cortesano. Siempre que Ursón sale a escena lo vemos como un noble reprimiendo sus impulsos bestiales; pero los aldeanos, en un memorial al rey donde le piden que extermine al monstruo, describen "los daños que anda haciendo, como es matando a los hombres y disminuyendo los ganados; y lo que peor es, forzando a las doncellas" [450a]. El rey decide ir a cazar al salvaje, acompañado del traidor Uberto y de su séquito, lo cual desencadena la acción dramática: se encontrará a su hijo Valentín —que mata a Uberto, el verdadero monstruo— y a la reina exiliada que vive como una humilde labradora. El rey se enamora de ella y, sin reconocerla, la lleva a su lecho. Allí la encuentra su hijo Valentín, que se siente deshonrado por el monarca, y huye desesperado a la soledad del campo, donde a su vez decide convertirse en un salvaje:

Solemne juramento
hago desde hoy al cielo,
de no entrar en poblado enteramente,

>ni tener más sustento
>que la yerba del suelo,
>ni conversar con género de gente,
>ni alzar la infame frente
>a aquella cumbre pura,
>sino vivir de suerte
>como un silvestre rudo,
>fiero animal, en una cueva oscura.
>¡Ah, un hombre de vil nombre
>no ha de vivir entre hombres ni ser hombre!   [464b]

Valentín se queda dormido, sumido en su nuevo estado de salvaje al que recurre como único refugio frente a la deshonra. Así lo encuentra su hermano gemelo Ursón, que aparece armado del característico garrote, un "ñudoso leño" con el que amaga a Valentín; pero una extraña fuerza detiene su brazo y siente súbitamente un profundo amor por quien, sin él saberlo, es su hermano. Los gemelos, ahora hermanados también por el estado salvaje que comparten, sellan un pacto de amistad. Al final descubren los lazos de sangre que los unen, ven a sus padres reconciliados y reciben como premio las manos de dos preciosas princesas húngaras.

Hay otra comedia de Lope de Vega en la que aparece el hombre salvaje como un ser peligroso que no alberga sentimientos de nobleza. Este salvaje se llama Bardinelo y tiene el papel, en *El ganso de oro*, de un personaje secundario que rapta a dos doncellas, a Belisa y a Lisena, con toda la intención erótica y caníbal del tradicional salvaje, que tanto miedo inspiraba a los aldeanos; Bardinelo le dice a la muchacha que está raptando: "Callad, dama, / que habéis de ser cena y cama / y Belisa la merienda".[30] El horror de la escena es reforzado por los pastores que se refieren a la doncella raptada como un "precioso bocado" que seguramente el salvaje "estará destripando". Pero la maldad de Bardinelo, que no es un noble disfrazado, es controlada por el mago Felicio, bajo cuyas órdenes el salvaje lleva las doncellas a las cuevas encantadas sin hacerles el menor daño. En la comedia *El premio de la hermosura* Lope de Vega presenta a toda una tribu de salvajes, muy en el estilo de *The Faërie Queene* de Spenser, compuesta de seres incontrolados y esencialmente malos que viven en la costa italiana:

>Poblada está la ribera
>de fieros monstruos salvajes,
>que ya en sus bárbaros trajes
>amenazan muerte fiera.[31]

Estos salvajes no son los típicos seres solitarios que habitan las montañas y los bosques, sino un numeroso grupo organizado, a cuya cabeza aparece Gosforostro acompañado de sus dos capitanes, Bramarante y Solmarino, que rinde culto y

---

30. *El ganso de oro*, p. 160b, en *Obras de Lope de Vega*, edición de la Real Academia Española.
31. Lope de Vega, *El premio de la hermosura*, *Obras selectas*, III:1516a.

practica sacrificios humanos a la casta diosa Diana. El señor de los salvajes, al capturar a un joven y una doncella, revela de inmediato sus apetitos bestiales:

> que la dama podrá ser
> mi esposa, y él será el plato
> de nuestra boda.   [1516a]

Gosforostro aclara que tiene prohibido a sus vasallos comer hombres de su misma especie, "que aunque somos fieros, / sólo quiero que coman extranjeros" [1515a]. El hermoso joven cautivo al final es sacrificado por los salvajes; dos de ellos, Bramarante y Solmarino, expresan cierta pena por el pobre mancebo, y el mismo Gosforostro le ofrece su amor y su reino a la desesperada esposa del sacrificado. El estilo de esta obra recuerda el mundo de *Orlando furioso*; de hecho el argumento proviene de un poema que Lope de Vega escribió como una continuación de la gran obra de Ariosto.[32]

Estos salvajes son seres elementales utilizados marginalmente por el dramaturgo español para sazonar algunas obras. No son los caracteres sofisticados –Rosaura, Teodosia, Leonido, Ursón– que Lope de Vega ha desarrollado para mostrar que las bondades del Estado y de la aristocracia son capaces de crecer en el seno mismo de un monstruo. O a la inversa: que la cúpula de la sociedad es tan noble y poderosa que puede resistir que en sus entrañas habiten monstruos. Esta temática interesó a Lope de Vega toda su vida, como puede comprobarse por el hecho de que las obras que desarrollan el tema del salvaje son de diferentes periodos (de 1588 a 1622). En realidad es un interés –una fascinación– que atraviesa todo el siglo XVII y que teje un puente entre el salvaje gótico medieval y el salvaje noble del siglo de las luces. Calderón, que publica *La vida es sueño* en 1636, pocos meses después de la muerte de Lope de Vega, retoma como hemos visto el modelo del hombre salvaje para crear, en Segismundo, la encarnación humana de una bestia noble pero peligrosa. Pero fue Baltasar Gracián quien consolidó una extraordinaria síntesis del tema en *El criticón*, donde aparece magistralmente dibujado un hombre salvaje barroco –espontáneo, pasional, instintivo– que será capaz de instalarse en forma duradera en el seno mismo del pensamiento moderno.

Es paradójico que haya sido precisamente Baltasar Gracián, uno de los escritores que con mayor vehemencia exaltó al hombre artificial, quien creara la primera versión elaborada del hombre salvaje como un ser natural fundamentalmente bueno y noble. El genio de Gracián no sólo radica en la originalidad con que construye un personaje alegórico, Andrenio, para representar al hombre natural; además Gracián establece la mirada del salvaje como el complemento indispensable del punto de vista racional y crítico con que el hombre debe enfrentarse al mundo. La primera parte de *El criticón*, donde Gracián desde las primeras páginas presenta al salvaje Andrenio, fue publicada en 1651, el mismo año en que apareció el *Leviatán* de Hobbes. Se puede decir que Andrenio, al igual que el sal-

---

32. "La hermosura de Angélica", *Obras selectas*, t. II. La anécdota está tomada del canto VII del *Orlando furioso*.

vaje de Hobbes, es una inferencia o, más bien, una forma alegórica de representar un aspecto fundamental del ser humano.[33]

Al principio de *El criticón* encontramos a Critilo, que encarna la civilización y el juicio crítico, luchando con las olas desesperadamente. Gracián lo define como un "monstruo de la Naturaleza y de la suerte" (I:i:9), tan terribles son su voluntad y su fortuna. Ha naufragado cerca de la isla de Santa Elena y está a punto de perecer, cuando llega nadando un joven y vigoroso salvaje que lo rescata: es un ser inculto que no conoce el lenguaje pero sí la risa: "sólo daba demostraciones de su gran gozo en lo risueño y de su mucha admiración en lo atónito del semblante" (I:i:11). El aspecto áspero y rudo, su desnudez inocente y los gritos que semejan bramidos de fieras llevan a sospechar que es un "inculto parto de aquellas selvas", pero esta idea se desvanece al observar "lo rubio y lacio de su cabello, lo perfilado de su rostro, que todo le sobrescribía europeo" (I:i:11). El náufrago civilizado emprende de inmediato la tarea de enseñar a hablar al extraño salvaje europeo, pues reconoce en él a un ser humano. Sin embargo, el ser humano —en la perspectiva de la cultura barroca y en la tradición de Montaigne— es una especie de tabla rasa natural en la que es preciso labrar con el buen juicio y la educación el perfil en relieve del hombre civilizado. Por eso dice Gracián que el salvaje "parecía entenderse mejor con los brutos que con las personas, tanto pueden la costumbre y la crianza" (I:i:12). Sin embargo, este ser natural es ya un hombre, no es igual que las fieras: "Entre aquellas bárbaras acciones rayaba como en vislumbres la vivacidad de su espíritu, trabajando el alma por mostrarse, que donde no media artificio, toda se pervierte la naturaleza" (I:i:12).

Como era de esperarse, el náufrago civilizado comienza por enseñarle al salvaje salvador los nombres de ambos. El náufrago se llama Critilo y le impone al salvaje el de Andrenio.[34] El lenguaje es aprendido con gran facilidad por el joven salvaje, pues es como una roca de noble granito en la que hubieran quedado petrificadas las ideas: basta que el cincel del pedagogo esculpa en ella las palabras para que el contenido reprimido se aloje rápidamente en ellas: "El deseo de sacar a luz tanto concepto por toda la vida represado y la curiosidad de saber tanta verdad ignorada picaban la docilidad de Andrenio" (I:i:13).[35]

Una vez que adquiere el poder de la palabra, el salvaje Andrenio narra su infancia, cuando encerrado en una caverna, amamantado y criado por una fiera, convivía con las bestias como únicas compañeras de juego. La conmovedora des-

---

33. Los dos peregrinos, Andrenio y Critilo, representan a "todos los mortales" dice Gracián (*El criticón*, III:ix:607).

34. La alegoría es hecha evidente por Gracián cuando señala que "llenan" bien sus nombres "el uno en lo juicioso y el otro en lo humano". El eje de la novela es un peregrinar crítico por el mundo y la vida, lo que es evidente en los nombres de los capítulos (llamados crisis), el nombre del personaje central (Critilo) y el mismo título de toda la novela (que alude tanto al postfijo neutro del griego como al superlativo español, y posiblemente al muy popular *Satyricon* de John Barclay publicado en 1603, donde el escritor escocés se burlaba a la manera de Petronio de los jesuitas y de los intelectuales).

35. Todas las paradojas del hombre considerado como *tabula rasa* emergen aquí; Locke, años después, sistematizó esta vieja idea que inquietó tanto al siglo XVII. Sobre el aprendizaje de Andrenio véase Francisco Hernández Paricio, "Andrenio y el lenguaje: notas para una historia de las ideas lingüísticas en España durante el siglo XVII".

cripción que hace de su vida nos descubre que, atrapado en la tabla rasa inculta de su naturaleza bestial, hay un espíritu que sufre intensamente al comprender sin palabras que una gran distancia lo separa de las fieras, sus únicas compañeras. Hay una voz interior que es capaz de expresarse en soliloquio mudo y que, como Segismundo en su cárcel, se lamenta de la falta de libertad. La cueva, al igual que el vientre materno, es una "sepultura anticipada" de la que sale libre sólo gracias a un terremoto y los rayos de una tormenta, que derriban los muros que no había logrado escalar (al faltarle las garras y la agilidad de las bestias). El parto de la violencia natural lo lanza al mundo como asombrado espectador primigenio del gran teatro del universo, como observador ingenuo de la gran máquina del mundo. ¡Cuánto lo envidia Critilo, el hombre civilizado, que para tener la misma experiencia necesita reconstruir artificiosamente su propio origen! Así se establece una relación complementaria: Andrenio se convierte en la mirada que necesita la razón para vislumbrar el lado maravilloso de las cosas; y Critilo adopta el papel de juicio artificial capaz de guiar a la naturaleza humana por el desolado laberinto de la vida y de la sociedad civil. Gracián construye en su peculiar estilo conceptista y barroco un personaje alegórico salvaje que resume siglos de tradición iconográfica y literaria; pero además del mérito de haber logrado codificar en Andrenio una antigua veta mitológica, Gracián es el primer escritor que reconoce explícitamente la enorme importancia de la perspectiva del salvaje que vive en el interior del individuo y de la sociedad europeos. En un excelente estudio sobre la estructura alegórica de *El criticón*, Theodore Kassier ha destacado la importancia del "otro yo" que son el uno para el otro Andrenio y Critilo; esta expresión es usada con frecuencia por Gracián en su significado preciso y literal, además de su sentido proverbial para denotar una gran amistad.[36] Es verdad que esta dualidad es una expresión de la síntesis tomista entre espiritualidad y corporalidad, pues en realidad el crítico civilizado y el salvaje natural no son más que dos aspectos del hombre. También se ha señalado que Critilo representa al hombre interior agustiniano capaz de renacer en el hombre exterior que es Andrenio.[37] No obstante, predomina en *El criticón* una mezcla, muy propia de Gracián, de dos ingredientes: la disposición espontánea, ingenua, pura e inocente del hombre natural se aúna a la luz crítica de la razón para descubrirnos un mundo desencantado y desolado donde reinan las penas y las amarguras, la mentira y la hipocresía. Pero su imagen de un mundo corrupto no tiene una raíz agustiniana; Gracián, como buen jesuita, acepta la naturaleza intermedia del ser humano, al mismo tiempo ángel y bestia, y describe un hombre de la naturaleza, Andrenio, relativamente libre del peso agobiante del pecado original, inexperto, incauto, instintivo e irreflexivo, pero a fin de cuentas una fuerza saludable, fresca y apasionada sin la cual la razón civilizada no puede sobrevivir en un mundo infeliz y cruel. El resultado es, como ha señalado Kassier, la exaltación de un racionalismo pragmático y de una moral secularizada, lejanos de la alternativa espiritual y virtuosa del tomismo.[38] Es precisamente su filosofía pragmática y su

36. Theodore L. Kassier, *The Truth Disguised. Allegorical Structure and Technique in Gracián's "Criticón"*, p. 19.
37. Ricardo Senabre, *Gracián y el Criticón*, p. 43.
38. T. L. Kassier, *The Truth Disguised*, pp. 19-20.

visión del mundo como un engaño lo que tanto apreció Schopenhauer de Gracián.[39]

El salvajismo de Andrenio no es solamente un lamento del hombre natural –como en Hans Sachs o Antonio de Guevara– ante los males de una civilización que naufraga. El pensamiento del salvaje se entremezcla con la razón cultivada –a lo largo de las tres edades de la vida– para dibujar un impresionante tríptico, muy parecido en su estructura al que pintó el Bosco en su famoso *Jardín de las delicias*, donde una compleja geografía alegórica y una arquitectura simbólica representan el delirio de un mundo que ha perdido el camino de la salvación. No es difícil que Gracián se inspirase directamente en el tríptico del Bosco, a quien admiraba profundamente.[40] Se puede decir que el peregrinar de Andrenio y Critilo por el mundo corrupto nos da una imagen similar a la que vemos a través de los ojos del pícaro trotamundos, quien desde su penuria observa con ironía la podredumbre de la sociedad. Pero en la picaresca española no encontramos la compleja estructura alegórica de *El criticón*; el peregrinar de los dos héroes de Gracián nos recuerda más bien a dos caballeros andantes que persiguen un ideal o los místicos que buscan con gran dificultad el camino de la salvación.[41]

---

39. Véase Sebastian Neumeister, "Schopenhauer als Leser Graciáns". El propio Gracián en la advertencia preliminar al lector señala sus propósitos pragmáticos: "Comienzo por la hermosa naturaleza, paso a la primorosa arte y paro en la útil moralidad" (*El criticón*, "A quien leyere"). El pragmatismo secular no les evitaba a los jesuitas sumergirse en dificultades teológicas cuando salieron a catequizar pueblos no europeos. Por ejemplo, al enfrentarse a una filosofía como la china, que no hacía una distinción tajante entre cultura y naturaleza, ni las concebía como polos opuestos, el padre Matteo Ricci se burló así de sus ideas: "Si yo dijera en los reinos extranjeros que en China hay letrados que dicen que los animales, los vegetales, los metales y las piedras son inteligentes y de la misma especie que el hombre, se quedarían estupefactos". Ricci no podía aceptar la existencia de una gradación más que al interior de cada especie, pero el hombre y los animales eran para él, por supuesto, de naturaleza completamente diferente (Matteo Ricci, *Tianzhu shiyi*, 463, citado por Jacques Gernet, *Primeras reacciones chinas al cristianismo*, p. 184). Los europeos, para pensar en la continuidad entre naturaleza y cultura, no tenían más remedio que acudir a las alegorías o a la ironía.

40. Dice con razón E. Correa Calderón: "el mundo pululante y caótico de *El criticón*, compuesto de gentes atrabiliarias y grotescas, versión sombría del mundo que tan sólo podría ser ilustrada adecuadamente por el Bosco, por Valdés Leal o por el Goya pintor de monstruos" (*Baltasar Gracián. Su vida y su obra*, p. 191). Sobre la geografía alegórica del *Criticón* y su relación con los espacios reales, véase Benito Pelegrin, *Le fil perdu du "Criticón" de Baltasar Gracián: objectif Port-Royal. Allégorie et composition "conceptiste"*; del mismo autor véanse también otros dos textos: "Arquitextura y arquitectura del *Criticón*. Estética y ética de la escritura graciana", y *Éthique et esthétique du baroque. L'espace jésuitique de Baltasar Gracián*.

41. Correa Calderón, *Baltasar Gracián. Su vida y su obra*, p. 194.

40. Portada de la primera edición (1719) del *Robinson Crusoe* de Daniel Defoe.

VI
Robinson Crusoe o el salvaje arrepentido

En el siglo XVIII la historia del hombre salvaje se inaugura con un misterio. ¿Por qué el personaje mítico más representativo del nuevo *homo economicus* capitalista es presentado como un ser reducido a un mero estado de naturaleza, es decir, como un solitario *homo sylvestris*? Me refiero, por supuesto, a Robinson Crusoe, el personaje de la novela de Daniel Defoe publicada en 1719. El héroe que encarna la ética económica burguesa, como sugiere Max Weber,[1] es un infatigable trabajador, sobrio y eficiente, que construye en la isla desierta una gran empresa basada exclusivamente en su maniático esfuerzo personal. Para llegar a ser el modelo ascético del *homo economicus* Robinson Crusoe ha debido antes pasar por una conversión al cristianismo, que ocurre gracias a un delirio místico –provocado por la malaria– durante el cual tiene visiones terroríficas. Consumido por la fiebre, sin beber ni comer y asediado por el miedo en la soledad de su isla, Robinson se arrepiente de su vida pecadora, de haberse rebelado contra su padre y comprende que antes "era inconsciente de un Dios o de una Providencia, actuaba como mero bruto sólo basado en los principios de la naturaleza y los dictados del sentido común".[2] Lo verdaderamente inquietante es que Daniel Defoe decide colocar a su héroe en un estado de naturaleza para que, a partir de su condición salvaje, se produzca la conversión religiosa e inicie el penoso trabajo de sobrevivir en las adversas condiciones de una isla desolada. El mismo Crusoe, al enfrentarse a las dificultades de producir su propio pan, declara descorazonado que se encuentra "reducido a un mero estado de naturaleza".[3] No se trata de un retorno a una feliz edad de oro, ni de una condición primitiva de la que pueda escapar gracias a las luces naturales de la razón (ya que sólo la supera mediante una conversión mística). Como ha señalado Maximillian Novak, Robinson naufraga en una existencia bestial y solitaria donde predominan la inseguridad y el miedo.[4] Cuando llega a la isla es una bestia que desconoce la existencia de Dios y además se ve

---

1. *The Protestant Ethic and the Spirit of Capitalism*, p. 176.
2. *Robinson Crusoe*, p. 71. Todas las referencias remiten a la edición crítica de Michael Shinagel, *Robinson Crusoe. An Authoritative Text, Backgrounds and Sources, Criticism* y han sido traducidas por mí.
3. Ibid., p. 93.
4. Maximillian E. Novak, "Robinson Crusoe's Fear and the Search for Natural Man". Véanse también sus libros: *Defoe and the Nature of Man; Economics and the Fiction of Daniel Defoe; Realism, Myth, and History in Defoe's Fiction*. Es interesante y orientadora la antología crítica preparada por Pat Rogers, *Defoe. The Critical Heritage*, así como su *Robinson Crusoe*, un buen estudio general con información sobre influencias y fuentes.

obligado a adaptarse a una vida primitiva y salvaje. En ningún momento de su existencia Robinson se ve enfrentado a tomar decisiones racionales: es un ser entregado totalmente a la divina providencia, ya sea inconscientemente (antes de su conversión) o plenamente consciente de ello (después de su delirio místico). Todos los tripulantes de su nave perecen ahogados, exceptuándolo a él, pues la providencia lo ha elegido para llevarlo a una isla desierta. Es el castigo que merece por todos sus pecados. Hay aquí una peculiar inversión: nuestro Adán capitalista es una bestia pecadora e irreflexiva a quien la providencia expulsa de la sociedad para hacerlo naufragar en un extraño paraíso. Allí vivirá una existencia melancólica, pues Dios –en lugar de reintegrarlo a la sociedad y a su familia– lo castiga obligándolo a vivir en una isla deshabitada: es decir, reduciéndolo a un estado natural.

Pero el estado natural en que cae Crusoe no sólo es un castigo: es también y sobre todo una prueba. Y lo es no únicamente en el sentido judeocristiano que impulsaba, por ejemplo, a los monjes anacoretas a retirarse al desierto como prueba suprema, para enfrentarse a los demonios y a las tentaciones.[5] Es casi un experimento para probar el temple del hombre puritano que ha sido colocado en el papel incómodo de un hombre salvaje: ¿qué sucede cuando un cristiano es arrojado a una existencia salvaje? Robinson Crusoe, sorpresivamente, no se convierte en un sumiso monje protestante, sino que renace para exaltar su individualidad y su autonomía, transformado en un verdadero empresario salvaje.[6] La prueba ha consistido en experimentar una condición salvaje *sin caer en el salvajismo*. De manera similar a los aristócratas salvajes de Lope de Vega, que no pierden nunca su nobleza, el burgués puritano que renace en Crusoe jamás ve disipada su ascética eficiencia.

Como ha explicado muy bien Ian Watt, Robinson Crusoe encarna los valores prototípicos del capitalismo naciente y se convierte en uno de los grandes mitos de la civilización occidental. Representa la exaltación del individualismo económico, es un llamado a descubrir nuevas tierras para colonizar y convertir a los pueblos caníbales que los habitan.[7] Sin embargo, Robinson Crusoe encarna también una contradicción: el extremo individualismo que representa, y que es simbolizado por el estado natural de su existencia solitaria en la isla, implica un rompimiento tajante con la vida social civilizada y una caída en el estado de bestialidad salvaje característico del *homo sylvaticus*. Sin embargo, como subraya Ian Watt, Crusoe no sólo no sufre una degeneración salvaje, sino que alcanza su

---

5. El mismo Crusoe, durante su conversión en la isla, cita los Salmos (78:19): "¿Será Dios capaz de aderezar una mesa en el desierto?" (*Robinson Crusoe*, p. 75).

6. Fue Charles Kingsley, el clérigo anglicano y novelista, quien definió en 1868 a Robinson como un "monje protestante" ("Introduction" a la edición londinense de 1868 de *The Surprising Adventures of Robinson Crusoe*, p. xxii, citado por Novak en "Robinson Crusoe's Fear and the Search for Natural Man", p. 244). Leopold Damrosch, Jr. dice que Defoe al dramatizar la conversión del ego puritano termina "celebrando una soledad que exalta la autonomía en lugar de la sumisión" ("Myth and Fiction in *Robinson Crusoe*", en Harold Bloom [editor], *Daniel Defoe's Robinson Crusoe*, p. 81).

7. Ian Watt, "Individualism and the Novel", en Harold Bloom (editor), *Daniel Defoe's Robinson Crusoe*; este ensayo procede del libro *The Rise of the Novel*, publicado en 1957, y es una versión revisada del artículo "*Robinson Crusoe* as a Myth", de 1951. Las referencias a este texto proceden de la edición de Bloom.

plena realización individual como dueño absoluto de las condiciones de producción económica.[8] Con razón se burla Marx, en el famoso pasaje sobre el fetichismo de la mercancía, de las frecuentes robinsonadas de los economistas, que toman como ejemplo de comportamiento económico a un productor individual aislado como Crusoe para explicar las formas que adquiere el trabajo social colectivo.[9] Robinson Crusoe organiza toda su vida con la mentalidad de un contable que calcula débitos y haberes, tiempos de trabajo, esfuerzos y cantidades; trata todo lo que tiene relación con él, desde los objetos hasta las ideas, con la meticulosidad de quien debe asignar precios a las mercancías. Pero obviamente no produce mercancías, pues vive en la soledad total y no tiene a nadie con quien intercambiar ideas o productos manufacturados. Vive como un hombre salvaje del desierto pero se comporta como un capitalista londinense.

Esta paradoja se explica en parte por el hecho de que Robinson Crusoe simboliza la exaltación del individualismo, bajo la forma del ascetismo protestante que coloca al individuo como el mediador entre Dios y el hombre, y ya no a la iglesia.[10] Esta explicación, de corte weberiano, nos ayuda a iluminar la función del ascetismo burgués puritano como una forma del espíritu del capitalismo. Pero nos oscurece otra dimensión de la paradoja: la soledad fue uno de los malestares culturales más dolorosos que se ligaron, desde sus orígenes, a la civilización burguesa. El propio Robinson Crusoe declara que el recuento de sus experiencias es el "relato melancólico de un escenario de vida silenciosa tal que quizás no haya sido conocido antes en el mundo".[11] El problema al que Daniel Defoe se enfrenta, al escribir su *Robinson Crusoe*, radica en que quiere simultáneamente exaltar la soledad interior, de raíz puritana, y rechazar sus efectos malignos: el descontento melancólico, enfermedad isabelina que todavía amenaza a los ingleses de principios del siglo XVIII. Ciertamente Robinson, antes de naufragar, es el típico personaje malcontento que tan bien describió Lawrence Babb.[12] Por su lado J. Paul Hunter ha definido con exactitud los pecados de Crusoe, aunque no los relaciona con la melancolía: los moralistas puritanos veían en el descontento del hombre por su lugar en el orden divino uno de los peores pecados.[13] Se horrorizaban ante la imagen de un hombre errabundo y errático, pues les parecía que con ese comportamiento desafiaban a la providencia divina.[14] Podemos reconocer un per-

---

8. Ibid., p. 37.
9. Karl Marx, *El capital*, I:1:C:4, p. 41. Sobre este tema véase el interesante libro de Alfonso M. Iacono, *Il borghese e il selvaggio. L'immagine dell'uomo isolato nei paradigmi di Defoe, Turgot e Adam Smith*.
10. Watt, "Individualism and the Novel", pp. 23-24.
11. Defoe, *Robinson Crusoe*, p. 52.
12. *The Elizabethan Malady: a Study of Melancholia in English Literature from 1580 to 1640*, pp. 73-101. Véase también el libro de Bridget Gellert Lyons, *Voices of Melancholy. Studies in Literary Treatments of Melancholy in Renaissance England*. Maximillian Novak, en *Realism, Myth, and History in Defoe's Fiction* (p. 43), afirma que Crusoe nunca fue víctima de la "enfermedad inglesa", que es como el doctor George Cheyne llamó a la melancolía, o en todo caso, por poco tiempo. Es curioso que Novak, en este libro, no haga una sola mención al tema del hombre salvaje, al que se ha referido en otros textos.
13. "Robinson Crusoe's Rebellion and Punishment", pp. 71-77.
14. Véase al respecto George A. Starr, "Robinson Crusoe's Conversion", que explica cómo, además del "pecado original" de abandonar a su padre (que es como Dios), Crusoe desafía la voluntad divina con su comportamiento moralmente erróneo, es decir, errático.

sonaje similar en *Tom Jones* de Henry Fielding, donde el Hombre de la Colina, después de una vida viciosa y azarosa, acaba en la soledad convertido en una mezcla de ermitaño y hombre salvaje, sumido en la misantropía.[15] Novak ha observado que mientras Andrenio en *El criticón* descubre las miserias de la civilización al abandonar su estado salvaje, Crusoe descubre las miserias del estado salvaje: pero con ello se cura del descontento, esa enfermedad de la civilización.[16] Sin embargo, sabemos que existía un vínculo entre el individualismo religioso de la Inglaterra puritana y el sentimiento de soledad que se apoderaba de las personas inmersas en las nuevas formas de socialidad burguesa. En cierta forma Robinson Crusoe inicia sus aventuras a la manera de Don Quijote, imitando el comportamiento de un estereotipo literario inglés: el aventurero vagabundo, malvado y cínico, que recorre el mundo al azar de sus caprichos, siempre descontento del lugar que la providencia le ha asignado.[17] El castigo de Crusoe consiste en caer en aquello mismo de lo que huye: el tedio, el aburrimiento y la soledad. En un texto publicado en 1720, donde Defoe pone a Robinson a reflexionar sobre la soledad, se establece claramente la contradicción en que se debate la cultura inglesa de la época: "puedo afirmar que disfruto de mucha más soledad en medio de la mayor aglomeración humana en el mundo, quiero decir en *Londres* mientras escribo estas líneas, que la que jamás pueda decir que disfruté durante veintiocho años de confinamiento en una isla desolada".[18] Pero Daniel Defoe, necesariamente, le asigna una función positiva a la soledad, a la que considera remedio y no causa del malestar y del descontento. En el mismo texto afirma que "la vida, en términos generales, no es o no debiera ser más que un acto universal de soledad", ya que "puede decirse propiamente que el hombre está *solo* en medio de las masas de hombres y de las prisas de los negocios".[19] Estamos ante una contradicción entre la soledad melancólica, que es negativa, y el aislamiento hiperactivo, que tiene resultados positivos. Otra variante de esta contradicción puede observarse en el hecho de que, a pesar de que Crusoe se enfrenta solo y desnudo a la predestinación –que es la responsable de todo cuanto sucede–, el relato se desarrolla como si el náufrago fuera, con su esfuerzo testarudo, el responsable del inmenso imperio unipersonal que ha construido en la isla desierta.[20] Esta contradicción permea toda la vida de Robinson Crusoe y, me atrevería a decir, toda la

---

15. Su descripción es la del típico hombre salvaje y podría ser la de Crusoe: "era de gran estatura, con una larga barba tan blanca como la nieve. Su cuerpo estaba cubierto con la piel de un asno, a la manera de una chaqueta. Asimismo, cubría sus piernas con botas y su cabeza con una gorra, ambas fabricadas con pieles de algunos otros animales", *The History of Tom Jones*, VIII:10.

16. "The Wild Man Comes to Tea", p. 207.

17. En este sentido no tiene razón John J. Richetti (*Defoe's Narratives. Situations and Structures*, p. 15) cuando dice, siguiendo a René Girard, que Crusoe carece de modelo mediador, a la manera en que el Quijote lo tiene en la figura de Amadís de Gaula. Su modelo mediador es el malcontento, el melancólico.

18. Primer capítulo, "On Solitude", de *Serious Reflections during the Life and Surprising Adventures of Robinson Crusoe*, publicado en Londres en 1720. Cito de la edición crítica del *Robinson Crusoe* de Michael Shinagel, p. 263.

19. Ibid., pp. 263-4.

20. Véase Watt, "Individualism and the Novel", p. 36.

época del capitalismo naciente; es ella la que explica el gran atractivo del mito robinsoniano.

Robinson Crusoe es llevado a una existencia salvaje melancólica porque debe demostrar, en el interior mismo del malestar que quiere combatir, que es posible convertir la necesidad en virtud. Nos demuestra que el *homo economicus* es capaz de derrotar al *homo sylvaticus* en su mismo terreno: en el aislamiento de una isla desierta, que no es sino el símbolo de la soledad de todos los hombres en este mundo. Por ello ha reunido a las dos figuras alegóricas en una sola persona. La contradicción interna que alberga Crusoe tiene sus antecedentes en un aspecto de la tradición calvinista señalado por Max Weber: una de las consecuencias del extremo antihumanismo de la doctrina puritana, que establece la imposibilidad absoluta de cambiar los designios providenciales, fue la gran soledad interior de las personas; ello motivó diversas formas de alejamiento de las tareas mundanas y de individualismo pesimista.[21] Weber advierte que a primera vista puede parecer misteriosa la relación que conecta la eficiencia social y organizativa asociada al calvinismo con las tendencias que disuelven toda ilusión en este mundo y que cortan los lazos que unen a los individuos con el mundo.[22] Yo creo que el misterio es en realidad una expresión de la paradoja que encarna en la cultura capitalista desde sus primeras manifestaciones, y que no logró ser completamente superada ni siquiera con la fuerza dogmática de una fe que sólo veía al mundo como un conjunto de acontecimientos destinados a acrecentar la gloria de Dios. En diferentes grados y formas, el profundo sentimiento de soledad individual chocaba con los imperativos de unas tareas mundanas que demandaban, conforme se expandía la economía capitalista, ser cumplidas cada vez con mayor eficiencia. Ciertamente, como propone Weber, el ascetismo intramundano se convirtió en una forma de paliar la contradicción. Pero la contraposición weberiana entre ascetismo intramundano y misticismo escapista es una dicotomía que no siempre expresa las tendencias contradictorias y heterogéneas que se observan a fines de la Edad Media, durante el Renacimiento y en la modernidad temprana. El mismo Robinson mezcla el misticismo visionario extramundano con un ascetismo práctico intramundano.[23] Richetti ha observado bien que Crusoe, como el Quijote, se realiza en un personaje que representa un conflicto entre dos factores históricos: la ideología expansionista del capitalismo y la moral conservadora.[24] Don Quijote vive irónicamente el contraste entre la miseria española, que en La Mancha encuentra su expresión simbólica, y los ideales caballerescos. Robinson vive realistamente la oposición entre el espíritu de aventurero, voraz pero siempre descontento, y los ideales puritanos. El triunfo de la moral religiosa sobre la aventura se logra mediante una mezcla de individualismo calvinista y de realismo práctico. Como acertadamente dice Richetti, Crusoe "domestica lo maravilloso mediante industria y habilidad, y descubre que en la variedad hay un arreglo pro-

---

21. Weber, *The Protestant Ethic and the Spirit of Capitalism*, pp. 104-5.
22. Ibid., p. 108.
23. Véase el excelente análisis crítico de la dualidad weberiana en Caroline Walker Bynum, "The Mysticism and Asceticism of Medieval Women: Some Comments on the Typologies of Max Weber and Ernst Troeltsch".
24. Richetti, *Defoe's Narratives*, p. 14.

videncial común y corriente. Vive en forma ordinaria lo extraordinario. Su vida es pública, es decir, atractiva y significativa para la típica persona privada, debido a que introduce un orden privado y común en eventos apasionantes y poco comunes".[25] Robinson Crusoe es, en resumen, la alegoría de una vida doméstica en un contexto salvaje.

La contradicción entre salvajismo melancólico y modernidad, que se expresaba en el seno del puritanismo, adoptó en Inglaterra muy diversas formas. Keith Thomas ha examinado con gran finura la forma en que, desde las primeras etapas de la modernidad, surgieron actitudes hacia el mundo natural que eran fundamentalmente incompatibles con la dirección que tomaba la sociedad inglesa.[26] El crecimiento urbano trajo una nostalgia por el campo. El avance de las técnicas agrícolas impulsó el gusto por la vegetación silvestre y las montañas. La seguridad alcanzada frente a los peligros de los animales feroces generó una preocupación por proteger a los pájaros y preservar criaturas salvajes en su estado natural. Las ciudades se separan de los espacios ganaderos, dejan de depender de la energía animal y controlan con eficiencia creciente las pestes de alimañas, consumen cada vez más carne, desarrollan una visión sentimental que acoge en el seno familiar a animales mimados (a *pets*, como los llaman cariñosamente) y aprecian a las fieras como objetos de contemplación. Con ironía Olivier Goldsmith se refirió a sus contemporáneos: "Se compadecen y se comen los objetos de su compasión".[27] Keith Thomas concluye con estas palabras su estudio de esta peculiar contradicción: "Había así un conflicto creciente entre las nuevas sensibilidades y los fundamentos materiales de la sociedad humana. Hasta ahora una mezcla de compromiso y ocultamiento han evitado que este conflicto tenga que ser totalmente resuelto. Pero el asunto no puede ser evadido completamente y podemos afirmar que es recurrente. Se puede decir que es una de las contradicciones sobre las que descansa la civilización moderna. Sobre sus consecuencias últimas sólo podemos especular".[28] Esta misma contradicción encarna en Robinson, que es una bestia humana caída en desgracia, solitaria y cada vez más temerosa de Dios; pero es también un hombre mecánico, ordenado y productivo. Es el espíritu industrioso encerrado en la jaula de la melancolía.

Puede parecer extraño que hasta ahora no me haya referido al famoso personaje que en la novela de Defoe es explícitamente presentado como salvaje, Viernes, y en cambio haya colocado en ese papel al náufrago europeo. He querido mostrar cómo el antiguo mito del hombre salvaje se desarrolla en forma paralela a la cada vez mayor presencia, en el espíritu europeo, de los pueblos sometidos a la dominación colonial, y que también son calificados de salvajes. Si usamos la lengua inglesa podemos aprovecharnos de la existencia de dos palabras, una sajona y otra latina, para diferenciar estos personajes: Robinson Crusoe es un *wild man* europeo, mientras que Viernes es un *savage* americano.[29] El primero forma

---

25. Ibid., p. 25.
26. Keith Thomas, *Man and the Natural World. Changing Attitudes in England 1500-1800*.
27. *The Citizen of the World*, citado por Thomas. Ibid., p. 38.
28. Ibid., p. 303.
29. En castellano tal vez podríamos diferenciar a los *hombres silvestres* de los *salvajes*, pero ambas palabras tienen la misma raíz latina.

parte de un mito occidental de larga historia; el segundo hace referencia a los pueblos "descubiertos" y colonizados por la Europa moderna; el *wild man* es un sujeto mítico del pensamiento occidental; el *savage* es un objeto real de la dominación colonial. El propio Robinson se refiere casi siempre a Viernes como un *savage*, aunque en alguna ocasión usa el término *wild*.[30] Es muy significativo que en la misma ocasión en que Crusoe se da cuenta de que no está solo y que hay *otros* seres humanos que han pisado la isla, se imagina las mismas alternativas a las que se enfrentaron los cronistas europeos para definir a los aborígenes americanos. Después de la famosa escena en que descubre en la arena la huella fresca de un pie desnudo, vienen a la mente del aterrorizado náufrago dos explicaciones: primero piensa que se trata del diablo, pues no entiende cómo algo con figura humana pueda haber llegado hasta allí. Pero después reflexiona y le parece que no va con la sutileza atribuida a Satán el dejar una huella de hombre en un lugar donde sólo por casualidad podría verla. Llega entonces a la conclusión de que "debe ser una criatura más peligrosa [a saber], que debía haber contra mí algunos salvajes procedentes de tierra firme".[31]

A partir del día que descubre la huella de un pie desnudo se intensifican los terrores de Robinson –que le teme más a los hombres que a los demonios–, y durante varios años se dedica a construir en su febril imaginación, y hasta en sueños, la figura monstruosa de unos horrendos salvajes caníbales. Se trata de un fascinante proceso de invención del salvaje en la mente solitaria de Crusoe: en cierta forma las criaturas de su imaginación parecen hechas a su imagen y semejanza. El mismo Robinson usa el término de *invención* (*Invention*) para describir sus inquietantes pensamientos: "Pero mi invención ahora iba por muy diferentes caminos; de día y de noche no podía pensar en otra cosa más que sobre la manera de destruir algunos de estos monstruos durante su sanguinaria diversión y, de ser posible, salvar a la víctima".[32] Ésa será, precisamente, la forma en que salvará a Viernes... Pero primero tuvo que inventarlo, idearlo en su mente e incluso soñarlo: "soñé que una mañana al salir de mi castillo, como era mi costumbre, veía en la orilla dos canoas y once salvajes desembarcando, y llevaban consigo a otro salvaje al que iban a matar para comérselo"; en su sueño Crusoe salva al salvaje y lo convierte en su sirviente.[33] Un año y medio después su sueño se hace realidad, y el salvaje salvado se vuelve su esclavo. Pero, además, se convierte en una copia, un doble, de Robinson Crusoe: como él, transitará, dice James Sutherland, "de la descuidada autoindulgencia del hombre natural, sin previsiones o reflexiones, a una vida de razón e introspección y, en última instancia, de fe". Transitará también del pecado a la redención, es decir, del canibalismo a la vida doméstica civilizada.[34] Antes de su conversión al cristianismo –como ha explicado J. Paul Hunter– era un hombre natural inclinado al canibalismo, de la misma forma en que Crusoe era empujado a vagabundear; el hombre en el *Robinson Crusoe* es

---

30. Por ejemplo, durante una lección de doctrina cristiana le llama "This poor wild Wretch" ("este pobre salvaje desgraciado"). Defoe, *Robinson Crusoe*, p. 172.
31. Ibid., p. 122.
32. Ibid., p. 132.
33. Ibid., p. 155.
34. James Sutherland, *Daniel Defoe: A Critical Study*, p. 243.

malo por naturaleza y necesita a Dios para salvarse, pues la religión natural es insuficiente.[35] Hace falta la civilización que a Viernes le llega por vía de su amo, quien le enseña los rudimentos de la doctrina cristiana; pero Viernes es un ser mucho más noble e inteligente que Crusoe cuando éste también era un pecador, y de inmediato le hace preguntas incómodas a su maestro: "si Dios mucho fuerte, mucho poder como el Diablo, ¿por qué no matar Diablo, para que no hacer más maldad?"[36] Crusoe no sabe de momento qué responder y acaba por enredarse en una explicación que insinúa que Dios, al final, podría perdonar al demonio sus pecados; todo ello para dar a entender que las meras nociones naturales no pueden guiar, ni siquiera a las criaturas racionales, hacia la redención. Es necesaria la revelación.

La obsesión por los orígenes de la civilidad y por los balbuceos del hombre primigenio —tan característica del siglo XVIII— se refleja sin duda en Robinson. Ello se confirma con ese sintomático pasaje en que Crusoe se compara a unos seres míticos ciclópeos: "Me soñé ahora como uno de esos gigantes antiguos, que se decía vivían en cuevas y huecos en las rocas, donde nadie podía alcanzarlos".[37] Se ha hecho notar, acertadamente, que Defoe usa conscientemente a los cíclopes de la *Odisea* como modelo para describir la forma en que Robinson vive en su cueva.[38] La metáfora del náufrago salvaje que vive como los gigantes de la antigüedad nos conecta directamente con la poderosa imagen que usó Giambattista Vico para describir a los hombres primitivos en su *Scienza nuova*, cuya primera versión fue publicada en 1725, seis años después de la aparición del *Robinson Crusoe*. La comparación de los *grossi bestioni* de Vico con los salvajes arrepentidos de Defoe servirá para establecer el contraste entre dos visiones del hombre primigenio, entre la mirada exuberante y poética del napolitano y la actitud sobria y prosaica del londinense. Y sin embargo, Defoe y Vico comparten dos obsesiones: la búsqueda del origen bestial del hombre y la función decisiva de la divina providencia. Para ambos, sólo mediante la intervención providencial de la voluntad de Dios es posible escapar de la condición salvaje. No olvidemos, sin embargo, que cuando Vico aplica concretamente la idea de providencia —como ha observado Max Horkheimer— se refiere a las reglas mediante las cuales los hombres controlan su barbarie egoísta para garantizar la vida social.[39]

Vico hace una reflexión sobre el primigenio estado natural y salvaje; pero critica a Grocio, a Hobbes y a Pufendorf por no tomar en cuenta el papel de la providencia en la transformación del hombre salvaje en un ser civilizado.[40] Especialmente en Pufendorf se expresa la nueva tendencia que ya no concibe a la naturaleza como un ámbito determinado por reglas teológicas, sino como un espacio ordenado por causas eficientes y regularidades que pueden ser estudia-

---

35. J. Paul Hunter, "Friday as a Convert: Defoe and the Accounts of Indian Missionaries".
36. Defoe, *Robinson Crusoe*, p. 170.
37. Ibid., p. 140.
38. Allan H. MacLaine, "Robinson Crusoe and the Cyclops".
39. Max Horkheimer, "Vico and Mythology", p. 66.
40. Párrafos §395, §179 y §397, según la edición preparada por Fausto Nicolini a partir de la tercera edición (Nápoles, 1744) de la *Scienza nuova*.

das por la ciencia.[41] Por otro lado, podemos encontrar huellas de Pufendorf en el pensamiento de Defoe, aunque su preocupación –obviamente– no estriba en desarrollar las ciencias naturales. Por su parte, Vico utiliza la mitología –según él la primera ciencia que es necesario aprender (§51)– para reconstruir los orígenes del hombre; gracias a la interpretación de fábulas y mitos llega a la conclusión de que la edad de los dioses fue la primera etapa de la historia humana, seguida de la edad de los héroes y de la edad de los hombres. Durante la edad de los dioses, junto con los hebreos vivían los gigantes, que eran "por naturaleza, de enorme constitución, como aquellas grandes bestias salvajes que los viajeros cuentan que se hallan en el extremo de América, en el país de los llamados patagones" (§170). A continuación establece que estos gigantescos hombres salvajes sólo mediante la religión pueden ser obligados a aceptar las leyes, y que esta transición fue iniciada gracias a la divina providencia (§177-8), sin la cual los hombres vivirían dominados por las pasiones, como las bestias salvajes en el desierto (§133, §340-1).[42] Estos hombres salvajes eran bestias horribles, estúpidas e insensatas, vivían devorados por pasiones egoístas, errando por la gran selva de la tierra (§504) en persecución de mujeres indóciles, sin fundar familia ni enterrar a sus muertos. Y sin embargo, estos gigantes salvajes, a partir de una metafísica no racional ni abstracta, desarrollan un conocimiento poético del mundo basado en sus robustos sentidos y en su poderosa imaginación (§374-5). Para Vico hay algo que enlaza a los primigenios salvajes con los sabios civilizados: comparten una actitud metafísica que los hace temerosos de Dios:

La metafísica de los filósofos cumple su primera tarea, la de aclarar la mente humana mediante la idea de Dios, y requiere de la lógica de tal manera que pueda formar sus razonamientos con ideas claras e inequívocas, para con ellas descender al corazón humano y limpiarlo con la moralidad. De la misma manera, la metafísica de los gigantes poetas, que en su ateísmo han luchado contra el cielo, los venció gracias al terror de Júpiter, al que temían porque blandía los rayos (§502).[43]

Este problema es fundamental para entender las formas en que se inserta el mito del hombre salvaje en la cultura moderna: ¿qué comunica al civilizado con el primitivo? ¿Puede el hombre moderno descender a la cueva del cíclope para comprender su mentalidad salvaje? Estas preguntas las ha formulado con agudeza Isaiah Berlin, para determinar si Vico establecía una conexión *analógica* entre los civilizados y los salvajes, que a pesar de sus enormes diferencias compartirían elementos similares; o bien nuestra comunicación con los seres primigenios

---

41. Samuel Pufendorf, *On the Duty of Man and Citizen According to Natural Law*.
42. Según Vico el derecho natural fue instituido por la providencia (§312, §328). Sobre la importancia fundamental de la noción de providencia en Vico, como clave unificadora de la historia humana, véase Mark Lilla, *G. B. Vico: The Making of an Anti-Modern*.
43. Platón, afirma Vico, reconoció en el Polifemo de Homero a estos gigantes temerosos de los dioses (§503). También dice Vico que lo primero que aparece en la raza humana, como en los cíclopes, es lo grotesco y lo enorme (§243).

tendría como base la *memoria* individual que nos traería recuerdos de la infancia de la historia colectiva.[44] Verene sostiene que Vico no propone una conexión analógica, sino un vínculo metafórico; y que no se trata de una zambullida en recuerdos de la infancia, que representarían la memoria cultural de los tiempos primigenios, sino que es más bien una fantasía recordatoria ("recollective *fantasia*"), sistemática y ordenada. Los salvajes y los civilizados comparten la fantasía, la capacidad de imaginar: los primeros tienen una fantasía poética, mítica y mimética; los segundos son capaces de practicar una fantasía lógica basada en la "nueva ciencia".[45]

Es interesante hacernos preguntas similares sobre el *Robinson Crusoe*: ¿qué conecta, en la novela de Defoe, al civilizado con el salvaje? ¿Qué tienen en común? Paradójicamente, los une la soledad que tanto el hombre primigenio como el moderno sufren intensamente. Mientras Vico establece un lazo profundo que une a todos los hombres, Defoe destaca la soledad de los individuos. Vico es capaz de escuchar los ecos del antiguo fragor de los gigantes salvajes y se siente parte de una historia colectiva, la *storia ideale eterna*. En contraste, Defoe es indiferente a la historia y sordo a la poesía. Vico usa la mitología y la filología para remontarse a los orígenes, donde halla el viejo mito de los pasionales gigantes salvajes; Defoe, sin darse cuenta, funda el primer gran mito moderno del hombre salvaje: prosaico, arrepentido y solitario, este hombre es también útil y provechoso.

En la tradición de Lope de Vega y de Calderón de la Barca, los hombres salvajes son una alegoría de la capacidad de la nobleza para sobrevivir una condición bestial y animalizada; en la misma línea, Defoe construye la metáfora de Crusoe para mostrarnos que, cuando el hombre salvaje naufraga, sobrevive solitario un individuo moderno, práctico y temeroso de Dios. Los salvajes gigantes de Vico también son el fruto de una caída en un estado bestial: descendientes de Sem, Cam y Jafet, gradualmente renunciaron a la religión de Noé, su ancestro común, degeneraron hasta llegar a un estado de promiscuidad y comenzaron a errar como salvajes por la gran selva de la tierra; las madres abandonaron a sus hijos, que crecieron desnudos sin escuchar jamás voz humana alguna ni aprender costumbres o leyes. Estos engendros salvajes crecieron hasta convertirse en gigantes; la descripción de este proceso de degeneración es un curioso intento de Vico por encontrar una explicación natural: los niños abandonados, que se revolcaban en sus propias inmundicias, cuyas sales nitrosas fertilizaron los campos, tuvieron que realizar enormes esfuerzos para penetrar la densa selva que había crecido después del diluvio; por contraer y flexionar los músculos en este esfuerzo, sus cuerpos absorbieron en gran abundancia las sales nitrosas de sus excrementos, por lo que crecieron excesivamente hasta convertirse en gigantes (§369). Así, los hombres salvajes crecen desorbitadamente como si fueran organismos vegetales

---

44. Comentarios al ensayo de Donald Phillip Verene, "Vico's Philosophy of Imagination", pp. 38-39. Véase también de Isaiah Berlin, "The Philosophical Ideas of Giambattista Vico". Por su parte Lionel Rubinof encuentra en Vico la idea de que la ontogenia recapitula la filogenia y viceversa, "Vico and the Verification of Historical Interpretation", pp. 104-105 y 110.

45. Verene, "Vico's Philosophy of Imagination", pp. 27ss, 34, 42s.

abonados, y en ellos nace como una facultad natural la fantasía poética. En este pasaje, como en muchos otros, podemos comprobar que el pensamiento de Vico es, al mismo tiempo, más avanzado y más atrasado en relación a la cultura europea de su tiempo: sus explicaciones sobre la naturaleza y origen de los gigantes salvajes lo conectan con el romanticismo del siglo XIX, pero están ancladas en la imaginería renacentista; posiblemente esta peculiaridad explica que Vico fuese tan poco conocido en su tiempo. Pero su época vibra a través de su obra, y en su *Scienza nuova* podemos sin duda escuchar los ecos de la bulliciosa ciudad que fue Nápoles en el siglo XVIII, llena de contrastes, con su masiva población de miserables al lado de una ramificada nobleza intrigante y sofisticada.

Como si la divina providencia –o el demonio– hubiese querido reproducir el encuentro imaginario de Crusoe y Viernes, algunos años después de la publicación de las aventuras del náufrago inglés, Daniel Defoe se confrontó directamente con un famoso niño salvaje que había sido hallado en los bosques de Hannover, y traído a Inglaterra en 1726. Este niño salvaje, llamado Peter, apareció muy cerca de Hamelin en el verano de 1724, desnudo, sin poder articular palabras, caminando a gatas y con un aspecto totalmente bestial. Fue un caso espectacular que generó innumerables discusiones: muchos creyeron que por fin se había encontrado el ejemplo vivo de un hombre en estado de naturaleza.[46] Para Defoe el hallazgo de Peter fue tan importante que le dedicó todo un ensayo en donde concluía que el hombre, en estado de naturaleza, no progresa necesariamente hacia la civilización a menos que cuente con el apoyo de los valores que inculca la educación. Sin una adecuada instrucción "el hombre sería poco más que un hombre-bestia, como vemos que es este joven".[47] Defoe hace algunas referencias satíricas sobre la posibilidad de que Peter sea un hombre salvaje mítico, criado por las bestias. Lo relaciona con un hombre salvaje "de nuestra más antigua historia, quiero decir de estas partes más frías del mundo, y que es el famoso *Orson*, el hermano de *Valentine* [...]";[48] al respecto Novak hace notar que Defoe tiene en mente a Robinson Crusoe cuando especula sobre el joven salvaje de Hannover, y que si bien al náufrago inglés no le creció pelambre en el cuerpo, su asociación con el estado de naturaleza es sugerida por su vestido lanudo hecho de pieles de cabra.[49] Peter, según Defoe, es un ser que vive en estado de naturaleza:

Se encuentra ahora, como dije, en un estado de mera naturaleza, y ello verdaderamente en su sentido literal. Tratemos de delinear su condición: parece tratarse de la esperada criatura por la que clamaba el mundo de los sabios desde hace muchos años, v. gr., una criatura que habiéndose mantenido totalmente al margen de la sociedad humana, y sin nunca haber escuchado a nadie hablar, debiera por tanto no hablar para nada o, si algún habla se hormó para sí

---

46. Véanse los dos ensayos de Maximillian E. Novak, "The Wild Man Comes to Tea" y *Defoe and the Nature of Man*, pp. 22ss.
47. Defoe, *Mere Nature Delineated*, p. 38.
48. Ibid., p. 8.
49. Novak, "The Wild Man Comes to Tea", p. 196.

misma, entonces se podría saber qué lenguaje habría la naturaleza formado primero para la humanidad.[50]

Sin embargo, Defoe manifiesta muchas dudas sobre Peter. No cree que haya podido vivir en una región tan fría ni que caminase a cuatro patas. Recuerda que Orson caminaba erecto y observa que, a diferencia del salvaje antiguo, Peter es un ser débil. Tampoco cree que sea capaz de trepar los árboles como ardilla ni que haya sobrevivido alimentándose únicamente de musgo, hojas, hierbas, manzanas y nueces, que en invierno no hay. Además, se pregunta cómo podía beber si todo estaba congelado. A pesar de sus dudas Defoe está convencido de que el niño encontrado en Hamelin es "perfectamente salvaje, y una imagen o ejemplificación, como digo en mi título, de la *mera naturaleza*, lo cual es cierto e indiscutible; es como un cuerpo sin alma".[51] Se preocupa por encontrar en este joven salvaje los dos rasgos que indicarían la presencia de alma: el pensamiento y la risa. Comprueba que Peter se ríe, e ironiza sobre personajes conocidos que no piensan aunque deben tener alma; se burla también de uno que se ríe como un caballo, lo que no prueba que sea un equino y no un caballero. Defoe concluye que Peter debe tener alma, a pesar de todo, aunque sus facultades ordinarias se ven muy disminuidas.[52]

Una de las cosas que más intrigan a Defoe es la existencia de un hombre reducido a su expresión más elemental y primaria, a una tábula rasa virgen sobre la cual se van a escribir los caracteres propios de la civilización, tal como quería Locke. Peter el salvaje es para Defoe un ejemplo vivo del hombre antes de ser moldeado por la educación racional; en este sentido es similar a Robinson Crusoe antes de su conversión. ¿Cómo mira el mundo este hombre salvaje?

> La naturaleza, *para él*, parece ser como una hermosa pintura para un ciego: un vacío universal, como Mr. Milton bellamente lo expresa; ve su superficie, pero no parece recibir impresión de ninguna clase: mira la variedad infinita con una especie de indiferencia pareja, como si cada objeto fuera el mismo o como si no supiera distinguir entre el bien o el mal, lo agradable o lo desagradable.[53]

El hombre salvaje, reconoce Defoe, "en verdad, no tiene un aspecto agradable, tiene un cierto desánimo natural en su semblante, se ve salvaje y molesto".[54] A partir del examen de Peter, Defoe se embarca en una interesante aunque a veces confusa discusión sobre la educación de los sordomudos, basada en la historia de cuatro hermanas, tres de ellas sordas de nacimiento y la cuarta educada como tal, sin serlo, hasta los catorce años de edad. Estas especulaciones desembocan en una

---

50. Defoe, *Mere Nature Delineated*, p. 17.
51. Ibid., p. 16.
52. Ibid., p. 23.
53. Ibid., p. 27. La referencia a Milton procede de los versos del *Paradise Lost*, III:46-49: "From the cheerful ways of men / Cut off, and for the book of knowledge fair / Presented with a universal blank / Of nature's works to me expunged and razed".
54. Ibid., p. 57.

larga y graciosa disquisición sobre la utilidad y necesidad de los imbéciles (*fools*) en las cortes de algunos príncipes. Los hombres salvajes le recuerdan a los políticos u hombres de Estado, de quienes con justicia se dice que deben ser "contados entre los salvajes y las criaturas agrestes del mundo".[55]

A Defoe le preocupaba mucho el aspecto utilitario de la llegada a Londres del salvaje Peter: "En nuestras subsiguientes consideraciones sobre este joven salvaje el asunto es, pues, convertir su circunstancia en algo útil para la parte racional del mundo, sea que el mundo pueda o no volverse útil para él".[56] Por eso anuncia que no lo va a tratar de manera solemne, como un cultivado teólogo lo hizo en un sermón, ni tampoco como una bufonada, a la manera en que lo abordó un "autor de seso y latón". Con este juego de palabras ("Author of Brains and Brass") Defoe se refiere, molesto, al autor de dos panfletos publicados en 1726, el año del arribo de Peter a Inglaterra. En uno de ellos se decía que el salvaje traído de Alemania, que era un niño de apenas doce o trece años,

> había provocado una gran decepción entre las damas, que habían llegado al salón con grandes expectativas de que ocurriera algún atentado a su castidad: ello se comprueba en que la joven Lady Walpole se convirtió en la envidia del grupo, cuando el salvaje trató de besarla; pues ello fue una declaración de la naturaleza en favor de su belleza superior.

Estas palabras irónicas fueron escritas por Jonathan Swift en un panfleto que a veces se atribuye a su amigo el doctor John Arbuthnot, a cargo de quien fue puesto Peter cuando llegó a Londres.[57] Swift escribió además otro panfleto sobre el hombre salvaje que se publicó en 1726, firmado por "el deán del cuarto de penique de cobre".[58] Ese mismo año se publicaron los *Viajes de Gulliver*, donde Swift expuso su corrosiva visión del hombre salvaje, completamente diferente –e incluso opuesta– a la imagen utilitarista que elaboró Defoe.

---

55. Ibid., p. 88.
56. Ibid., p. 29.
57. Jonathan Swift, *It cannot rain but it pours, or London strowed with rarities*, p. 472. Las citas de este texto remiten a la edición de George A. Aitken, en *The Life and Works of John Arbuthnot*. El tema del salvaje Peter fue usado con frecuencia para hacer sátiras y bromas; un folleto anónimo de 1726 apareció como escrito por un "Wild Man, who stiles himself *Secretary to the Wilderness*", supuestamente el padre de Peter. El título del folleto es toda una descripción que indica su carácter irónico: *Vivitur Ingenio: Being a Collection of Elegant, Moral, Satirical, and Comical Thoughts on Various Subjects: As, Love and Gallantry, Poetry and Politics, Religion and History, Etc., Written Originally in Characters of CHALK, on the Boards of the Mall in St. James's Park; for the Edification of the Nobility, Quality and Gentry*.
58. Swift, *The most wonderful wonder, that ever appeared to the wonder of the British nation*. El seudónimo "the Copper-Farthing Dean", es una referencia a la explosiva polémica sobre las monedas de cobre (*farthings* y *half-pence*) acuñadas para Irlanda por William Wood, en la que Swift tuvo un papel protagónico.

41. En las populares ferias londinenses solían exhibirse hombres salvajes, en medio de toda clase de rarezas y espectáculos extravagantes. Este grabado de Hogarth representa la gran feria de Southwark.

VII
Hnuy illa nyha maiah Yahoo:
Las tentaciones de Gulliver

A principios del siglo XVIII en Londres se podían ver los más extravagantes espectáculos. No había rareza o curiosidad que en algún momento no se exhibiese en Charing Cross, en Fleet Street o en alguna de las numerosas ferias, como la de Southwark, de la que Hogarth realizó un grabado memorable por su ironía y su vivacidad. Marionetas, enanos, ejecuciones, monstruos, mujeres barbadas, equilibristas, osos, teatro, gigantes, monos y cuanto fenómeno extraño pudiese atraer a los curiosos londinenses.[1] Los más atractivos espectáculos populares se concentraban en la famosa feria de Bartholomew, en Smithfield. Muy cerca de allí se hallaba la cárcel de Newgate, donde Daniel Defoe estuvo preso a causa de sus posiciones no conformistas y disidentes. En 1703 el propio Defoe se convirtió en un espectáculo público, pues fue expuesto en tres ocasiones en la picota. Jonathan Swift, que detestaba a Defoe, se refirió a este humillante episodio en forma despectiva: "Uno de esos autores (el tipo que fue puesto en la picota, he olvidado su nombre) es verdaderamente un pillo tan solemne, sentencioso y dogmático que no se le puede soportar".[2] Desde la picota donde él mismo era el espectáculo público, Defoe acaso pudo echar un vistazo a alguno de los *shows* callejeros que presentaban hombres de descomunal fuerza doblando varillas de hierro, animales inteligentes, traga-fuegos, seres deformes y muchas otras criaturas prodigiosas. A la manera de quienes exhibían fenómenos extraños, Defoe también imprimió un panfleto que se vendía en las calles y que difundió retadoramente su poema "Himno a la picota". Es muy posible que no lejos de la picota de Defoe fuese exhibido alguno de los numerosos hombres salvajes que pasaron por las calles de Londres: un irlandés peludo y salvaje, un negro salvaje muy alto, un indio caníbal de South Carolina, un salvaje criado por las fieras traído de Bilboa, etcétera.[3] Existe el reporte de un "hombre salvaje peludo y monstruoso" que fue mostrado en Londres en 1710, que podría haber sido visto por Jonathan Swift cuando llegó a Londres ese año y haber inspirado los célebres yahoos salvajes con que se topó el capitán Gulliver en la tierra de los houyhnhnms. Ésta es la descripción de la criatura:

---

1. Thomas Frost, *The Old Showmen and the Old London Fairs*.
2. *A letter concerning the sacramental test* (1709), citada por Pat Rogers (comp.), *Defoe. The Critical Heritage*, p. 38.
3. Ejemplos citados por Denis Todd, "The Hairy Maid and the Harpsichord: Some Speculations on the Meaning of *Gulliver's Travels*", pp. 246-47.

Los pelos de su cabeza y barba eran [...] negros, pero más largos que los que cubrían su cuerpo por todas partes, de la cabeza a la punta de los pies, exceptuando las palmas de las manos y las plantas, donde no tenía ni un pelo. Hablaba alto alemán muy defectuosamente, y con un acento rudo y desagradable; no tenía ningún tipo de educación, comía con voracidad raíces, hierbas y frutas, lo mismo que carne cruda; dormía mejor sobre tablas que en una blanda cama de plumas; nunca fue bautizado, carecía de costumbres religiosas y no conocía padre ni madre, como tampoco el lugar de su nacimiento.[4]

Curiosamente, Swift también describió la lengua hablada por sus salvajes nobles, los houyhnhnms, como parecida al alto alemán. Tal vez Swift tuvo la curiosidad de contemplar a otro hombre salvaje peludo que fue exhibido en Charing Cross en la primavera de 1711, mencionado por el doctor Arbuthnot, quien estuvo a cargo de Peter, el salvaje de Hamelin.[5] Cuando Swift regresó a Londres en 1726, con el manuscrito de los *Viajes de Gulliver* listo para ser publicado, comentó en una carta a Thomas Tickell, refiriéndose a Peter:

Esta noche vi al niño salvaje, cuya llegada aquí ha sido el motivo de la mitad de nuestras conversaciones en estos últimos quince días. Está al cuidado del Dr. Arbuthnot, pero el rey y la corte se divertían tanto con él, que la princesa no pudo traerlo hasta ahora. Me parece difícil concebirlo como un salvaje en el sentido en que se reporta.[6]

Como puede verse, no sólo la plebe se interesaba por los fenómenos extravagantes. Al mismo Swift le gustaban estos espectáculos, a pesar de que los despreciaba como propios del populacho; la Royal Society, lo mismo que la corte, exhibía frecuentemente toda clase de rarezas. El propio título del panfleto que escribió Swift a propósito del niño salvaje da una idea del enorme gusto londinense por los espectáculos: *No puede llover sin que chorree, o Londres inundado de*

---

4. James Paris du Plessis, "A Short History of Human Prodigies, Dwarfs... and Monstrous Births", una descripción de fenómenos exhibidos a fines del siglo XVII y principios del XVIII, con grabados en color, en un voluminoso manuscrito de la época que se encuentra en la British Library (Sloane MS. 5246), transcrito y citado por Denis Todd, "The Hairy Maid and the Harpsichord", p. 247. Paris también se refiere a una monstruosa mujer peluda de unos treinta años de edad exhibida en Londres; la describe con una cara muy bella, con una cabellera negra y el lado derecho de su cuerpo, de la espalda a la rodilla, cubierto de pelo; la mano y la pierna derechas de piel blanca sin vello. El lado izquierdo del cuerpo de piel blanquísima y suave, pero lleno de lunares rojizos con pelos. Describe también a una irlandesa gigante de siete pies de altura, mostrada en Londres en 1696 (Paris du Plessis citado por C. J. S. Thompson, *Giants, Dwarfs and Other Oddities*, p. 148). En 1698 se exhibió en Londres a un salvaje español que había vivido solitario en una cueva de las montañas durante quince años, desde niño. Era capaz de sacar su larga lengua más de un pie y lamerse la nariz, ponerse bizco, contraer la cara hasta el tamaño de una manzana, abrir su boca seis pulgadas o ponerla como pico de pájaro; además podía cantar (Thomas Frost, *The Old Showmen and the Old London Fairs*, pp. 61-62).

5. Al respecto véase Aline Mackenzie Taylor, "Sights and Monsters in Gulliver's Voyage to Brobdingnag", p. 74.

6. Carta a Thomas Tickell del 16 de abril de 1726, citada por Maximillian E. Novak, "The Wild Man Comes to Tea", p. 183.

rarezas.⁷ En este texto satírico se le atribuye a Peter la capacidad de entender el lenguaje de todas las bestias:

> Es un enorme placer para él conversar con caballos; de camino a las caballerizas para conversar con dos de sus íntimos amigos en los establos reales, al pasar por su lado, le relinchó al caballo de Charing Cross, sorprendido de verlo tan alto: como el caballo no le contestó, al parecer lo tomó a mal; pero no podemos menospreciarlo por no estar versado en estatuaria.⁸

Es curioso anotar que unos años después lord Monboddo, precursor del evolucionismo, tomó en serio la descripción de Swift del niño salvaje y usó como prueba de la cercanía del hombre con los animales el hecho de que Peter quisiese comunicarse mediante relinchos con el caballo de la estatua ecuestre de Carlos I, que todavía hoy podemos contemplar en Trafalgar Square.⁹

La descripción que hace Swift del salvaje es una sarcástica reproducción del comportamiento de los ingleses. Tiene gran capacidad imitadora de lo que ve en la corte: lame las manos de la gente para después enseñarles el trasero; mete su mano en los bolsillos de todos; se trepa sobre la cabeza de las personas; es ambicioso y muy celoso de sus pertenencias, pero siempre está preparado para invadir las ajenas. La conclusión del panfleto es una plegaria: que así como el niño salvaje ha sido cristianizado al traerlo a la corte, de igual manera quienes "están en la corte y no son cristianos, puedan hacer a un lado su naturaleza salvaje y rapaz, y regresen a la mansedumbre del Evangelio".¹⁰ Ésta es la imagen, proyectada a los vicios de la vida salvaje, que Swift tenía del *homo economicus* moderno.

Los *Viajes de Gulliver* son en gran medida una respuesta irónica al *Robinson Crusoe*. El capitán Lemuel Gulliver es un náufrago pecador que ha ido zozobrando de isla en isla sin lograr nunca la tranquilidad de espíritu necesaria para enfrentarse a la sociedad moderna. Su inmersión en la vida salvaje –al final de su periplo– no le permite, como a Crusoe, superar el mero estado de naturaleza: por el contrario, su contacto con los hombres salvajes, los yahoos, le permite descubrir que él pertenece a la misma especie salvaje maligna y viciosa. Después de vivir con los nobles caballos racionales Gulliver comprende que los hombres jamás podrán salir de la condición salvaje que los caracteriza.

Esta actitud explica, al menos en parte, el hecho revelador de que Swift utilice la imagen medieval del *homo sylvestris* con muy pocas modificaciones (las estric-

---

7. Swift, *It cannot rain but it pours, or London strowed with rarities*. Las citas de este texto hacen referencia a la edición de George A. Aitken, en *The Life and Works of John Arbuthnot*.
8. Ibid., p. 473. Cabe mencionar que en Londres se habían exhibido caballos inteligentes en el siglo XVIII. Estos "performing horses" seguramente contribuyeron a que Swift cristalizase su imagen de los houyhnhnms; uno de ellos podía ser visto "at the Ship, upon Great Tower Hill, the finest taught horse in the world. He fetches and carries like a spaniel dog. If you hide a glove, a handkerchief, a door-key, a pewter basin, or so small a thing as a silver two-pence, he will seek about the room till he has found it; and then he will bring it to his master. He will also tell the number of spots on a card, and leap through a hoop; with a variety of other curious performances" (Harleian Collection, citado por Thomas Frost, *The Old Showmen and the Old London Fairs*, p. 83).
9. James Burnett, lord Monboddo, *On the Origin and Progress of Language*, vol. I (1773), p. 173.
10. Ibid., p. 474.

tamente necesarias para adaptar la antigua alegoría a las peculiaridades de la sociedad moderna de la que se burla).[11] Físicamente, los yahoos salvajes son idénticos a los que aparecen en *The Faërie Queene* o en *Mucedorus*: horribles seres peludos, sucios y libidinosos, monstruos con forma humana y comportamiento bestial.[12] El primer encuentro de Gulliver con los hombres salvajes es célebre: una manada de yahoos lo rodea bajo un árbol, desde el cual algunos de ellos descargan sus excrementos sobre su cabeza (I:194).[13] Swift se complace en describir los rasgos escatológicos de los yahoos: se revuelcan y duermen en el lodo, comen como los cerdos; cuando enferman se obligan a tragar una mezcla de orina y excrementos; cuando uno de sus líderes cae en desgracia su sucesor se caga en su cabeza, pero mientras goza de poder cuenta con un favorito, encargado de conducir a sus hembras a la madriguera, que le lame los pies y el trasero (VII:228-9); los cachorros de yahoo apestan tanto como las zorras y las comadrejas, y Gulliver narra cómo una de estas pequeñas criaturas, al ser capturada, lo empapó con sus heces amarillentas; estos seres odiosos se alimentan de ratas, hierbas y carroña (VIII:232).

La sexualidad de los yahoos también los muestra como unas criaturas execrables: los varones comparten a las hembras y ellas son tan libidinosas que aceptan al macho aun estando preñadas; las yahoos atraen a los machos con "muecas y ademanes grotescos" y despiden en esos momentos un olor ofensivo. Gulliver concluye "que las primeras nociones de impudicia, coquetería, vituperio y escándalo deben ser instintivas en el sexo femenino" y observa que los yahoos pelirrojos de ambos sexos son más libidinosos y malignos que el

---

11. Es interesante documentar el hecho de que Swift conocía el mito antiguo y medieval del hombre salvaje. Los *sylvestres homines* son citados en un texto del ciclo satírico emanado del Club Scriblerus al que pertenecía Swift: *An Essay on the Origin of Sciences*, publicado originalmente en 1732 por Alexander Pope en el cuarto volumen de las *Miscellanies*. Al parecer fue escrito conjuntamente por Pope, John Arbuthnot y Thomas Parnell para mofarse de John Woodward, anticuario y científico que fue objeto muy frecuente de las sátiras del Club Scriblerus, al que pertenecían además John Gay, Robert Harley y, desde luego, Swift. Este texto, pretendidamente escrito por Martinus Scriblerus durante su viaje por el desierto de Nubia, es una burla de aquellos científicos que elaboran sofisticadas teorías basadas en evidencias endebles. En este ensayo –que es una especie de caricatura *avant la lettre* del *Discurso sobre las ciencias y las artes* de Rousseau– el erudito Scriblerus desarrolla la teoría de que el origen de las ciencias debe buscarse entre los hombres salvajes de diferentes regiones de África y de la India, como los pigmeos de Etiopía, los sátiros, los gimnosofistas velludos, los silenos, los silvanos, los hombres-tigre (*man-tygers*), los faunos y los Orang-Outang descritos por el doctor Edward Tyson en su famoso libro *Orang-Outang sive Homo Sylvestris or, the Anatomy of a Pygmie*, publicado en Londres en 1699. He usado la edición del *Essay on the Origin of Sciences* que aparece en Alexander Pope, *Works in verse and prose*, vol. 6, pp. 273-86. Sobre el grupo que inventó a Martin Scriblerus y sus obras, véase la edición preparada por Charles Kerby-Miller de las *Memoirs of the Extraordinary Life, Works, and Discoveries of Martinus Scriblerus*.

12. No se sabe de dónde tomó Swift el nombre *yahoo* o cómo construyó el término. Los yahoos fueron un pueblo africano mencionado por viajeros del siglo XVIII; al parecer estos yahoos (yahoories o yahoodees, una transformación del nombre del dios Jehová) eran un grupo de origen judío y cristiano copto que habría llegado a asentarse a orillas del río Niger, entre el lago Chad y Timbuctú, en un estado de gran miseria y degeneración, perseguidos y despreciados por grupos étnicos vecinos (según John Robert Moore, "The Yahoos of the African Travelers"). Frank Kermode ("Yahoos and Houyhnhnms") considera que el modelo de Swift habrían sido los yaios de Guyana. Otros han sostenido la idea de que su origen es la exclamación "¡Yah! ¡Ugh!"

13. Las referencias a los *Gulliver's Travels* remiten a la edición crítica de Robert A. Greenberg publicada por Norton.

42. Los estragos ocasionados por el consumo de ginebra, como puede verse en el grabado de Hogarth, originaron una fauna humana semejante a los yahoos descritos por Swift.

43. Diversas escenas de Gulliver con yahoos en un grabado anónimo de la primera edición ilustrada de los *Viajes* de 1727.

44. Gulliver es comparado a un yahoo según un grabado de Thomas Stothard, 1782.

resto.[14] En su conjunto, los yahoos son perversos, maliciosos, reacios a aprender, traidores y vengativos; a pesar de ser fuertes y resistentes, tienen un espíritu cobarde y, en consecuencia, son insolentes, abyectos y crueles. Hay una famosa escena que podría haber salido de un libro medieval que contase las peligrosas agresiones de las serranas y *feminae agrestes* contra los caballeros y peregrinos. Un día que Gulliver se estaba bañando desnudo en el río ocurrió que una yahoo lo observó

> e inflamada por el deseo [...] llegó corriendo a toda velocidad y saltó al agua a cinco yardas de donde me estaba bañando. Nunca en mi vida he sentido tan terrible miedo [...] Me abrazó en la forma más excesiva; yo rugí tan fuerte como pude [...][15]

Éste fue un acontecimiento decisivo, pues a partir de ese momento Gulliver ya no puede negar más que es un verdadero yahoo, pues la hembra sintió una atracción tan natural hacia él como hacia uno de los de su misma especie.[16]

Aunque Swift usa el mito medieval, los yahoos son además la encarnación de los vicios del hombre moderno. Se odian los unos a los otros y siempre están dispuestos a hacerse la guerra, pues nunca están satisfechos con lo que tienen y desean acumular más. A los yahoos les gusta acumular ciertas piedras brillantes de diversos colores, que extraen de la tierra y por las cuales son capaces de luchar hasta la muerte. Su apetito voraz y su rapacidad no tienen límite. Hay otros dos rasgos que los identifican con el trágico hombre moderno de la Inglaterra de principios del siglo XVIII: consumen con gran gusto el jugo de una raíz, difícil de encontrar, que los emborracha como si fuera vino, los hace a veces abrazarse cariñosamente o bien despedazarse unos a otros, para al final caer dormidos en el fango (VII:228). Por otro lado, súbitamente se vuelven unos seres melancólicos y tristes, sin causa aparente alguna: los ataca la misma enfermedad, el *spleen*, que estaba de moda en Inglaterra entre los ricos y los holgazanes (VII:230).

En este punto me parece interesante recordar la polémica que ha ocupado a los críticos literarios durante muchos años a propósito del carácter de los yahoos y

14. Ibid., VII:230.
15. Ibid., VIII:232-33.
16. De alguna forma desconocida esta escena se convirtió en una leyenda popular de las montañas de Kentucky en los Estados Unidos. Se trata de un caso en el que un cuento folklórico tiene una fuente literaria, la cual a su vez tiene su origen en la mitología popular (como en el caso de los cuentos de los hermanos Grimm, ya discutido en el capítulo I). Leonard Roberts ha transcrito varios cuentos de Kentucky en los que un hombre encuentra en el bosque a una mujer salvaje peluda (llamada yeahoh en una de las versiones) con la que establece relaciones sexuales, engendra un hijo y vive un cierto tiempo. Ella se aficiona a la novedad de la carne asada y a la compañía del hombre; un día él se escapa en un barco, y la yeahoh enojada corta en dos al niño y le arroja una mitad al prófugo. Roberts señala que también escuchó en la misma región leyendas sobre hombres salvajes peludos ("Curious Legend of the Kentucky Mountains", pp. 49-50). Se reconocen en esta historia paralelismos con relatos antiguos de viajeros que naufragan en remotas playas donde se acoplan con criaturas aborígenes (Archer Taylor, "A Long-sought Parallel Comes to Light", p. 48). Además se ha señalado que los relatos de mujeres salvajes contienen también elementos procedentes de los yahoos del cuarto viaje de Gulliver (D. A. Livingstone, "Yeahohs and Mating 'Possums'", p. 55). Es muy posible que Swift fuese leído por antiguos colonos de Kentucky, quienes lo habrían mezclado con otras historias y trasmitido en forma oral.

45. Gulliver es asaltado por una yahoo lasciva en un grabado de la edición alemana de 1762 de los *Viajes*.

de los houyhnhnms. ¿Cómo debemos interpretar el texto de Swift? ¿Es la amarga crítica de un misántropo puritano contra los vicios de la humanidad representados en los yahoos? ¿Es la alambicada ironía de un humanista juguetón que se mofa tanto de la nobleza ascética de los houyhnhnms como del carácter bestial de los yahoos? Algunas interpretaciones suelen ver plasmada en los yahoos una crítica irónica de los vicios de una humanidad degradada –como consecuencia del pecado original– y en los houyhnhnms la expresión de un ideal, más o menos utópico, de perfección y bondad.[17] Por el contrario, otras interpretaciones consideran que Swift realizó una sátira cómica tanto de la corrupción de los hombres como de los ideales representados por los virtuosos houyhnhnms, y que la crítica se hace desde la perspectiva de una vía intermedia –la *aurea mediocritas* clásica– de una visión humanista y racional que rechazaría tanto los fríos ideales platónicos como la misantropía de raíz agustiniana. Desde luego, estas interpretaciones no son las únicas, y podemos hallar muchos matices en la crítica literaria que se ha ocupado extensamente de este problema. Yo me propongo intervenir en la discusión con el propósito de indagar si el hecho de que los textos de Swift usen el arquetipo del hombre salvaje puede arrojar alguna luz en la interpretación del cuarto viaje de Gulliver.

Un buen punto de partida puede ser la comparación del relato del enfrentamiento de Gulliver con los yahoos y los houyhnhnms con el texto de Swift donde se cuenta el hipotético encuentro del salvaje Peter con su madre adoptiva, una osa traída de los bosques de Alemania que lo amamantó desde su más tierna edad. Hay que advertir que no existe completa seguridad de que el autor de este texto, titulado *La más maravillosa maravilla que jamás haya maravillado a la nación británica*,[18] sea efectivamente Swift; algunos lo han atribuido a Arbuthnot y otros creen que fue escrito por los dos. A mi parecer el texto fue escrito por Swift, por varias razones: 1] el autor se identifica como "the Copper-Farthing Dean", una alusión al deán Swift en su polémica contra el permiso otorgado a Wood de acuñar monedas para Irlanda; 2] el estilo del texto es el característico de las sátiras de Swift; 3] el panfleto contiene referencias al cuarto viaje de Gulliver (v. gr. la tierra o piedras brillantes que los yahoos adoran); 4] la estructura del razonamiento es similar a la del cuarto viaje de Gulliver. Desde luego, estos argumentos no son concluyentes, pero permiten establecer que, aun en caso de que su autor haya sido Arbuthnot, el texto fue escrito con la complicidad y la asesoría del propio Swift.

En *La más maravillosa maravilla* se narra la historia del viaje involuntario de una noble osa a la isla donde vive su querido hijo adoptivo, en medio de los hombres. La idea de llevarla a Inglaterra fue de un holandés, propietario de una destilería de ginebra en Amsterdam, al ver cómo había sido tan bien acogido y educado en la fe cristiana el niño salvaje. Así, convencido de que los generosos ingleses le

---

17. Sobre las interpretaciones del cuarto viaje de Gulliver véase James L. Clifford, "Gulliver's Fourth Voyage. 'Hard' and 'Soft' Schools of Interpretation"; Ricardo Quintana, *Two Augustans: John Locke, Jonathan Swift*, pp. 119-20; Curt A. Zimansky, "Gulliver, Yahoos, and Critics". Everett Zimmerman considera que la sociedad de los houyhnhnms es más pastoral que utópica (*Swift's Narrative Satires*, p. 127).

18. Swift, *The most wonderful wonder, that ever appeared to the wonder of the British nation*.

pagarían bien sus gastos, el caballero holandés inició la búsqueda de la madre de Peter, empresa que culminó exitosamente: la osa, sus cachorros y un niño que fue usado como señuelo para atraparla son todos llevados a Londres y vendidos a un rico y distinguido caballero escocés, quien hizo venir de inmediato a Peter para reunirse con la osa que lo había amamantado. El encuentro de la osa y el niño salvaje es conmovedor: Peter llora de alegría, la osa le ofrece la teta, el niño mama con fruición y ambos dan muestras de gran felicidad. Al final se transcribe una conversación entre el "gentilhombre salvaje"[19] y su nodriza, durante la cual Peter explica a la osa las peculiaridades de ese singular animal llamado hombre que los ha atrapado. Es evidente que aquí la noble osa tiene un papel similar al de los houyhnhnms y que Peter cumple la misma función que Gulliver representa como miembro de una especie degenerada que se ha convertido a los ideales virtuosos de su madre adoptiva. Es fácil advertir las similitudes entre esta conversación y las explicaciones que da Gulliver sobre el estado de Inglaterra a su señor, el honorable houyhnhnm que lo ha acogido (capítulos V, VI y VII).

"¿Qué derecho tiene esta bestia, que en contra del orden natural camina erecta sobre dos patas —pregunta la osa—, de privarnos de nuestra innata libertad?"[20] La respuesta es clara: el hombre es una bestia vanidosa que cree, equivocadamente, que es la única criatura racional capaz de hablar y que ocupa la cúspide de la creación. El hombre es en realidad, a los ojos de la osa, un animal imperfecto e inferior que tiraniza a otros hombres así como a todos los animales, a los que no sólo ve como servidores, sino que además los mata traicioneramente para comérselos. Como era de esperarse, los caballos salen en la conversación: aunque parecen ser amigos del hombre, éste los tiraniza. Sin embargo, la osa no comprende por qué motivo la tratan a ella tan bien, como a la más noble bestia:

> Creo que esto es lo que hace que el caballo y los perros toleren los insultos que reciben del hombre —le explica el niño—; pues bien vistas las cosas, el hombre que proporciona el sustento al caballo, lo mantiene limpio, se lleva su estiércol y lo cuida cuando tiene alguna enfermedad, no es más que el esclavo de la generosa bestia.[21]

No obstante, el ser humano se las arregla para gozar de un inmenso poder. La clave de este poder se encuentra en elementos que los humanos roban a la naturaleza para convertirlos en artificios que al niño salvaje le parecen ridículos:

> El hombre desnudo —explica el salvaje a su madre— es el animal más indefenso y tímido; pero cuando es adornado con plumas de pájaro y con lana de oveja, y va todo cargado de una tierra brillante que adoran, como nosotros al sol, y se perfuma con los excrementos de un gato de agalia, su orgullo lo hace ver con desprecio a todos los otros animales; como si el pillaje de diferentes bestias pudiese cambiar su naturaleza.[22]

19. También se refiere a él como "English wild gentleman".
20. Ibid., p. 478.
21. Ibid., p. 481.
22. Ibid., p. 479.

El niño salvaje le cuenta a su madre que estos animales tienen un juicio tan deteriorado que, por la misma razón, matan a un hombre o lo ponen por los cielos en su exaltación; su adoración por la tierra reluciente, el oro que es su dios, los lleva a ofrecerse unos a los otros en sacrificio; son tan veleidosos que deciden cosas contradictorias a cada minuto; se odian tan violentamente entre sí que se desean los más crueles daños, y aun van más allá pues son capaces incluso de suicidarse. Estas bestias humanas, dice Peter,

> usan muchas palabras a las que no asignan una idea. Me supongo que son deidades imaginarias, como justicia, honor, religión, verdad, amistad, lealtad, piedad, caridad, misericordia, bien público, y muchas otras que usualmente llenan sus discursos; pero qué significan no lo he podido todavía descubrir, aunque tengo la fuerte sospecha de que no tienen ningún significado.[23]

La conversación entre la osa y el niño salvaje está llena de ironías y bromas. Por ejemplo, al desconocer la lascivia femenina, el niño no comprende por qué "la hembra del hombre anda cargando la piel del instrumento viril",[24] en alusión a la bolsa (*purse*) y también al escroto de los animales. Los monos, observa el niño, son tan bien tratados por el hombre como los caballos y los perros; por eso los monos están convencidos de que los hombres son sus esclavos, aunque uno de ellos le confesó al niño que "mis esclavos son tan incorregiblemente estúpidos que cuando hacen algo para molestarme y muestro mi resentimiento gesticulando, ya que no conozco su lenguaje, ellos de inmediato se sueltan a reír".[25] La estructura irónica de este relato es estrictamente paralela a la del cuarto viaje de Gulliver, pero presentada en su forma inversa: es como si, en una continuación de la historia de Gulliver, el potro alazán que lo cuidó en el país de los houyhnhnms fuese capturado y llevado a Inglaterra para reunirse con su añorado pupilo Gulliver, que ha

---

23. Ibid., p. 480.
24. Ibid., p. 481.
25. Ibid., pp. 481-82. No resisto la tentación de citar una refutación china del cristianismo (de principios del siglo XVII), muy seria pero que transcurre en forma paralela a las ironías swiftianas; por supuesto, en el razonamiento chino también se revela la existencia de unos estúpidos hombres salvajes: "Los misioneros dicen que solamente el alma del hombre es inteligente. Pero hay hombres estúpidos que no piensan sino en beber, en comer y entregarse a la lujuria; a la inversa, hay perros y monos que son tan adictos a sus amos que se sacrifican por ellos. Tienen pues el sentido del deber (*yi*). Mencio tenía razón en decir que la diferencia entre los hombres y los animales era muy pequeña y que los hombres vulgares la perdían mientras los hombres de bien sabían preservarla. ¿Cómo podríamos instituir falsamente que las almas de los unos fueren eternas y las de los otros no?" (*Tianxue zaizheng*, 934-35, citado por Jacques Gernet, *Primeras reacciones chinas al cristianismo*, p. 186). Cabe mencionar que en la mitología china hay ejemplos de seres muy similares a los hombres salvajes europeos. El *San-hai Jing* (una geografía fantástica de la China antigua, editada por Liu Hsin en la época de la dinastía Han, pero de origen mucho más antiguo) menciona a los *maoren* (hombres peludos) que viven en cuevas y van desnudos; habitan en la isla Dahai Zhoudao, a mil kilómetros al sureste de Ling Haijun; los maoren también son llamados salvajes (*yeren*). Se menciona además un "país de los peludos" (Mao Min Guo) donde viven los *yi*. Hay *maoren* en Ba Da Huang Zhong, que miden casi tres metros de altura, treinta centímetros de anchura y tienen el cuerpo cubierto de vello como un mono (según el *T'ai-p'ing yü-lan*, de la dinastía Sung). Estos datos proceden de Yuan Ke, *Zhongguo Shenhua Chuan Shuo Cidian*, pp. 83-4, donde puede verse una ilustración del hombre peludo chino (debo esta referencia y la traducción del texto chino a Carl T. Berrisford).

sido también capturado y, como Peter, obligado a vivir entre los hombres. El niño salvaje de Hamelin −como Gulliver en la tierra de los caballos inteligentes− fue motivo de intensa curiosidad en la corte, donde fue tratado con benevolencia. Así que cuando Swift conoció al niño salvaje muy posiblemente pensó que se parecía a Gulliver cuando retorna de su último viaje: es un ser humano que, por el contacto con la naturaleza noble, ha descubierto que los hombres son en realidad unas bestias salvajes dotadas de peligrosos destellos de razón.

No cabe duda de que Swift usó el modelo del hombre salvaje para burlarse de los vicios de la humanidad. Lo que es intrigante es el hecho de que también Swift dirigió su ironía a Gulliver y a los houyhnhnms; de la misma manera, en sus dos textos sobre el niño salvaje de Hamelin se mofa tanto de Peter como de la osa. Esta última se entusiasma tanto al recobrar a Peter que abandona totalmente a sus cachorros naturales y al otro niño que había adoptado. El propio Peter no puede tolerar la presencia de sus hermanos adoptivos, de manera que un gentilhombre escocés se hizo cargo de los vástagos abandonados por la noble aunque negligente osa. A muchos críticos les ha parecido extraño que, siendo aparentemente los houyhnhnms la encarnación de un elevado ideal, Swift haga bromas sobre ellos. La sugerencia de Irvin Ehrenpreis me parece muy interesante: Swift hace una crítica irónica de los houyhnhnms al identificarlos con el ideal puritano y ascético que querría llevar a la práctica cotidiana todos los preceptos del cristianismo.[26] En un ensayo anterior Swift había dicho que la restauración del cristianismo real, tal como era en los tiempos primitivos,

> sería verdaderamente un proyecto salvaje; sería desenterrar los fundamentos; destruir de un solo golpe toda la inteligencia y la mitad de la sabiduría del Reino; romper completamente el marco y la constitución de las cosas; arruinar el comercio, extinguir las artes y las ciencias incluyendo a sus profesantes; en resumen, convertir en desiertos nuestras cortes, lonjas y talleres.[27]

Es exactamente lo que le ocurre a Gulliver cuando, a su regreso en Inglaterra, aplica los proyectos salvajes de sus adorados houyhnhnms: arruina los fundamentos de su familia y se convierte en un misántropo que prefiere dormir en el establo que en la cama con su mujer. Es cierto que Swift, en su famosa carta a Alexander Pope de 1725, explica que con su libro ha querido "vejar más que divertir al mundo" y que odia a las naciones, profesiones, comunidades y, sobre todo, a ese animal llamado hombre, pero que ama a los individuos; sostiene que es falsa la definición según la cual el hombre es *animal rationale*, el hombre sólo es *rationis capax*, y en ello, dice Swift, se fundamenta la misantropía, base de los viajes de Gulliver.[28] Pero la de Swift es una misantropía irónica y juguetona (él mismo acla-

---

26. Irvin Ehrenpreis, "The Meaning of Gulliver's Last Voyage", pp. 35-38. Este ensayo se aleja de las interpretaciones que había previamente sostenido su autor, un gran especialista en Swift. Su monumental obra *Swift. The Man, his Works, the Age* es una buena guía para un viaje erudito por el pensamiento de Swift, aunque ofrece un panorama más bien seco y poco imaginativo del escritor irlandés.

27. Swift, "An Argument Against Abolishing Christianity", p. 462.

28. Swift habla de "to vex the world rather than divert it" en su carta a Alexander Pope del 29

ra que no es a la manera de Timón)[29] que así como desprecia o se burla de los hombres en general, también ironiza a propósito de los grandes ideales que pueden llevar a Gulliver a dormir en el establo o a los ingleses a organizar sectas de "comedores de hierbas" (*herb-eaters*) que quieren al niño salvaje para que los guíe hacia los campos, y que desean que "sus niños pasten en los bosques con el ganado, en la esperanza de que se críe una raza saludable y moral, purificada de las corrupciones de este mundo lujurioso".[30] Se ha sugerido, por otra parte, que los ideales fríos y calculadores de los caballos inteligentes podrían ser una burla de las teorías de Locke, tan caras a los políticos whigs.[31]

Evidentemente, la imagen de un hombre bestializado no es una innovación de Swift. Tampoco lo es el uso de animales racionales parlantes.[32] Lo interesante es que Swift utiliza las dos imágenes en un solo texto para referirse a la oposición entre la razón y la abyección, entre la nobleza espiritual y la malignidad carnal. La contraposición entre Critilo y Andrenio en *El criticón* de Gracián puede ser vista como un precedente, pero en el jesuita español no encontramos el desprecio que muestra Gulliver por los hombres naturales. En Gracián los dos extremos se complementan, mientras que en Swift hay una repulsión profunda entre yahoos y houyhnhnms, aunque los dos autores comparten una visión pesimista del mundo. Tal vez sea en Cyrano de Bergerac y en Pascal donde podamos encontrar modelos previos más cercanos a Swift; en la narración de su viaje a la luna Cyrano se encuentra con unos hombres-bestias que caminan a gatas y que ponen en duda que él sea una criatura racional,[33] y en su viaje al sol es capturado por pájaros inteligentes que, al igual que los houyhnhnms con Gulliver, lo observan con espanto y lo consideran un ejemplar de esa raza irracional y perversa que son los hombres.[34] Por otro lado, Pascal –el sublime misántropo, como lo llamó Voltaire– expresó en uno de sus pensamientos lo que muchos han considerado como la sustancia de las ironías del viaje de Gulliver al país de los houyhnhnms:[35]

> Es peligroso mostrarle al hombre demasiado claramente cuánto se parece a las bestias sin mostrarle su grandeza. De la misma manera, es peligroso dejarle

de septiembre de 1725, *Gulliver's Travels*, pp. 264-65. Sobre la tan discutida misantropía de Swift véase Edward Stone, "Swift and the Horses: Misanthropy or Comedy?"

29. La referencia a Timón es reveladora. Recordemos que, en la obra de Shakespeare, Timón es un misántropo que se retira a los bosques para vivir como un hombre salvaje en una cueva, y que se alimenta de raíces, bellotas, moras y hierbas. Swift se inspiró sin duda en la vida de Timón en los bosques para construir su imagen de los yahoos; incluso encontramos en Shakespeare (*Timón de Atenas*, IV:iii) referencias concretas que recuerdan rasgos del cuarto viaje de Gulliver: el amor de los yahoos por las piedras brillantes que extraen de la tierra y la enfermedad depresiva que a veces los ataca, el *spleen*, son paralelos al oro que encuentra el misántropo ateniense al cavar la tierra y la descripción de su melancolía.

30. Swift (*It cannot rain but it pours*, p. 474) se burla de los seguidores del doctor George Cheyne (1671-1743), famoso médico que preconizaba una dieta vegetariana radical; es autor de *The English Malady* (Londres, 1733), un tratado sobre la melancolía, la hipocondria, el *spleen* y las enfermedades nerviosas. Dijo que Dios sólo permitía el consumo de carne para acortar la vida humana.

31. R. J. Dircks, "Gulliver's Tragic Rationalism".

32. Véase Albert Ball, "Swift and the Animal Myth".

33. Cyrano de Bergerac, "Histoire comique des états et empires de la lune", pp. 46-48.

34. Cyrano de Bergerac, "Histoire comique des états et empires du soleil", pp. 171ss.

35. Véase al respecto Ricardo Quintana, *Two Augustans: John Locke, Jonathan Swift*, p. 120.

mirar su grandeza sin ver su bajeza. Aún es más peligroso dejarlo ignorar ambas. Pero es muy ventajoso para él mostrarle las dos. El hombre no debe pensarse a sí mismo como igual a las bestias o a los ángeles, pero no debe ignorar los dos aspectos de su naturaleza; debe ser consciente de ambos.[36]

Pero Swift hace mucho más que ilustrar en forma irónica algún precepto pascaliano o las aventuras inspiradas en el individualismo libertino de Cyrano. Sinceramente cristiano y profundamente individualista, Swift es además un amargo crítico de la sociedad y la cultura de su época.

El viaje de Gulliver no es sólo la metáfora burlona de un individuo atrapado entre sus dos naturalezas, la bestial y la angelical. Es eso y mucho más. Cuando Swift describe la sociedad y las creencias de los houyhnhnms nos propone una reflexión sobre los *límites* de las teorías que pretenden normar la vida de los hombres y de los Estados. El modelo de vida perfecta y racional de los houyhnhnms —inspirado en la *República* de Platón y en la vida espartana—[37] está condenado al fracaso, no es aplicable a la sociedad humana: sólo sirve en una sociedad de caballos racionales. Los houyhnhnms, como ha dicho George Orwell, reflejan el ideal reaccionario y conservador de pensadores aristocratizantes que sueñan en un autoritario sistema de castas.[38] Pero Orwell se equivoca en creer que éste es el modelo que Swift apoya idealmente: es el ideal que ha cautivado a Gulliver, su personaje pero no su *alter ego*, y que lo impulsa a buscar una pequeña isla desierta para, a la manera de Crusoe, encontrar gracias a su trabajo la felicidad que ninguna corte europea podría proporcionarle. Cuando encuentra la isla de sus sueños, unos salvajes desnudos (*savages*, no *wild men*) lo atacan y al final de sus desgracias unos marineros portugueses —cuyo capitán está cargado de buenas intenciones— lo capturan y lo obligan a reintegrarse a la sociedad civil (XI:248ss). La consecuencia lógica de la admiración por los ideales de los houyhnhnms es el camino ejemplar de Robinson Crusoe, el héroe puritano, realista y ascético que convierte una isla desierta en una empresa comercial, como ha dicho Nigel Dennis.[39] Pero Gulliver fracasa al intentar este moderno camino de Damasco descubierto por Defoe, porque ciertamente Swift detestaba ese espíritu capitalista que, en nombre de los más puros ideales cristianos, orientaba cada vez más a la sociedad inglesa de principios del siglo XVIII. Las aventuras de Gulliver, se ha dicho con razón, son el ejemplo de lo que sucede cuando aquellos que Swift tildaba de "hombres nuevos" —como Defoe— quieren elevar a una vida literaria los vulgares valores materiales de la vida doméstica; por esta razón Swift creía que la nueva narrativa realista, que apenas se iniciaba, sería la ruina de la sensibilidad literaria.[40]

A mi parecer la descripción de los racionales houyhnhnms no es una sátira

---

36. *Pensamientos* §418 (ed. Brunschvig).
37. Como han sugerido, respectivamente, Alan Bloom en "An Outline of Gulliver's Travels" y William H. Halewood en "Plutarch in Houyhnhnmland: A Neglected Source for Gulliver's Fourth Voyage".
38. "Politics vs. Literature: An examination of *Gulliver's Travels*".
39. Nigel Dennis, *Jonathan Swift: A Short Character*, p. 125.
40. Michael Seidel, *Robinson Crusoe. Island Myths and the Novel*, p. 18.

enderezada directamente contra algún ideal concreto, aunque podemos reconocer en sus ingredientes algunas ideas conocidas.[41] La ironía es mucho más fina –y tiene un filo dramático terrible– pues se refiere a la posibilidad de que la condición humana sea impermeable a las cualidades sublimes de un modelo de vida superior, de lo cual se desprende que la nobleza del ideal no puede adquirir un carácter benéfico debido a que, simplemente, es inaplicable a los seres humanos. Y sin embargo, ese ideal es una de las más caras y apreciadas creaciones de los hombres mismos. El hombre parece una extraña bestia capaz de secretar ideas luminosas que, después, le es imposible utilizar; ideas nobles que sólo pueden encarnar en una raza imaginaria de caballos inteligentes. Ésta es la imagen del nuevo hombre que nace con el siglo XVIII y que a Swift le molesta tanto: un ser inflado de optimismo, ebrio de ideas sobre el progreso, confiado en los dogmas de la razón. Swift, que pertenece a la tradición escéptica de Montaigne, mira con gran desconfianza las nuevas luces que alumbran los primeros pasos del siglo XVIII.[42]

Los yahoos no sólo son una derivación del arquetipo del hombre salvaje. Los houyhnhnms, bajo su forma noble, son también la encarnación paradigmática de las figuras clásicas del salvajismo: los centauros. Ciertamente, los caballos inteligentes que tanto admira Gulliver son descendientes de Quirón, el sabio centauro que educó a Aquiles y que renunció a la inmortalidad para cedérsela a Prometeo: no pudo soportar el sufrimiento que le ocasionó el veneno de una de las flechas con que accidentalmente lo hirió Hércules, y como su ciencia fue incapaz de aliviar su dolor, prefirió la muerte. Los houyhnhnms no tienen el torso humano, pero sí las funciones racionales que se atribuyen a los hombres. Swift, como ha observado Crane, practicó una inversión de las típicas fórmulas de los libros de lógica en los que seguramente estudió de joven: *homo est animal rationale, equus est animal irrationale*.[43] El intercambio irónico de los términos de estas formulaciones lógicas es un recurso antiguo muy conocido; un ejemplo sintomático, que posiblemente fue conocido por Swift, lo proporciona un famoso método para la educación de caballos, escrito por el duque de Newcastle y publicado en francés en 1658. En este manual se critica a Descartes y se defiende a los caballos como seres inteligentes, aunque incapaces de hablar; la comparación con los humanos era

---

41. George Sherburn ("Errors concerning the Houyhnhnms") ha demostrado el error de Irvin Ehrenpreis al suponer que en los houyhnhnms Swift hizo una sátira del deísmo, pero exagera al afirmar que los caballos racionales no fueron objeto de su sátira. También Martin Kallich considera que los houyhnhnms representan a los deístas ("Three Ways of Looking a Horse: Jonathan Swift's 'Voyage to the Houyhnhnms'"). La sátira sobre la perfección natural de los houyhnhnms forma parte de la ironía trágica de concebir la bajeza e imperfección de los hombres en el contexto de unos ideales que no sirven más que para llevarnos a vivir en los establos, como Gulliver cuando retorna a Inglaterra. Me parece más acertada la interpretación de Benjamin C. Harlow en "Houyhnhnmland: A Utopian Satire".

42. Sobre las ideas filosóficas de Swift véase T. O. Wedel, "On the Philosophical Background of *Gulliver's Travels*".

43. R. S. Crane, "The Houyhnhnms, the Yahoos, and the History of Ideas". Un buen balance de las ironías de Swift puede encontrarse en W. B. Carnochan, "The Complexity of Swift: Gulliver's Fourth Voyage". También se ha dicho que los houyhnhnms son estoicos y cartesianos (Samuel Holt Monk, "The Pride of Lemuel Gulliver"). Véase también Conrad Suits, "The Rôle of the Horses in 'A Voyage to the Houyhnhnms'".

inevitable: "Si el más sabio de los hombres fuera capturado por un pueblo salvaje y puesto a tirar una carreta proporcional a sus fuerzas, y si fuera golpeado al rehusar cumplir con su tarea, ¿no tiraría lo mismo que un caballo cuando es amenazado?" Más adelante se afirma: "Si un hombre fuera encerrado desde su nacimiento hasta los veinte años de edad, y después liberado, veríamos que sería menos racional que muchas bestias que son criadas y disciplinadas".[44] En esta misma línea de ideas, muy corriente en la época, lo que parece decirnos Swift es que si los ideales perfectos son uncidos a la carreta de la sociedad moderna, sin duda tirarán de ella con fuerza, pero se degradarán. ¿Están los ideales, como el centauro Quirón, envenenados sin remedio, pero condenados a la inmortalidad? Hay que advertir que si los houyhnhnms parecen un ideal platónico de sabia nobleza es debido a que su comportamiento racional contrasta con la sordidez de los yahoos. Sin embargo, la armonía natural en que viven los houyhnhnms es dibujada por Swift como un estoicismo tan extremo que carece casi totalmente de ingredientes emocionales y pasionales: a tal punto que no tienen necesidad de gobierno, carecen de curiosidad, son analfabetas, su organización familiar es funcional y excluye el erotismo; en suma, son virtuosos por falta de tentaciones. Pero su misma sabiduría inmortal los envenena, los condena a la perfección de una sociedad sin más tensiones que las que proceden de su convivencia, en la misma isla, con los hombres salvajes. No hay un Prometeo que los libere de su falta de ataduras: en su lugar hay un Gulliver crédulo, *gullible*, que los eleva a la altura de un ideal inalcanzable.[45] Estos nobles pero insípidos caballos, no lo olvidemos, pertenecen a la misma especie que esas bestias que en Europa son usadas para jalar los cañones de la historia.

Para expresar su rechazo a la modernidad Swift se vale de exactamente el mismo mito que Defoe usa para exaltarla. Desde la perspectiva moderna el problema radica en la manera de sobrevivir al salvajismo para renacer como un hombre nuevo. En contraste, Swift nos dice que está naciendo un nuevo salvaje que amenaza con destruir la civilización. Este nuevo salvaje es una criatura de la modernidad, no una reminiscencia de un pasado que es necesario superar o trascender. Por supuesto, en la figura del yahoo hay una burla de la imagen que tenían las clases acomodadas de los campesinos, especialmente de los irlandeses, a quienes muchos ingleses despreciaban como si fueran animales salvajes. Recuérdese la broma de Swift en *Una modesta proposición*, donde retoma la creencia de que los irlandeses habían sido caníbales, para ofrecer una solución a los problemas de la miseria y del hambre. La típica representación de los campesinos

---

44. William Cavendish, Duke of Newcastle, *La méthode et invention nouvelle de dresser les chevaux* (1658), traducido al inglés como *A General System of Horsemanship*, Londres: J. Brindley, 1743, citado por Betsy Bowden, "Before the Houyhnhnms: Rational Horses in the Late Seventeenth Century". En la historia real el colonialismo practicó estos experimentos con los indígenas "salvajes" que fueron tratados como bestias de carga.

45. El nombre de Gulliver, se ha sugerido (Clive T. Probyn, "Swift and the Human Predicament", pp. 72-74), podría ser una ironía más de Swift, al relacionarse con *gullible* (crédulo) y *gull* (estafar), lo mismo que la semejanza lexicográfica entre *houyhnhnm* y *homonym*, que indicaría un juego de similitudes entre cosas distintas: ¿tal vez un ideal que no es más que una sociedad de caballos aburridos?

irlandeses como bestias hobbesianas que debían ser domesticadas fue plasmada por Edmund Spenser –que había usado la figura del *homo sylvestris* en *The Faërie Queene*– en una obra que fue publicada en 1633 (aunque fue escrita en 1596): *A View of the Present State of Ireland*.[46]

Pero los yahoos son, antes que nada, una alegoría del hombre nuevo que nace con el capitalismo moderno, del cual Swift se burla al equipararlo con sus propias pesadillas: el hombre salvaje, los vagabundos, los campesinos irlandeses, las prostitutas, los mendigos, los miserables de las ciudades, los borrachos, los niños hambrientos. Debemos recordar que Swift contemplaba con horror ese violento proceso que Marx llamó de acumulación primitiva, durante el cual nace el capital "sudando sangre y lodo por todos los poros".[47] A Swift le hubiera gustado más pensar que la sociedad moderna nace chorreando suciedad y mierda, tal como aparece Gulliver después de su primer encuentro con los yahoos salvajes. Éste es un tema fundamental del que, no obstante, muchos críticos se han apartado con pudor. O bien, como ha señalado Norman O. Brown, la "visión excrementicia" de Swift ha sido reducida a un producto de su locura y de su misoginia, un mero efecto de sus frustraciones con las mujeres que lo atraían pero con las que no logró estabilizar una relación.[48] Brown, en cambio, cree ver en Swift una descripción *avant la lettre* de las teorías freudianas de la represión y la sublimación. El gran satírico irlandés habría desarrollado una doctrina de la neurosis universal de la humanidad, y en apoyo a esta interpretación Brown inevitablemente cita a Freud: "A todos los neuróticos –y a muchos que no lo son– les choca el hecho innegable de que *inter urinas et faeces nascimur*".[49]

Nacemos entre orines y heces... Esta terrible expresión de San Agustín –una doble referencia a la ubicación de la vagina y al pecado original– seguramente fue recordada por Swift cuando de su mente nacieron los yahoos.[50] Estos hombres salvajes han constituido para los lectores de Swift un extraño misterio, que es parte del gran enigma que fue su contradictoria vida. La mezcla de sus frustraciones personales con una aguda visión crítica produjo una de las confrontaciones con la modernidad más sarcásticas y amargas que podamos encontrar en el siglo XVIII. Su peculiar agustinismo puritano se disolvió en un permanente disgusto por los vicios de la sociedad, dando lugar a esa "furiosa indignación" (*sæva indignatio*) con la que él mismo se definió en el epitafio que escribió en latín para su tumba, en la catedral de San Patricio de Dublín.[51] Es la rabiosa indignación de

---

46. Véase un comentario sobre este tema, y una buena descripción del contexto político en que fueron escritos los *Viajes de Gulliver*, en F. P. Lock, *The Politics of Gulliver's Travels*, pp. 8ss. Véase también el sugerente artículo de Anselm Schlösser, "Gulliver in Houyhnhnmland".

47. Karl Marx, *El Capital*, I:8:xxxi.

48. Norman O. Brown, "The Excremental Vision". Brown se refiere principalmente a J. Middleton Murry, *Jonathan Swift: A Critical Biography* y a Aldous Huxley, *Do What You Will*.

49. Sigmund Freud, *Das Unbehagen in der Kultur*, nota número 16.

50. Marx establece un curioso y sintomático paralelismo: "Esta *acumulación primitiva* desempeña en la economía política un papel similar al que cumple el pecado original en la teología", *El capital*, I:8:xxvi.

51. Véase J. V. Luce, "A note on the composition of Swift's epitaph". El epitafio latino dice así: "*Hic* depositum est Corpus IONATHAN SWIFT S.T.D. Hujus Ecclesiae Cathedralis Decani, *Ubi* sæva Indignatio Ulterius Cor lacerare nequit. Abi Viator Et imitare, si poteris, Strenuum pro virili Libertatis Vindicatorem". Con frecuencia se traduce "sæva indignatio" por "indignación salvaje", segu-

un moralista que detestaba con toda su alma el Leviatán de la modernidad, que podría denominarse la "república del entusiasmo artificial", para usar las palabras que Swift usó para referirse a los santos modernos, los profesores iluminados y los disidentes.[52] La doble naturaleza de Swift, párroco puritano y moralista irónico, se proyecta en la configuración de los yahoos, que son una curiosa mezcla de carne pecadora y de mierda secular: suma de pecados originales, los del hombre cristiano más los de la sociedad moderna.

A principios del siglo XVIII las ideas sobre la benevolencia natural del hombre se habían extendido considerablemente, y ya era evidente la decadencia de las nociones sobre el pecado original y el carácter corrupto de la naturaleza humana. Es el resultado de un lento proceso que hemos comprobado en las cada vez más frecuentes apariciones del salvaje noble, desde Hans Sachs hasta Lope de Vega. Pero es un proceso lleno de contradicciones que no transcurre en forma lineal: las angustiosas imágenes de Swift son un buen ejemplo de la enorme complejidad que ha ido adquiriendo el tema, de tal manera que los escritores y pensadores del siglo XVIII heredan un arquetipo que, si bien es un útil modelo para pensar, está lleno de aristas cortantes y peligrosas. A principios del siglo XVIII la imagen del hombre salvaje, de origen pagano, era cada vez más un vehículo de las no muy ortodoxas ideas sobre la bondad natural del hombre. Al mismo tiempo, por supuesto, el arquetipo del *homo sylvestris* podía ser utilizado como un ejemplo de que, como dijo en un poema Swift, "las bestias pueden degenerar en hombres".[53] Es evidente que los yahoos son una poderosa metáfora que recordaba a los lectores de los *Viajes de Gulliver* los efectos catastróficos del pecado original, y posiblemente sea acertado pensar que Swift los ideó como un ataque a las doctrinas que pregonaban la bondad natural del ser humano; así fue interpretado por sus contemporáneos.[54] Este mismo contexto teológico puede explicar la visión excrementicia de Swift, pues el origen de las ideas del hombre como carne corrupta y hedionda, sucia e inmunda, se encuentra en la teología protestante. Se ha citado una famosa referencia a la condición humana hecha por John Donne como un ejemplo: "No hay en la naturaleza cosa más fétida y pútrida que la que hay entre esa jalea excrementicia con que al comienzo es hecho tu cuerpo y esa jalea en que tu cuerpo se disuelve al final".[55] Ciertamente, en Swift encontramos ecos de esa

---

ramente siguiendo los versos de Yeats que parafrasean el epitafio (citados por Padraic Colum, "Swift's Poetry", p. 11): "Swift has sailed into his rest; / Savage indignation there / Cannot lacerate his breast. / Imitate him if you dare, / World-besotted traveller; he / Served human liberty".

52. Swift, "A Discourse Concerning the Mechanical Operation of the Spirit", p. 410.

53. "The Beasts' Confession to the Priest", verso 220, p. 567. El propio Swift en una nota a este verso lo relaciona con el viaje de Gulliver al país de los houyhnhnms.

54. Véase Roland Mushat Frye, "Swift's Yahoo and the Christian Symbols for Sin". En la misma línea de Frye véase Calhoun Winton, "Conversion on the Road to Houyhnhnmland". Puede corroborarse que el libro de Swift no fuese visto como un atentado a la ortodoxia con un hecho curioso: cuando una traducción al castellano del *Gulliver* llegó a la Nueva España en 1800, la Inquisición local preparó un informe (escrito por Cosme Enríquez) que lo declaraba un libro placentero, irónico, juicioso y teñido con frecuencia de moralidad cristiana (Archivo General de la Nación [México], ramo Inquisición, vol. 1415, expediente 13, folios 128-9, citado por John E. Longhurst, "Fielding and Swift in Mexico", p. 186).

55. Uno de los sermones en Lincoln's Inn (1616-1619), John Donne, *Works* (Londres, 1839), IV:231, citado por Roland M. Frye, "Swift's Yahoo and the Christian Symbols for Sin", pp. 210-11.

46. Gulliver asediado por los yahoos bajo un árbol, según el grabado en cobre de I. S. Müller (1755).

47. Gulliver comparado con dos yahoos en un grabado anónimo de la edición francesa de los *Viajes* de 1727.

teología conservadora que todavía en su época insistía en librar de nuevo las batallas que muchos siglos antes Agustín había librado contra Pelagio, quien había defendido infructuosamente la bondad natural del ser humano y la importancia del libre albedrío. Pero no debemos olvidar que Swift traslada los símbolos cristianos sobre la corrupción de la carne a una criatura típica de la tradición pagana: la teología no podía aceptar la existencia de un hombre sin alma, colgado a medio camino entre las bestias y los humanos, como un mero trozo antropomorfo de carne silvestre.[56] El yahoo de Swift es mucho más que una proyección de sus obsesiones –teológicas y psicológicas– sobre el pecado original: es una imagen que simboliza las frustraciones de la fe religiosa ante la modernidad burguesa que despoja al hombre de sus cualidades espirituales para arrojarlo a la más cruel de las soledades, la que se sufre en medio de la nueva masa pululante de seres miserables que crece en el seno de la sociedad capitalista. Es también la furiosa ironía del moralista que se subleva contra el pragmatismo egoísta y el individualismo moderno, y que se burla con sarcasmo de los hombres *à la mode* –modernos, solitarios, melancólicos– que exaltan su ego al huir de la masa, para acabar engrosando las filas de una muchedumbre de yahoos; ésta es la ridícula tragedia de la modernidad desde la perspectiva irónica de Swift, como ha observado con agudeza John Traugott.[57]

Sorpresivamente, en medio del desolador mundo de carne y mierda donde viven los yahoos, Swift introdujo un destello de tierna ironía: uno de los fríos y racionales caballos, el potro alazán que ha cuidado a Gulliver, sorpresivamente se deja arrastrar por sentimientos poco razonables y se despide con tristeza del yahoo inglés, al que ama a pesar de ser humano; conmovido por la partida de Gulliver, al que ya no volverá a ver jamás, el houyhnhnm alazán exclama en su lengua: "*Hnuy illa nyha maiah Yahoo*", lo que traducido quiere decir: "Cuídate, buen yahoo".[58] En una frase inquietante y reveladora, Gulliver es definido como un yahoo benévolo, manso, amable y apacible. La ternura que deja entrever Swift, ¿es un rayo de esperanza para los yahoos o muestra la futilidad de los ideales de los houyhnhnms?

---

56. Se ha señalado con razón que Frye exagera el vínculo entre la ortodoxia de la teología protestante del siglo XVII y las ideas expuestas por Swift en el cuarto libro del *Gulliver*. Si los yahoos carecían de razón, en ese caso serían incapaces de cometer pecados: la teología no admitía la existencia de una bestia natural pecadora e irracional. Véase al respecto W. A. Murray, "Mr. Roland M. Frye's Article on Swift's Yahoo".

57. John Traugott, "Swift's Allegory: The Yahoo and the Man-of-Mode", pp. 15ss.

58. Swift, *Gulliver's Travels*, p. 248.

VIII
Los ciudadanos de la naturaleza

Jean-Jacques Rousseau nos ha legado una deslumbrante visión del hombre salvaje. Conviene preguntarnos si para construir esta luminosa imagen Rousseau orientó su mirada hacia la lejanía, para escrutar más allá de los límites de la civilización, o bien dirigió los ojos hacia su interior, para examinar el fondo de su alma y de su corazón. Se ha creído que Rousseau miró el horizonte para descubrir el amanecer de la historia y que con los ojos de los viajeros observó a los hombres primitivos de África y América. Pero también se afirma que fue iluminado por el sol primigenio de su propia infancia y que con los ojos de la mente desnudó a los hombres civilizados de su tiempo. Quienes han considerado a Rousseau como el fundador de la etnología, evidentemente han privilegiado la idea de un pensador capaz de dirigir su mirada hacia los Otros y hacia la alteridad de la naturaleza; es una interpretación que revela su carácter paradójico al tomar como ejemplo a un escritor que fue el gran restaurador del sentimiento místico y del viaje introspectivo en el siglo que se caracterizó por exaltar las luces de la razón.[1] Es la misma paradoja fascinante del pensamiento de Rousseau, que retoma la antigua imaginería del hombre salvaje, con todas sus contradicciones, para reinscribirla al más alto nivel en la cultura europea moderna. Rousseau saca al hombre salvaje de las cuevas marginales y lo instala en el altar central del iluminismo. Los hombres salvajes de Rousseau no son los otros: son los mismos que ya conocemos. No vienen del exterior de la cultura europea: son sus criaturas. Su hombre salvaje no es el otro: es él mismo. En este sentido Rousseau no puede ser considerado como el fundador de la antropología, sino como el gran reconstructor de un antiguo mito.[2] Que este mito se haya alojado posteriormente en el seno de la antropología moderna es otro problema, que sin duda también debe inquietarnos.

Muchas alusiones al salvaje noble de Rousseau parten de la engañosa creencia

1. Claude Lévi-Strauss, "Jean-Jacques Rousseau, fondateur des sciences de l'homme".
2. Robert Darnton se refiere a la paradoja de considerar a Rousseau como el inventor de la antropología al afirmar que lo hizo de la misma manera en que Freud inventó el psicoanálisis: practicando consigo mismo ("The Social Life of Rousseau. Anthropology and the Loss of Innocence"). La práctica de buscar salvajes y monstruos dentro de uno mismo (y de la cultura propia), como he mostrado, es muy antigua y no estoy seguro de que muchos antropólogos modernos la aceptarían como el origen de su ciencia. Por mi parte, estoy convencido de que ése es justamente el origen de la antropología, y que sus terribles limitaciones (como las del psicoanálisis) provienen del hecho de que es, en gran medida, un ejercicio de introspección con altas dosis de etnocentrismo y egocentrismo.

de que esta imagen refleja o simboliza a los pueblos primitivos descubiertos en América y en África.[3] Esta interpretación se ha vuelto un lugar común profundamente arraigado, a pesar de que los importantes avances de los estudios y las reflexiones sobre Rousseau en los años recientes han permitido acercarse a la idea del hombre salvaje desde nuevas perspectivas.[4] En contraste, yo he llegado a la conclusión de que el hombre salvaje de Rousseau es europeo, tiene su origen en el mito del *homo sylvestris*, reproduce sus estructuras y responde a un proceso de larga duración que expresa las tensiones propias de la cultura occidental. La aplicación de la poderosa imagen del hombre salvaje a las sociedades "exóticas" de América y África es un fenómeno *derivado*, es un fruto de la larga evolución del mito en Europa; a pesar de la espectacularidad de las descripciones de costumbres exóticas hechas por viajeros, colonizadores y misioneros, el mito del hombre salvaje se preservó como una estructura conceptual europea que funcionaba más para explicar (y criticar) las peculiaridades de la civilización moderna que para comprender a los otros pueblos, a las culturas no occidentales.

Es muy difícil establecer las fuentes que influyeron puntualmente en la figura del hombre salvaje desarrollada por Rousseau, pero creo que debemos separar el contexto semántico y mitológico, en el que vivía inmerso, para distinguirlo de las referencias textuales (muchas de las cuales aluden a grupos primitivos descritos por viajeros y misioneros o a reflexiones teóricas sobre el derecho natural). Un buen ejemplo de esta distinción procede de una de las fuentes consultadas por Rousseau, la *Histoire générale des Antilles* del padre jesuita Jean-Baptiste du Tertre:

> La mayor parte de la gente, por la sola palabra de salvaje se figura en su espíritu una clase de hombres bárbaros, crueles, inhumanos, sin razón, contrahechos, grandes como gigantes, peludos como osos: en fin, más bien monstruos que hombres; aunque en verdad nuestros salvajes no son salvajes más que de nombre, como las plantas que la naturaleza produce sin ningún cultivo

---

3. Es la creencia que subyace en muchos autores, como por ejemplo Urs Bitterli, *Los "salvajes" y los "civilizados". El encuentro de Europa y Ultramar*; Michèle Duchet, *Anthropologie et histoire au siècle des lumières*; Claude Lévi-Strauss, "Jean-Jacques Rousseau, fondateur des sciences de l'homme", y Tzvetan Todorov, *Nous et les autres. La réflexion française sur la diversité humaine*. Sorprende que también se base en esta idea errónea el ensayo de Geoffrey Symcox titulado "The Wild Man's Return: the Enclosed Vision of Rousseau's *Discourses*", publicado en un libro que explora precisamente la trayectoria europea del *homo sylvestris*. Véase una interpretación más rica y matizada en Peter Mason, *Deconstructing America. Representations of the Other*.

4. Desde luego tenemos como punto de partida las importantes interpretaciones de Ernst Cassirer, *Le problème Jean-Jacques Rousseau* (publicada en alemán en 1932, pero traducida al francés apenas en 1987) y de Jean Starobinski, *Jean-Jacques Rousseau: la transparence et l'obstacle* (la segunda edición ampliada y corregida es de 1971), así como las notas interpretativas y críticas de diferentes autores en la edición de las *Oeuvres complètes* para la Bibliothèque de la Pléiade (que comenzó a publicarse en 1959). Es muy importante la culminación de la edición de la correspondencia completa de Rousseau preparada por R. A. Leigh (*Correspondance complète*). Es reveladora la discusión de Jacques Derrida y Paul de Man que citaré más adelante. La biografía que está preparando Maurice Cranston es una aportación significativa de gran alcance; han aparecido hasta ahora dos tomos: *Jean-Jacques. The Early Life and Work of Jean-Jacques Rousseau, 1712-1754* y *The Noble Savage. Jean-Jacques Rousseau, 1754-1762*. A lo largo de este ensayo citaré algunas de las obras que me parecen más significativas.

> [...] que con frecuencia nosotros corrompemos con nuestros artificios y alteramos mucho cuando las plantamos en nuestros jardines.[5]

Esta apreciación fue escrita en el siglo XVII, pero se mantiene válida para la época de Rousseau, cuando el antiguo mito del hombre salvaje al que hace referencia el padre Du Tertre de ninguna manera ha desaparecido del horizonte cultural. Hay que agregar que la región donde Rousseau creció y se educó era tal vez la más importante reserva del mito popular del *homo sylvestris*: los Alpes.[6] Es imposible que un niño que correteó por las calles del barrio de St.-Gervais en Ginebra, jugó con los hijos de los pastores en Bossey, al pie del Mont Salève, y que atravesó a pie los Alpes no tuviese en su mente la imagen del *uomo selvaggio* o del *homme sauvage* que rondaba a los montañeses alpinos. La misma palabra, *sauvage*, tenía reverberaciones semánticas que procedían del arquetipo mítico.

Rousseau cruza los Alpes a los quince años de edad, cuando su protectora y futura amante Mme de Warens lo envía desde Annecy a estudiar a un hospicio católico en Turín. Viaja a pie acompañado de una pareja que lo guía (y que al terminar el viaje le robará casi todas sus pertenencias), a través del Mont Cenis a lo largo de más de 250 kilómetros durante veinte días. Este viaje tiene un carácter iniciático para el joven Rousseau: "Estaba en ese breve pero precioso momento de la vida cuando la expansiva plenitud de nuestro ser se extiende a todas nuestras sensaciones, y embellece la naturaleza entera, ante nuestros ojos, con el encanto de nuestra existencia".[7] Es curioso que la primera formación de Rousseau se cierre simbólicamente seis años más tarde con otro viaje a pie por los Alpes, a través del paso del Simplon, en su viaje desde Venecia rumbo al París que va decidido a conquistar. Este segundo rito de pasaje lo lleva en coche y embarcación a partir de Venecia, a través de los lagos, hasta Domodossola, desde donde sigue a pie hasta el Valais. En las *Confesiones* no se detiene a contar el viaje y sólo dice que tuvo "durante todo este largo camino pequeñas aventuras en Como, en el Valais y en otros lugares".[8] Me complace imaginar que alguna de estas "pequeñas aventuras" ocurrió con algún *omo salvatico*, *om salvadi* o *salvanel*, como llamaban los pastores italianos al *homo sylvestris*; o con el *Bilje Mann*, *Bilmon* o *Wildmännl*, como era llamado en las zonas alpinas de influencia alemana. ¿Hizo alguna excursión

---

5. Jean-Baptiste du Tertre, *Histoire générale des Antilles, habitées par les Français* (segunda edición aumentada de 1667; la primera es de 1654), t. II, tratado VII, capítulo I, citado por Christian Marouby, *Utopie et primitivisme*, p. 124. La idea de un hombre salvaje monstruoso seguía viva en el siglo XVIII; un ejemplo interesante es el libro de Benoît de Maillet, *Telliamed, ou entretiens d'un philosophe indien avec un missionaire français sur la diminution de la mer* [1749]; la discusión en este texto se centra en los "hombres marinos", pero también se refiere a los *hommes sauvages*, entre los cuales cita uno que fue exhibido en París, en la feria de St.-Germain, en 1720 (sexta jornada, pp. 269ss). Benoît de Maillet se interesaba en los casos de transición entre el animal y el hombre, y describió diversos ejemplos de seres intermedios, como las sirenas, mujeres salvajes del mar, que son uno de los ejemplos más importantes (véase al respecto el comentario de César Carrillo Trueba, "Algunas consideraciones sobre la evolución de las sirenas").

6. Sobre el folklore alpino y el hombre salvaje, véase Wilhelm Mannhardt, *Wald- und Feldkulte*.

7. *Les confessions*, en *Oeuvres complètes*, I:57-8. Todas las referencias a las obras de Rousseau, salvo las del *Essai sur l'origine des langues*, remiten a la edición de las obras completas de la Bibliothèque de la Pléiade, citada de ahora en adelante con las iniciales OC.

8. *OC*, I:325.

a la región de Biella para visitar la *cà d'l'om salvei*?[9] ¿Atravesó el Canavese guiado por *l'om salvaè*?[10] ¿Se topó con el *uomo selvaggio* en el Piamonte? ¿Se enamoró de una *dame verte* en el Jura? ¿Algún compañero de viaje le habló de las monstruosas *Fanggen* del Tirol?[11] ¿Encontró en los bailes de máscaras o carnavales de Venecia, a los que le encantaba asistir, a algún amigo disfrazado de salvaje?[12] Por supuesto, no puedo contestar afirmativamente a ninguna de estas preguntas. Sólo quiero destacar que la vida del joven Jean-Jacques transcurrió en un ambiente permeado por la cultura de los Alpes; como es sabido, estas grandes montañas, sus bosques, sus valles y sus idílicos pastores siempre estuvieron presentes en el espíritu de Rousseau. La imaginería folklórica alpina presenta diversos tipos de salvajes: unos son seres agresivos y otros son más bien amables; me parece que en las partes italianas y francesas de los Alpes encontramos figuras menos agresivas que en las regiones de tradición alemana. En el siglo XVIII comienza a extenderse la idea de que los Alpes son el habitáculo de la felicidad rústica y que representan un espacio privilegiado para adorar a la naturaleza, simbolizada por las montañas y la pureza del aire alpino. Estos sentimientos fueron retomados a fines del siglo XVIII por Philippe-Sirice Bridel para exaltar un patriotismo romántico que colocó a los Alpes en el corazón de la identidad suiza, como signo del verdadero país: *ex Alpibus salus patriae*.[13] Pareciera haber una cierta continuidad entre los tapices de Basilea del siglo XV que representan a hombres y mujeres salvajes dedicados a idílicas tareas agrícolas, las imágenes pastorales románticas y las leyendas de hombres salvajes amistosos. Una de estas leyendas relata que un *salvanel* o un *omo salvatico*, atrapado por unos pastores, les enseña cómo fabricar queso, mantequilla y requesón con la leche que les sobra; cuando lo dejan escapar, el *selvaggio* les grita de lejos en tono burlón que si lo hubieran retenido más tiempo les hubiera enseñado también a extraer aceite (o cera) de la leche.[14] Paradójicamente, este *uomo selvaggio* alpino –pícaro pero bondadoso– tiene un papel civilizador frente a los agrestes pastores. Posiblemente fue el poeta y naturalista Albrecht von Haller quien en el siglo XVIII mejor entretejió, en versos alejandrinos, los valores sencillos de los montañeses con la naturaleza salvaje de las grandiosas montañas, para formar un paisaje de pureza rústica que recuerda las ideas de Rousseau sobre el estado natural del hombre. Una investigación sobre las raíces culturales suizas del pensamiento de Rousseau ha mostrado el notable paralelismo entre el gran poema de Haller sobre los Alpes y las propuestas de Rousseau en sus discursos sobre el progreso de las artes y sobre el origen de la desigualdad.[15] Tal vez el poema de Haller tuvo alguna influencia en Rousseau; pero es seguro que las imágenes de Haller recogen los sentimientos e impresiones del mismo medio ambiente

---

9. G. I. Armandi, "Dal santuario di San Giovanni alla casa dell'uomo selvatico".

10. Giovanni Giannini, *L'uomo selvaggio (l'om salvaè). Tradizione del Canavese*.

11. Mannhardt, *Wald- und Feldkulte*, I:117ss y 73.

12. Maurice Cranston, *Jean-Jacques. The Early Life and Work of Jean-Jacques Rousseau, 1712-1754*, p. 175.

13. François Jost, *Jean-Jacques Rousseau suisse. Étude sur sa personnalité et sa pensée*, I:102, II:39.

14. Existe esta leyenda en diversas versiones recogidas en Valarsa y Valsugana, en el Trentino, así como en Valdiserchio en la Toscana (Giannini, *L'uomo selvaggio*, pp. 12-14).

15. François Jost, *Jean-Jacques Rousseau suisse*, I:390. No se puede probar que Rousseau haya leído a Haller antes de 1756, pero es muy probable que así haya sido.

48. Rousseau seguramente admiró en alguno de los carnavales suizos al hombre salvaje que solía desfilar en las procesiones. En este aguafuerte aparece como parte del carnaval de Basilea de 1784.

169

social y cultural que influyó en la gestación de sus ideas sobre el hombre natural. El poema *Die Alpen* de Haller es una exaltación de los montañeses como un pueblo que ofrece el maravilloso ejemplo de una edad de oro en la que carece de valor todo aquello que no emana de la sencillez natural:

> Vive en paz, pueblo satisfecho, y da gracias al destino
> que te rehusó la abundancia, fuente de todos los vicios.
> A quienes están contentos de su suerte la pobreza misma aumenta sus delicias,
> mientras que el fasto y el lujo minan los fundamentos de los Estados.[16]

Los hombres salvajes de Rousseau, como veremos, no viven una condición paradisiaca, como los pastores del poema de Haller. Es sobre todo la actitud del propio Rousseau hacia las montañas y la vida sencilla lo que reconocemos en *Die Alpen*, así como su exaltación de una voz de la naturaleza que no se expresa por medio de los artificios de la razón sino por los sentimientos espontáneos profundos, como dice Haller: "Aquí la naturaleza imprimió el arte de vivir con rectitud / en el corazón y no en el cerebro del hombre".[17] La idea rousseauniana del hombre salvaje pareciera ser una mezcla de la figura folklórica y mítica antigua, que destaca sus rasgos bestiales, con los ingredientes pastorales ensalzados por el poema de Haller. Pero el hombre salvaje de Rousseau es mucho más que esto. En realidad la comprobación de que el hombre salvaje es una figura que representa más a los europeos que a los americanos la encontramos en la estructura y anatomía de su imagen misma, tal como es descrita por Rousseau.

La imagen de la bondad natural del hombre le llegó por vía de una iluminación súbita un caluroso día de verano de 1749, según cuenta Rousseau, en medio del bosque cuando se dirigía caminando a visitar a su amigo Diderot, que estaba prisionero en el castillo de Vincennes. Allí, bajo un roble, mientras leía la convocatoria de la Academia de Dijon para un premio, tuvo una visión:

> Si hubiera podido algún día escribir la cuarta parte de lo que vi y sentí bajo este árbol, con qué claridad habría mostrado todas las contradicciones del sistema social, con cuánta fuerza habría expresado todos los abusos de nuestras instituciones, con qué sencillez habría demostrado que el hombre es naturalmente bueno y que sólo por las instituciones es que los hombres se vuelven malos.[18]

---

16. "Wohl dir, vernügtes Volk! o danke dem Geschicke, / Das dir der Laster Quell, den Überfluß, versagt; / Dem, den sein Stand vernügt, dient Armut selbst zum Glücke, / Da Pracht un Üppigkeit der Länder Stütze nagt". Albrecht von Haller, *The Alps / Die Alpen*, quinta estrofa.

17. "Un hier hat die Natur die Lehre, recht zu leben, / Dem Menschen in das Herz und nicht ins Hirn gegeben", *The Alps / Die Alpen*, novena estrofa.

18. Carta a Malesherbes, 12 de enero de 1762, *OC*, I:1135-6. Esta versión es ligeramente diferente a la que anota en las *Confesiones* (cf. *OC*, I:350ss). También usa la noción de "bondad" para referirse a los hombres primigenios en otro texto: "Préface d'une seconde lettre a Bordes", escrito a fines de 1753 o principios de 1754 (*OC*, III:105). Sin embargo, como explicaré más adelante, es necesario matizar mucho la noción de bondad aplicada al hombre natural. En realidad, la idea del "buen salvaje" refleja mal el pensamiento de Rousseau.

El resultado de la llamada "iluminación de Vincennes", sobre la cual volveremos más adelante, fue el *Discurso sobre las ciencias y las artes*, premiado por la Academia de Dijon y que, una vez publicado, tuvo un éxito sorprendente e inesperado. Los censores intentaron, sin lograrlo, detener la publicación de una obra que podría provocar en los franceses el deseo de reducirse al estado de los "hombres brutos que no conocen ni religión ni moral".[19] En este primer *Discurso* es sintomático que casi todas las referencias a la pureza original del hombre están ligadas a la historia europea: griegos de la edad heroica, espartanos, escitas, germanos, francos, sajones, romanos primitivos. En ningún momento Rousseau usa aquí la expresión *homme sauvage*, que será clave en su *Discurso sobre el origen y los fundamentos de la desigualdad entre los hombres*; en una nota al pie de página alude a los "salvajes de América" de los que habla Montaigne, para decir que no osará "hablar de esas naciones felices que no conocen siquiera el nombre de los vicios que a nosotros nos cuesta tanto reprimir".[20] Más adelante se refiere a la fábula del sátiro que, la primera vez que vio el fuego, quiso abrazarlo y besarlo; pero Prometeo se lo impidió al advertirle que se quemaría. Es una alegoría del dios de la ciencia "enemigo de la tranquilidad de los hombres".[21]

Al disponerse a escribir el segundo *Discurso*, Rousseau ya ha comprendido que una de las claves, sin la cual el conjunto de su sistema no podría sostenerse, es la noción de *homme sauvage*. Conviene precisar que esta noción se refiere a un hombre completamente diferente a los seres primitivos que los colonizadores y misioneros se encontraban en África y América; lo advierte claramente Rousseau: "cuidemos de no confundir al hombre salvaje con los hombres que tenemos ante los ojos",[22] para señalar que no debemos confundir a seres domesticados con seres salvajes (los ejemplos son el caballo, el gato, el toro y el asno, pero tiene en mente a las que generalmente llama *nations sauvages*). El hombre salvaje de Rousseau, como el de Hobbes, es una construcción imaginaria, "un estado que no existe ya, que tal vez nunca existió, que probablemente no existirá jamás, y del cual sin embargo es indispensable tener nociones precisas para bien juzgar nuestro presente".[23] Para reconstruir o inventar la imagen del hombre en estado de naturale-

---

19. Citado por François Bouchardy en su introducción al *Discours sur les Sciences et les Arts*, OC, III:XXXV.

20. *Discours sur les Sciences et les Arts*, OC, III:11. Otras alusiones al tema del salvaje en las discusiones que siguieron a la publicación del primer *Discurso* son igualmente escasas. En la "Dernière réponse" se refiere a la rusticidad de los pueblos antiguos, señala que la ignorancia es el estado natural del hombre y rechaza la idea de que la ignorancia engendra necesariamente la virtud de la misma manera en que la ciencia genera al vicio obligatoriamente (*OC*, III:74-6). En el mismo texto usa la expresión "peuples barbares ou sauvages" para referirse a las naciones ignorantes de África y América (*OC*, III:90-1). Una referencia a la "bondad primitiva", la primera en la obra de Rousseau, puede encontrarse en el "Préface d'une seconde lettre a Bordes", escrito en la época en que preparaba el segundo *Discurso* (*OC*, III:105).

21. *Discours sur les Sciences et les Arts*, OC, III:17 y nota.

22. *Discours sur l'origine de l'inégalité*, OC, III:139. Sobre las relaciones entre la figura renacentista del hombre salvaje y los nativos del Nuevo Mundo, véase Olive Patricia Dickason, "The Concept of *l'homme sauvage*". Su incorporación a la literatura de América Latina ha sido examinada por Valquiria Wey en "Del salvaje al indio: el nacimiento de un tema literario en el siglo XIX en Iberoamérica".

23. Ibid., III:123.

za es necesario un vehículo especial que ni los más grandes filósofos pueden crear, pues han sido precisamente las luces de la razón y de la metafísica las que han sido usadas para establecer la sociedad –al hombre civil– y, por lo tanto, para ocultar al hombre natural y salvaje. Hay que abandonar todos los libros científicos, que sólo nos muestran a los hombres tal como ellos se hicieron a sí mismos, para *meditar* y descubrir así los principios anteriores a la razón. En los orígenes del *Discurso sobre la desigualdad* también encontramos una especie de iluminación o, mejor, de meditación mística: "Para meditar a mi gusto sobre este gran tema hice un viaje de siete u ocho días a St.-Germain [...] Recuerdo este paseo como uno de los más agradables de mi vida. [...] en el fondo del bosque buscaba y encontraba la imagen de los primeros tiempos cuya historia trazaba orgullosamente [...] Mi alma exaltada por las contemplaciones sublimes se elevaba hasta la divinidad".[24] La imagen del hombre salvaje es fruto de una meditación, no de una investigación histórica o etnológica ("filosófica", como se decía en la época). Es importante observar que, cuando en el segundo *Discurso* usa la noción de *homme sauvage*, Rousseau se refiere siempre a su construcción imaginaria; en cambio, para referirse a los hotentotes o a los caribes escribe simplemente *sauvages*, casi siempre en plural, o bien *nations sauvages* o *peuples sauvages*.[25]

Cuando Rousseau escribe *homme sauvage* debemos reconocer allí el fruto de su meditación a partir del mito del *homo sylvestris*.[26] Exactamente igual que en la tradición mitológica, la meditación de Rousseau procede a *desnudar* al hombre civilizado –como también hicieron Montaigne o Hobbes– para encontrar el núcleo original puro. Es necesario despojarlo de todos los elementos artificiales y sobrenaturales para descubrir al animal humano "tal como debió salir de las manos de la naturaleza".[27] Este desnudamiento parte de la premisa de que, al ir eliminando el artificio, quedará un resto natural puro, indefinible e inasible en términos racionales; ese resto es el *homme sauvage*.[28] Ciertamente, bajo las premisas que se impuso Rousseau, la única aproximación posible al estado natural puro es por el camino de la mitología. Por ello, no debe sorprendernos que haya reconstruido el antiguo mito del hombre salvaje. Desde el punto de vista físico, estos seres primigenios son, tal como los describe Rousseau, animales robustos, ágiles y feroces que viven en soledad, dispersos en una tierra fértil cubierta de bosques; viven desnudos, no tienen la piel velluda y en tiempo frío se cubren con pieles. Como

---

24. *Les confessions*, OC, I:388. Este paseo lo realizó Rousseau en noviembre de 1753.

25. Sólo en media docena de casos usa *sauvage* o *sauvages* para referirse al *homme sauvage* imaginado, pero lo hace cuando es evidente su sentido en el contexto o para no repetir la palabra *homme*: "le Sauvage vit en lui-même; l'homme sociable toujours hors de lui ne sait vivre que dans l'opinion des autres" (OC, III:193).

26. Jean Starobinski, en una nota al segundo *Discurso* (OC, III:1304, nota 1), se percata de que Rousseau describe al *homo sylvestris*, pero cree que la referencia se limita a la frase donde Rousseau descarta la discusión de si las uñas largas de los hombres salvajes fueron primeramente garras, si eran peludos como osos o si caminaban a cuatro patas (ideas atribuidas por Rousseau, confusamente, a Aristóteles).

27. *Discours sur l'origine de l'inégalité*, OC, III:134.

28. Clément Rousset, en *L'anti-nature* (IV:5), ha mostrado el carácter místico y metafísico de esta cadena de sustracciones que producen al final una idea invisible e indecible de naturaleza; la insatisfacción por la realidad termina en la invención de una realidad diferente que se conoce mediante estados místicos y se intenta alcanzar por reformas históricas.

no tienen habitación, Rousseau los ve saciándose de bellotas bajo el roble que protege su lecho, bebiendo agua de los arroyos; seres más bien pacíficos, no se hacen la guerra entre ellos, se defienden de las bestias con habilidad mediante sus brazos o con bastones y piedras. Este hombre salvaje es, en suma, un ser aislado y ocioso que piensa poco y duerme mucho. Funciona de acuerdo a principios prerracionales y presociales, como son la repugnancia de ver sufrir o ver morir a otros seres sensibles.[29]

Cuanto más meditamos en la descripción que se hace en el segundo *Discurso* del *homme sauvage* más nos percatamos de que, en sus rasgos esenciales, Rousseau nos presenta de nuevo al antiguo *homo sylvaticus* europeo. El aspecto "moral y metafísico" del hombre natural lo revela como un ser que carece del uso de la palabra, de propiedad, de familia, de industria y de educación. Las operaciones primarias de su alma se limitan a las pasiones que emanan de sus impulsos naturales: querer, no querer, desear, tener miedo.[30] El hombre salvaje no conoce más bienes que la comida, la hembra y el reposo, y los males que teme son sólo el dolor y el hambre. No le teme a la muerte y es incapaz de prever ni de pensar en nuevas necesidades. El espectáculo de la naturaleza le es indiferente, no se asombra ni tiene curiosidad por nada.[31] Pero hay tres peculiaridades del *homme sauvage* que tienen un sello distintivamente rousseauniano: es *libre*, es *perfectible* y es *piadoso*. El hombre salvaje es un agente libre capaz de contrariar las reglas naturales y capaz de tener conciencia de esta libertad. A diferencia de los animales, este hombre es capaz de volverse imbécil, pero por lo mismo es capaz también de perfeccionarse.[32] Aquí encuentra las raíces del progreso y, por lo mismo, de las desgracias de los hombres. En el hombre salvaje se expresa, además, otra fuerza natural, anterior a todo razonamiento: la piedad. La repugnancia innata del hombre salvaje por ver sufrir a sus semejantes es un sentimiento oscuro y vivo de conmiseración que las costumbres más depravadas no han logrado borrar en el hombre civil, y cita en su apoyo a Juvenal: "Al darle lágrimas, la naturaleza demuestra que ha dotado al género humano de un corazón muy tierno".[33] Así pues, Rousseau no habla aquí de un *noble salvaje*, ni de un *buen salvaje*, pues no encuentra en los hombres naturales ninguna idea de bondad o de virtud (como tampoco de maldad o vicio). Estas famosas etiquetas no expresan cabalmente el pensamiento de Rousseau, aunque llegaron a ser muy populares en la imaginería europea del siglo XVIII. En Rousseau, estrictamente hablando, podríamos ver más bien la imagen de un *salvaje piadoso de corazón tierno*.

Es curioso que Rousseau, quien obviamente está elaborando una imagen del hombre salvaje a partir de materias primas europeas (míticas y filosóficas), insista tanto en la pureza de su visión. De entrada se queja de los filósofos que han estudiado los fundamentos de la sociedad, y que al hablar "del hombre salvaje

---

29. *Discours sur l'origine de l'inégalité*, *OC*, III:134-40.
30. Ibid., *OC*, III:143.
31. Ibid., *OC*, III:143-4.
32. Ibid., *OC*, III:141-2. El término "perfectibilidad" (*perfectibilité*) era un neologismo que posiblemente fue creado por Turgot en 1750 (según Arthur O. Lovejoy, "The Supposed Primitivism in Rousseau's *Discourse on Inequality*", p. 25).
33. *Discours sur l'origine de l'inégalité*, *OC*, III:154-5 (Juvenal, *Sátiras*, XV:131-33).

pintaban al hombre civil" (se refiere a Grocio, Pufendorf y Hobbes).[34] Critica el etnocentrismo cuando afirma que "los únicos hombres que conocemos son los europeos" y que los escritores de libros de viajes "no dicen sino lo que ya sabíamos, no han sabido percibir del otro lado del mundo sino aquello que podían haber observado sin salir de su calle, y que los rasgos que verdaderamente distinguen a las naciones, que nos saltan a los ojos, casi siempre han escapado a los suyos".[35] ¿Por qué a Rousseau le saltan a los ojos la libertad, la perfectibilidad y la piedad de los hombres salvajes, cosas que no han visto los viajeros ni en los lugares más remotos? Este problema se encadena con la famosa frase del *Ensayo sobre el origen de las lenguas* que ha sido usada para definir a Rousseau como el fundador de la etnología: "Cuando se quiere estudiar a los hombres es necesario mirar cerca de uno; pero para estudiar al hombre es necesario aprender a levantar la vista a lo lejos; es necesario primero observar las diferencias para descubrir las propiedades".[36] Rousseau dice que el gran defecto de los europeos es filosofar siempre sobre el origen de las cosas a partir de lo que sucede en torno de ellos. ¿Qué significa, en este contexto, mirar a lo lejos? Rousseau mira a lo lejos, *pero no hacia afuera*; para observar lo que está distante dirige su mirada hacia adentro, muy lejos hacia el interior de sí mismo. Rousseau descubre que la mayor lejanía –el más profundo abismo– está dentro de sí mismo y dentro de la propia cultura occidental. No es el primer pensador europeo que se asoma a su naturaleza animal interior, temblando de miedo por encontrar en ella el origen de sus pulsiones bestiales y malignas. Pero más grande es el temor de descubrir la existencia de fracturas esenciales, de diferencias irreductibles; de hallar señales de que la humanidad es una comunidad artificial compuesta de segmentos incapaces de comunicarse entre sí sus experiencias primordiales sino a través de mediaciones inseguras, de puentes construidos con signos y códigos que es necesario interpretar y traducir. Por eso Rousseau se burla de ese adagio moral, tan repetido por la "turba filosofesca", que afirma que los hombres son en todas partes los mismos, que comparten las mismas pasiones y vicios, y que por lo tanto es inútil caracterizar las diferencias entre los pueblos.[37] Rousseau se asoma a su abismo interior y siente el pavoroso vértigo de la diferencia.

Esto nos regresa al problema de la iluminación de Vincennes y de la meditación de St.-Germain, ya que es en la soledad de los bosques donde Rousseau dirige la mirada a esa lejanía profunda que le permite vislumbrar al *homme sauvage*. Es una mirada de meditación y éxtasis que induce al pensamiento a divagar por espacios extraños; se ha dicho que Rousseau es el primer europeo que dejó testimonio de ese pensamiento errabundo e indefinido que suscitan ciertos paisajes.[38] Pero no se trata solamente de una ensoñación (*rêverie*) romántica: en la ilumina-

---

34. Ibid., *OC*, III:132.
35. Ibid., III:212, nota X.
36. Rousseau, *Essai sur l'origine des langues où il est parlé de la mélodie et de l'imitation musicale*, pp. 89-90.
37. *Discours sur l'origine de l'inégalité*, *OC*, III:212-3, nota X.
38. Paul van Tieghen, *Le sentiment de la nature dans le préromantisme européen*. Al respecto véanse las estimulantes reflexiones de Marcel Raymond en "La rêverie selon Rousseau et son conditionnement historique".

ción de Vincennes, tal como la describe Rousseau, encontramos la confluencia de diversas tradiciones. Antes que nada, para examinar estas tradiciones, es necesario decir que esta famosa iluminación es en gran medida una invención de Rousseau: se ha comprobado que no pudo ocurrir durante el caluroso verano, pues la convocatoria de la Academia de Dijon que la motivó apareció en octubre de 1749; además, a lo largo del camino al castillo de Vincennes no había un solo roble, sino cuatro hileras de olmos. Se sabe, por otra parte, que el tema del ensayo fue discutido con Diderot, quien dejó suponer que él había sugerido o previsto la manera crítica de abordar el progreso de las ciencias y las artes.[39] Lo importante es establecer que Rousseau sintió la necesidad imperiosa de inventar la iluminación de Vincennes como una muestra de la forma en que, desde su perspectiva, debía abordarse la reconstrucción de la condición natural primigenia del hombre; se trata de un simulacro en el cual el propio Rousseau se coloca en el papel de *homme sauvage* para establecer una comunión mística con el objeto de su reflexión. La escena ocurre bajo un roble tal vez porque así concibió Lucrecio a los primeros hombres y porque bajo ese árbol se solía refugiar el *homo sylvestris* de la tradición medieval.[40] En todo caso, la iluminación que ocurre bajo un árbol no puede menos que recordar el arrepentimiento de San Agustín bajo una higuera, en Milán; en realidad el paralelismo entre las confesiones del santo y las de Rousseau, en lo que se refiere a la iluminación, es tan notable que es imposible que el escritor francés no lo haya así diseñado.[41] En la misma línea, podemos establecer una similitud entre el camino a Vincennes y el camino de Damasco en el que San Pablo tuvo la visión que cambió el curso de su vida. Pero éstos no son los únicos modelos que usó en su reconstrucción ficticia; sin duda podemos reconocer otros dos ejemplos: la comunión con los bosques típica de los antiguos druidas y la conversión de Robinson Crusoe en la soledad de su isla. No es demasiado arriesgado suponer que Rousseau se imaginó a sí mismo en medio del bosque, desnudo como el profeta Merlín, sumido en éxtasis profundo; o cumpliendo una función similar a la del adivino de su ópera pastoral, *Le devin du village*, compuesta en 1752. En esta ópera cuenta la forma en que el adivino de la aldea ayuda a la bella pastora, Colette, a recuperar a su amado Colin, que se siente atraído por una rica dama citadina que representa, obviamente, los vicios y los artificios de la civilización. El adivino aconseja a la pastora que finja estar enamorada de un caballero; cuando el arrepentido pastor Colin acude a su vez al adivino, éste le hace creer que Colette ya no siente amor por él, para encaminar mañosamente sus celos hacia la reconciliación final. Se ha hecho notar, con razón, que el tema profundo de la ópera no es la contraposición entre la inocencia espontánea rural y los artificios viciosos de la ciudad; más allá de esta típica contraposición, encontramos el tema de la *manipulación* de que son objeto los pastores por parte del

---

39. R. Galliani, "Rousseau, l'illumination de Vincennes et la critique moderne"; Maurice Cranston, *Jean-Jacques. The Early Life and Work of Jean-Jacques Rousseau, 1712-1754*, p. 229.
40. Lucrecio, *De rerum natura*, V:939. Recuérdese que el propio Rousseau imagina al *homme sauvage* bajo un roble (*Discours sur l'origine de l'inégalité*, OC, III:135).
41. Como ha demostrado R. Galliani, "Rousseau, l'illumination de Vincennes et la critique moderne", pp. 415-21.

mago que inventa un simulacro.[42] Sabemos, por otro lado, que Rousseau tenía una gran admiración por *Robinson Crusoe*, el primer libro que recomienda a Emilio y al que considera como el mejor tratado de educación natural.[43] En otro texto, se imagina en la soledad de una isla como Crusoe, y declara que le gustaría más vivir siempre en la soledad antes que verse obligado a vivir todo el tiempo en compañía de los hombres; se ve a sí mismo "más solo en medio de París que Robinson en su isla".[44] En el *Emilio* es evidente que propone a Crusoe como un modelo de comportamiento; a pesar de que el estado solitario de Robinson no es el del hombre social, su ejemplo es fundamental: "El medio más seguro de elevarse por encima de los prejuicios y de ordenar los juicios sobre las relaciones entre las cosas es el de colocarse en el lugar de un hombre aislado y juzgarlo todo tomando en cuenta su utilidad, tal como este hombre debe hacerlo".[45] Como se ve, Rousseau toma como modelo a Crusoe, no a Viernes: es decir, al *wild man* europeo y no al *savage* americano. La función precisa del hombre salvaje la aclara unos párrafos más adelante: "Hay una diferencia apreciable entre el hombre natural que vive en estado de naturaleza y el hombre natural que vive en estado social. Emilio no es un salvaje para ser relegado en los desiertos, es un salvaje hecho para habitar en las ciudades".[46]

A Rousseau se le podría aplicar el mismo reproche que él le hizo a Hobbes y a Pufendorf: el hombre salvaje que describe es el hombre civil europeo que ha sido desnudado gracias a la poderosa imaginación de un pensador que se retira a los bosques, para meditar y zambullirse con audacia en las profundidades de su propio ego a fin de escuchar la voz pura de la naturaleza. El mismo reproche le hace Jacques Derrida a Lévi-Strauss, que pretende seguir los pasos de Rousseau durante su expedición etnológica a Brasil, entre los nambikwara.[47] El etnólogo francés habría llevado a la Amazonia la figura del hombre salvaje europeo para aplicarla a un grupo étnico completamente ajeno a esa imagen. Derrida, por su parte, sostiene que Rousseau entendió a la escritura como un suplemento artificial que se agrega al habla y que pervierte la inmediatez de la voz original. Esta voz interior sería la expresión del hombre natural, una presencia no mediada que murmura las verdades primordiales; pero esta voz se va diluyendo en un laberinto de mediaciones sociales que son codificadas por la escritura, de tal manera

---

42. Hay además, desde luego, la manipulación del público femenino por parte del autor de la ópera, como señala Augusto Illuminati, *Gli inganni di Sarastro. Ipotesi sul politico e sul potere*, p. 10.
43. *Emile, OC*, IV:454-5.
44. *Rousseau juge de Jean Jaques*, segundo diálogo, *OC*, I:812 y 826.
45. *Émile, OC*, IV:455.
46. Ibid., *OC*, IV:483-4.
47. Jacques Derrida, *De la grammatologie*, primer capítulo de la segunda parte. Véase el sugerente ensayo de Gordon Brotherston, "Towards a grammatology of America: Lévi-Strauss, Derrida, and the native New World text". Véase también Margherita Frankel, "Vico and Rousseau Through Derrida". Lévi-Strauss ha reconocido que, en realidad, los nambikwara, así como otros grupos que visitó en su viaje a Brasil, no son primitivos, sino los sobrevivientes de antiguas civilizaciones que florecieron en la Amazonia hace milenios. Esto lo expresa en el prólogo al libro que reproduce algunas de las fotografías que tomó durante su expedición en los años treinta; las fotografías mismas revelan una mirada típicamente rousseauniana que no permite comprender que los nambikwara son el testimonio trágico de una regresión provocada en gran medida por la colonización europea. (*Saudades do Brasil*, p. 15.)

que la claridad natural originaria va encontrando obstáculos artificiales a lo largo del camino de la historia. La luz inmediata que emana del hombre salvaje debe filtrarse a través de la cada vez más densa textura de la civilización y de la escritura: al final, la claridad primordial casi no ilumina ya a unos hombres trágicamente enredados en los artificios de la civilización, perdidos en el bosque moderno de los signos. Derrida, como es sabido, lleva el argumento a sus extremos: la voz interior no es una expresión inmediada de la naturaleza, sino que a su vez es una textura de significantes –una arqui-escritura– que forma parte de una cadena infinita que jamás llega a tocar el fondo puro de la naturaleza humana.

Si damos una vuelta de tuerca más nos encontraremos con una crítica a la interpretación hecha por Derrida. Paul de Man no cree que la iluminación que conduce a Rousseau hacia una nueva perspectiva proceda de la esencia brillante de las cosas que se filtra a través de la opacidad de las palabras.[48] Tampoco cree que en Rousseau la escritura represente al habla de la misma manera que ésta representa al pensamiento; en realidad, dice Paul de Man, el pensador francés concebía al lenguaje como una manifestación figural similar a la música: la escritura es al habla lo que la armonía a la melodía. Cuando Rousseau reflexiona sobre la cadena de representaciones, no comprueba el sentido de las palabras (o de la música) por la presencia plena que habría en el fondo del hombre: cuando lanza el cubo atado a la cadena de signos y figuras, en el fondo del pozo no encuentra sino el vacío.[49] Y sin embargo, cuando Rousseau recobra el cubo que ha descendido al fondo de sí mismo, resulta que no regresa vacío: en el trayecto de ida y vuelta se ha llenado. Hemos visto cómo, ciertamente, Rousseau ha recuperado una visión del hombre salvaje *que ya existía en la cultura europea*. Pero no existía de la misma manera: en el viaje al fondo vacío del pozo de su ego, Rousseau ha transformado el mito del hombre salvaje. Veamos el ejemplo que usa Rousseau para afirmar el carácter figural del primer lenguaje, y comparémoslo con su interpretación de los mandriles y los sátiros; podremos así comprobar las curiosas metamorfosis que ocurren cuando descendemos al fondo del pozo. El ejemplo lo tomo del *Ensayo sobre el origen de las lenguas*, y es el mismo que usa Paul de Man para su análisis de las metáforas de Rousseau:

Un hombre salvaje que se encuentra a otros sentirá primero miedo. Su miedo le habrá hecho ver a esos hombres como más grandes y fuertes que él; les dará el nombre de *gigantes*.[50]

Como se ve, estos hombres salvajes, en el momento de iniciar la comunicación hablada, expresan una visión hobbesiana de sus semejantes, idea que no tiene más base que el sentimiento interior de miedo, ya que ninguna experiencia pre-

---

48. Paul de Man, *Allegories of Reading. Figural Language in Rousseau, Nietzsche, Rilke and Proust*, p. 156.
49. Paul de Man, "The Rhetoric of Blindness: Jacques Derrida's Reading of Rousseau", pp. 127-31.
50. *Essai sur l'origine des langues où il est parlé de la mélodie et de l'imitation musicale*, pp. 68-69. Rousseau, como observa Derrida, acude a este ejemplo como una variante del que usa Condillac en *De l'origine et des progrès du langage* (parte I, sección I), donde se trata de unos niños abandonados en los bosques que se comunican su miedo a gritos.

vía podía llevarlo a pensar que el otro hombre fuese un peligro (de acuerdo a los supuestos de Rousseau). Hay en el segundo *Discurso* un análisis paralelo a propósito de las imágenes europeas de seres desconocidos:

> los juicios precipitados, y que no son en modo alguno fruto de una razón ilustrada, están sujetos a la exageración. Nuestros viajeros, sin más, toman por bestias, bajo los nombres de *pongos*, *mandriles* y *orangoutang*, a esos mismos seres que, con los nombres de *sátiros*, *faunos* y *silvanos*, los antiguos tomaban por divinidades.[51]

En el *Ensayo sobre el origen de las lenguas*, el hombre salvaje abandona el uso figural del lenguaje:

> Después de muchas experiencias reconocerá, al no ser los pretendidos gigantes ni más grandes y fuertes que él, que su estatura no corresponde de ninguna manera a la idea que al principio había ligado a la palabra gigante. Entonces inventará un nombre común a ellos y a él mismo, como por ejemplo el nombre de *hombre*, y reservará el de gigante para el falso objeto que lo impresionó durante su ilusión.[52]

De igual manera, en el *Discurso sobre el origen de la desigualdad*, es el propio Rousseau en su papel de nuevo salvaje, quien corrige la primera visión de los viajeros y de los antiguos: "Tal vez después de investigaciones más precisas encontraremos que [los mandriles, los sátiros, etcétera] no son ni bestias ni dioses, sino hombres".[53] Rousseau tiene la esperanza de que, a pesar de todo, nuevas experiencias puedan confirmar empíricamente la existencia de ese estado natural salvaje del que afirmó "que no existe ya, que tal vez nunca existió, que probablemente no existirá jamás".[54] La idea de *gigante* (o de *mandril*) tiene en su origen el infundado miedo a unos seres inexistentes o las percepciones equivocadas de los viajeros; no hay la presencia inmediata de una voz natural en la configuración de la palabra, sino una ilusión equívoca.

Rousseau era consciente de que su idea del estado salvaje primigenio no era una expresión inmediata de su naturaleza pura, surgida de su reflexión extática en los bosques, sino la transfiguración de una imagen preexistente en la cultura europea. Sin embargo, Derrida insiste en considerar a Rousseau como un filósofo de la presencia no mediada, ensartado en un proceso regresivo infinito en busca de un origen natural; cada vez que descartaba un origen como artificioso, debía buscar un estado aún más primitivo que, a su vez, debía ser abandonado para ir más al fondo. Paul de Man, a su vez, insiste en mostrar que el tejido de signos, en Rousseau, no es opaco porque enmascara la presencia original del significado, sino porque este mismo significado se encuentra vacío.[55] Derrida no ve

---

51. *Discours sur l'origine de l'inégalité*, OC, III:211, nota X.
52. *Essai sur l'origine des langues où il est parlé de la mélodie et de l'imitation musicale*, p. 69.
53. *Discours sur l'origine de l'inégalité*, OC, III:211, nota X.
54. Ibid., OC, III:123.
55. Paul de Man, "The Rhetoric of Blindness: Jacques Derrida's Reading of Rousseau", p. 127.

que la teoría de la representación de Rousseau es diferente a las teorías miméticas en boga durante el siglo XVIII, y se basa en una lectura indirecta y mediada de Rousseau, realizada a través de otros autores. Paul de Man sostiene que Derrida no leyó a Rousseau directamente, sino que lo hizo por medio de los textos de Starobinski,[56] para quien la verdadera presencia del autor del *Contrato social* "no debe ser buscada en su discurso sino en los movimientos vivos y aún indefinidos que preceden a su discurso";[57] "el lenguaje articulado –dice Starobinski en otro texto– es una mediación ineficaz que traiciona indefectiblemente la pureza inmediata de la convicción".[58] Según esta interpretación, el auténtico Rousseau es el que se convierte en un hombre salvaje cuyos estados emocionales prelingüísticos expresarían la convicción profunda de un ser sumergido en la naturaleza.

Podemos dar otra vuelta de tuerca a esta discusión: con gran agudeza Robert Darnton ha señalado que las lecturas y malas lecturas impuestas unas sobre las otras en una sucesión aparentemente interminable han engrosado el palimpsesto de tal manera que "algo se perdió: Rousseau mismo, el Jean-Jacques histórico que vivió en el siglo XVIII y escribió las obras que aparecieron con su nombre".[59] Parecía completamente ingenuo, señala Darnton, buscar al "verdadero" Rousseau, sobre todo desde que Roland Barthes había declarado la muerte de todos los autores y anunciado que sólo quedaban textos y lecturas; una vez abolido el tiempo, el autor del siglo XVIII había quedado enterrado bajo capas sucesivas de interpretación. Al aproximarnos a Rousseau como antropólogos, en nuestro seguimiento de la trayectoria del hombre salvaje, descubrimos que las interpretaciones estructuralistas, existencialistas o deconstruccionistas nos son útiles, pero resultan insuficientes. Útiles porque estimulan nuestra imaginación teórica, pero insuficientes porque hacen a un lado el hecho fundamental: el *homme sauvage* de Rousseau es parte de una larga cadena histórica que no se entiende si encerramos el mito en un sistema autorreferencial. Para comprender que el *homme sauvage* de Rousseau forma parte del ciclo moderno del mito, basta compararlo con el *Quijote* de Cervantes. Al igual que el caballero de la triste figura, Rousseau ejecuta un extraño ritual, una ceremonia en cuyo centro hallamos la representación de un simulacro: la iluminación permite construir la figura del hombre salvaje a partir del mito europeo tal cual lo descubre en el folklore suizo, en Pufendorf, en los carnavales, en Hobbes, en Defoe o en la *commedia dell'arte*. Una vez constituida, la figura del *homme sauvage* es tomada como modelo ético de comportamiento, de tal manera que en su vida civil Rousseau se propone una mimesis que toma como imagen al hombre salvaje y al "triste y gran sistema" que ha tejido a su alrededor.[60] Rousseau se inscribe voluntaria y conscientemente en un círculo: del simulacro que construye un salvaje artificial a la mimesis que usa su imagen para guiarse a través de la selva civil moderna; de la ceremonia que configura y codi-

---

56. Jean Starobinski, *Jean-Jacques Rousseau: la transparence et l'obstacle*.
57. Jean Starobinski, "Jean-Jacques Rousseau et le péril de la réflexion" (en *L'oeil vivant*, París: Gallimard, 1961, p. 98), citado por Paul de Man, "The Rhetoric of Blindness: Jacques Derrida's Reading of Rousseau", p. 113.
58. Jean Starobinski, "Rousseau et la recherche des origines", p. 321.
59. Robert Darnton, "A Star Is Born", p. 87.
60. "Préface d'une seconde lettre à Bordes", *OC*, III:105.

fica un hombre natural puro a la imitación de una imagen que es necesario descodificar para reintroducirla a la vida cotidiana; del salvaje de los desiertos, como dijo en el *Emilio*, al salvaje de las ciudades.

La ardiente búsqueda del hombre natural que Rousseau practica como un ritual místico, se inscribe en su lucha por conquistar una identidad como ciudadano libre y crítico. Estos dos aspectos del pensamiento y de la vida de Rousseau —el hombre natural y el ciudadano— revelan el paradójico carácter de los salvajes que reconstruye en sus sueños: estos seres son en realidad unos paradigmáticos *ciudadanos de la naturaleza*.[61] Viven su condición silvestre, pero no igual que las fieras, sino como los habitantes ideales de una república moderna, como hombres libres. Son una rara combinación, pues son bestias inocentes, pero ejercen el libre albedrío. Este ritual, mediante el cual se configura y se consagra el hombre salvaje, ocupa un lugar fundamental en la vida de Rousseau; por supuesto, no se trata de exaltar al estado de naturaleza como una forma ideal o como un modelo primitivista deseable.[62] Ernst Cassirer muestra cómo Rousseau encontró una nueva solución al antiguo problema de la contradicción entre la existencia de un Dios todopoderoso y la presencia del mal sobre la tierra. Para Rousseau la causa del mal no se encuentra ni en un Dios que habría tolerado el pecado original, ni en la naturaleza pecaminosa del hombre. La causa del mal está en la sociedad y en la forma en que los hombres modificaron la naturaleza original inocente del hombre salvaje.[63] El hombre salvaje de Rousseau no es un ser corrupto como el yahoo de Swift. Los vicios de los hombres son el fruto de la degeneración de su estado natural: al asociarse entre sí inician la corrupción. Cuando Voltaire le envió a Rousseau su poema sobre el terremoto de Lisboa, que destruyó la ciudad en 1755, éste se sintió ofendido y atacado. Voltaire, de alguna forma, culpaba a Dios y a la naturaleza:

Elementos, animales, humanos, todo está en guerra.
Hay que confesarlo, el MAL está sobre la tierra.[64]

A Voltaire no le había agradado la reconstrucción del hombre salvaje que Rousseau hizo en su *Discurso sobre el origen de la desigualdad;* al recibir un ejemplar del ensayo, le escribió al autor una carta hiriente e irónica: "He recibido, Monsieur, su nuevo libro contra el género humano [...] nunca se ha aplicado tanto talento para convertirnos en bestias. Dan ganas de andar a cuatro patas cuando se lee su obra".[65] Rousseau no ofrecía al hombre salvaje como un tipo humano

---

61. Emmanuel Lévinas ha usado la expresión "ciudadano del paraíso" para referirse al hombre que originalmente mantiene una relación de plenitud con su contorno (*Totalité et infini. Essai sur l'extériorité*, p. 118).

62. Véase Arthur O. Lovejoy, "The Supposed Primitivism in Rousseau's *Discourse on Inequality*".

63. Ernst Cassirer, *Le problème Jean-Jacques Rousseau*.

64. "Élements, animaux, humains, tout est en guerre. / Il le faut avouer, le MAL est sur la terre", Voltaire, *Oeuvres complètes*, IX:474.

65. Carta de Voltaire a Rousseau, 30 de agosto de 1755, reproducida en *OC*, III:1379. Sobre las relaciones entre Rousseau y Voltaire, y sobre la imagen que tenían el uno del otro, véase el excelente estudio de Henri Gouhier, *Rousseau et Voltaire. Portraits dans deux miroirs*.

ideal, como insinúa burlonamente Voltaire, sino como un modelo que permitía comprender el origen del mal. Lo que sostenía Rousseau es que la raíz del mal no podía hallarse en el hombre salvaje (ni en la naturaleza), sino en la sociedad y en el progreso de la civilización. En el primer borrador del *Contrato social* hay un pasaje revelador al respecto:

> la dulce voz de la naturaleza ya no es una guía infalible para nosotros, ni la independencia que de ella recibimos es un estado deseable; la paz y la inocencia se nos han escapado para siempre, antes de que pudiéramos disfrutar de sus delicias; la feliz edad de oro, insensible para los estúpidos hombres de los primeros tiempos y que se les escapó a los hombres ilustrados de tiempos posteriores, fue siempre un estado extranjero a la raza humana, sea porque no lo reconoció cuando pudo gozarlo o porque lo perdió cuando pudo conocerlo.[66]

Las discusiones sobre la bondad o maldad de los hombres en estado de naturaleza permeaban la cultura europea del siglo XVIII. Las preocupaciones de Rousseau sobre este tema reflejaban las de su tiempo, y en buena medida las encontramos en los debates que sostuvieron los religiosos, viajeros y filósofos a propósito de los pueblos indígenas de América. Se trata de un tema muy bien documentado y estudiado en el cual no pretendo introducirme.[67] Baste poner un pequeño ejemplo: en sus *Mémoires de l'Amérique septentrionale* (1703) el barón de La Hontan se burlaba de las dos visiones contradictorias que ofrecían los franciscanos y los jesuitas de la naturaleza de los salvajes canadienses; para los primeros los indios eran estúpidos, rústicos, groseros e incapaces de reflexión; los jesuitas decían, en cambio, que eran gente sensata, vivaz de espíritu, dotada tanto de buena memoria como buen juicio. "Las razones que hacen que unos y otros así se expresen [...] son muy conocidas para las personas que saben que estas dos órdenes no se llevan muy bien en Canadá".[68] La discusión sobre este tema no solía estar determinada por la realidad de los grupos indígenas sino más bien por los parámetros ideológicos y culturales de los europeos.

Aunque Rousseau no convirtió al hombre salvaje en un ideal a ser alcanzado por la humanidad, sí fue un modelo que le sirvió de guía para pensar y para actuar. Por este motivo la broma de Voltaire debió molestar profundamente a Rousseau, que se identificaba con el solitario hombre de la naturaleza.[69] Es com-

---

66. *Du contract social ou Essai sur la forme de la République (première version)*, OC, III:283.
67. El lector puede consultar excelentes investigaciones al respecto, entre las que cabe mencionar: Antonello Gerbi, *La disputa del Nuevo Mundo. Historia de una polémica, 1750-1900*; Anthony Pagden, *European Encounters with the New World. From Renaissance to Romanticism*; Mary Louise Pratt, *Imperial Eyes. Travel Writing and Transculturation*; Benjamin Keen, *The Aztec Image in Western Thought*; Raymond Schwab, *The Oriental Renaissance. Europe's Rediscovery of India and the East, 1680-1880*; Edward W. Said, *Orientalism*; Thierry Hentsch, *L'Orient imaginaire. La vision politique occidentale de l'Est méditerranéen*.
68. Citado por Roger Mercier, "Image de l'autre et image de soi-même dans le discours ethnologique au XVIIIe siècle", p. 1419.
69. Véase por ejemplo *Rousseau juge de Jean Jaques*, OC, I:939.

prensible, por otro lado, que se ofendiera mucho cuando leyó en *Le fils naturel* de Diderot el insulto que uno de los personajes lanza contra otro, Dorval, quien como Rousseau se ha retirado a la soledad del campo: "Sólo el hombre malo está solo".[70] Rousseau le escribió una carta de protesta a Diderot, pues se consideró aludido por su amigo; como es imposible que un hombre solitario pueda molestar a nadie, la frase debía interpretarse al revés: son los hombres malos quienes se retiran a la soledad, tal como Rousseau había hecho cuando se fue a vivir al bosque de Montmorency, al Hermitage de la gran propiedad que su amiga Mme d'Épinay tenía cerca de París. No se trataba, en esta confrontación que inició la ruptura entre los dos pensadores, de una controversia sobre la bondad o maldad de los salvajes primitivos de las selvas de América. Aquí se ponía en cuestión el simulacro de hombre salvaje que servía como guía a Rousseau: el cultivo de la soledad, la expresión directa de los sentimientos, el desprecio por la artificialidad, la crítica de las apariencias; "el salvaje vive en sí mismo —había escrito Rousseau—; el hombre sociable, siempre fuera de sí, no sabe vivir más que en la opinión de los otros, y su existencia sólo obtiene sentido, por así decirlo, en los juicios de los demás".[71] Al identificarse personalmente con el hombre salvaje, Rousseau podía comprender que el mal era creado y recreado cada día por los hombres, quienes al hacerlo no expresaban ni su naturaleza original ni la voluntad divina. La soledad silvestre implicaba una perspectiva moral que, creía Rousseau, había sido puesta en duda por Diderot; o, peor aún, había sido calificada como maligna.[72]

Rousseau compartía con Pascal la idea de que la soledad es una vía de conocimiento que permite eludir las trampas de la apariencia y del disimulo, que tanto han pervertido a los hombres civilizados. En este punto se distanciaba de Montaigne y de Gracián, que habían establecido que el disimulo y la apariencia son cualidades importantes e indispensables de la sociedad.[73] Tanto para Pascal como para Rousseau, el disfraz y el engaño son artificios usados por los poderosos para someter a los hombres. Pero, a diferencia de Pascal, Rousseau admiraba enormemente la búsqueda al interior de sí mismo que practicó Montaigne, pues la inmersión solitaria en las profundidades del corazón proporcionaba una guía segura de comportamiento. Al escuchar una "voz interior", y al silenciar las pasiones, los hombres podían reconocer las virtudes sociales ocultas por el "falso simulacro" de un progreso mal comprendido.[74] Como he señalado, Rousseau concibió su imitación del hombre salvaje como un *simulacro verdadero* al que todos los ciudadanos podían acceder libremente, sin intermediarios. Se ha señalado que, a fin de cuentas, Rousseau no pudo escapar de la teatralidad: aun cuando criticó al teatro y demandó su prohibición en Ginebra, exaltó como alternativa las fiestas cívicas

---

70. *Les confessions*, OC, I:455.

71. *Discours sur l'origine de l'inégalité*, OC, III:193.

72. Diderot desde 1745, en su *Essai sur le mérite et la vertu*, se refiere a la "bonté naturelle de l'homme", pero advierte "qu'il n'y en a point de [créature] plus ennemie de la solitude que l'homme dans son état naturel", *Oeuvres complètes*, I:30-1, 97 y 99. Véase una comparación de las ideas de los dos pensadores en George R. Havens, "Diderot, Rousseau, and the *Discours sur l'inégalité*".

73. Dice Gracián en su célebre apología de la ostentación: "¿De qué sirviera la realidad sin la apariencia? [...] Saber y saberlo mostrar es saber dos veces" (*El discreto*, XII, p. 138). Montaigne escribe: "el disimulo es una de las más notables cualidades de este siglo" ("Du démentir", p. 649).

74. *Rousseau juge de Jean Jaques*, OC, I:687.

públicas. En el teatro el actor, al engañar al público, se autoaniquila; en cambio, el festival público constituye un ritual en el que todos pueden participar sin distinción de ninguna clase.[75]

¿Qué podría ser un simulacro verdadero para Rousseau? La representación figurada de una voz interior auténtica. Para desesperación de sus intérpretes modernos, Rousseau transita de una iconoclastia que exalta la revelación mística a una iconofilia que se complace en construir y adorar una imagen del hombre salvaje hecha con las materias primas que tenía a la mano. A partir del icono del salvaje Rousseau no duda en imaginar —y en parte llevar a la práctica— un verdadero simulacro, para reinscribirse de nuevo en ese paradójico vaivén entre su cuasi-identificación con la imagen que ha evocado y una actitud visionaria que lo convierte en una especie de elegido.[76] Rousseau fue un hombre de la Ilustración en guerra contra la Ilustración y un dramaturgo opuesto al teatro, ha dicho Maurice Cranston.[77] En la misma línea contradictoria, cuando concibe al hombre salvaje pasa de ilustrado a iluminado, de personaje a persona, de representante a representado. No nos debe extrañar la confusión que ha surgido en la interpretación del hombre salvaje de Rousseau; por ejemplo, para Victor Goldschmidt no se trata de un mito ni de un sueño, sino más bien de un recurso metodológico y científico.[78] Marc Eigeldinger se inclina a reconocer un universo mitológico en la obra de Rousseau; pero por lo que se refiere al estado de naturaleza, sostiene que es tanto un mito literario como un axioma filosófico y una hipótesis que sirve como método de investigación.[79]

Rousseau avanza en la misma línea que Daniel Defoe, pero su modernización del mito del *homo sylvestris* adopta formas mucho más complejas y sutiles. Construye su punto de vista, se sumerge en él y desde allí observa al mundo. Pero no lo hace simplemente desde su subjetividad, tal como la encuentra después de su iluminación: Rousseau construye un ego salvaje, elabora su subjetividad. ¿Se

---

75. La crítica de Rousseau al teatro se encuentra en su *Lettre à d'Alembert sur les spectacles*. Véase un sugerente comentario de estos temas en Harvey Mitchell, "Reclaiming the Self: The Pascal-Rousseau Connection", pp. 656-7.

76. Véase el sugerente ensayo de Mario Perniola, "Icônes, visions, simulacres". No comparto su afirmación de que el simulacro no remite a un prototipo o modelo original, pero es muy interesante su idea de que los ejercicios espirituales de Ignacio de Loyola constituyen una de las formas originarias del simulacro moderno.

77. Maurice Cranston, *The Noble Savage. Jean-Jacques Rousseau, 1754-1762*, p. 108. Sobre las paradojas y las contradicciones de Rousseau, véase el interesante artículo de Basil Munteano, "Les «contradictions» de J.-J. Rousseau", donde hace un repaso crítico de diversas interpretaciones del desdoblamiento del pensador francés.

78. Victor Goldschmidt, *Anthropologie et politique. Les principes du système de Rousseau*, pp. 247 y 448. Reconoce que el acto de remontarse, gracias a la meditación, al estado de naturaleza parece un mito, pero cree que se trata más bien de la construcción de lo que hoy llamaríamos un tipo ideal weberiano.

79. *Jean-Jacques Rousseau: univers mythique et cohérence*, p. 26. Enumera como mitos en Rousseau los siguientes: los heredados de la Grecia antigua, los mitos romanos sobre la ciudad, el paraíso, la insularidad, Robinson Crusoe, el agua, la vegetación, la luz, el mito del yo en busca de coherencia, los festivales, el pueblo, la edad de oro y, con dudas, el estado de naturaleza. Véase del mismo autor *Jean-Jacques Rousseau et la réalité de l'imaginaire*, especialmente el capítulo VI, "L'âge d'or est insulaire", donde confunde —como él mismo reconoce en su libro más reciente— el paraíso con la edad de oro (esta última es una etapa intermedia entre el estado de naturaleza y el estado civil).

trata de una invención? Como ya hemos visto, lo es sólo parcialmente, pues tomó de sus experiencias, de las conversaciones y de las lecturas gran parte de la materia prima para levantar el edificio de su subjetividad salvaje; se construyó a sí mismo como un punto de vista que consideró privilegiado para dirigir una mirada crítica a la sociedad y una mirada amorosa a los hombres. Rousseau toma un mito milenario, lo despoja de aquello que le parece inútil, lo transforma, le agrega elementos nuevos procedentes de la ciencia o de otros mitos. Diseña así el disfraz de hombre salvaje que usará para enfrentarse a la vida. Se viste con la desnudez del salvaje para abrigar su endeble existencia y protegerla de la intemperie cruel de la civilización moderna.

La forma como Rousseau concibe su *homme sauvage* nos proporciona una clave importante para comprender su pensamiento político. A fuerza de querer convertir a Rousseau en padre fecundador de las ciencias sociales modernas, se ha ocultado una dimensión significativa de su pensamiento. Su construcción del hombre natural no es resultado de un análisis inductivo de los fenómenos ni una exaltación de la investigación empírica.[80] Es más bien el fruto de una práctica ritual que se metamorfosea en praxis crítica. Es evidente que Rousseau rompe con la tradición jusnaturalista que, a partir del estado de naturaleza, establece los derechos innatos del hombre, anteriores a la sociedad civil e independientes de ella. Rousseau no extrae principios morales derivados de la condición natural del hombre; la legitimidad de una nueva sociedad civil no puede fundarse ni en la oposición al mal originario representado por el salvaje hobbesiano (o por el pecado de Adán y Eva) ni por la defensa de una bondad fundamental simbolizada por el salvaje noble; la legitimidad, en la perspectiva de Rousseau, es necesario construirla, y su *homme sauvage* sirve como impulso a la actitud crítica, pero no es un modelo a seguir. La construcción de la figura del salvaje desencadena una acción y una actuación —una praxis y una mimesis— que se convierten en los fundamentos de la moral. En este punto Rousseau va más allá que los ilustrados científicos "descubridores" de la naturaleza humana: la descubre y además la actúa. Es un explorador de la naturaleza del hombre, pero también su profeta. De aquí podría concluirse que hay en el pensamiento de Rousseau una primacía de la política —y, por extensión, de la historia— sobre la moral, lo que nos permitiría hacer a un lado la idea de que fue un precursor del yo romántico. Es la conclusión de Lucio Colletti, un tanto apresurada, pues es indispensable considerar la profunda inmersión mística de Rousseau en lo que para él es el universo intemporal de su ego a fin de comprender las raíces de su crítica política.[81] Rousseau se adelanta a su época más por prefigurar una actitud *al mismo tiempo crítica y romántica* que por ser un precursor del método científico. Podemos reconocer esta pecu-

---

80. Como pretende Asher Horowitz, *Rousseau, Nature and History*, p. 48. En la misma línea, Geoffrey Symcox ("The Wild Man's Return: The Enclosed Vision of Rousseau's *Discourses*", p. 243) dice que la gran ventaja de Rousseau sobre sus contemporáneos es que logró comprender la mente primitiva; yo creo, por el contrario, que Rousseau estableció la posibilidad de identificarse con un hombre salvaje imaginario, de tal manera que la nueva mentalidad europea podía expresarse a través del pensamiento primitivo que ella misma inventaba.

81. Lucio Colletti, *Ideologia e società*, tercera parte. Se basa en las tesis de Robert Derathé ("Introduction" a *Du contrat social* en OC de Rousseau, III:xci-cxv) y de Lionel Gossman, "Time and History in Rousseau".

liar combinación –el romanticismo crítico– en el pensamiento político del siglo XIX, incluyendo a Karl Marx.[82] La aguda definición sintética del romanticismo hecha por Martin Henkel, que lo ve como "la primera autocrítica de la modernidad",[83] se puede aplicar igualmente a Rousseau.

Resta no obstante un problema: ¿por qué motivos Rousseau, que despreció explícitamente a los científicos y a los hechos en su reinvención del *homme sauvage*, buscó no obstante alguna forma de respaldo empírico a sus vuelos imaginarios? El apoyo en información procedente de los naturalistas y los viajeros se encuentra principalmente en las notas que Rousseau agregó al segundo *Discurso*, destinadas a definir con mayor precisión al hombre salvaje. A diferencia de la mayor parte de los naturalistas y filósofos de su época, Rousseau traza la frontera entre el hombre y la bestia a un nivel muy por debajo de la línea divisoria comúnmente reconocida: el *homme sauvage* es un ser irracional, solitario y asocial, desprovisto de lenguaje y herramientas, que se diferencia muy poco de las bestias.[84] Al acercar tanto el hombre salvaje a la bestia Rousseau logra reducir considerablemente la influencia de las leyes naturales en el comportamiento humano; el hombre salvaje es similar a los osos, los lobos o los monos en todo salvo en un aspecto: es un ser libre. Esta libertad fundamental –que explica su capacidad de perfeccionarse– es la causa de la inmensa distancia que los artificios han interpuesto entre el hombre civilizado y las condiciones naturales originarias. Lo que define al hombre es su libertad y no la naturaleza, de tal manera que la importancia de la artificialidad –aunque es la responsable de los males sociales– resulta incrementada extraordinariamente. Esto le permitió a Rousseau establecer la posibilidad de reformar la sociedad mediante los poderosos artificios humanos que han sido, a la vez, responsables de los vicios en que ha caído la sociedad.[85] Para destacar el peso de la artificialidad Rousseau tuvo que colocar al hombre salvaje casi al nivel de las bestias: no debe extrañarnos, pues, que sintiese la necesidad de buscar inspiración y ejemplo en las costumbres de los animales, para lo cual acudió a la mejor fuente disponible, a su admirado Buffon, que en 1749 había iniciado la publicación de la monumental *Histoire naturelle*.[86] Hay un pasaje de Buffon en el que podemos reconocer plenamente las ideas que Rousseau desarrollará en su segundo *Discurso*:

---

82. El aspecto romántico de Marx no ha sido tan reconocido y estudiado como su lado crítico. Véase el libro de Leonard P. Wessell, Jr, *Karl Marx, Romantic Irony, and the Proletariat. The Mythopoetic Origins of Marxism*.

83. Martin Henkel, "Was ist eigentlich romantisch", p. 296.

84. Buffon por ejemplo dice: "El hombre explica lo que pasa dentro de él por medio de un signo exterior, comunica su pensamiento mediante la palabra: este signo es común a toda la especie humana; el hombre salvaje habla lo mismo que el hombre civilizado, y ambos hablan naturalmente, y lo hacen para darse a entender" (*De la nature de l'homme*, p. 357). Contra las tesis de Buffon, Rousseau niega que el hombre salvaje se encuentre sometido a una necesidad biológica que lo empuja a reunirse con otros hombres; para Rousseau la especie no engendra al hombre, que es un ser libre.

85. Una buena exposición de este tema puede encontrarse en Marc F. Plattner, *Rousseau's State of Nature. An Interpretation of the Discourse on Inequality* y en Jean Starobinski, *Le remède dans le mal. Critique et légitimation de l'artifice à l'âge des Lumières*.

86. Jean Starobinski dice que Rousseau aplica al hombre de la naturaleza la felicidad física que Buffon atribuye a los animales ("Rousseau et Buffon", p. 387).

49. Rousseau acudió a Buffon como fuente para documentar su pasión por los hombres salvajes. El Jocko, ilustración en la *Histoire Naturelle*, fue sin duda contemplado con admiración por el filósofo francés.

El hombre salvaje es [...] de todos los animales el más singular, el menos conocido y el más difícil de describir [...] Un salvaje absolutamente salvaje –tal como el niño criado entre los osos del que habla Conor, el joven hallado en los bosques de Hannover, o la pequeña niña encontrada en los de Francia– sería un espectáculo curioso para el filósofo; al observar a su salvaje podría evaluar exactamente la fuerza de los apetitos de la naturaleza; allí vería el alma al descubierto, distinguiría todos sus movimientos naturales y tal vez reconocería en ella más dulzura, tranquilidad y calma que en la suya; tal vez vería claramente que la virtud pertenece más al hombre salvaje que al hombre civilizado, y que el vicio sólo ha nacido en la sociedad.[87]

El "espectáculo curioso" que desea Buffon para el filósofo lo representa Rousseau en el *Discurso sobre la desigualdad*; allí los filósofos pudieron gozar de una gran exhibición al desnudo del alma salvaje del hombre. Las referencias biológicas –lo mismo que las etnográficas– son un suplemento empírico a este espectáculo imaginario.[88] En las notas suplementarias al segundo *Discurso* Rousseau se queja amargamente de las visiones deformadas de los viajeros y de la falta de información; se deleita imaginando a sus sabios amigos viajando por todo el mundo en busca de los preciosos datos que hacen falta para comprender la naturaleza humana: "Supongamos a un Montesquieu, un Buffon, un Diderot, un Duclos, un d'Alembert, un Condillac, o a hombres de este temple viajando para instruir a sus compatriotas, observando y describiendo como ellos saben hacerlo".[89] Algunos años después, uno de estos sabios ilustrados –Diderot– emprende el viaje soñado por Rousseau: la ironía del hecho es que Diderot realiza este viaje en un suplemento ficticio al *Voyage autour du monde* de Bougainville publicado en 1771, donde el gran navegante francés plasmó sus experiencias con los salvajes de diversas partes del mundo, desde la Patagonia hasta Tahití. La reconstrucción del *homme sauvage* llevó a Rousseau a considerar el contacto con la realidad como un suplemento que debe agregarse a la imaginación; en contraste, para Diderot el suplemento es un agregado ficticio que la realidad necesita. Derrida ha interpretado a Rousseau de otra manera: los suplementos forman una cadena de sustituciones cuya artificialidad compensa la pérdida de una presencia auténtica y original. El ejemplo es, por supuesto, el famoso pasaje de las *Confesiones* donde Rousseau se refiere a la masturbación como un "peligroso suplemento que engaña a la naturaleza y evita a los jóvenes de mi

---

87. Buffon, *Variétés dans l'espèce humaine*, p. 242.
88. Sobre la antropología de Rousseau se han hecho muchos estudios que la ubican en el contexto de su época: Michèle Duchet, *Anthropologie et histoire au siècle des lumières*; Franck Tinland, *L'homme sauvage. Homo ferus et homo sylvestris*; Arthur O. Lovejoy, "Monboddo and Rousseau"; Francis Moran III, "Between Primates and Primitives: Natural Man as the Missing Link in Rousseau's *Second Discourse*"; Christopher Frayling y Robert Wokler, "From the orang-utan to the vampire: towards an anthropology of Rousseau". De Robert Wokler véanse tres ensayos interesantes, aunque exageran el aspecto "científico" y "evolucionista" de Rousseau: "Tyson and Buffon on the orangutan"; "Perfectible Apes in Decadent Cultures: Rousseau's Anthropology Revisited"; "The Ape Debates in Enlightenment Anthropology".
89. *Discours sur l'origine de l'inégalité*, OC, III:213, nota X.

talante muchos desórdenes, a costa de su salud, de su vigor y a veces de su vida".[90] En otro texto describe su gusto por la contemplación de la naturaleza, en la que hallaba "un suplemento a los afectos que necesitaba; y hubiera abandonado el suplemento por la cosa, si hubiera tenido la alternativa; pero se limitaba a conversar con las plantas sólo después de vanos esfuerzos por conversar con los humanos".[91] Rousseau está convencido de que la humanidad –lo mismo que él como persona– no tiene la alternativa de hacer a un lado al suplemento para regresar a su naturaleza primordial;[92] el problema consiste, pues, en la relación que pueden y deben establecer los hombres con los artificios que suplen el imposible goce de la naturaleza pura.

A fuerza de meditar sobre los suplementos artificiales, Rousseau acabó tomando en muchas ocasiones a la realidad natural como un flujo que se agregaba al tumultuoso torrente de su propia vida. Las ciencias llamadas a estudiar la naturaleza, siendo artificiales, contaminaron con su arte a la misma naturaleza, que a los ojos de Rousseau se transformaba paulatinamente en un suplemento a sus pulsiones vitales. ¿Cómo ocurrió la inversión? ¿Cómo fue que la masturbación adquirió una gran importancia y las relaciones con mujeres se convirtieron en un suplemento que servía para detonar su poderosa imaginación?[93] El proceso debió ser similar al que lo llevó a colocar al mítico hombre salvaje en el centro, suplementado por los pocos destellos reales que pudo recolectar para apoyar su iluminación. La propia biografía de Rousseau contiene una relación dialógica entre la construcción imaginaria de su identidad y los suplementos que la vida real va agregando.

En su propia recreación del hombre salvaje Diderot tomó el camino opuesto: inventó una serie de diálogos imaginarios entre dos europeos (identificados algebraicamente como A y B) que comentan unos textos ficticios en los que se encuentran las declaraciones de un anciano tahitiano y la conversación entre el salvaje Orou y un capellán francés.[94] El texto original de Bougainville pinta a los salvajes de Tahití como unos seres nobles y libres que viven en un paraíso insular; pero también describe, como sólo una mentalidad racista y colonialista podía hacerlo,

---

90. *Les confessions*, OC, I:109.

91. *Rousseau juge de Jean Jaques*, OC, I:794.

92. "¿Es necesario destruir las sociedades –se pregunta Rousseau en tono burlón–, anular lo tuyo y lo mío y regresar a vivir con los osos en los bosques? Es una conclusión típica de mis adversarios, y que yo quiero tanto prevenir como impedirles que la saquen vergonzosamente". *Discours sur l'origine de l'inégalité*, OC, III:207, nota IX.

93. En sus relaciones románticas con la condesa Sophie d'Houdetot, que fue el suplemento real a la imaginaria Julie de su novela, también aparece el onanismo como una forma de aplacar sus fiebres eróticas. Reconoce que solía masturbarse en el camino solitario a través del bosque, cuando se dirigía a visitar a su amiga, como una forma de anticiparse a un placer físico que le parecía imposible alcanzar (*Les confessions*, OC, I:445); según su expresión, no podía recorrer "impunemente" el trayecto que lo separaba de ella, que es la misma fórmula que usa para referirse al autoerotismo que le inspiraba Mme de Warens (ibid., p. 195). Sobre la masturbación, véase Maurice Cranston, *The Noble Savage. Jean-Jacques Rousseau, 1754-1762*, pp. 64-5. Cranston hace notar que antes de inventar a Julie, Rousseau no se había fijado en Mme d'Houdetot (ibid., p. 56); el propio Rousseau se refiere a ello (ibid., p. 440). También veía a su compañera Thérèse, a la que no amaba, como un suplemento necesario (ibid., p. 332).

94. Denis Diderot, *Supplément au voyage de Bougainville*.

las repulsivas costumbres de los salvajes de otras regiones, de los fueguinos e "indios bravos" de América del Sur o los habitantes de otras islas de Polinesia. Estos aspectos negativos son abundantes en los documentos y diarios de la expedición de Bougainville, pero fueron atenuados en la redacción del libro, para adaptarlo al gusto del público.[95] Diderot, en el *Suplemento*, sale al paso de quienes pudieran creer que el relato de Bougainville sea una fábula: la prueba de que no lo es se encuentra en el texto suplementario que contiene los testimonios de Orou y del capellán, según explica B —celoso poseedor del texto— a A.[96] El juego dialógico e intertextual es muy revelador: el testimonio del viajero parece un relato fabuloso que requiere de un agregado correctivo; el agregado es evidentemente ficticio, pero está destinado a darle al texto original, que estudia la diversidad de costumbres, una dimensión científica. El resultado es que Diderot inventa un salvaje, "un poco a la europea" como admite,[97] con el propósito de que el simulacro artificial pueda dar credibilidad científica a un texto generado por una expedición que, además de sus impulsos coloniales, tenía el propósito de recabar información (acompañaban a Bougainville un naturalista, un médico y un escritor).[98] A partir de este impulso intertextual nace una de las derivaciones modernas más influyentes del mito del hombre salvaje: la utopía erótica polinesia, que se ramificó extraordinariamente y se entrelazó con los testimonios de otros exploradores del Pacífico, entre los cuales destaca el capitán Cook.[99]

El salvaje de Diderot, aunque es tributario del mito del *homo sylvestris*, tiene como principal referente o pretexto a los indígenas primitivos de las tierras exóticas que colonizan los europeos. Pero en realidad Diderot sobrepone en los hombres primitivos la estructura europea del mito del salvaje, de la misma forma en que —por ejemplo— el compositor Rameau impuso una compleja estructura armónica a su pieza *Les sauvages*, que le fue inspirada cuando contempló en 1725 a dos indios de Louisiana que eran exhibidos en una feria parisina. Rousseau detestaba la imposición de la armonía sobre la melodía, tan típica de Rameau, y ello motivó ásperas y enconadas discusiones entre los dos. *Les sauvages* de Rameau es el ejemplo de una brillante orquestación basada en una elaborada textura armónica; los salvajes que aparecen en esta opera-ballet cómica no expresan sus nobles sentimientos —como en el *Suplemento* de Diderot— con recursos melódicos sencillos, sino mediante un barroquismo sofisticado. Rameau nos presenta un curioso salvaje rococó que, en un momento culminante, ejecuta su danza ritual: un ele-

---

95. Véase de Lionello Sozzi, "Bougainville e i selvaggi", que comenta la edición de los documentos originales de la expedición por E. Tallemite, *Bougainville et ses compagnons*, 2 vols., París, 1977.
96. *Supplément au voyage de Bougainville*, p. 465.
97. Ibid., p. 503. En otra parte se justifican las "ideas y sesgos europeos" al suponer que el suplemento es una traducción del tahitiano al español, y del español al francés (ibid., p. 472).
98. Sobre el aspecto dialógico del texto de Diderot véase: Dena Goodman, "The Structure of Political Argument in Diderot's *Supplément au voyage de Bougainville*"; Marie-Hélène Chabut, "Le Supplément au voyage de Bougainville: une poétique du déguisement"; James L. Schorr, "Caverns and the Dialogic Structure of the *Supplément au voyage de Bougainville*".
99. Véase Marshall Sahlins, *Islands of History*. El mito del paraíso erótico polinesio fue impulsado en el siglo XX por la pintura de Gauguin y reciclado bajo forma de investigación antropológica por Margaret Mead en Samoa, como ha demostrado Derek Freeman, *Margaret Mead and Samoa*.

gante rondó orquestado con excepcional maestría desemboca en un melancólico dueto con coro, que exalta los bosques apacibles donde los vanos deseos no llegan a perturbar el corazón de los salvajes. Pero la historia que narra el libreto —escrito por Louis Fuzelier— es una exaltación del amor monogámico, representado por Zima, la bella hija del jefe de la nación salvaje, y en nombre del cual rechaza a los dos pretendientes europeos, un español y un francés, que enaltecen la inconstancia y critican la fidelidad como una forma de esclavitud. A orillas del Sena "la ligereza es un honor, y la esposa más bella se sonrojaría si fuese fiel", y a orillas del Tajo muchas mujeres, que en "el matrimonio reciben cadenas y no nudos", se quejan de las sospechas de sus maridos celosos.[100]

En contraste, en el *Suplemento* de Diderot los términos han sido invertidos: la vida sexual natural, que caracteriza a los salvajes, es libre, no implica obligaciones, no se basa en la fidelidad y no genera celos, aunque va acompañada de una cierta violencia falocéntrica legítima. El incesto, el adulterio y la fornicación no son considerados pecados; el matrimonio, el pudor, la galantería y la coquetería no existen como instituciones en la sociedad salvaje. La ironía consiste en exaltar la noble promiscuidad de los tahitianos para criticar la hipocresía monogámica europea. La visión francesa de los exóticos habitantes de ultramar es un tema que ha sido tan profusamente estudiado y comentado que no me detendré más en él.[101] A mí me interesa destacar la importancia de los esquemas europeos preconcebidos, entretejidos en temas aparentemente exóticos pero que en realidad se refieren al viejo continente. Al igual que Rousseau, cuando Diderot piensa en salvajes tiene en mente a los europeos. Pero, a diferencia de Rousseau, Diderot no establece un diálogo personal directo con el hombre salvaje, sino que teje redes dialógicas en torno a él. Al respecto, podemos tomar otro ejemplo sintomático; Diderot creó un personaje sumergido en una extraña locura: el sobrino de Rameau, inspirado en un bohemio cuyo tío era el músico autor de *Les sauvages*; este personaje en cierto momento afirma que la exaltación de la pobreza que hace el filósofo no es una actitud natural; por el contrario, el salvaje desde niño busca el lujo y la admiración. El filósofo que dialoga con él comenta que, sin educación, tiende naturalmente a la violencia, y dice en una frase notable por su crudeza:

> Si el pequeño salvaje fuera abandonado a sí mismo, si conservara toda su imbecilidad y si a la escasa razón del niño de cuna añadiera las pasiones violentas de un hombre de treinta años, estrangularía a su padre y se acostaría con su madre.[102]

---

100. Tercera escena. La comedia *Les sauvages* fue agregada como la cuarta y última parte de *Les Indes galantes*, ópera estrenada en París en 1735. Las tres primeras partes están ambientadas en Turquía, Perú y Persia, y adoptan respectivamente la forma de un drama, una tragedia y una pastoral bucólica.

101. Véase, sobre Diderot, el excelente libro de Félix de Azúa, *La paradoja del primitivo*. Una visión general y amplia se encuentra en Silvio Zavala, *América en el espíritu francés del siglo XVIII* y en Gilbert Chinard, *L'Amérique et le rêve exotique dans la littérature française au XVIIe et au XVIIIe siècle*.

102. Diderot, *Le neveu de Rameau*, p. 97. Sobre esta novela y la locura de su personaje central, véase Michel Foucault, *Histoire de la folie à l'âge classique*, pp. 363-72. En otro texto, su *Réfutation d'Helvetius*, Diderot no deja dudas sobre su actitud personal: afirma que es mejor el "vicio refinado bajo un vestido de seda que la feroz estupidez bajo el pellejo de una bestia [...], la voluptuosidad

Rousseau también concibió un segundo estado natural del hombre teñido de violencia y de calamidades. El exceso de corrupción de los hombres artificiales podría conducir a "un nuevo estado de naturaleza" dominado por el despotismo, donde los hombres vivirían otra vez aislados y solitarios, sin más reglas que sus pasiones, sometidos a la voluntad arbitraria de efímeros tiranos que mantienen su poder sólo mientras les dura su fuerza; todos los hombres estarían sumidos en el orden natural de una igualdad no fundada en la ley sino en el hecho de que ninguno vale nada.[103] Se ha hecho notar que, para Rousseau, este futuro calamitoso, este nuevo salvajismo, sólo puede ser enfrentado de dos maneras: sea escaparse a los bosques para olvidar los crímenes de nuestros contemporáneos y para reencontrar la antigua inocencia; o bien aceptar los lazos sagrados de la sociedad de que somos parte, pues las pasiones han destruido la simplicidad original y ya no podemos alimentarnos de hierbas y bellotas.[104] Abrirse paso por este segundo camino, que es el que escogió, no le impidió a Rousseau realizar viajes imaginarios, en sus sueños, por los bosques primigenios de la libertad salvaje.

---

entre los frisos dorados y sobre la blandura de cojines en un palacio, que la pálida miseria, sucia y aborrecible, tendida sobre la tierra húmeda y malsana, y escondida con terror en el fondo de un antro salvaje" (*Oeuvres complètes*, vol. II, p. 431).

103. *Discours sur l'origine de l'inégalité*, OC, III:191.
104. Ibid., p. 207. Véase Mario Einaudi, *The Early Rousseau*, p. 151.

50. El hombre salvaje de una comedia musical de Charles Dibdin, estrenada en Londres en 1809, interpretado por el célebre Joseph Grimaldi.

IX
Nacimiento y muerte del salvaje romántico

Los monstruos salvajes que poblaban la imaginación europea a principios del siglo XIX fueron exorcizados, en algunas ocasiones, con buen humor e ironía. Si las monstruosidades –reales e imaginarias– que generaba la nueva sociedad industrial urbana no podían evitarse fácilmente, al menos la gente tenía la alternativa de ir al teatro para reírse de sus grotescas representaciones. Una de ellas fue el hombre salvaje, viejo personaje del teatro inglés, cuya existencia en los escenarios persistía a principios del siglo XIX, aunque algunos estudiosos han creído que se había extinguido dos siglos antes.[1] Quiero poner un ejemplo simpático que demuestra la presencia de este personaje a principios del siglo XIX en el teatro inglés del género chico. Recordemos que el origen de diversos personajes salvajes puede rastrearse en la antigua *commedia dell'arte* italiana, donde cumplían con frecuencia un papel similar al del *gracioso* en el teatro español del Siglo de Oro. En esta tradición, el hombre salvaje representa el papel de un ser malvado pero chistoso, cuyas gracias en el escenario permiten que los temas más trágicos sean vistos por el público con una mirada irónica y que las tensiones dramáticas sean resueltas en el relajamiento de descubrir que el monstruo, a fin de cuentas, no es tan malo como parece. Este aspecto festivo y carnavalesco del hombre salvaje es la otra cara del monstruo que inventó Mary Shelley en su *Frankenstein*. Es posible que la escritora inglesa, en su niñez o adolescencia, hubiese visto algún salvaje del teatro cómico de su época. Así como imaginé a Hobbes, dos siglos antes, asistiendo a una representación de *Mucedorus* y riéndose del salvaje Bremo, me complace ahora suponer a la pequeña Mary Shelley en el Sadler's Wells Theatre de Londres, donde habría ido a divertirse con las extraordinarias actuaciones de Joseph Grimaldi, conocido como "Joey", considerado como el creador de la figura moderna del payaso que hoy vemos en los circos. En ese teatro se estrenó en 1809 una obra de Charles Dibdin titulada *The Wild Man*, donde el popular actor cómico hacía el papel de hombre salvaje.[2] Esta pieza melodramática cuenta

1. Robert Hillis Goldsmith, "The Wild Man on the English Stage".
2. El autor de esta pieza era Charles Isaac Mungo (1768-1833), conocido como Charles Dibdin el Joven, que fue director y copropietario del Sadler's Wells Theatre; su esposa actuó y cantó en el estreno de *The Wild Man* en 1809. Mungo fue el hijo de una relación extramatrimonial del famoso músico y cantante Charles Dibdin con una bailarina de Covent Garden llamada Harriet Pitt. La obra fue puesta de nuevo en escena en 1814 en el mismo teatro, que existe todavía en la avenida Rosebery de Londres; el teatro había sido un balneario, y el pozo original descubierto por Thomas Sadler aún se encuentra allí, bajo una trampa, detrás de las butacas. La pieza de teatro fue publicada en 1836 en el *Cumberland's Minor Theatre*, vol. 11.

la historia de Artuff, príncipe de una isla imaginaria en el Mediterráneo, quien parte a un largo viaje y deja encargado el poder en manos de Muley, un moro traidor que se aprovecha para envenenar (fallidamente) a la princesa Fadallah y abandonar a su hijo Adolphus en la soledad del bosque para que perezca de inanición. Pero el niño es rescatado por el hombre salvaje, que lo mantiene protegido en su cueva. Este hombre salvaje no habla, pero emite un extraño parloteo y hace toda clase de bufonadas para expresarse. En cierto momento un jabalí feroz entra a la cueva y se produce una batalla espectacular que termina cuando el hombre salvaje le arranca una pierna al animal. El niño aprovecha la confusión para escabullirse y en su carrera se topa con su padre, quien ha regresado sorpresivamente y está hablando con el moro; éste se asusta y trata de apuñalar a Artuff. El hombre salvaje entra súbitamente y lo impide mediante descomunales golpes con la pierna de jabalí. Aquí hay una graciosa escena de fintas agresivas: el salvaje trata de golpear también a Artuff, pero el niño lo impide. Al final el pequeño controla al salvaje y se va montado en él, perseguido por su padre. A lo largo de la obra, que es una comedia musical en la que varios personajes cantan y danzan, aparecen Don Quijote y Sancho Panza; su intervención sirve para enredar la trama jocosamente, además de que el escudero entona varias canciones.

Un comentarista que vio la obra escribió que la gran atracción era la maravillosa actuación de Grimaldi en el papel de salvaje: "nada podría ser mejor que la escena en que es encantado mediante música; fue una expresión trágica y una pantomima de una excelencia poco común".[3] Esta escena ocurre en el interior de la cueva donde el hombre salvaje ha encerrado al pequeño Adolphus y a su padre; éste comienza a tocar una flauta en tono triste, lo que de inmediato cautiva al hombre salvaje, que se acerca asombrado; el flautista pasa a un *moderato* que llena de alegría al salvaje. Después, cuando Artuff toca a ritmo *furioso*, brinca con ferocidad apasionada, se arranca el pelo, corre y salta hacia el flautista con malas intenciones: pero el niño se interpone y su padre deja de tocar durante un instante tenso. En seguida vuelve a sonar la flauta en *affettuoso*, ablanda al salvaje a tal punto que lo hace llorar; pero pasa a una jiga que lo pone a danzar hasta que, al final, el hombre feroz se echa a los pies del flautista y mediante toda clase de gestos, ademanes y cabriolas le indica que ha quedado sojuzgado. Entonces el niño toma la faja de su padre y con ella ata del cuello al hombre salvaje, que se deja sacar de la cueva dando saltitos y sofocando la risa. Según las indicaciones para el vestuario, el hombre salvaje aparecía toscamente cubierto de pieles y hojas; un dibujante, para la edición de la obra, lo representó vestido sólo con un taparrabos.[4]

El final de la obra de Dibdin parece realmente espectacular, pues consiste en un gran desfile acuático realizado en un lago (el Sadler's Wells Theatre había sido originalmente un balneario y conservaba un estanque). En medio del agua una barcaza fastuosa lleva al príncipe y a la princesa (que se ha salvado del envenenamiento); un pequeño carro acuático tirado por cisnes lleva al niño; el hombre

---

3. El comentarista es George Daniel, quien preparó la edición de la obra, con sus observaciones: Charles Dibdin, *The Wild Man: A Melodramatic Romance in One Act*, p. 7.

4. Se trata de un grabado realizado a partir de un dibujo hecho en el teatro, impreso en la edición citada de *The Wild Man*.

salvaje va nadando delante; una lancha que carga a Don Quijote y a Sancho cierra el desfile. La orquesta, muy ornamentada, está tocando y a los lados hay arcos triunfales y cortinajes. Seguido de dos demonios acuáticos, aparece de pronto el mago Braganthan montado en una hidra que ataca a Don Quijote; pero el mago es derrotado por el caballero, y acto seguido aparece el moro traidor encadenado. Está condenado a morir, pero una nube brillante desciende, mostrando una inscripción: "la clemencia es el más luminoso atributo del poder". El príncipe, al ver la nube, entrega al niño un rollo que otorga el perdón, pero el moro lo tira desdeñoso al agua y con él al niño que gentilmente se lo quería entregar. El hombre salvaje, que estaba atento a todo, se zambulle para salvar al niño y se lo entrega sano a su padre; de inmediato, poseído de una intensa furia, arroja al moro al lago y deja que se ahogue. En ese momento, al fondo del escenario, surge un carro brillante sostenido en una nube iluminada. En el carro va Dulcinea del Toboso, rodeada de cupidos; las trompetas tocan una fanfarria antes de que caiga el telón final.

De esta manera, un genial payaso logró metamorfosear al terrorífico monstruo salvaje –descendiente de Calibán– y lo convirtió en un simulacro hilarante, ejecutado con maestría en el contexto de un argumento retorcido y truculento. Pero las carcajadas expresaban también el antiguo miedo de los europeos, mezclado de fascinación, por los monstruos.

Esta fascinación, lejos de apagarse, fue impulsada por los espíritus ilustrados del siglo XVIII y elevada a la más alta categoría científica en el siglo XIX: la teratología fue alentada tanto por la tradición naturalista como por la imaginación romántica. A Diderot le obsesionaban los monstruos y dedicó muchas reflexiones a los fenómenos aberrantes que, según creía, pueden guiar el entendimiento del orden normal de la naturaleza y la sociedad. Los monstruos, para Diderot, constituyen un enigma que debe ser considerado tanto desde el punto de vista del naturalista como desde las perpectivas de la ética y de la estética: la monstruosidad –pensaba Diderot– muestra aspectos físicos, morales y poéticos.[5] En sus *Eléments de physiologie* hay referencias a toda una gran variedad de fenómenos extraños y aberrantes: mujeres con los órganos sexuales mal colocados o inexistentes, hombres enormemente gordos, fetos desprovistos de corazón, personas que imaginan ser lobos, monos o serpientes, un hombre que tiene los intestinos fuera del cuerpo y que se deleita en contemplar su propia digestión, un soldado con un quiste anal que resulta ser un feto, una mariposa que copula con el cadáver de una mujer.[6] Diderot además se interesaba en las monstruosidades morales que aparecían en los hombres –su anatomía del sobrino de Rameau es tal vez su reflexión más conocida sobre las deformidades éticas–; después de que rompió con Rousseau, Diderot solía definir a su antiguo amigo como un monstruo. Por otro lado, creía que la más alta función del poeta radica en la invención de monstruos, ya que la verdadera creación no consiste en la reproducción de la naturaleza, sino en su distorsión e interpretación; el artista debe tomar el modelo natural para deformarlo de acuerdo a su modelo interior y producir así una obra que combi-

5. Véase G. Norman Laidlaw, "Diderot's Teratology", p. 109.
6. Ibid, p. 128.

ne en forma inesperada, aun a riesgo de crear incongruencias, los ingredientes que proporciona la naturaleza. Ya Nicolas Boileau había declarado que no había ningún monstruo odioso que el arte no pudiese transformar en un ser atractivo.[7]

En el *Suplemento al viaje de Bougainville*, publicado en 1796 pero escrito en 1772, Diderot llega a una conclusión dramática que define a la humanidad en términos de una monstruosa dialogía:

> ¿Quiere usted conocer la historia abreviada de toda nuestra miseria? Hela aquí. Existía un hombre natural: en el interior de este hombre fue introducido un hombre artificial; y surgió en la caverna una guerra continua que dura toda la vida. El hombre natural, ora es el más fuerte, ora es aplastado por el hombre moral y artificial; y tanto en un caso como en el otro, el triste monstruo es tironeado, atenazado, atormentado, tendido sobre el potro gimiendo sin cesar, sin cesar infeliz, ya sea porque es embriagado y transportado por un falso gusto por la gloria o porque una falsa ignominia lo dobla y lo abate. Sin embargo, hay circunstancias extremas que conducen al hombre a su primera simplicidad.[8]

Cuando estas reflexiones fueron publicadas su autor ya había muerto y la revolución francesa había abierto una nueva época: la caverna europea vivía un periodo de guerras cruentas que sacudían al triste monstruo. Sus terribles convulsiones fueron captadas por la sensibilidad genial de Francisco de Goya, que desde una España profundamente perturbada nos ha pintado el paisaje desolador de la Europa consumida por la violencia. En cuatro pinturas, realizadas hacia el año 1800, Goya nos dejó el más inquietante testimonio de esa guerra dentro de la caverna; casi podría decirse que esas pinturas ilustran el texto de Diderot. Estos cuadros forman parte de una serie de la que posiblemente faltan algunas escenas: en su conjunto representan un grupo de hombres salvajes completamente desnudos que en el interior de una cueva degüellan a una mujer, destazan y desollan cadáveres y celebran una orgía caníbal al calor de la hoguera.[9] Es sintomático que estos cuadros hayan sido interpretados como representaciones de los jesuitas Jean de Brébeuf y Gabriel Lalemant siendo martirizados por los iroqueses de Canadá en 1649; anteriormente se había supuesto que eran escenas del suplicio del arzobispo de Quebec. Estas interpretaciones eurocéntricas y colonialistas no se basaban en ninguna prueba, y no hay nada en los cuadros mismos que permita asociar a los salvajes con los indios americanos;[10] todo indica, más bien, que se

---

7. Ibid, p. 126.
8. *Supplément au voyage de Bougainville*, p. 511.
9. Estos cuadros, pintados sobre tabla de madera, se encuentran en el Museo de Bellas Artes y Arqueología de Besançon (*Los salvajes destazando a sus víctimas* y *El festín de los hombres salvajes*) y en la colección privada del conde de Villagonzalo en Madrid (*Salvajes degollando a una mujer* y *Salvajes en torno a una hoguera*). En el Museo del Prado de Madrid hay dos réplicas autógrafas de estos últimos, pintadas sobre hojalata y de un tamaño ligeramente menor.
10. Véase una crítica a estas interpretaciones (hechas en el siglo XIX por Charles Yriarte y F. J. Sánchez Cantón) en Matthieu Pinette y Françoise Soulier-François, *Chefs d'oeuvre de la peinture du Musée des Beaux Arts et d'archeologie de Besançon*, p. 158. Una interpretación tradicional puede verse en José Gudiol, *Goya, 1746-1828. Biografía, estudio analítico y catálogo de sus pinturas*, vol. I, pp. 321-323. Véase también Rita De Angelis, *L'opera pittorica completa di Goya*, números 408-13.

trata de europeos: los salvajes de estos cuadros se parecen a los bandidos que, en otra serie de composición y tamaño muy similares, desnudan y apuñalan a una mujer y fusilan a sus cautivos.[11] Estos horribles e hirsutos salvajes son europeos y forman parte de la cohorte de seres con que Goya describió la sociedad que le rodeaba: brujas, mutilados, enfermos, fusilados, hombres y mujeres con cabezas deformes, rostros que reflejan toda la gama de los sufrimientos, del abatimiento y de la mezquindad.[12] El mundo triste y lleno de espanto que pinta Goya culmina en la famosa serie de pinturas negras de la Quinta del Sordo, realizadas en su vejez, y que incluye la representación más temible de los caníbales: a Saturno devorando a uno de sus hijos.

Los hombres salvajes que pinta Goya constituyen un reto al racionalismo de la Ilustración. Se encuentran sumidos en un ambiente de luces y sombras contrastadas; la sencillez cromática acompaña una audacia en la composición que se aleja definitivamente del clasicismo. Ya no vemos aquí la influencia de los modelos clásicos –el sátiro, el centauro, las ninfas–, sino escenas surgidas de una imaginación exaltada que, al mismo tiempo, expresa las angustias de una sociedad turbulenta. Vemos pintados en estos cuadros a los primeros hombres salvajes del romanticismo; expresan algunas tendencias que ya existían en Rousseau y en Diderot, pero están ya más cerca de las mórbidas alucinaciones románticas que del espíritu de la Ilustración. Estos hombres salvajes no son nobles, y sin embargo su ferocidad inaudita resulta patética: en ellos asoma de nuevo la agresividad gótica del *homo sylvestris* medieval, con su mezcla de erotismo y gusto por la muerte. Estos monstruos están ya en el típico territorio romántico de Chateaubriand, quien en su *Génie du christianisme* anota una reflexión sobre las monstruosidades que bien podría ser un comentario a los salvajes de Goya: "Nos parece que Dios ha permitido estas distorsiones de la materia para enseñarnos lo que es la creación *sin él*: es la sombra la que hace resaltar la luz; es una muestra de esas leyes del azar que, según los ateos, deben haber parido al universo".[13] Los hombres salvajes del romanticismo también son un retorno al origen, pero al llevarnos a los tiempos primigenios nos obligan a asistir a un parto monstruoso.

También a principios del siglo XIX nació el más conocido de los hombres salvajes del romanticismo. La comadrona de este parto monstruoso fue la escritora Mary Shelley, que publicó en 1818 su famosa novela *Frankenstein*, dando origen a un poderoso mito que sigue vivo hasta nuestros días. Aquí hallamos la crítica típicamente romántica al científico racional que, ilustrado por la filosofía natural, emprende la tarea de fabricar un ser inteligente animado de vida a partir de materia muerta. El mito del hombre salvaje adopta aquí una modalidad muy

---

11. Los tres cuadros se encuentran en una colección particular (de la Romana), y son los números 489-91 del catálogo preparado por Rita De Angelis, *L'opera pittorica completa di Goya*.

12. Hay un dibujo de Goya que representa a un salvaje apenas cubierto de pieles que está a punto de golpear con una quijada de burro a otro que yace en el suelo. Se ha interpretado este dibujo como una representación de Caín matando a su hermano. Este dibujo, de 1812-13, se encuentra en el Álbum F (Ashmolean Museum, Oxford).

13. Citado por Jean Céard, "The Crisis of the Science of Monsters", pp. 191 y 203, n. 45.

importante: por vez primera se hace explícito el hecho de que es un ser artificial, aunque reproduce los estereotipos del hombre natural. La contradicción es evidente, pero es precisamente esta incongruencia lo que explica la revitalización del viejo mito y la fascinación que ha ejercido desde que Mary Shelley publicó el libro: el monstruo gigantesco creado por el doctor Victor Frankenstein en su laboratorio resulta ser originalmente bondadoso, cariñoso y sentimental, aunque terminará actuando tan brutalmente como los salvajes que pintó Goya.[14] Sin embargo, el monstruo creado por Frankenstein no es un ser natural: es la creación artificial de un científico animado por el espíritu racionalista de la Ilustración.[15] Se trata de un monstruo artificial que actúa, por decirlo así, en forma natural y que incluso es capaz de autodestruirse para acabar con la violencia que nace en él como respuesta a los agravios que recibe. La historia del monstruo de Frankenstein sigue un esquema esencialmente rousseauniano: es la sociedad la que vuelve maligna a la criatura artificial.[16] Pero ello ocurre en una forma que Rousseau no hubiese aprobado, pues la malignidad del monstruo es provocada por la soledad a la que es condenado, como él mismo dice: "Mis vicios son criaturas de una soledad forzada que aborrezco".[17] Esta idea procede directamente del padre de Mary Shelley, el pensador libertario William Godwin, quien pensaba que la soledad engendra vicios y que la felicidad sólo puede surgir de objetivos de carácter social.[18] Godwin ejerció una gran influencia también sobre su discípulo Percy Shelley, el poeta romántico que se casó con la hija de su maestro y que colaboró ampliamente en la redacción de *Frankenstein*.[19]

Con una lógica impecable el monstruo le había exigido al doctor Frankenstein que fabricase otra criatura similar a él, pero hembra, para remediar su soledad; sólo así cesarían de corroerlo los impulsos malignos. El doctor inicia la elaboración de una horrible criatura femenina, pero se arrepiente y destruye la obra iniciada, lo cual enfurece al monstruo. Otro ser salvaje de la época, en contraste, sí logra encontrar a su contraparte femenina: a Papageno, el hombre-pájaro de *La flauta mágica* de Mozart, le es permitido al final encontrar a su Papagena, en la que

---

14. Sobre el monstruo de Frankenstein como noble salvaje véase Milton Millhauser, "The Noble Savage in *Frankenstein*". Véase también el libro de Chris Baldick, *In Frankenstein's Shadow: Myth, Monstrosity, and Nineteenth-Century Writing*. También tiene interés el libro de Christopher Small, *Mary Shelley's Frankenstein. Tracing the Myth*.

15. Mary K. Patterson Thornburg, en su interesante libro *The Monster in the Mirror. Gender and the Sentimental / Gothic Myth in Frankenstein*, considera que Mary Shelley describió un monstruo gótico que se burla de las ambiciones sentimentales de su creador. Pero estas ambiciones son más bien el resultado de una pasión científica que aniquila los sentimientos de Victor Frankenstein.

16. Hay algunos estudios que comparan y contrastan a Mary Shelley con Rousseau: James O'Rourke, "'Nothing more Unnatural': Mary Shelley's Revision of Rousseau", y David Marshall, *The Surprising Effects of Sympathy: Marivaux, Diderot, Rousseau, and Mary Shelley*.

17. Mary Shelley, *Frankenstein or the Modern Prometheus*, p. 142.

18. William Godwin, *Enquiry Concerning Political Justice*, p. 300. Véase al respecto la introducción de Maurice Hindle a la edición citada del *Frankenstein*, p. xxix.

19. De hecho, se ha probado que Percy Shelley fue coautor de la novela; véanse los comentarios de James Rieger en su edición del texto de 1818: Mary Wollstonecraft Shelley, *Frankenstein or the Modern Prometheus: the 1818 Text*, así como las agudas observaciones de Marie-Hélène Huet en *Monstrous Imagination*, pp. 129-62, y el estudio de E. B. Murray, "Shelley's Contributions to Mary's Frankenstein".

51. El monstruo creado por Frankenstein según la ilustración publicada en la edición de 1831 de la novela de Mary Shelley.

siempre ha soñado.[20] Papageno es un noble salvaje pacífico, e incluso cobarde, que exclama: "Combatir no está hecho para mí [...] Soy de esa clase de criaturas de la naturaleza a las que les basta dormir, comer y beber. Y si me pudiese encontrar a una bella mujercita, entonces [...]".[21] En cambio, el príncipe Tamino representa la lucha de la civilización por alcanzar la luz y la sabiduría; pero necesita un acompañante y guía salvaje para emprender el largo viaje. Este acompañante semi-animal, que no es peludo pero sí plumado, es una especie de Sancho Panza: un hombre salvaje grotesco y fanfarrón, miedoso y mentiroso, que se convierte en la inevitable sombra irónica del gentilhombre ilustrado de fines del siglo XVIII.

El monstruo creado por Frankenstein, en contraste, es la sombra destructiva que persigue al hombre de la Ilustración. El origen de la novela se encuentra envuelto en la niebla de un mito romántico que lo ubica en los Alpes, el *habitat* tradicional del hombre salvaje; muchas de las escenas más dramáticas de la persecución del monstruo por su creador ocurren en la región alpina. Según Mary Shelley la idea de su novela surgió durante una visita que ella y su marido hicieron, en el verano de 1816, a Lord Byron, quien vivía en Ginebra a orillas del lago; una lluvia incesante los confinó a largas veladas encerrados en la casa, durante las cuales organizaron una competencia: cada uno debía escribir una historia de fantasmas. Así nació el monstruo de Victor Frankenstein en la mente de Mary Shelley, aunque es muy probable que esta competencia no haya ocurrido nunca y sea un mito literario creado por ella;[22] pero es revelador del contexto romántico, alpino y rousseauniano, bajo cuyo influjo fue escrito el relato de cómo la energía y el entusiasmo de la imaginación científica construyeron un monstruo salvaje que se refugia en las nevadas montañas, se alimenta de bayas y bellotas y duerme en las cuevas del Mont Salêve.

La artificialidad de la criatura humanoide de Frankenstein se liga estrechamente a otro tema fundamental, que añadirá al mito nuevas dimensiones; me refiero a la transposición de un problema moral al terreno de la estética. La malignidad del monstruo fabricado por Frankenstein no es un fenómeno ligado al espíritu original que anima a la criatura.[23] En la novela el problema radica en que la cirugía, la química y la filosofía natural del hábil doctor Frankenstein han invocado una criatura horrible y deforme, cuya extrema fealdad inspira un terror incontrolable en todos los que lo contemplan, comenzando por su propio creador. La única persona que trata bien al monstruo es un hombre ciego; todos los demás reaccionan con horror ante su presencia y lo persiguen para exterminarlo. La patética criatura no sólo es el fruto maldito de la incapacidad de la ciencia para

---

20. Véase Ehrhard Bahr, "Papageno: The Unenlightened Wild Man in Eighteenth-Century Germany".

21. Mozart, *Die Zauberflöte*, segundo acto, escena 2.

22. Marie-Hélène Huet, *Monstrous Imagination*, p. 160.

23. En este aspecto, la versión cinematográfica clásica del *Frankenstein* (de James Whale, protagonizada por Boris Karloff, 1931), aunque estableció la iconografía moderna del monstruo, traicionó la historia original, ya que la maldad del monstruo proviene allí del hecho de que para crearlo fue utilizado el cerebro de un criminal muerto. Es interesante también la película *Frankenstein meets the Wolfman*, de Roy William, con Lon Chaney, Jr. y Bela Lugosi, de 1942. La novela de Mary Shelley también se adaptó al teatro durante el siglo XIX; véase al respecto Steven Earl Forry, *Hideous Progenies. Dramatizations of Frankenstein from Mary Shelley to the Present*.

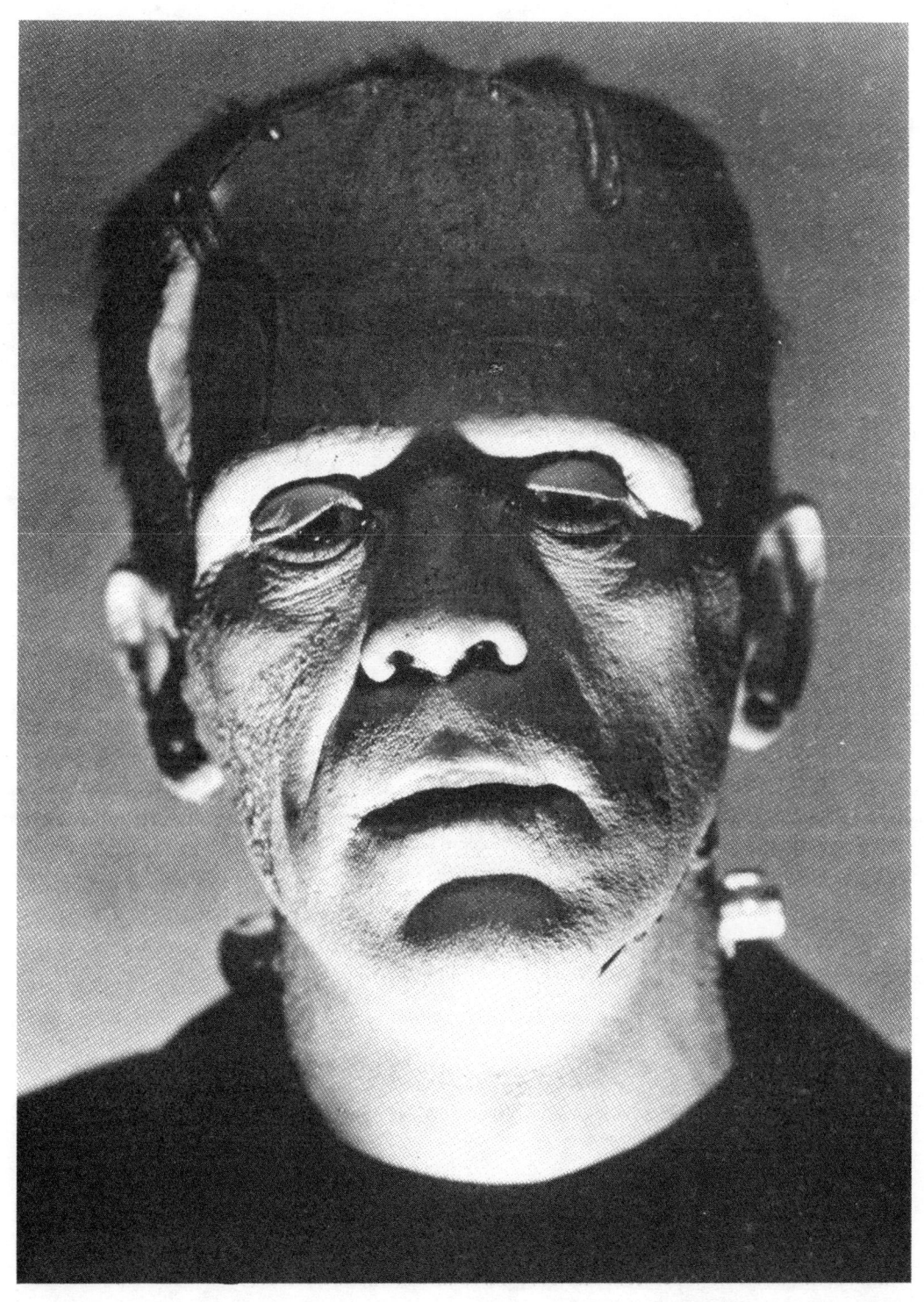

52. La criatura salvaje fabricada por el doctor Frankenstein interpretada por Boris Karloff.

crear belleza, sino que también es víctima de la incapacidad del hombre de descubrir la bondad espiritual oculta por una apariencia física monstruosa.[24] Hay que recordar, sin embargo, que en aquella época nacía una teratología científica que logró lo que se había creído imposible: introducir orden en los seres anormales que parecían provenir del azar y de los accidentes que mezclaban inarmónicamente diversos elementos anatómicos (o que eran un signo excepcional impreso por Dios en algunas de sus criaturas). La armonía y el orden que los biólogos fueron introduciendo en los fenómenos monstruosos culminaron en los cuatro tomos del *Traité de tératologie* que Isidore Geoffroy de Saint-Hilaire publicó entre 1832 y 1837. No sólo el arte, como había deseado Boileau, sino ahora también la ciencia podía convertir al monstruo en un ser atractivo.[25] Pero el doctor Victor Frankenstein no logra que su engendro sea un ser atractivo; por el contrario, el resultado es un salvaje noble pero extremadamente repulsivo, a tal punto que convoca de inmediato la violencia destructiva de todos aquellos que lo ven. De esta manera, como ha notado Marie-Hélène Huet, la estética romántica exploraba la naturaleza de la creación artística, para afirmar el poder extraordinario pero trágico de la obra de arte.[26] No es suficiente establecer el carácter mimético del monstruo como suplemento de la vida humana original para entender los efectos peligrosos de la creación de Frankenstein.[27] La tragedia no radica en la imitación de la naturaleza, que desvirtúa el modelo original; la corrupción se

---

24. Se ha observado que Mary Shelley pudo haberse inspirado en una obra de Schiller, *Der Verbrecher aus verlorener Ehre* [*El criminal del honor perdido*, 1786], donde se explora el origen de la monstruosa mente criminal del héroe de la novela, Christian Wolf, cuya cara desfigurada provoca rechazos que explican su transformación maligna (véase Syndy McMillen Conger, "A German Ancestor for Mary Shelley's Monster: Kahlert, Schiller, and the Buried Treasure of *Northanger Abbey*").

25. Sobre este tema véase a Patrick Tort, "La logique du déviant. Isidore Geoffroy Saint-Hilaire et la classification des monstres". Del mismo autor, es importante su libro *L'ordre et les monstres*. En un ensayo muy interesante Georges Canguilhem reflexiona sobre la historia de la teratología, sobre la imposibilidad de que existan monstruos minerales o mecánicos y sobre la imaginería científica que inventa un antimundo monstruoso ("La monstruosité et le monstrueux").

26. Marie-Hélène Huet, *Monstrous Imagination*, p. 122. La admiración típicamente romántica por el noble salvaje tiene en Inglaterra como contexto y antecedente la poesía del "salvaje" Ossian. Los románticos heredaron del siglo XVIII una curiosa y fascinante invención del supuesto poeta escocés del siglo III, Ossian, que con sus poemas habría demostrado la nobleza espiritual de la época salvaje de la historia humana. Los poemas de Ossian fueron una recreación de James Macpherson que provocó grandes polémicas hasta muy avanzado el siglo XIX. "Hay tres etapas en la sociedad humana –escribió James Macpherson–. La primera es resultado de la consanguinidad y del afecto natural de los miembros de una familia entre sí. La segunda comienza cuando se establece la propiedad, y los hombres se asocian para la defensa mutua contra las invasiones y la injusticia de sus vecinos. La humanidad se somete, en la tercera, a ciertas leyes y subordinaciones gubernamentales, a las cuales confía la seguridad de sus personas y propiedades. Como la primera se forma en la naturaleza, por ello es la más desinteresada y noble. Los hombres, en la última, gozan de tiempo libre para cultivar la mente con objeto de, mediante la reflexión, reconstituirla en su primitiva dignidad de sentimientos. El estado intermedio es la región de la completa barbarie e ignorancia." (En James Macpherson, "A Dissertation Concerning the Poems of Ossian", en *Poems of Ossian* [1765], Londres, 1805, I:45, citado por Margaret Mary Rubel, *Savage and Barbarian. Historical Attitudes in the Criticism of Homer and Ossian in Britain, 1760-1800*, p. 34.)

27. Es una interpretación que sigue los pasos de Derrida, hecha por Christian Bök, "The Monstrosity of Representation: *Frankenstein* and Rousseau". Según Bök en la obra de Mary Shelley vemos cómo la monstruosidad suplementaria corrompe a la humanidad de la misma manera en que la escritura suplementaria corrompe al habla.

desencadena debido al hecho fatídico de que el científico no logra crear una belleza suplementaria capaz de convocar, a pesar de su artificialidad, las virtudes morales de los hombres.

Entre las influencias que se perciben en el *Frankenstein* de Mary Shelley se ha destacado a Rousseau, a Godwin y a Locke. Se sabe que, mientras escribía la novela, leyó con detenimiento el *Essay Concerning Human Understanding* y es evidente que usó la teoría de la *tabula rasa* de Locke en la explicación de la forma en que absorbe conocimientos una monstruosa criatura que carece de precedentes hereditarios y que no tuvo infancia durante la cual hubiese recibido cariño y educación. Pero hay un aspecto que ha pasado inadvertido: el paralelismo entre las experiencias del desdichado engendro de Frankenstein y los casos, que tanto fascinaron a los europeos, de niños salvajes que se habían criado en los bosques, acompañados sólo de las fieras, y que podían ser ejemplos de la *tabula rasa* de Locke. Ya he mencionado el caso de Peter, que fue encontrado en Hamelin y llevado a la corte de Jorge I en Londres. No es difícil que tanto Mary como Percy Shelley conociesen la historia de Peter, que murió en Inglaterra en 1785, dado el gran interés que creó su caso y por las discusiones que motivó, en las que intervinieron desde Rousseau y Lord Monboddo hasta Blumenbach.[28] Hubo otro caso aún más espectacular, muy discutido a principios del siglo XIX, y que generó una leyenda que todavía circula en nuestros días: el famoso niño salvaje de Aveyron, que fue educado y estudiado en París por el doctor Jean-Marc-Gaspard Itard. El libro de Itard, *De l'éducation d'un homme sauvage* (1801), se publicó en traducción inglesa en 1802.[29] Y no sería raro que la intrigante historia del niño de Aveyron fuese conocida por los Shelley, ya sea porque el libro de Itard se encontrase en la biblioteca de Godwin o por algún otro medio. Itard encuentra en su investigación sobre el niño salvaje "la prueba material de las más importantes verdades, de esas verdades que Locke y Condillac no descubrieron más que gracias a la fuerza de su genio y a la profundidad de sus meditaciones".[30] Estas verdades son las mismas que inspiran al doctor Frankenstein en su compulsiva tarea de diseñar a la desdichada criatura. Al doctor Itard la oportunidad de llevar a la práctica la filosofía de la naturaleza se le presentó gracias a las misteriosas circunstancias que llevaron a un niño a vivir en los bosques de Aveyron, completamente solo durante varios años.[31] Aunque ya había sido visto y atrapado por los campesinos de la región de Tarn, el niño salvaje fue capturado de nuevo en julio de 1799; lo pusieron al cuidado de una vieja viuda en Lacaune, pero se escapó. Unos meses después, en enero de 1800, llegó al pueblo de Saint-Sernin en el Aveyron, para no volver ya más a los bosques e iniciar la larga historia de un mito que pasó por los

---

28. Johann Friedrich Blumenbach discute el caso en "Von Homo sapiens ferus Linn. und namentlich von Hammelschen wilden Peter".
29. Véase en la bibliografía las referencias a las ediciones francesa e inglesa. Una edición moderna en francés puede encontrarse en el libro de Lucien Malson, *Les enfants sauvages. Mythe et réalité*.
30. Jean-Marc-Gaspard Itard, *De l'éducation d'un homme sauvage*, p. 185 de la edición moderna reproducida en Lucien Malson, op. cit.
31. Harlan Lane (*The Wild Boy of Aveyron*, p. 319) calcula que subsistió en los bosques al menos cinco y probablemente hasta ocho años. Véase también Roger Shattuck, *The Forbidden Experiment. The Story of the Wild Boy of Aveyron*.

textos eruditos y llegó a las pantallas de cine en *L'enfant sauvage*, la bella película realizada por François Truffaut en 1970.

El niño de Aveyron es el primer salvaje procreado por la revolución francesa, y en él se depositó la esperanza de poder contestar científicamente la pregunta que obsesionaba a los filósofos: ¿cuál es la naturaleza del hombre? En realidad, cuando Itard –originario de la región alpina y médico de la Institución Nacional de los Sordomudos– comenzó a estudiar al niño salvaje de Aveyron, el joven doctor ya tenía una respuesta a la pregunta; su primera memoria, de 1801, sobre el niño salvaje que ya ha recibido el simbólico nombre de Víctor, se inicia con estas palabras:

> Lanzado al mundo sin fuerzas físicas y sin ideas innatas, sin posibilidad de obedecer por sí mismo a las leyes constitutivas de su organización, que lo llaman a ocupar el primer rango en el sistema de los seres, el hombre no puede encontrar más que en el seno de la sociedad el lugar eminente que le fue señalado en la naturaleza; y sin la civilización sería uno de los animales más débiles y menos inteligentes: es esta una verdad muy repetida pero que todavía no ha sido de ninguna manera demostrada rigurosamente.[32]

El error de los filósofos que enunciaron esta verdad y de quienes la han defendido, según Itard, radica en haber buscado su comprobación en pueblos salvajes errantes que les parecían incivilizados, cuando en realidad aun en el más primitivo de estos grupos –lo mismo que en la civilizada Europa– los hombres han sido criados por sus semejantes y han adquirido de la sociedad ideas, necesidades y hábitos que no son innatos.[33] El verdadero "hombre en estado puro de naturaleza" (*homme dans l'état pur de nature*), cree Itard, debe buscarse en los pocos casos de individuos que han sido hallados en los bosques y que desde la más tierna edad han vivido una existencia solitaria, como son los ejemplos citados por Linneo para ilustrar una variedad de la especie humana, el *homo ferus*, en su *Sistema naturae*.[34] Víctor, el salvaje de Aveyron, era la prueba viviente de un hombre natural en estado puro. En contra del diagnóstico del doctor Philippe Pinel, eminente autoridad en enfermedades mentales, quien declaró que Víctor había sido abandonado en los bosques por su idiotismo o demencia, Itard pensaba que había sido a la inversa: la vida solitaria había convertido al salvaje en un idiota que podía ser educado.[35] Esta discusión se ha prolongado hasta nuestros días y ha provocado un gran interés que rebasa totalmente las posibilidades de com-

---

32. Itard, *De l'éducation d'un homme sauvage*, ed. Malson, p. 125.

33. El mismo año en que Itard publica su primer informe sobre la educación del hombre salvaje (1801), aparece *Atala*, la novela romántica de Chateaubriand sobre el noble salvaje americano. Octave Mannoni concluye que el doctor Itard fue presa de los mitos imaginarios que lo condujeron a un irremediable fracaso en la educación del hombre salvaje ("Itard et son sauvage", p. 663).

34. El *homo ferus*, una variedad del *homo sapiens*, aparece a partir de la décima edición (de 1758) del *Systema naturae*. Véase al respecto el excelente libro de Franck Tinland, *L'homme sauvage. Homo ferus et homo sylvestris*, pp. 61ss.

35. El diagnóstico de Philippe Pinel se encuentra en su informe a la Société des Observateurs de l'Homme (29 de noviembre de 1800), descubierto y publicado casi completo por Harlan Lane en *The Wild Boy of Aveyron*, pp. 57-69.

probar con seguridad cualquiera de las interpretaciones, entre otros motivos por el escaso número de ejemplos (poco más de treinta, desde los casos reportados en el siglo XVII hasta hoy) y la pobreza de la información.[36] Incluso Lévi-Strauss ha intervenido en la polémica, para decretar que casi todos los niños salvajes son congenitalmente anormales y que la causa de su abandono es su imbecilidad original.[37]

La gran expectación que han motivado los niños salvajes se puede explicar por el hecho de que constituyen eslabones muy importantes de una larga cadena mitológica. El salvaje de Aveyron (lo mismo que Peter de Hamelin) tuvo la suerte –¿o la desgracia?– de caer en manos de un médico; pero tal vez lo más importante es que fue un gran espectáculo que permitió a la gente no sólo pensar, sino además sentir el vértigo ante el abismo que separa a las bestias de los hombres, al mismo tiempo que satisfacía la aguda curiosidad científica propia de la cultura ilustrada del siglo XIX. De esta manera, la ciencia sancionaba y estimulaba al mito e impulsaba su continuidad. Pero lo más importante es que el niño salvaje de Aveyron se convirtió en una leyenda; hay un episodio de su vida que revela la peculiar ligazón entre la curiosidad científica y la imaginación mitológica. En algún momento el joven salvaje inevitablemente fue invitado al exquisito salón de la bella madame Récamier, donde se solía reunir la élite política e intelectual de la época. La baronesa de Vaudey cuenta lo que sucedió el día que se presentó el joven salvaje, acompañado del doctor Itard: "Madame Récamier lo sentó a su lado, pensando tal vez que la misma belleza que había cautivado al hombre civilizado recibiría un homenaje similar de esta criatura de la naturaleza". Nada de eso sucedió; Víctor se dedicó a devorar su comida y ni siquiera miró a la hermosa dama que lo acompañaba. En cuanto los asistentes se distrajeron por una curiosa discusión entre el poeta La Harpe y el astrónomo Lalande sobre las arañas y el ateísmo, el joven salvaje aprovechó el momento para escapar a los jardines, donde con rapidez se despojó de su vestido y completamente desnudo se subió al árbol más cercano. "Las mujeres –cuenta la baronesa de Vaudey–, tanto por disgusto como por decoro, se mantuvieron atrás mientras los hombres trataban de capturar a la criatura silvestre."[38]

Este relato, sin duda un poco fantasioso, revela por lo mismo la forma en que se enlazaban los experimentos científicos con la picaresca romántica, para dar lugar a una leyenda que todavía nos cautiva. Los hombres salvajes eran un espectáculo para la sociedad occidental del siglo XIX y continuaron siéndolo durante mucho tiempo. En realidad, la exhibición pública de hombres salvajes,

---

36. Robert M. Zingg, "Feral Man and Extreme Cases of Isolation". Por su parte, Lucien Malson ha contado 53 casos en seis siglos: desde 1344 (el niño-lobo de Hesse) hasta 1961 (el niño-mono de Teherán); véase *Les enfants sauvages. Mythe et réalité*.

37. Claude Lévi-Strauss, *Les structures élémentaires de la parenté*, pp. 3-4. Un estudio de Bruno Bettelheim ("Feral Children and Autistic Children") concluye que el comportamiento de los llamados niños salvajes se debe en gran medida, si no es que totalmente, al aislamiento extremo combinado con experiencias que ellos interpretan como amenazas de destrucción; según Bettelheim los niños salvajes no son un producto de lobas actuando como madres, sino de madres que actúan en forma inhumana.

38. L. C. Wairy, *Mémoires sur la vie privée de Napoléon, sa famille et sa cour* (3 vols., París: Ladvecat, 1830, III:48-51), citado por Harlan Lane, *The Wild Boy of Aveyron*, pp. 107-109.

bajo otras formas, duró hasta avanzado el siglo XX; los casos de retraso mental solían ser presentados, en las exhibiciones que acompañaban a los circos (*side shows*), como hombres salvajes. Durante el siglo XIX se volvieron muy populares, sobre todo en los Estados Unidos, los llamados *freak shows*, en los que toda clase de seres humanos anormales constituían un espectáculo monstruoso que los visitantes contemplaban con una mezcla de horror y fascinación.[39] Los hombres salvajes, con el tiempo, fueron pasando de los espacios de la investigación científica y de los salones de la burguesía a los ámbitos de la curiosidad popular; dejaron de ser temas académicos u objetos de la curiosidad de la élite para ser materia prima de los circos y los museos populares. Al lado de los enanos, los gigantes, los gemelos siameses y los deformes, siempre hubo lugar para los hombres salvajes.

Podemos reconocer cuatro tipos básicos de hombres salvajes en los *freak shows*: en primer lugar tenemos a los microcéfalos, siempre afectados de serio retraso mental; en la jerga de los circos estos personajes fueron conocidos como *pinheads* y eran presentados –debido a su aspecto extraño, su pequeña cabeza puntiaguda y su baja estatura– como "eslabones perdidos", especímenes de culturas o razas extintas y como seres humanos salvajes.[40] En segundo lugar encontramos a personas originarias de diferentes grupos étnicos, con y sin anormalidades físicas, que eran exhibidas como caníbales salvajes exóticos: con sus vestidos estrafalarios se presentaban como cazadores de cabezas, aficionados a los sacrificios humanos y a comidas rarísimas que horrorizaban a los espectadores.[41] El ejemplo de la llamada "Venus hotentote" es excepcionalmente sintomático: una mujer sudafricana, con su peculiar esteatopigia (gran acumulación de grasa en las nalgas), fue exhibida por toda Europa a principios del siglo XIX como una curiosidad científica y como un objeto sexual. Al morir en 1815, sus enormes glúteos y su aparato genital fueron a dar a la mesa de disección de Georges Cuvier, que estaba interesado en otra característica de la mujer hotentote: su *sinus pudoris*, como llamó Linneo al pliegue colgante de los labios vaginales que se había observado en algunas africanas.[42]

En tercer lugar están las más variadas formas de hipertricosis (o hirsutismo); las personas afectadas por esta enfermedad solían ser exhibidas como ejemplos de hombre-león, mujer-gorila, hombre-lobo, dama barbada o niño-mono. Uno de los casos más espectaculares fue el de Julia Pastrana, a la que se anunciaba como

---

39. Véase Daniel P. Mannix, *Freaks: We Who are not as Others*.

40. Un conocido ejemplo de *pinheads* fueron los llamados "Aztec children", presentados como los únicos sobrevivientes de los antiguos aztecas; eran Máximo y Bartola, dos niños microcéfalos centroamericanos. Fueron exhibidos con gran éxito de taquilla por primera vez en Boston poco después de 1850. Otro caso famoso de mediados del siglo XIX fueron los "Wild Australian Children", en realidad dos hermanos microcéfalos originarios de Ohio. Véase el excelente estudio de Robert Bogdan, *Freak Show: Presenting Human Oddities for Amusement and Profit*, pp. 129ss y 120.

41. Ibid., pp. 176ss. Un ejemplo de esta forma de presentar a grupos primitivos salvajes, con anomalías físicas, puede verse en un clásico del cine: *Tarzan, the Ape Man* (1932), con Johnny Weissmuller, donde una tribu de feroces y malvados negros son representados por enanos.

42. Georges Cuvier, "Extrait d'observations faites sur le cadavre d'une femme connue à Paris et à Londres sous le nom de Vénus Hottentote". Véase al respecto el chispeante ensayo de Stephen Jay Gould, "The Hottentot Venus".

53. George Stall se presentaba en los circos como "el hombre salvaje mexicano", tal como se le ve en esta foto de 1891.

"la mujer-gorila, el ser más horrible de todos los tiempos"; se trataba de una mexicana, nacida en 1832, "descubierta" por Theodore Lent, quien la exhibía en Estados Unidos y en Europa. Al parecer, a Julia Pastrana le molestaba su papel de monstruo, y para tenerla contenta su administrador se casó con ella; tuvieron un hijo que nació tan peludo y horrible como su madre, pero el niño sólo vivió unas horas y la mujer-gorila murió a consecuencia del parto. El acongojado administrador de monstruos, que temía perder su fuente de ingresos, hizo embalsamar los dos cadáveres para continuar exhibiéndolos durante un buen tiempo.[43]

Por último, hay una cuarta variante en los *freak shows*: hombres y mujeres salvajes artificiales o falsos, cuyos ejemplos más degradados eran conocidos como *geeks*.[44] Aquí tenemos a cientos de hombres y mujeres sin ninguna anormalidad física, presentados al público con el tradicional vestido de pieles, la cabellera larga y el talante feroz, encadenados en un cuchitril, muchas veces rodeados de serpientes supuestamente venenosas. La propaganda anunciaba que estos *wild men* habían crecido en la soledad de los bosques de Kentucky o de México, se habían protegido de las inclemencias climáticas en cuevas y que algún animal —un lobo, casi siempre— los había criado. El gran interés del público y la escasez de seres humanos anormales produjo una gran demanda de *geeks*, que eran con frecuencia personificados por alcohólicos y miserables muertos de hambre que actuaban a cambio de comida, trago y alojamiento. Durante el espectáculo los *geeks* solían arrancar a mordidas la cabeza de ratones, culebras y pollos.[45]

La fascinación por estos espectáculos continuó hasta bien entrado el siglo XX; en 1932 se estrenó en Estados Unidos la película *Freaks* de Tod Browning, que narra la trágica y conmovedora historia de un grupo de monstruos humanos que trabaja para un circo.[46] En la misma línea, la famosa fotógrafa Diane Arbus, que trabajó para *Vogue*, *Glamour* y *Harper's Bazaar*, se interesó durante los años sesenta en las exhibiciones de monstruos y frecuentó los pocos lugares donde aún sobrevivían los *freak shows*, como el Hubert's Museum de la calle 42 en Nueva York. En un interesante estudio sobre esta fotógrafa de monstruosidades, Susan Sontag sostiene que el renovado interés en los monstruos revela un impulso por violar la inocencia humana y por mirar sin ninguna compasión a la sociedad

---

43. A. F. Le Double y François Houssay, *Les velus. Contribution à l'étude des variations par excès du système pileux de l'homme*, pp. 167ss. Martin Monestier, *Human Oddities*, pp. 62ss.

44. Forma dialectal inglesa de referirse a un personaje bufonesco del carnaval; posiblemente proviene de la voz *geck*, del bajo alemán medieval (*Webster's*).

45. Robert Bogdan, *Freak Show*, pp. 259-63. Fuera de los circos hubo también charlatanes imitadores que explotaron el gran interés que despertaban los hombres salvajes. En octubre de 1913 apareció en los Estados Unidos un salvaje proveniente de los bosques de Maine, John Knowles, que había vivido aislado como un hombre de la naturaleza, que alardeaba de sus proezas solitarias y de su capacidad de sobrevivir sin más ayuda que la fuerza de su cuerpo; decía haber estrangulado un venado, cazado un oso con sus solas manos y pescado sin caña ni anzuelo. Este salvaje recorrió triunfalmente varios pueblos hasta llegar a Boston, donde lo recibió una multitud en las calles. Todo fue un fraude, ya que en realidad había sobrevivido en los bosques gracias a la ayuda de los tramperos (véase Richard Bernheimer, *Wild Men in the Middle Ages*, pp. 3 y 189, nota 2).

46. El propio Tod Browning había sido de muy joven el anunciador de un fingido "Wild Man of Borneo" que presentaba la Manhattan Fair & Carnival Company. Véase David J. Skal, *The Monster Show. A Cultural History of Horror*, p. 28. Véanse las reproducciones a color de las mantas que anunciaban los *side shows* en *Freaks, Geeks & Strange Girls* de Randy Johnson, J. Secreto y T. Varndell.

54. Una mexicana nacida en 1832, Julia Pastrana, fue exhibida públicamente como "la mujer-gorila, el ser más horrible de todos los tiempos".

55. Cuando Julia Pastrana murió, la mujer-gorila mexicana fue embalsamada por su marido y administrador para seguir exhibiéndola en los circos y espectáculos populares. Aquí aparece en un grabado de un libro de medicina francés publicado en 1912.

propia, desde una perspectiva exótica, para mostrar el horror de sus deformaciones.[47] Pero añade una afirmación inquietante: sostiene que hay una tendencia en el arte de los países capitalistas que suprime o al menos reduce la náusea moral y sensorial; la exhibición de monstruosidades aumenta la tolerancia ante lo horrible, con lo cual se produce una enajenación que atrofia nuestras reacciones frente a la vida real.[48] Esta conclusión no me parece acertada; la propia fotógrafa Diane Arbus no fue un ejemplo de insensibilidad, y su suicidio en 1972 es un testimonio de ello. Por otro lado, como he mostrado, la representación de monstruos salvajes está ligada a tendencias históricas profundas de una extraordinaria riqueza y complejidad. No hay nada que permita creer que la representación y recreación de anormalidades –como si se tratase de una droga– aumenta la tolerancia ante fenómenos malignos y dañinos. Al bajar el umbral que define lo monstruoso o lo salvaje, en muchos casos, se estimula una actitud crítica ante el *establishment* capitalista, pues el artista nos invita a comprender que la aparente normalidad es más monstruosa que lo que solemos admitir. Pero las cosas pueden ser mucho más complicadas, pues nos enfrentamos a fenómenos estéticos polivalentes; el vértigo frente a un borde muy próximo a nosotros, más allá del cual comienza una galería de monstruosidades, con frecuencia desencadena fenómenos de cohesión, de afirmación de la identidad y de conservación del *status quo* normal.

47. Susan Sontag, *On Photography*. Una retrospectiva de la obra de Diane Arbus puede verse en *Diane Arbus: Magazine Work*. Véase también David J. Skal, *The Monster Show*.
48. Susan Sontag, *On Photography*, pp. 40s.

56. Waino y Plutano, presentados como "los hombres salvajes de Borneo", eran dos hermanos, deficientes mentales, hijos de inmigrantes ingleses establecidos en Estados Unidos desde 1827.

57. Una niña peluda originaria de Laos, traída a Londres en 1885, era presentada como "Krao, el eslabón perdido".

58. El famoso Lionel, hombre-león de origen ruso, tal como lo exhibía el circo Barnum hacia 1907.

Al abatir el umbral de tolerancia ante el terror que inspiran las criaturas deformes y anormales se hace con frecuencia un llamado a comprender que detrás de la extrema fealdad puede haber una belleza que pocos son capaces de reconocer y apreciar: tal es el mensaje del monstruo creado por el doctor Frankenstein, el mismo mensaje que muchos creyeron descifrar en la naturaleza de los niños salvajes que se habían criado en la soledad. El más estúpido y contrahecho de los hombres salvajes puede encerrar un verdadero tesoro. Es lo que deja entrever la leyenda que se tejió en torno al más discutido de los hombres salvajes del siglo XIX: Kaspar Hauser. Un día de mayo de 1828 apareció en Nuremberg un muchacho de dieciséis años al que nadie había visto allí nunca antes; este joven salvaje había permanecido casi toda su vida encerrado en alguna estrecha mazmorra, totalmente solo y alimentado únicamente con pan y agua; no podía pronunciar casi ninguna palabra y no comprendía absolutamente nada del mundo que lo rodeaba. Paul von Feuerbach, el notable criminólogo que lo tomó a su cargo, dijo que podría creerse que se trataba de un habitante de otro planeta milagrosamente llegado a la tierra, o tomarse por aquel hombre de Platón que, nacido y criado bajo la tierra, no llega a conocer la luz del día sino en la edad adulta.[49] Pero en realidad Feuerbach –como muchos otros– creía que el joven salvaje era el heredero legítimo al trono del ducado de Baden, que había sido secuestrado y encerrado desde niño para colocar en el poder a los descendientes del matrimonio morganático del gran duque Carlos Federico.[50]

Kaspar Hauser es una extraña encarnación de personajes ficticios al estilo de los creados por Lope de Vega y Calderón de la Barca: este Segismundo alemán, príncipe heredero del trono de Baden, habría sido liberado de su prisión para convertirse en el efímero héroe trágico de un complicado enredo dinástico; pero no fue sentado en el trono, como Segismundo, sino instalado en una realidad que no entendía. Al principio fue el espectáculo de muchedumbres que iban a visitarlo a la torre del castillo de Nuremberg, donde la policía lo mantuvo durante varias semanas. Después fue alojado en la casa de un maestro de escuela, que se interesaba por la homeopatía y el ocultismo, para que lo civilizara; este preceptor

---

49. Paul Johann Anselm von Feuerbach, *Kaspar Hauser, Beispiel eines Verbrechens am Seelenleben des Menschen*, 1832; la traducción inglesa apareció poco después de la edición alemana: *Caspar Hauser. An account of the individual kept in a dungeon, separated from all communication with the world, from early childhood to about the age of seventeen*. Este célebre criminólogo, padre del filósofo Ludwig Feuerbach, tenía en mente sin duda la idea del salvaje, pues comparó a Kaspar Hauser con otros dos casos que llamaron la atención en su época: una muchacha criada hasta los dieciséis años en una porqueriza, que gruñía en lugar de hablar; y una niña brasileña adaptada a la vida civilizada en Munich (como ha hecho notar Michael Hulse en su introducción a la edición inglesa de la novela *Caspar Hauser* de Jakob Wassermann). Feuerbach escribió que "la única diferencia de opinión que parecía existir [...] era si él debía ser considerado como un idiota o loco, o bien como una especie de salvaje" (p. 6).

50. Véase una crónica de los enredos e intrigas que se tejieron detrás del caso en Elizabeth E. Evans, *The Story of Kaspar Hauser from Authentic Records*. El misterioso suceso también fue tomado como punto de partida para especulaciones políticas sobre la importancia del medio ambiente en la formación del individuo; al respecto, un ejemplo interesante es el folleto del socialista inglés John Green, *Caspar Hauser, or the Power of External Circumstances Exhibited in Forming the Human Character*, que escribe sus reflexiones a partir del texto de Feuerbach, y concluye que tanto el ambicioso duque de Baden como el malogrado Caspar Hauser son fruto de sus circunstancias y que no podemos culparlos pues su destino fue determinado por el medio.

fue Georg Friedrich Daumer, un espíritu inquieto que es considerado como un precursor de Nietzsche por su teoría del superhombre futuro.[51] Conforme avanzaba la educación de Kaspar –que aprendía con rapidez– se extendían los rumores sobre su supuesto origen aristocrático. Unos pocos años después, en Ansberg, Kaspar Hauser fue apuñalado por un desconocido; murió a los veintiún años de edad, dejando en torno a él un misterio que ha inspirado innumerables obras y especulaciones, desde "La chanson de Gaspard Hauser" (1873) de Paul Verlaine, hasta el film de Werner Herzog (*Jeder für sich und Gott gegen alle*, 1975), pasando por poemas de Rilke y Trakl hasta la novela *Caspar Hauser* (1908) de Jakob Wassermann y *Kaspar* (1968), la obra de teatro de Peter Handke. Todo ello ha conformado una poderosa caja de resonancia para las formas decimonónicas del mito, cuyos ecos resuenan con fuerza en la cultura occidental contemporánea.

Estos ecos los podemos escuchar en las reflexiones de Nietzsche sobre Zarathustra, donde vemos un vaivén entre la vida solitaria en la montaña y la vida de los hombres en sociedad. Arriba se encuentra, en medio de los bosques, la caverna de Zarathustra; abajo se hallan los hombres, hacia los cuales desciende después de vivir diez años en la soledad, para anunciarles que Dios ha muerto. "El hombre es una cuerda tendida entre la bestia y el Superhombre: una cuerda sobre el abismo", les dice.[52] Antes, un santo anciano, que ha dejado de amar a los hombres para amar a Dios, le pide: "¡Quédate en el bosque! Antes que con ellos, ¡vete con las bestias!"[53] Pero Zarathustra les dice a los hombres que anuncia al Superhombre, mientras ellos quieren retornar a la animalidad. De retorno a la soledad de su cueva Zarathustra dice: "Mi sabiduría salvaje quedó preñada en las montañas solitarias, y sobre los ásperos peñascos parió su última cría. Ahora corre enloquecida por el desierto árido, y busca y busca el blando césped –¡mi vieja sabiduría salvaje!"[54] Zarathustra es considerado un salvaje cuando se halla entre los hombres: "He habitado demasiado tiempo como salvaje, en salvajes tierras extrañas..." Ha aprendido que entre los hombres será "siempre extraño y salvaje: extraño y salvaje aunque te amen".[55]

La tradición nietzscheana sobre el héroe solitario fue retomada por Ernst Jünger en la figura de un hombre salvaje que se basta a sí mismo; esta metáfora es desarrollada en un ensayo, *La emboscadura*, donde aún resuenan ecos nihilistas y militaristas de un paradójico y agresivo escritor alemán que se opuso a Hitler pero coqueteó con el fascismo. El hombre que toma el camino de la emboscadura (*Der Waldgang*) se refugia en una condición "sobretemporal". Es la exaltación del hombre "habituado a pensar por sí mismo, a llevar una vida dura y a actuar de manera autócrata".[56] Esta idea ha sido modelada a partir de la antigua tradi-

---

51. Albert Béguin, *L'âme romantique et le rêve. Essai sur le Romantisme allemand et la poésie française*, XIII:i, quien lo considera "uno de los hombres más asombrosos de su tiempo". Véase una traducción al inglés de sus observaciones sobre Kaspar Hauser en la edición londinense citada del libro de Feuerbach (pp. 123-59).
52. Friedrich Nietzsche, *Así habló Zarathustra*, "Prólogo de Zarathustra", IV:44.
53. Ibid., II:40.
54. Ibid., "El niño del espejo", p. 120.
55. Ibid., "El retorno a casa", p. 225.
56. Ernst Jünger, *La emboscadura*, pp. 79 y 80.

ción islandesa según la cual el hombre que ha entrado en conflicto con su comunidad (generalmente a causa de un homicidio) y que huye al bosque, se convierte en un *Waldgänger*. Jünger creía que si hay esperanza ésta se encuentra más allá de la línea que debe atravesar el hombre libre, donde se halla la naturaleza salvaje.[57] No se trata del paisaje silvestre de tipo romántico, sino de la tierra primordial de la existencia.

Antes de examinar otros aspectos de la mitología del salvaje en el siglo XIX, quiero citar otros dos ejemplos de la manera en que el mito es retomado en el siglo XX. El primero ocurre en la literatura popular de los Estados Unidos; el segundo se refiere al uso de la figura del salvaje en la cultura fascista italiana. El primero es un ejemplo de la amplificación del mito a una escala masiva sin precedentes, lo que ocurrió cuando la cultura popular industrial moderna se apoderó de él. Se trata del hombre salvaje europeo que un escritor de Chicago, nacido en 1875, imaginó en sus ensueños infantiles y plasmó en una exitosa novela publicada en 1914: *Tarzan of the Apes*. El héroe salvaje creado por Edgar Rice Burroughs es el hijo de un matrimonio de aristócratas ingleses que son abandonados en las costas occidentales de África por la tripulación amotinada de su barco. Lady y Lord Greystoke tienen allí un hijo, pero ambos mueren cuando el niño es aún muy pequeño. El infante es criado por una mona que lo adopta y es educado en el seno de una tribu de antropoides. Mientras que el monstruo de Frankenstein es una criatura completamente artificial fabricada en el laboratorio, Tarzán es el producto de una inseminación artificial: la implantación de un espermatozoide blanco en una matriz africana natural. Las espectaculares aventuras de este engendro cristalizaron en una secuela de novelas que alcanzaron un éxito de ventas extraordinario (se han editado decenas de millones de ejemplares en todo el mundo) y han encontrado un lugar destacado en el cine, la radio, los cómics y la televisión.

Tarzán es un hito más en la larga historia del mito del hombre salvaje. En la época del extraordinario *boom* del hombre mono, los años treinta, un profesor de italiano y buen conocedor de la literatura medieval se dio cuenta de ello: intrigado por el hecho, Rudolph Altrocchi le escribió directamente a Burroughs para establecer el nexo textual entre el antiguo mito y Tarzán. Burroughs menciona como influencias la historia de Rómulo y Remo, así como la figura de Mowgli creada por Kipling. Pero agrega que alguna vez leyó o escuchó la historia de un marinero que había naufragado en las costas de África, que había sido muy bien acogido por un grupo de grandes simios; cuando fue rescatado, una hembra del grupo lo persiguió hasta la playa y le arrojó un bebé.[58] Altrocchi buscó durante años en vano el texto publicado de la historia del marinero; pero menciona una leyenda oral recogida en el Canadá francés: una niña que camina por el bosque es raptada por un gorila, que la seduce y engendra en ella a un hijo. Ella escapa y se dirige a la playa, donde un barco la rescata; el celoso gorila que la persigue,

---

57. Se halla *"über die linie"*, en *"die Wildnis"*, el equivalente alemán de la *wilderness* en inglés. *Über die linie* [*Más allá de la línea*] es el texto que escribió Jünger en homenaje a Heidegger cuando el filósofo cumplió sesenta años.

58. Carta de Edgar Rice Burroughs a Rudolph Altrocchi del 31 de marzo de 1937 (citada por Irwin Porges, *Edgar Rice Burroughs. The Man Who Created Tarzan*, p. 130).

furioso porque no la puede alcanzar, destroza la cabeza del niño en una roca. Esta leyenda es muy semejante a otra muy popular de las montañas de Kentucky, más parecida a la que menciona Burroughs, pues se trata de una mujer salvaje peluda, a veces llamada yeahoh, que tiene un hijo de un hombre; éste se escapa en un barco y la yeahoh parte en dos al niño y le lanza una mitad al hombre que huye.[59] Altrocchi concluyó que Tarzán se había convertido en el más famoso de los hombres salvajes.[60]

En el caso de Tarzán hallamos, de nuevo, un punto de inflexión en la historia del mito. La cultura popular de masas, fruto de la expansión urbana e industrial del siglo XX, retoma algunos elementos del viejo mito del hombre salvaje para crear una figura adaptada a las peculiaridades del capitalismo moderno. Sin embargo, lo importante no es que Tarzán sea una expresión de la cultura imperialista del siglo XX; lo verdaderamente significativo es el hecho de que esta cultura imperial utilice el antiguo mito del hombre salvaje y le insufle una nueva vida. Las connotaciones racistas, colonialistas e imperialistas de Tarzán son evidentes, crudas y poco elegantes.[61] Pero no podemos dejar de reconocer que la leyenda de Tarzán ha significado una suerte de retorno del *homo sylvestris* al seno de la imaginería popular, después de una larga permanencia en la alta cultura elitista. Lo mismo ha ocurrido con otras variantes del mito, como es el caso del monstruo de Frankenstein o –en menor medida– los *geeks* de los circos. Este descenso del mito a la cultura popular ofrece algunos problemas de interpretación: para comenzar, resulta incómodo para muchos percatarse de que es muy tenue, o inexistente, la frontera entre la cultura culta y la cultura popular.[62] Ciertamente, la reencarnación del complejo mito en la figura de Tarzán puede ser vista como una degradación literaria y artística de sus elementos tradicionales. Se ha señalado que la actitud típicamente conservadora rechaza las formas culturales populares por considerar que son versiones frívolas, parasitarias y bastardas que atentan contra el individualismo independiente y creador; esta actitud coincide, paradójicamente, con la crítica progresista e igualitaria que considera a la cultura de masas como una amenaza contra la auténtica cultura popular tradicional

---

59. Rudolph Altrocchi, "The Ancestors of Tarzan", menciona como fuente a la señora E. R. Burnett de North Adams (Mass.) Cree que el origen podría ser la novela *L'Ameliente* del Sieur de Claireville, novela francesa publicada en París en 1635, donde hay una historia similar; Altrocchi considera que Claireville tomó la idea del *Compendium maleficarum* del hermano Francesco Maria Guazzo, publicado en Milán en 1608. Sobre la leyenda de la yeahoh, véase Leonard Roberts, "Curious Legend of the Kentucky Mountains", que podría tener como origen la historia de Gulliver perseguido por una mujer yahoo (véase la nota 16 del capítulo VII de este libro).

60. Rudolph Altrocchi explícitamente considera a Tarzán como un ejemplo del "hombre peludo" de la tradición medieval; "The Ancestors of Tarzan", p. 89.

61. Una crítica de las connotaciones imperialistas puede verse en Irene Herner, *Tarzán, el hombre mito* y en Eric Cheyfitz, *The Poetics of Imperialism. Translation and Colonization from* The Tempest *to* Tarzan.

62. Existe un curioso y erudito estudio de un especialista en literatura clásica que aplica sus métodos de análisis a la figura de Tarzán: Erling B. Holtsmark, *Tarzan and Tradition. Classical Myth in Popular Culture*. Holtsmark compara a Burroughs con Homero, y lo exalta como un buen artista capaz de combinar la fantasía heroica con aventuras increíbles. La comparación con Homero y los clásicos antiguos es desorbitada, pero su entusiasmo permite comprender el gran éxito popular de las novelas del ciclo tarzaniano.

que, como el folklore, es generada directamente por la gente para satisfacer sus necesidades colectivas.[63] El mito de Tarzán sería, así, un producto nocivo de la cultura industrial de masas, que ofrece el placer barato de un coctel cuyos ingredientes literarios –Jean-Jacques Rousseau y Rudyard Kipling– son destrozados por la mediocridad de Edgar Rice Burroughs. La figura del hombre-mono sería la mezcla vulgar de Emilio y de Mowgli en un contexto africanizado al estilo de H. Rider Haggard. Evidentemente, las novelas del ciclo de Tarzán no forman parte de esa reserva de lo mejor del conocimiento y del pensamiento que, según Matthew Arnold, podía ser una barrera cultural contra los estragos de la vida urbana y mercantil moderna. Y sin embargo no creo que podamos comprender los vínculos entre la cultura imperialista moderna y la creación artística y literaria de mitos sin tomar en cuenta el tipo de producción al que pertenece la obra de Burroughs.[64] No dudo que las aventuras africanas del hombre-mono sean ajenas a la intensidad literaria y a la belleza plástica de muchas manifestaciones del mito del hombre salvaje; pero es evidente que con Tarzán el mito adquirió dimensiones planetarias y una gran popularidad, y que la narrativa popular, el cine y los cómics han arrancado el tema de manos de la élite para proyectarlo con fuerza en la imaginería de las masas urbanas. La mirada del etnógrafo, que hace a un lado hasta cierto punto la dimensión estética, permite estudiar las relaciones entre las diversas formas de cultura; observar las manifestaciones populares del mito del noble salvaje –que encarna en Tarzán– abre nuevas perspectivas en la comprensión de sus manifestaciones cultas. La mirada etnográfica no reivindica la calidad artística de muchas manifestaciones modernas del mito, aunque puede comprobar que su estructura tiene un encanto indudable. La escritura tarzaniana es literariamente deleznable, pero su estructura es reveladora entre otras cosas, como ha señalado Gore Vidal, de la necesidad de la sociedad moderna de alimentar la idea de un mundo alternativo, edénico y libre de las inhibiciones de nuestra cultura.[65]

La figura de Tarzán es el resultado de una peculiar metamorfosis del mito del hombre salvaje: logra resolver o desplazar varios aspectos incómodos que no se adaptan a los requerimientos de la cultura imperialista; logra, por ejemplo, convertir la desnudez potencialmente erótica del personaje en una forma atenuada aceptable para la moral puritana: el cuerpo es principalmente instrumento de lucha, no de placer. La inquietante pelambre del salvaje tradicional es sustituida

---

63. Kirk Varnedoe y Adam Gopnik, *High & Low. Modern Art and Popular Culture*, p. 17.

64. El interesante libro *Culture and Imperialism* de Edward W. Said constituye un buen estudio del contexto cultural de la sociedad moderna; pero sufre a consecuencia de no tomar en cuenta las manifestaciones de la *pop culture* moderna. Véase en cambio el excelente análisis de la figura de Tarzán hecho por Marianna Torgovnick, *Gone Primitive: Savage Intellects, Modern Lives* (capítulo 2). Véase también el libro de Brian V. Street, *The Savage in Literature. Representations of "primitive" society in English fiction, 1858-1920*, pp. 170ss.

65. Un escritor del talento de Gore Vidal ("The Walking Dream: Tarzan Revisited", p. 83) le reconoce además a Burroughs su habilidad en la descripción vívida de la acción (en contraste con su incapacidad para reproducir el habla). Véanse también los documentados libros de Francis Lacassin, *Tarzan. Mythe triomphant, mythe humilié* y *Tarzan ou le chevalier crispé*; y la iconografía que presenta Gabe Essoe en *Tarzan of the Movies. A Pictorial History of More than Fifty Years of Edgar Rice Burroughs' Legendary Hero*.

por una impresionante hipertrofia muscular que permite a Tarzán vencer a las bestias más feroces de la selva. En la literatura e iconografía tarzanianas la típica agresividad bestial y sexual del *homo sylvestris* es trasladada a otros "salvajes": los gorilas, las tribus de caníbales negros y los grupos árabes, alemanes, comunistas o nazis. Otra adaptación sintomática radica en el hecho de que el hombre-mono, en lugar de ser una amenaza para las mujeres, se convierte en un personaje atractivo acosado por damas hermosas aunque malvadas; sin embargo, Tarzán nunca atenta contra la pureza monogámica que lo caracteriza. Pero la mutación más importante la podemos observar en la forma en que las tendencias naturalistas, neoprimitivas y románticas que adopta el mito del buen salvaje en el siglo XIX cristalizan en lo que la industria cultural moderna llama "superhéroes". La nobleza del hombre primordial, en un impulso neomedieval, es transformada en la figura de un superhombre salvaje dotado de una testaruda vocación justiciera similar a la de los caballeros cruzados. A partir del canon consagrado por la iconografía de Tarzán (la primera versión fílmica es de 1917 y el primer cómic de 1929) surgirá una variada pléyade de superhéroes, entre los cuales encontramos desde 1938 a Supermán. Muchos de estos superhéroes son claramente hombres salvajes dotados de atributos bestiales, con rasgos y cualidades de arañas, murciélagos, gorilas, halcones, escorpiones, hormigas, moscas, pulpos, buitres y otros animales; pero sus aventuras ya no suelen ocurrir en el hábitat exótico africano sino en los contextos hipermodernos –mundos futuros o extraterrestres– creados por la ciencia-ficción.[66]

El segundo ejemplo que quiero poner es, en contraste con el caso de Tarzán, la historia de un fracaso en el uso del mito del hombre salvaje para fines políticos. En 1923 un turbulento y sombrío escritor italiano, Giovanni Papini, publica el primer volumen de un *Dizionario dell'omo salvatico*;[67] lo escribe en colaboración con el poeta de inspiración religiosa Domenico Giuliotti, a quien se ha acercado después de su reconversión a un ardiente catolicismo. Papini había crecido a la sombra del pensamiento de Benedetto Croce; junto con el pintor y ensayista Ardengo Soffici había fundado la revista *Lacerba* y se había acercado a los futuristas. El *Dizionario* es dedicado por sus autores, "los salvajes", a sus amigos, pero invocan también a sus necesarios enemigos: "El Hombre Salvaje, que odia al mundo en santa obediencia a su Señor Jesucristo, debe ser odiado por el Mundo y por sus

---

66. Se ha señalado que los extraterrestres de la ciencia-ficción son los sucesores de los hombres salvajes (Jean-Bruno Renard, "El hombre salvaje y el extraterrestre: dos figuras de lo imaginario evolucionista"). Así es en algunos casos; pero los descendientes más directos del *homo sylvestris* son superhéroes como Spiderman, Batman, Hulk o Wolverine, personajes típicamente occidentales y europeos dotados de rasgos animales. El calzón o taparrabos que llevan muchos de estos superhéroes es una reminiscencia iconográfica del hombre salvaje (y de Tarzán), que sirve para insinuar desnudez aun en el caso de que usen mallas y capas que les cubren todo el cuerpo. La literatura para niños también ha explorado el tema de los salvajes; el más bello ejemplo actual es posiblemente el libro ilustrado y escrito por Maurice Sendak, *Where the Wild Things Are*, que ha divertido a millones de niños en los Estados Unidos. Michael Ende presenta fugazmente una mujer salvaje en el capítulo XIX de *Die unendliche geschichte* (y una mención en el capítulo XXII).

67. Giovanni Papini y Domenico Giuliotti, *Dizionario dell'omo salvatico. Volume primo, A-B, con dodici avvisi e sedici ritratti*. Al parecer nunca se publicaron los siguientes volúmenes. En la portadilla interior un verso identificaba a este hombre salvaje con el personaje del folklore europeo: "Mi rallegro del tempo cattivo..." (Me alegro del mal tiempo).

intérpretes y curiales".[68] Este Hombre Salvaje significa sobre todo una protesta "contra el mundo moderno, contra el mundo que se ha venido *deshaciendo* desde hace cinco siglos";[69] es una protesta contra la revolución humanista que ha puesto de nuevo en los altares a la cultura pagana que reniega del cristianismo; una protesta contra la revolución luterana, contra la revolución industrial, contra la revolución filosófica que ha contrapuesto la razón a la fe, contra la revolución democrática que ha fundado el dominio de las mayorías incompetentes, y contra la revolución comunista. En suma, este hombre salvaje se opone a todo lo nuevo: al cinematógrafo, al gramófono, al bar, al ascensor, al teléfono, al automóvil, a la motocicleta, al sidecar y al aeroplano. Su vocación antifuturista es una vehemente protesta contra "la adoración de lo mecánico, el culto a la velocidad, la voracidad por materiales cómodos; contra los bailes bestiales y rufianescos, contra los teatros burdeles, contra el romanticismo de la erección, contra la pintura de los dementes precoces, contra la filosofía de los ateos paralíticos".[70] Por supuesto se opone a la mujer novecentista liberada a la que desprecia como a una prostituta estéril: "Los salvajes —en cambio— rezan a Nuestra Señora (la *Madonna*), pero no se arrodillan ante la Señora (la *Donna*)".[71]

No debe extrañarnos que estas expresiones tan reaccionarias y conservadoras hayan inspirado, directa o indirectamente, el surgimiento de una revista de orientación abiertamente fascista como *Il Selvaggio*, que tuvo como tutor y colaborador al viejo amigo de Papini, Ardengo Soffici. La imagen del hombre salvaje se desarrolló como un símbolo de la ferocidad de los campesinos toscanos, de las orgullosas tradiciones rurales y de los valores regionales autóctonos opuestos a las perversas influencias citadinas; este movimiento, conocido con el nombre de *strapaese*, inspiró la fundación en 1924 de *Il Selvaggio*, en cuya portada aparece destacado su lema: "salvatico è colui che si salva" (salvaje es aquel que se salva). Un mes antes de la aparición del primer número de esta revista, que apareció en la provincia de Siena, las bandas fascistas asesinaron a Giacomo Matteotti; la muerte del dirigente socialista, aunque hizo temblar al gobierno de Mussolini, al final enardeció a los fascistas y estimuló el advenimiento del régimen totalitario. *Il Selvaggio* aparece como una tentativa de los escuadrones fascistas de la región de Colle Val d'Elsa por impulsar la lucha contra la democracia y el régimen parlamentario.[72] Desde la revista se hizo un llamado a las "tribus salvajes", como llamaban al *squadrismo* agrario fascista, para que devolviesen "a todas las clases italianas el sentido de la fuerza, de la virilidad y de la voluntariedad" y defendieran "la tradición guerrera de nuestra raza".[73] La revista se propone "reagrupar y disciplinar a los salvajes del fascismo", "conservar, defender y enseñar el ESTILO FASCISTA que debe informar cada acción de los salvajes"; la tribu de salvajes —se

---

68. Ibid., p. 9.
69. Ibid., p. 18.
70. Ibid., p. 19.
71. Ibid., p. 21.
72. Véase Luciano Troisio (ed.), *Le riviste di Strapaese e Stracittà. Il Selvaggio. L'Italiano. "900"*.
73. Mino Maccari, "Squadrismo", *Il Selvaggio* n. 1, 1924; reproducido en el libro de Luciano Troisio, op. cit.

dice en un artículo anónimo– no acepta la disidencia, exalta la humildad de la renuncia, proclama la necesidad del sacrificio y ofrece su fidelidad disciplinada y su ardiente entusiasmo al fascismo y a su Duce".[74]

Las derivaciones imperialistas y fascistas del hombre salvaje no son una muestra representativa de las muchas variaciones que adopta el mito en el siglo XX. He hecho referencia a ellas sólo para que no perdamos de vista el problema de la plasticidad de su estructura, capaz de adoptar muchas formas y de adaptarse a muy diferentes contextos culturales. Como se ve, mientras que la adaptación del salvaje a la cultura industrial de masas tiene un gran éxito, la mutación fascista tuvo la misma vida efímera que la aberración política que la auspició. Ni los superhéroes de los cómics y del cine encabezados por Tarzán, ni mucho menos los escuadrones de fascistas salvajes, son los principales herederos de las expresiones decimonónicas del mito del *homo sylvestris*. El siglo XIX proyecta hacia nosotros, además de las personificaciones del salvaje, sobre todo un paisaje anímico que es, al mismo tiempo, un espacio interior y una actitud hacia la civilización moderna. Aunque la cultura popular tradicional y el folklore han preservado hasta nuestros días personajes agrestes y feroces, la influencia más profunda del mito se observa en una textura espiritual que nos vuelve extremadamente sensibles a los peligros y a los atractivos del salvajismo. Esta textura envuelve y permea a la cultura occidental moderna, y sus manifestaciones son múltiples. Para definirla prefiero tomar como ejemplo un núcleo literario cuya dialéctica es un latido que se escucha en diferentes ámbitos; dos textos fundamentales palpitan en este núcleo: *Walden* (1854) de Henry David Thoreau y *El corazón de las tinieblas* (1899) de Joseph Conrad. En ambos textos hallamos el testimonio de un viaje interior, de un itinerario hacia la condición salvaje primigenia del hombre occidental. Tanto en Thoreau como en Conrad la metáfora central está conformada por la naturaleza salvaje: pero mientras en *Walden* se trata del apacible *bosque* de Massachusetts, en *El corazón de las tinieblas* nos encontramos con la inquietante *jungla* del Congo. Thoreau se retira a la soledad de los bosques que rodean la laguna de Walden en 1845 para –como él lo explicó– "enfrentar únicamente los hechos esenciales de la vida, y ver si podría aprender lo que debía enseñar y no, en el momento de la muerte, descubrir que no había vivido".[75] Para Thoreau los espacios en blanco de los mapas del Oeste o de África representan nuestro propio ser interior, y las expediciones que intentan explorar las regiones desconocidas del globo no son más que

> un reconocimiento indirecto del hecho de que hay continentes y mares en el mundo moral para los cuales cada hombre es un istmo o una ensenada, aún no explorados por él, pero que es más fácil navegar muchos miles de millas a través del frío, las tormentas y los caníbales, en un barco oficial asistido por

---

74. *Il Selvaggio*, "Selvaggi del Fascismo", n. 17-18, 1924; reproducido en Luciano Troisio, op. cit.
75. Henry David Thoreau, *Walden*, p. 61.

quinientos hombres y muchachos, que explorar el mar privado, los océanos Atlántico y Pacífico de nuestra soledad.[76]

En contraste, el personaje central de la novela de Conrad, Marlow, vive fascinado por los espacios vacíos en los mapas y no resiste la tentación de embarcarse en un viaje por el río Congo hacia el corazón de las tinieblas.[77] Thoreau busca la luz; Conrad va hacia la oscuridad. Pero ambos se dirigen hacia lo que en inglés llaman *wilderness*, palabra de difícil traducción al castellano, y que hace referencia a la naturaleza desierta sólo habitada por las fieras y, si acaso, por los hombres salvajes.[78] Esta naturaleza salvaje o desierta –*wilderness*– se refiere a un espacio interior, y también anterior, a la civilización. Cuando Marlow inicia el relato de su viaje a las tinieblas, advierte que a orillas del Támesis también reinó alguna vez, en los viejos tiempos, la oscuridad salvaje, lo que nos induce a pensar que la metáfora que da título al libro –el corazón de las tinieblas– se refiere no sólo a los espacios geográficos deshabitados, sino también a la condición salvaje que anida en el seno de la civilización. En esos tiempos primigenios un extremo salvajismo (*savagery*) reina en las orillas del Támesis: "toda esa misteriosa vida de la naturaleza salvaje [*wilderness*] que se agita en el bosque, en las junglas, en los corazones de los hombres salvajes".[79]

El viaje que relata Conrad nos lleva por los meandros peligrosos de un río que remontamos en busca de Kurtz, el misterioso europeo que se ha sumergido en la naturaleza salvaje. La excursión de Thoreau, por su lado, nos lleva a una laguna tranquila cuyas aguas simbolizan la naturaleza interior del hombre: es necesario sondearla con cuidado, y estudiar sus orillas, para poder dibujar el perfil del fondo.[80] Conrad, en cambio, nos hace ir contra la corriente del río hacia el fondo de la selva, como si retrocediésemos hacia los orígenes del mundo; en su viaje hacia los tiempos primigenios se encuentra con un hombre blanco, Kurtz, al que la naturaleza salvaje "le había susurrado cosas sobre él mismo que no conocía, cosas de las que no tenía idea hasta que fue aconsejado por esta gran soledad".[81] Los salvajes africanos no son más que parte del paisaje selvático; como ha señalado Chinua Achebe, África es solamente un campo de batalla

---

76. Ibid., p. 214.
77. Joseph Conrad, *Heart of Darkness*, p. 11. Hay un paralelismo notable entre las imágenes de Conrad y Thoreau; este último escribe: "¿Qué representa África, o el Oeste? ¿Los espacios blancos en el mapa no son nuestro propio interior, a pesar de que al ser descubierto resulta negro, como la costa?" (*Walden*, p. 213). En *El corazón de las tinieblas* Marlow dice, después de reflexionar sobre los espacios vacíos que en los mapas escudriñaba de niño y que ahora ya han sido llenados con ríos, lagos y nombres: "Había dejado de ser un espacio vacío de delicioso misterio, un pedazo blanco en el que un muchacho sueña gloriosamente. Se había convertido en un lugar de tinieblas" (*Heart of Darkness*, p. 12).
78. Thoreau usa con frecuencia también la palabra *wildness*, que se puede traducir como salvajismo; pero él la usa más bien como sinónimo de *wilderness*: naturaleza desierta o salvaje.
79. Conrad, *Heart of Darkness*, p. 10.
80. Sobre el tema del fondo de la laguna, véase Walter Benn Michaels, "*Walden*'s False Bottoms".
81. Conrad, *Heart of Darkness*, p. 57. Ian Watt ha hecho notar que en la época de Conrad no era rara la crítica que veía a la expansión colonial y al proceso de civilización como una regresión; el ejemplo de la novela de Grant Allen, *The British Barbarians* (1895) es significativo. Véase Watt, "*Heart of Darkness* and the Nineteenth-Century Thought".

metafísico que sirve de escenario para mostrar la forma en que la mentalidad europea puede sumirse en una terrible condición salvaje.[82] Ciertamente, el contexto colonial africano de la novela de Conrad tiene una función similar a la que tiene el desierto en los textos bíblicos: es un espacio de prueba y de encuentros. Kurtz penetra la selva como representante de la caritativa Sociedad Internacional para la Eliminación de las Costumbres Salvajes; pero cuando él mismo termina sumergido en el salvajismo, ya sólo le queda un consejo brutal para tratar a los africanos: "Exterminen a todas las bestias".[83]

También Thoreau usó el modelo bíblico para representar su idea de naturaleza salvaje; pero él no penetró los bosques navegando los ríos en agresivos barcos y con voraces apetitos comerciales, sino que exaltó –al igual que Rousseau– la caminata como la mejor forma de conocer el mundo. En un ensayo titulado "Caminar", donde desarrolla con gran finura sus ideas sobre la naturaleza salvaje, declaró enfáticamente que "la conservación del mundo se halla en la naturaleza salvaje" [*wilderness*]:[84] Para Thoreau la naturaleza salvaje era un paraíso donde descubrir las fuentes de la libertad y de la vida, pero también un desierto retador. Antes de retirarse dos años a la soledad de Walden había caminado por el norte de Maine, donde escaló el monte Katahdin: allí se enfrentó a la terrible amenaza de una naturaleza agresiva e inhumana y a unos indios que, lejos de ser dulces criaturas de la naturaleza, le parecieron siniestros; en esa soledad llegó a una conclusión que hubiese disgustado a Rousseau: "ya no se puede seguir acusando a las instituciones y a la sociedad, sino que es necesario enfrentar la verdadera fuente del mal", que se halla dentro de uno mismo.[85] Esta actitud religiosa, de raíz emersoniana y trascendentalista, permea la obra de Thoreau; con razón se ha dicho que *Walden* es la experiencia de los viajes microcósmicos y cósmicos del yo.[86] Durante sus excursiones se descubrió a sí mismo como un salvaje y comprendió que el radical salvajismo de los hombres no es sólo una fuente de peligros, sino también el origen de su libertad; cuando tenía apenas veintitrés años le confesó a un amigo: "Cada día soy más y más salvaje, como si me alimentara de carne cruda, y mi docilidad sólo es el reposo de la indocilidad".[87] Pero el suyo es un salvajismo severo, disciplinado y sencillo que excluye los apetitos eróticos y los placeres carnales. Thoreau jugó el papel de un salvaje puritano y austero; en Walden no hay sexo ni mujeres.

En *El corazón de las tinieblas* la naturaleza salvaje está empapada de una sensualidad exuberante, al mismo tiempo atractiva y peligrosa. Hay un momento culminante de la novela en que todo el oscuro erotismo de la selva se concentra

---

82. Chinua Achebe, "An Image of Africa: Racism in Conrad's *Heart of Darkness*". Véase también el excelente análisis de Michael Taussig, *Shamanism, Colonialism and the Wild Man*, pp. 10ss.
83. Conrad, *Heart of Darkness*, p. 51.
84. Thoreau, "Walking", p. 275.
85. Thoreau, "Ktaadn, and the Maine Woods", citado por Robert Sattelmeyer, "The Remaking of *Walden*", p. 437. Véase también Roderick Nash, *Wilderness and the American Mind* (capítulo 5) y Max Oelschlaeger, *The Idea of Wilderness* (capítulo 5).
86. Sherman Paul, "Resolution at Walden".
87. Carta de 1841, citada por Nash, *Wilderness and the American Mind*, p. 87. Véase también F. O. Matthiesen, *American Renaissance*, p. 175, quien se refiere a la base anárquica salvaje en el pensamiento de Thoreau.

en la figura de una mujer salvaje, ésta sí africana, que aparece con su soberbia y feroz hermosura para convocar con sus movimientos pausados la precipitación de las tinieblas sobre los aterrorizados europeos que contemplan la magnificiencia de la amante de Kurtz.[88] El europeo está atrapado en la jungla por "el pesado y mudo hechizo de la naturaleza salvaje, que parecía atraerlo a su seno despiadado al despertar en él instintos olvidados y brutales, traídos por la memoria de pasiones satisfechas y monstruosas".[89] En el momento previo a su muerte, desde el fondo de la naturaleza desierta que lo ha engullido, Kurtz tiene una visión que posiblemente resume toda su vida, y grita en un susurro: "¡El horror! ¡El horror!"[90] ¿Qué imagen vio en sus últimos momentos? Tal vez Jorge Luis Borges se asomó alguna vez a este pozo de horror cuando nos describió a unos hombres salvajes aquejados por la más terrible de las enfermedades: la inmortalidad. Son unos seres cuyos espíritus, como el de Kurtz, quedaron inmóviles en su desdén por el mundo: en perfecta quietud se convirtieron en trogloditas que viven desnudos en el desierto, devorando serpientes. Se trata de unos seres barbados repulsivos, de piel gris, que han casi perdido el uso de la palabra, se refugian en cuevas y en mezquinos agujeros hechos en la arena. La mente de estos salvajes borgianos es un juego infinito de espejos, donde nada puede ocurrir una sola vez, y por lo tanto ignoran la muerte, como las bestias. Todos los reflejos acaban convirtiéndose en arquetipos que se reproducen sin fin. Es posible que el horror hacia la condición salvaje sea una forma del miedo a quedar atrapado en una inmortalidad que anula, como dice Borges, el valor de lo irrecuperable y lo azaroso.[91]

Thoreau también deja que su alma y su cuerpo sean invadidos por los arquetipos de la naturaleza salvaje. Pero aquí se trata de una inmersión apacible en un estado salvaje que no es propuesto como modo de vida sino como modelo para pensar y, sobre todo, para sentir la condición humana. Thoreau sigue los pasos de Ralph Waldo Emerson, para quien el viaje hacia la naturaleza salvaje es la ocasión para que la mente individual descubra los infinitos reflejos de sí misma y, con ello, confirme la existencia de Dios. Pero Thoreau no cree, como creía Emerson, que los linderos que separan la condición salvaje de la civilización sean fijos. El hombre puede atravesar la frontera para despertar en sí mismo la conciencia

---

88. La asociación entre la naturaleza salvaje y la condición femenina es frecuente en la cultura europea. Cito aquí algunos ejemplos significativos en el teatro moderno: en *La sauvage* (1938) de Jean Anouilh el mundo salvaje es representado por lo femenino y por la miseria. La joven salvaje, Thérèse, toca (mal) el violín en la orquesta de su padre, en un café; su madre toca el violoncello, es borracha y se acuesta con el que toca el contrabajo. Viven un mundo mezquino, pobre y corrupto, donde el odio y el sufrimiento son moneda corriente. La obra desarrolla la tensa y compleja domesticación de Thérèse, cuyo amor por Florent –pianista y compositor de familia rica– la lleva a integrarse al mundo civilizado de la felicidad burguesa; pero ella, la salvaje, está condenada al sufrimiento. Sin duda podemos encontrar un importante precedente en *Cuando los muertos despertamos* (*Når vi døde vågner*, 1889) de Henrik Ibsen; allí Irene, la modelo del artista, es una mujer salvaje que enloquece (véase Barbara Fass Leavy, "The Wild Men and Wild Women in *When We Dead Awaken*"). En una pieza de José Martín Recuerda (*Las salvajes en Puente San Gil*, 1961) las salvajes son las actrices de un teatro de revista, cuya sola presencia en la sociedad conservadora es suficiente para subvertir un orden basado en la intolerancia moral y la represión sexual.

89. Conrad, *Heart of Darkness*, p. 65.

90. Ibid., p. 68.

91. Jorge Luis Borges, "El inmortal", p. 23.

XI. Francisco de Goya, *Salvajes degollando a una mujer.*

XII. Francisco de Goya, *Los salvajes destazando a sus víctimas*.

XIII. Francisco de Goya, *Salvajes en torno a una hoguera*.

XIV. Francisco de Goya, *El festín de los hombres salvajes*.

XV. Cartel de 1913 que anuncia la presentación de Lionel, el hombre-león.

XVI. Tarzán capturado como un hombre salvaje para ser exhibido en Europa, en un cómic de 1975.

XVII. Tarzán, el hombre-mono, recibido con júbilo por sus amigos simios.

XVIII. Richard Corben es uno de los dibujantes de cómics que más ha sentido la fascinación por los hombres y las mujeres salvajes.

XIX. El hombre-lobo, uno de los personajes salvajes favoritos de Richard Corben, tiene connotaciones eróticas evidentes.

XX. Wolverine es posiblemente el personaje más cercano al estereotipo del hombre salvaje de las series de cómics sobre "superhéroes".

XXI. Uno de los hombres salvajes más conocidos de la Biblia, Nabucodonosor, fue representado por William Blake en este grabado coloreado de 1795-1805.

XXII. El hombre de la calle en un cuadro de Paul Delvaux de 1940 pasa vestido de gris al lado de las mujeres salvajes desnudas.

XXIII. Paul Klee, *El hombre salvaje*, 1922.

> Thus wept the Angel voice & as he wept the terrible blasts
> Of trumpets, blew a loud alarm across the Atlantic deep.
> No trumpets answer; no reply of clarions or of fifes,
> Silent the Colonies remain and refuse the loud alarm.
>
> On those vast shady hills between America & Albions shore;
> Now barr'd out by the Atlantic sea: call'd Atlantean hills;
> Because from their bright summits you may pass to the Golden world
> An ancient palace, archetype of mighty Emperies,
> Rears its immortal pinnacles, built in the forest of God
> By Ariston the king of beauty for his stolen bride.
>
> Here on their magic seats the thirteen Angels sat perturb'd
> For clouds from the Atlantic hover o'er the solemn roof.

59. El hombre salvaje europeo encarnó en Orc, la figura mítica que William Blake creó para simbolizar a la revolución.

primitiva o arcaica en la Magna Mater, como ha observado Oelschlaeger.[92] El acercamiento a la gran madre natural es la propuesta de un punto de vista, no una verdadera inmersión en la condición salvaje. Una versión fantástica y moderna del hombre que escoge para siempre la condición salvaje como punto de vista la hallamos en *El barón rampante* (1957) de Italo Calvino, donde el buen humor y la ternura se unen en el personaje que, desde su infancia, decide subirse a los árboles para no volver a tocar nunca más el suelo, y desde la altura observar a la sociedad, no con soberbia, sino con una deliciosa ironía crítica. El barón trepador, Cósimo, adopta una soledad compartida y controlada desde la cual contempla la turbulenta historia europea de fines del siglo XVIII y principios del XIX. Thoreau también inventa una soledad artificial desde la cual mira críticamente a la sociedad: ello no le da una perspectiva irónica, pero sí una fuerza moral para, por ejemplo, oponerse al gobierno de los Estados Unidos al negarse a pagar impuestos a un Estado que tolera la esclavitud y que conduce una guerra imperialista contra México. La vida en los bosques es, tal como la propone Thoreau en *Walden*, un programa de educación ciudadana, similar al *Emilio* de Rousseau. Como ha dicho Stanley Cavell, se trata de una educación para el aislamiento, en la que los ciudadanos depositarios de la verdadera autoridad son identificados como "vecinos".[93] Estos solitarios vecinos deben ser, en su relación con el Estado, como hombres salvajes que odian las inevitables formas modernas de gobierno, pero que saben transmutar el odio en desobediencia civil y en actitudes pastorales pacíficas. Este pastoralismo trascendental, como ha sido calificado, se ha convertido paradójicamente en una de las bases de la cultura cívica moderna en los Estados Unidos.[94]

En contraposición, la oscura condición salvaje que espera a Marlow en la selva es una fuerza que pone en peligro la civilización; es una potencia interior autodestructiva, pero que también ofrece una salida al malestar que embarga a la cultura europea moderna. La condición salvaje atrae, como un brillante sol negro, a los hombres inquietos que navegan en círculos, fascinados por el remolino que los arrastra a un abismo que puede convertirse en la temible alternativa revolucionaria de la que habló Yeats: el culto a un nuevo Dios Salvaje llamado a destruir la civilización europea.[95] La epifanía de este Dios Salvaje ya la había anunciado William Blake cuando invocó a Orc, espíritu inflamado de la revolución, que con su poderoso cuerpo velludo quebró las cadenas que lo mantenían prisionero en una cueva subterránea, para poder copular con la oscura mujer natural que lo custodiaba y lanzarse después a la rebelión para liberar América. La fuerza que

---

92. Véase en Oelschlaeger, *The Idea of Wilderness*, una comparación y un estudio de las diferencias entre Thoreau y Emerson.

93. Stanley Cavell, "Captivity and Despair in *Walden* and «Civil Disobedience»", p. 399.

94. Véase sobre el pastoralismo Leo Marx, *The Machine in the Garden: Technology and the Pastoral Ideal in America*.

95. La fascinación por una alternativa primitiva, simbolizada por el Dios Salvaje del poema de Yeats, "The Second Coming", ha sido muy bien analizada por K. K. Ruthven, "The Savage God: Conrad and Lawrence", para quien la epifanía de la nueva deidad la presenció el poeta irlandés durante el estreno del *Ubu roi* de Jarry el 10 de diciembre de 1896 en París. Véanse también los agudos comentarios a esta interpretación escritos por C. B. Cox, *Joseph Conrad: The Modern Imagination*, pp. 55ss.

simboliza Orc proviene de la vieja Europa, del civilizado corazón de las tinieblas que es, para usar una metáfora de Blake, una tumba que lanza gritos de alegría y cuyo "seno se hincha, presa de un salvaje deseo". La voz profética de Blake nos llega desde el siglo de las luces, para hablarnos de un dios salvaje que vigila los secretos agrestes de la civilización moderna:[96]

Orc, furioso en medio de las tinieblas de Europa,
se levantó como una columna de fuego por encima de los Alpes,
se irguió como una serpiente de llamas.

---

96. William Blake, "Asia", *The Song of Los*, traducción de Agustí Bartra. "Orc, raging in Europeian darkness, / Arose like a pillar of fire above the Alps, / Like a serpent of fiery flame."

EPÍLOGO

Cuando interpretamos los textos que describen al hombre salvaje hay una duda que no deja de atormentarnos: ¿acaso al escuchar sus voces no quedamos atrapados por el bello conjuro del mito? Si penetramos en el círculo hermenéutico, como recomienda Paul Ricoeur,[1] aceptamos formar parte del mismo campo semántico que tratamos de comprender: la textura simbólica nos envuelve y nos transfiere su sentido. Tal vez estamos condenados a morir, si escuchamos el canto de las sirenas, como los antiguos navegantes griegos que para su desgracia llegaban a escuchar la bellísima voz de esas peligrosas mujeres salvajes. Podemos recurrir al consejo que Circe le dio a Ulises: atarnos firmemente al mástil de nuestra embarcación para asegurar que después de descifrar el canto de las sirenas podremos continuar nuestro camino. En este caso, retornaremos al mismo punto del que partimos y el largo viaje podría no haber sido más que el accidentado camino para regresar a Ítaca, como ocurre con el hombre de la calle en el cuadro de Paul Delvaux, que pasa vestido de gris al lado de las mujeres salvajes desnudas, atado al periódico que lee absorto caminando rumbo, podemos suponer, a su hogar. Esta opción ha horrorizado a Emmanuel Lévinas, quien prefiere el ejemplo de Abraham, que acepta la orden perentoria de Yahveh: abandonar para siempre su patria. En su éxodo sin retorno Abraham acepta incluso ceder su bella esposa a las exigencias amorosas del faraón egipcio –el otro, el extraño– con tal de salvar su vida. Esta opción implica aceptar que el otro escapa de nuestra esfera de inteligibilidad, aunque se mantiene en una cercanía que propicia el contacto.[2] Pero la tradición occidental ha hecho todo lo contrario: ha inventado y constituido al otro aun antes de escuchar su voz.

Así pues, estamos frente a la doble dificultad de descifrar textos que a su vez interpretan la otredad salvaje; desde luego incluyo en la noción de *texto* las tex-

---

1. Véase de Paul Ricoeur su polémica con Claude Lévi-Strauss, "Structure et herméneutique". Sobre los problemas de interpretación en antropología, véase Vincent Crapanzano, *Hermes' Dilemma and Hamlet's Desire*.

2. Emmanuel Lévinas, *En découvrant l'existence avec Husserl et Heidegger*, p. 191. Véase una buena exposición de las ideas de Lévinas sobre la alteridad en Xavier Antich, *El rostre de l'altre*. Sorprende que Lévinas, quien ha preconizado desnudarse más allá de toda desnudez frente a un otro que es necesario respetar como inviolable e irreductible, acepte la existencia de esa "mentalidad primitiva" inventada por la antropología francesa (véase el ensayo dedicado a Lévy-Bruhl, publicado originalmente en 1957, en el libro *Entre nous. Essais sur le penser-à-l'autre*). Nótese que a diferencia de la versión yahvista (Génesis 12, 11-20), en la elohísta el rey Guerar, que toma a Sara como esposa, no llega a tocar a la mujer de Abraham (Génesis 20, 4-6).

turas plásticas de los artistas, como el cuadro de Delvaux que acabo de mencionar y tantos otros que ilustran este libro. Si nos dejamos encantar, en nuestro impulso hermenéutico, por los textos que analizamos, no podremos en este caso estar seguros de que nuestra interpretación deje de transmitir la imagen mítica inventada de un hombre salvaje que sustituye y desplaza nuestra percepción de la otredad real. Pero si no nos dejamos subyugar por la hermosura textual de las imágenes y figuras de los hombres salvajes, corremos el riesgo del retorno a una Ítaca que ya conocíamos, habiendo descubierto que los otros somos nosotros mismos.

Pongamos el ejemplo de esos hombres salvajes que Goethe dejó pasar fugazmente como integrantes de la gran mascarada carnavalesca con que se abre la segunda parte del *Fausto*; allí los hombres salvajes participan en la lúbrica e infernal procesión de faunos, ninfas, gnomos, sátiros, carros alegóricos, furias, parcas, borrachos, parásitos, polichinelas, y otros personajes disfrazados que revolotean en torno al gran Pan:

> Hombres salvajes, tal se les llama,
> en los montes del Harz tienen fama:
> su fuerza es la desnudez natural,
> son todos de talla descomunal,
> llevan un abeto en la derecha,
> un grueso cinto su talle estrecha,
> ramas y hojas por tosco delantal,
> no ve el Papa tal guardia personal.[3]

Estos hombres salvajes son parte de la turba bulliciosa que desfila, como un fantasmagórico juego orquestado por Plutón, ante el alucinado emperador. Es la representación irónica del gran teatro del mundo –de la herencia occidental– que se exhibe ante el poderoso monarca. En un momento dado la barba postiza de Pan se enciende cuando se le cae en una fuente de fuego; la barba vuela e incendia los disfraces de la multitud que danza frente al emperador. Las llamas crecen hasta hacer presa del propio emperador y consumen al bosque artificial que decora el escenario de la procesión trágica.

Dos son las fuentes de Goethe: primeramente, como es obvio, el antiguo folklore alemán sobre los "Wilden Männer" del Harz; en segundo lugar, se trata de una referencia al funesto *bal des ardents* que organizó el rey Carlos VI de Francia en 1392 como una especie de charivari o cencerrada en ocasión de las segundas nupcias de una dama de honor; el rey y otros cinco nobles se disfrazaron de *hommes sauvages* para bailar frente a las damas, pero cuando el duque de Orléans acercó su antorcha para reconocer a los danzantes, sus trajes se incendiaron y cuatro de ellos murieron abrasados.[4] El rey estuvo a punto de perecer también; poco

---

3. *Fausto*, segunda parte, acto I, escena 3, versos 5864-71.
4. Jean Froissart, *Chroniques*, II: 188, citado por Bernheimer, *Wild Men in the Middle Ages*, p. 67, de la traducción inglesa de J. Bourchier. Véase una ilustración en color de un manuscrito de las *Chroniques* reproducida en Roger Bartra, *El Salvaje en el espejo*, p. 125.

después tuvo el primero de sus famosos ataques de locura, que lo afectaron periódicamente durante el resto de su vida.

¿Qué nos explica el análisis genético del texto de Goethe? Entre muchas otras cosas, que los hombres salvajes viven en el frágil espejo de un poder que puede volatilizarse tan rápidamente como los disfraces inflamados de los desgraciados caballeros de Carlos VI. Esta interpretación nos retransmite el mito original: el disfraz salvaje oculta y al mismo tiempo revela la identidad del hombre occidental. Ahora bien, si por alguna razón este análisis no nos satisface, podemos optar por escaparnos del círculo hermenéutico, para intentar comprender el texto sobre los hombres salvajes como parte de un sistema inconsciente que actúa en Goethe sin que el escritor se haya percatado. Podríamos decir que los hombres salvajes, y toda la turba grotesca que desfila ante el emperador gracias a las artes mágicas de Fausto y Mefistófeles, son una expresión del enemigo arquetípico: la "sombra" de la que habló Carl G. Jung para referirse a los aspectos oscuros, reprimidos, inconscientes y con frecuencia destructivos de la personalidad. Detrás de esta sombra podría esconderse el *animus* masculino, que en su manifestación primaria es la encarnación del poder físico, representada por un hombre fuerte y musculoso o a veces incluso por un ser monstruoso que sin embargo puede ser redimido por el amor de una mujer.[5] Desde la perspectiva junguiana habría otras figuras, emparentadas con el hombre salvaje, que servirían mejor como ejemplo de la sombra peligrosa que se abate sobre los hombres. Se trata de las versiones más horripilantes y fantásticas del salvajismo, que siguen fascinando a la cultura occidental. Basta ver la gran popularidad que tienen las figuras del hombre-lobo y del vampiro para comprobar que aún existe un amplio espacio para los salvajes de diverso signo en nuestra civilización. El vampiro es una figura que comparte algunos rasgos con el hombre salvaje, especialmente sus aspectos bestiales y antropofágicos; pero la leyenda de los vampiros los presenta como seres del más allá, personajes ligados a una demonología popular que los describe como representantes de la muerte y del demonio, como muertos que reviven para diseminar el mal y alimentarse de la sangre de sus víctimas. Los hombres-lobos, aunque no han sido aún consagrados por una novela como la que escribió Bram Stoker sobre los vampiros en su *Drácula* de 1897, tienen un lugar muy importante en la imaginería occidental moderna. La licantropía contiene más ingredientes salvajes y menos rasgos diabólicos que el vampirismo, ya que se refiere a una metamorfosis que revela un estado morboso y maléfico en un ser humano, que adquiere pasajeramente formas y actitudes propias de los lobos.[6] Estas manifes-

---

5. Estrictamente hablando el *animus* es la imagen arquetípica que la mujer tiene del sexo opuesto (que Goethe habría adoptado del folklore). Véase Marie-Louise von Franz, *Shadow and Evil in Fairy Tales*. La misma autora, en "The Process of Individuation", pone a Tarzán como ejemplo de la primera fase del *animus* (p. 204). Robert Bly, en una vena junguiana, da su propia versión del arquetipo masculino en su libro *Iron John*, que usé como ejemplo en el capítulo I. En la línea de Bly, pero de orientación cristiana, véase el uso del arquetipo del hombre salvaje para exaltar la "nueva masculinidad", en Patrick M. Arnold, *Wild Men, Warriors, and Kings. Masculine Spirituality in the Bible*. Un recuento junguiano de la mujer salvaje puede verse en Clarissa Pinkola Estés, *Women Who Run With the Wolves. Myths and Stories of the Wild Woman Archetype*.

6. Véase Charlotte F. Otten, *A Lycanthropy Reader. Werewolves in Western Culture*, y Alan Douglas, *The Beast Within. Man, Myths and Werewolves*. Muy interesante resulta la comparación con el amplio

taciones sombrías de la personalidad no son peligrosas y dañinas debido a su cercanía con la naturaleza animal (lobos, vampiros), como es el caso de los salvajes tradicionales, sino por su contacto con el mal (influencias demónicas, brujería).

En cierta forma, las interpretaciones psicoanalíticas nos regresan al punto de partida: hace mucho que nuestra cultura nos ha prevenido de las sombras interiores que oscurecen peligrosamente el camino. Sin embargo, el análisis junguiano tiene la virtud de replantearnos el problema de la naturaleza y origen del mal. Nos advierte que cuando retornemos a Ítaca hallaremos también allí el mal.

Pero los viajeros han rastreado insistentemente el mal fuera de las fronteras de su patria. Los europeos, a lo largo del siglo XIX, todavía buscaban en todos los rincones del mundo los testimonios de seres malignos ubicados a medio camino entre el hombre y la bestia. Uno de los casos más fascinantes fue el de los niam-niams, una tribu de caníbales negros que, según los informes, eran unos extraños hombres dotados de cola que habitaban más allá de las míticas fuentes del Nilo. Se trata de un ejemplo del *homo caudatus*, cuya presencia en la imaginería occidental es antigua.[7] Los antropólogos del siglo XX no están tan lejos como quisieran de este tipo de construcciones imaginarias, especialmente cuanto especulan sobre la existencia de una entidad única denominada "sociedad primitiva" o "salvaje".[8] Cuando, por ejemplo, Pierre Clastres afirma contundentemente que la violencia guerrera es inmanente a lo que llama el "universo de los Salvajes",[9] en realidad continúa y renueva la vieja tradición de los viajeros que descubrieron al *homo caudatus* entre los niam-niams de África central. La diferencia es que Clastres descubre al *homo necans* entre los guaicurú en América del Sur: la esencia del salvaje –dice– es la violencia guerrera. Si leemos con cuidado sus generalizaciones no será difícil comprender que estamos, en gran medida, ante un curioso proceso de primitivización del hombre medieval; los grupos de salvajes que describe habitan en unas comunidades del Medioevo europeo en las que hubiesen desaparecido las jerarquías, los poderes, las riquezas y la moral religiosa. Sin señores feudales ni iglesia, ¿qué es lo que queda? Comunidades esencialmente unificadas en las que domina la guerra contra los extraños, la pasión por la gloria y el ansia de prestigio. Un filósofo francés, apoyado en estas especulaciones que recuerdan a Hobbes, nos expone con más nitidez aún esta primitivización de la Edad Media: concluye que todas las sociedades salvajes están reguladas esencialmente por dos códigos, el del honor y el de la venganza.[10] Tal vez deberíamos

---

complejo mitológico del hombre-perro; al respecto véase el estudio de David Gordon White, *Myths of the dog-man*. Otro arquetipo cercano que conviene tener presente es el *green man* representado en numerosas iglesias góticas francesas e inglesas, que también ha sido objeto de reflexiones junguianas (William Anderson, con fotografías de Clide Hicks, *Green Man. The Archetype of our Oneness with the Earth*).

7. Véase la monografía de Jean-Dominique Pénel, *Homo caudatus. Les hommes à queue d'Afrique Centrale: un avatar de l'imaginaire occidental*. Los niam-niams eran en realidad el pueblo azande.

8. Una ilusión muy bien estudiada por Adam Kuper, *The Invention of Primitive Society*.

9. Pierre Clastres, "Malheur du guerrier sauvage", p. 69. Véase también, del mismo autor, "Archéologie de la violence".

10. Véase el capítulo VI, dedicado a contrastar las violencias "salvajes" con las "modernas", del libro de Gilles Lipovetsky, *L'ère du vide. Essais sur l'individualisme contemporain*. En realidad los grupos estudiados en la Amazonia y en el Chaco no son sociedades primitivas, sino remanentes marginales y colonizados de civilizaciones antiguas que se derrumbaron.

también entender estas transposiciones como una neomedievalización del mundo primitivo y salvaje, una tendencia que podemos observar asimismo en otros ámbitos de la cultura, como por ejemplo en el cine y los cómics.[11] Me temo que en estos ejemplos la antropología europea corre el riesgo de encerrarse en su propia cárcel hermenéutica, como un Ulises que hubiese optado por taparse los oídos con cera –como hicieron sus marineros–, para sólo escuchar las voces de su propia cultura. Así, para comprender a los salvajes primitivos de la Amazonia o del Chaco sería mejor, además de los paseos etnográficos, una buena lectura de Hobbes. Lo más gracioso es que en uno de estos paseos, al sur del Orinoco, el etnólogo francés fue tomado por una rara especie peluda de hombre y exhibido por los matowateri ante toda la aldea, donde especialmente las mujeres le jalaron el vello y otras cosas para comprobar que no era artificial.[12]

Otras expediciones han llevado a la imaginación occidental a buscar las huellas del hombre salvaje en el lejano oriente, ese espacio mítico que continúa siendo la tradicional fuente de muchos ensueños europeos. Por ello, el anuncio en 1971 del descubrimiento de un grupo primitivo que nunca había tenido contacto con la civilización –los tasaday de la isla de Mindanao en Filipinas– causó una gran sensación en todo el mundo; muy pronto la prensa convirtió al supuesto grupo primitivo de la edad de piedra en objeto de la curiosidad pública: los tasaday parecían ser unos gentiles salvajes que vivían en cuevas, usaban sólo herramientas de piedra y aparecían en las fotografías como unos personajes sonrientes, sanos, limpios y hermosos, casi totalmente desnudos, cubiertos apenas con sus delicados taparrabos de verdes y frescas hojas de orquídea.[13] El hecho de que se trate de un grupo de seres primitivos inventados es una prueba más de que las estructuras culturales de la imaginación occidental siguen requiriendo la presencia de hombres salvajes; y es otra prueba más de las enormes dificultades de todo

---

11. El ejemplo más evidente es la serie de cómics *The Savage Sword of Conan the Barbarian*, que ha sido trasladada con éxito al cine, actuada por Arnold Schwarzenegger en el papel de hombre salvaje neomedieval.

12. Contado con muy buen humor por el propio Pierre Clastres en *Recherches d'anthropologie politique*, primer capítulo. La imagen medieval del hombre salvaje ha sido usada también por unos "salvajes" americanos para referirse a otros grupos étnicos cercanos considerados peligrosos; los indios tzeltales de Bachajón, en Chiapas, representan durante el carnaval a otros indios supuestamente fieros y salvajes como "lacandones", mediante el típico disfraz del *homo sylvestris* medieval, traído a América por los conquistadores españoles, cubriéndose "de una pelambre de hojas y pita deshilada y provistos de nudosos garrotes", atributos imaginarios que nada tienen que ver con los lacandones reales, los mayas selváticos (Antonio García de León, "El abominable hombre de Occidente"). Por otro lado, una deliciosa leyenda venezolana de la región de Lara se refiere a un salvaje que se roba a las mujeres, las lleva al bosque, las sube a los árboles y les lame las plantas de los pies hasta el punto de dejarles la piel tan sensible que ya no pueden huir; un cuento popular se refiere a uno de estos salvajes que se llevó a una dama a su árbol, le lamió los pies y después tuvo un hijo con ella llamado Juan Salvajito, un ser de fuerza sobrenatural (citada por Santiago López-Ríos, "El concepto de «salvaje» en la Edad Media española: algunas consideraciones", p. 153; la referencia procede de la *Enciclopedia larense* de R. D. Silva Uzcátegui).

13. Véase la crónica del reportero John Nance, *The Gentle Tasaday. A Stone Age People in the Philippine Rain Forest* y la lujosa edición de lo que obviamente es una fotonovela, como el propio autor anuncia: John Nance, *Discovery of the Tasaday. A Photo Novel: The Stone Age Meets the Space Age in the Philippine Rain Forest*. Un excelente y lúcido análisis del fenómeno puede verse en Jean-Paul Dumont, "The Tasaday, Which and Whose? Toward the Political Economy of an Ethnographic Sign".

60. En las novelas de ciencia-ficción han proliferado los hombres y las mujeres salvajes. Los ilustradores no se han quedado atrás, como puede verse en este dibujo de Hannes Bok de 1946.

intento por escapar del círculo hermenéutico. Igualmente sintomático es el gran interés que despierta la búsqueda del "abominable hombre de las nieves", el yeti de los Himalayas o el yeren de los bosques de Shennonjia en China. En 1990 la sección científica del *New York Times* publicó la noticia de las búsquedas de un hombre salvaje que podría ser, según los criptozoólogos, descendiente de una especie extinta de homínidos; se reproducía también un cartel difundido por las autoridades chinas con el dibujo del yeren, solicitando información sobre el buscado salvaje.[14] En esa misma época ocurrió también que un antropólogo norteamericano que realizaba estudios y un documental sobre el misterioso yeren en el noroeste de Hubei, mientras descansaba en la orilla de un río después de bañarse, fue tomado por los aldeanos por un hombre salvaje.[15] ¿No es una señal de que la búsqueda del hombre salvaje rinde sus mejores frutos si investigamos los territorios que se extienden del otro lado del espejo en el que nos contemplamos?[16]

Al respecto, más que las aventuras de los etnólogos, la evolución del primitivismo en el arte europeo moderno es aleccionadora: la influencia de las expresiones artísticas primigenias de los pueblos de África y Oceanía desembocó en una intensa exploración de las facetas interiores de nuestra niñez, nuestra locura y nuestros sueños. Es una línea que va de *Les demoiselles d'Avignon* de Picasso a las mujeres en la noche con pájaros que gustaba pintar Miró; o, más obviamente, la serie de transformaciones que unen las exploraciones "exóticas" de Gauguin con los juegos "infantiles" de Klee. Gauguin huyó de Europa para buscar en la Polinesia una alternativa a esa enfermedad llamada civilización; en una famosa carta August Strindberg dijo de él que era "el salvaje que odia a una civilización lloriqueante, una especie de Titán que, celoso del Creador, en sus ratos de ocio fabrica su propia pequeña creación, un niño que destroza sus juguetes para con los pedazos hacer otros".[17] Al uso de motivos primitivos Klee agregó la simbología de los dibujos infantiles y las distorsiones repetitivas de las pinturas hechas por locos en los manicomios. Los pintores encerrados en la jaula de las fieras —los *fauvistes*— o en busca de un arte crudo, tosco y sin pulir —el *art brut*— fueron hallando, como por casualidad, los caminos abiertos por los seres primitivos, los

---

14. Malcolm W. Browne, "On the Trail of a 'Wildman', and Creatures Nearly as Elusive". El interés por el yeren fue impulsado por la Sociedad Internacional de Criptozoología, fundada por el zoólogo francés Bernard Heuvelmans, coautor de un discutido libro sobre la posibilidad de que existan hombres salvajes vivos, que se creían extintos (Bernard Heuvelmans y B. F. Porchnev, *L'homme de Néanderthal est toujours vivant*). Sobre el yeren la revista *Newsweek* publicó también en 1990 un reportaje de Tony Emerson, "The Hunt for 'Wildman'". Un dossier de materiales sobre el tema fue publicado por Yuan Zhenxin y Huang Wanpo, *Wild Man. China's Yeti*. Véase también Myra Shackley, "The Case for Neanderthal Survival: Fact, Fiction or Faction?"; Robert E. Walls, "Relict Neanderthals: A Folkloristic Comment", y el libro editado por Marjorie M. Halpin y Michael M. Ames, *Manlike Monsters on Trial. Early Records and Modern Evidence*.

15. Fue el profesor de antropología de la Ohio State University Frank E. Poirier (citado por Emerson, "The Hunt for 'Wildman'").

16. La gran curiosidad e inquietud que sigue provocando la búsqueda de un hombre salvaje en los Estados Unidos es otra señal en el mismo sentido: la bibliografía sobre el legendario *sasquatch* o *bigfoot* es inmensa. Sólo cito tres libros de un extenso repertorio: John Napier, *Bigfoot*; Kenneth Wylie, *Bigfoot. A Personal Inquiry into a Phenomenon*; Janet y Colin Bord, *The Bigfoot Casebook*.

17. Carta de August Strindberg a Paul Gauguin de febrero de 1895, citada en el excelente libro de Robert Goldwater, *Primitivism in Modern Art*, p. 67.

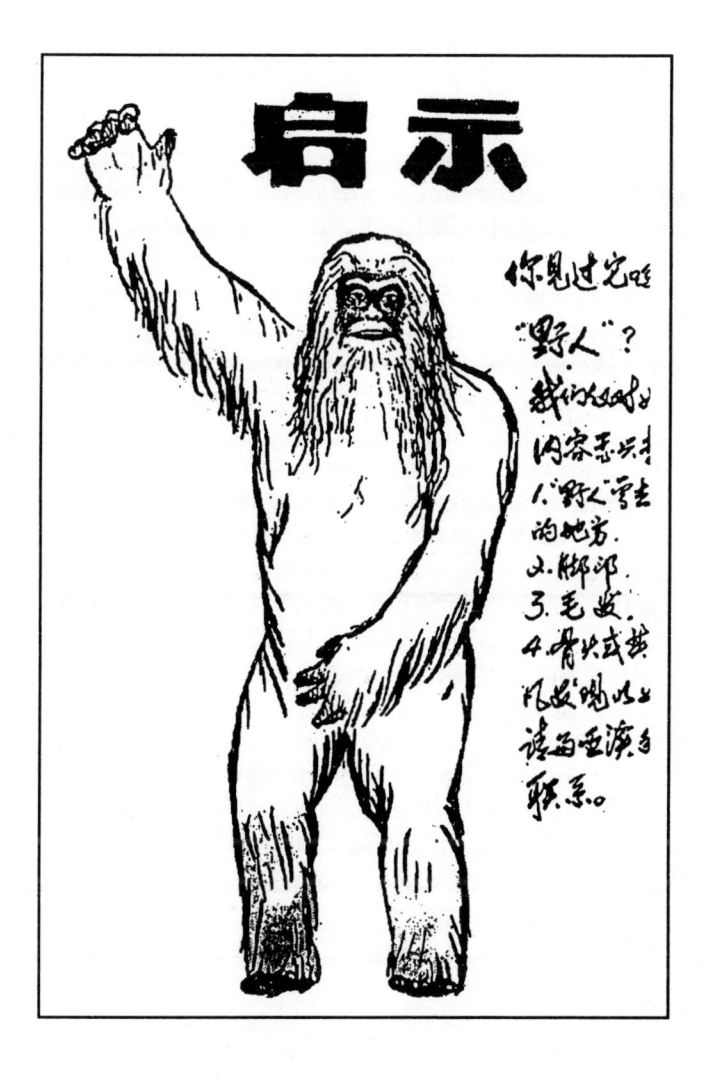

61. Cartel chino en el que se pregunta: "¿Ha visto al hombre salvaje?", distribuido en 1990 por científicos en la provincia de Sichuan.

niños, los locos o los sueños hacia ese mundo interior salvaje que un Matisse o un Dubuffet develaron ante los ojos de los civilizados europeos. El mundo primitivo se hallaba en el interior y no en el exterior de la cultura occidental; y el arte primitivista moderno aparecía como una búsqueda de la simplicidad y, sobre todo, de la totalidad no fragmentada del hombre.[18] Por supuesto que en el interior salvaje de la cultura occidental los pintores hallaron también –desde Edvard Munch hasta Francis Bacon– monstruosas malignidades y amenazas inquietantes. Ante todo esto la duda vuelve a asaltarnos: ¿debemos renunciar a la belleza luminosa del mito salvaje para adentrarnos en las oscuras sombras de nuestro inconsciente? ¿Es necesario dejar de oír a las dulces sirenas de la infancia y de los sueños para regresar a los susurros apagados de nuestro malestar interior?

18. Sobre los "primitivos endógenos" que existen en el seno de la cultura occidental, véase David Maclagan, "Outsiders or insiders?"; y sobre el primitivismo como expresión de la idea de una humanidad cohesiva e integral, véase David Miller, "Primitive Art and the Necessity of Primitivism to Art". Véase también Colin Rhodes, *Primitivism and Modern Art*.

Tal vez debamos reconsiderar el consejo que Circe –quien conocía bien la naturaleza bestial de los hombres– le da a su amante para escapar del encanto de las sirenas salvajes. Es una invitación a renunciar por un momento a las verdades profundas que anidan en nuestro castillo interior, para perdernos en el maravilloso laberinto de los sentidos y los significados. Pero Ulises se salva de extraviarse en el dédalo hermenéutico porque se halla fuertemente atado a su hogar interior: se atreve a descifrar el canto de las sirenas, pero al mismo tiempo recodifica los fragmentos interpretados, para enterrarlos en su memoria; con sus ataduras no sólo impide su perdición, sino que además mantiene atado el delirio de los signos en el hermetismo de los recuerdos. Así, Ulises, al mismo tiempo hermeneuta y hermético, regresa a Ítaca con el corazón roto en pedazos y su alma fragmentada por las experiencias del viaje: huida hermenéutica y retorno hermético, después de los cuales Ulises ya no es el mismo. Yo creo que el hombre salvaje que pintó Klee en 1922 es el retrato de un Ulises contemporáneo, que ha visto en sus viajes las formas extremas de la modernidad: las ha descifrado y, harto del banquete hermenéutico, mira la civilización –nos mira a nosotros– con ojos de niño; pero de un niño cansado que ha conocido los horrores de la guerra, que ha sufrido las peores pesadillas y que ha transitado por todas las formas de la locura. Y, a pesar de todo, lanza oblicuas miradas de inocentes flechas que señalan hacia sabios rollos que guardan claves simétricas; los belfos peludos y el sexo del que emana gruesa flecha roja nos recuerdan que este ser ya no es un niño sino un *wilde Mann*, como lo bautizó Klee, un hombre salvaje del que parten saetas que apuntan hacia todas las direcciones, que señalan alternativas que se nos abren si aceptamos su muda invitación. Cansado de su recorrido milenario y al mismo tiempo lleno de promesas, el hombre salvaje regresa a casa.

REFERENCIAS

BIBLIOGRAFÍA

Achebe, Chinua, "An Image of Africa: Racism in Conrad's *Heart of Darkness*", *The Massachusetts Review* n. 18, 1977, pp. 782-94.

Acosta, Joseph de, *Historia natural y moral de las Indias,* ed. de Edmundo O'Gorman, Fondo de Cultura Económica, México, 1962.

Aguirre Rojas, Carlos, "Raíces y destellos del salvaje europeo", *La Jornada Semanal* n. 158, México, 21 de junio de 1992, pp. 41-45.

Altrocchi, Rudolph, "The Ancestors of Tarzan", en *Sleuthing in the Stacks*, Harvard University Press, Cambridge, 1944.

Andersen, Jørgen, *The Witch on the Wall: Medieval Erotic Sculpture in the British Isles*, Rosenkilde and Bagger, Copenhague, 1977.

Anderson, William, con fotografías de Clide Hicks, *Green Man. The Archetype of our Oneness with the Earth,* Harper Collins, Londres, 1990.

Antich, Xavier, *El rostre de l'altre,* Eliseu Climent, Valencia, 1993.

Armandi, G. I., "Dal santuario di San Giovanni alla casa dell'uomo selvatico", en *Nuova Antologia* n. 94, serie IV, 16 de agosto de 1901.

Arnold, Patrick M., *Wild Men, Warriors, and Kings. Masculine Spirituality in the Bible,* Crossroad, Nueva York, 1992.

Ashcraft, Richard, "Leviathan Triumphant: Thomas Hobbes and the Politics of Wild Men", en *The Wild Man Within*, ed. de E. Dudley y M. E. Novak, University of Pittsburgh Press, Pittsburgh, 1972.

Azúa, Félix de, *La paradoja del primitivo*, Seix Barral, Barcelona, 1983.

Babb, Lawrence, *The Elizabethan Malady: a Study of Melancholia in English Literature from 1580 to 1640*, Michigan State College Press, East Lansing, 1951.

Bahr, Ehrhard, "Papageno: The Unenlightened Wild Man in Eighteenth-Century Germany", en *The Wild Man Within*, ed. de E. Dudley y M. E. Novak, University of Pittsburgh Press, Pittsburgh, 1972.

Baldick, Chris, *In Frankenstein's Shadow: Myth, Monstrosity, and Nineteenth-Century Writing*, Clarendon Press, Oxford, 1987.

Ball, Albert, "Swift and the Animal Myth", en *Transactions of the Wisconsin Academy of Sciences, Arts and Letters* n. 48, 1959, pp. 239-48.

Bartlett, Robert, "Witch Hunting", *The New York Review of Books*, 13 de junio de 1991.

Bartra, Roger, *El Salvaje en el espejo*, Era/Coordinación de Difusión Cultural, UNAM, México, 1992.

Battesti, Jeanne, "Du mythe de la «femme sauvage» à la bergère courtoise: la femme dans la poésie médiévale espagnole", *Études Corses*, 4, n. 6-7, 1976, pp. 209-40.

Baumer, Franklin L., *El pensamiento europeo moderno. Continuidad y cambio en las ideas, 1600-1950*, Fondo de Cultura Económica, México, 1985.

Beare, Mary (ed.), *Hans Sachs: Selections*, University of Durham, Durham, 1983.

Béguin, Albert, *L'âme romantique et le rêve. Essai sur le Romantisme allemand et la poésie française*, Corti, París, 1939.

Berlin, Isaiah, "The Philosophical Ideas of Giambattista Vico", en *Art and Ideas in Eighteenth-Century Italy*, Edizioni di Storia e Letteratura, Roma, 1960.

Bermúdez Pareja, Jesús, *Pinturas sobre piel en la Alhambra de Granada*, Patronato de la Alhambra y Generalife, Granada, 1987.

Bernheimer, Richard, *Wild Men in the Middle Ages. A Study in Art, Sentiment, and Demonology*, Harvard University Press, Cambridge, 1952.

Bettelheim, Bruno, "Feral Children and Autistic Children", *American Journal of Sociology*, 64, n. 5, 1959, pp. 455-67.

——, *The Uses of Enchantment. The Meaning and Importance of Fairy Tales*, Knopf, Nueva York, 1977.

Bitterli, Urs, *Los "salvajes" y los "civilizados". El Encuentro de Europa y Ultramar*, Fondo de Cultura Económica, México, 1981.

Blake, William, *Primeros libros proféticos*, trad. de Agustí Bartra, Universidad Nacional Autónoma de México, México, 1961.

Bloom, Alan, "An Outline of Gulliver's Travels", en *Ancients and Moderns*, ed. de J. Cropsey, Basic Books, Nueva York, 1964.

Blumenbach, Johann Friedrich, "Von Homo sapiens ferus Linn. und namentlich von Hammelschen wilden Peter", en *Beyträge zur Naturgeschichte* (segunda parte), Heinrich Dieterich, Göttingen, 1811.

Bly, Robert, *Iron John. A Book About Men*, Addison-Wesley, Reading, Mass., 1990.

Boas, George, *Essays on Primitivism and related ideas in the Middle Ages*, The Johns Hopkins Press, Baltimore, 1948.

—— y Arthur O. Lovejoy, *A Documentary History of Primitivism and Related Ideas*, The Johns Hopkins Press, Baltimore, 1935.

Boase, Roger, *The Origin and Meaning of Courtly Love*, Manchester University Press, Manchester, 1977.

——, "The 'Penitents of Love' and the Wild Man in the Storm: A Passage by the Knight of La Tour-Landry", en *The Modern Language Review* n. 84, 1989, pp. 817-33.

Bogdan, Robert, *Freak Show: Presenting Human Oddities for Amusement and Profit*, The University of Chicago Press, Chicago, 1988.

Bök, Christian, "The Monstrosity of Representation, *Frankenstein* and Rousseau", *English Studies in Canada*, 18, n. 4, 1992, pp. 415-32.

Bolte, Johannes y Georg Polívka, *Anmerkungen zu den Kinder- und Hausmärchen der Brüder Grimm*, 5 vols., Georg Olms Verlag, Hildesheim, 1982.

Bonnet Reverón, B., "Las expediciones a las Canarias del siglo XIV", *Revista de Indias* n. 18, octubre/diciembre de 1944.

Bord, Janet y Colin, *The Bigfoot Casebook*, Granada, Londres, 1982.

Borello, Rodolfo A., "Las serranas del Arcipreste: estado de la cuestión", *Cuadernos de Filología* n. 1, 1968, pp. 11-25.

Borges, Jorge Luis, "El inmortal", en *El Aleph*, Alianza Editorial, Madrid, 1971.

Bowden, Betsy, "Before the Houyhnhnms: Rational Horses in the Late Seventeenth Century", *Notes and Queries* n. 39, 1992, pp. 38-40.

Brading, David A., *Orbe indiano. De la monarquía católica a la república criolla, 1492-1867*, Fondo de Cultura Económica, México, 1992.

Brotherston, Gordon, "Towards a grammatology of America: Lévi-Strauss, Derrida, and the native New World text", en *Europe and its Others*, ed. de Francis Barker et al., 2 vols., University of Essex, Colchester, 1985.

Brown, Norman O., "The Excremental Vision", en *Life Against Death: The Psychoanalytical Meaning of History*, Routledge & Kegan Paul, Londres, 1959.
Browne, Malcolm W., "On the Trail of a 'Wildman', and Creatures Nearly as Elusive", *The New York Times*, 19 de junio de 1990, pp. C1-12.
Buffon, Georges-Louis-Leclerc, conde de, *De la nature de l'homme. Oeuvres complètes*, vol. VIII, Pourrat, París, 1833-34.
——, *Variétés dans l'espèce humaine. Oeuvres complètes*, vol. IX, Pourrat, París, 1833-34.
Burckhardt, Jacob, *Die Kultur der Renaissance in Italien*, Alfred Kroner, Leipzig, 1962.
Burke, James F., "Juan Ruiz, the *Serranas*, and the rites of spring", *The Journal of Medieval and Renaissance Studies*, 5, n. 1, 1975, pp. 13-35.
Burke, Peter, *The Italian Renaissance. Culture and Society in Italy*, Princeton University Press, Princeton, 1986.
Burnett, James, lord Monboddo, *On the Origin and Progress of Language*, Edinburg, 1773-74.
Bynum, Caroline Walker, "The Mysticism and Asceticism of Medieval Women: Some Comments on the Typologies of Max Weber and Ernst Troeltsch", en *Fragmentation and Redemtion. Essays on Gender and the Human Body in Medieval Religion*, Zone Books, Nueva York, 1992.
Caamaño Martínez, Jesús María, "Un precedente románico del «salvaje»", *Boletín del Seminario de Arte y Arqueología* n. 2, 1984, pp. 399-401.
Calderón de la Barca, Pedro, *En la vida todo es verdad y todo mentira*, ed. e introducción de Don William Cruickshank, Tamesis Books, Londres, 1971.
——, *Autos sacramentales*, ed. de R. Arias, Porrúa, México, 1978.
——, *La vida es sueño*, ed. de Ciriaco Morón, Cátedra, Madrid, 1986.
Calvino, Italo, *Il barone rampante*, Einaudi, Turín, 1957.
Canguilhem, Georges, "La monstruosité et le monstrueux", en *Diogène* n. 40, 1962, pp. 29-43.
Carnochan, W. B., "The Complexity of Swift: Gulliver's Fourth Voyage", *Studies in Philology* n. 60, 1963, pp. 23-44.
Caro Baroja, Julio, "La serrana de la Vera, o un pueblo analizado en conceptos y símbolos inactuales", en *Ritos y mitos equívocos*, Istmo, Madrid, 1989.
——, "Culto a los árboles y mitos y divinidades arbóreas", en *Ritos y mitos equívocos*, Istmo, Madrid, 1989.
Carrillo Trueba, César, "Algunas consideraciones sobre la evolución de las sirenas", en *Ciencias* n. 32, 1993, pp. 35-47.
Casalduero, Joaquín, "Sentido y forma de *La vida es sueño*", en *Calderón y la crítica: historia y antología*, ed. de M. Durán y R. González Echevarría, Gredos, Madrid, 1976.
Cassirer, Ernst, *Le problème Jean-Jacques Rousseau*, Hachette, París, 1987.
Castañón, Adolfo, "El Salvaje en el espejo", *Vuelta* n. 186, 1992, pp. 45-47.
Castro, Américo, "Algunas observaciones acerca del concepto de honor en los siglos XVI y XVII", *Revista Filología Española* n. 3, 1916, pp. 1-50, 357-86.
Cavell, Stanley, "Captivity and Despair in *Walden* and «Civil Disobedience»", en la edición crítica de *Walden* preparada por W. Rossi, Norton, Nueva York, 1992.
Céard, Jean, "The Crisis of the Science of Monsters", en *Humanism in Crisis. The Decline of the French Renaissance*, ed. de Philippe Desan, The University of Michigan Press, Ann Arbor, 1991.
Ceccarelli, Paola, "Le monde sauvage et la cité dans la comédie ancienne", *Études de Lettres* n. 1, 1992, pp. 23-37.
Certeau, Michel de, *La fable mystique, 1. XVIe-XVIIe siècle*, Gallimard, París, 1982.
Cervantes, Fernando, *The Idea of the Devil and the Problem of the Indian: The Case of Mexico in the Sixteenth Century*, Institute of Latin American Studies, Londres, 1991.

Chabut, Marie-Hélène, "Le Supplément au voyage de Bougainville: une poétique du déguisement", *Diderot Studies* n. 24, 1991, pp. 11-23.

Cheyfitz, Eric, *The Poetics of Imperialism. Translation and Colonization from The Tempest to Tarzan*, Oxford University Press, Oxford, 1991.

Chinard, Gilbert, *L'Amérique et le rêve exotique dans la littérature française au XVIIe et au XVIIIe siècle*, Droz, París, 1934.

Chuang Tzu, Inner Chapters. A New Translation, trad. de Gia-Fu Feng y J. English, Vintage Books, Nueva York, 1974.

Clastres, Pierre, "Archéologie de la violence", *Libre* n. 1, 1977, pp. 137-73.

——, "Malheur du guerrier sauvage", *Libre* n. 2, 1977, pp. 69-109.

——, *Recherches d'anthropologie politique*, Seuil, París, 1980.

Clifford, James L., "Gulliver's Fourth Voyage. 'Hard' and 'Soft' Schools of Interpretation", en *Quick Springs of Sense. Studies in the Eighteen Century*, ed. de Larry S. Champion, University of Georgia Press, Athens, 1974.

Colletti, Lucio, *Ideologia e società*, Laterza, Bari, 1970.

Colum, Padraic, "Swift's Poetry", *Dublin Magazine*, 6, n. 3-4, 1967, pp. 5-13.

Conger, Syndy McMillen, "A German Ancestor for Mary Shelley's Monster: Kahlert, Schiller, and the Buried Treasure of *Northanger Abbey*", *Philological Quarterly*, 59, n. 2, 1980, pp. 216-32.

Conrad, Joseph, *Heart of Darkness*, ed. de Robert Kimbrough, Norton, Nueva York, 1988.

Correa Calderón, E., *Baltasar Gracián. Su vida y su obra*, Gredos, Madrid, 1961.

Cortesão, Jaime, *Os descobrimentos portugueses. Obras completas*, XXI, Livros Horizonte, Lisboa, 1975.

Covarrubias, Sebastián de, *Tesoro de la lengua castellana*, [1611], ed. de F. C. R. Maldonado, 2a. edición, Castalia, Madrid, 1995.

Cox, C. B., *Joseph Conrad: The Modern Imagination*, Dent, Londres, 1974.

Crane, R. S., "The Houyhnhnms, the Yahoos, and the History of Ideas", en *Reason and the Imagination: Studies in the History of Ideas*, ed. de J. A. Mazzeo, Columbia University Press, Nueva York, 1962.

Cranston, Maurice, *Jean-Jacques. The Early Life and Work of Jean-Jacques Rousseau, 1712-1754*, The University of Chicago Press, Chicago, 1991.

——, *The Noble Savage. Jean-Jacques Rousseau, 1754-1762*, The University of Chicago Press, Chicago, 1991.

Crapanzano, Vincent, *Hermes' Dilemma and Hamlet's Desire. On the Epistemology of Interpretation*, Harvard University Press, Cambridge, 1992.

Croce, Benedetto, "I trattatisti italiani del Concettismo e Baltasar Gracián", en *Problemi di Estetica e contributi alla storia dell'estetica italiana*, 2a. edición revisada, Laterza, Bari, 1923, pp. 311-48.

Cuvier, Georges, "Extrait d'observations faites sur le cadavre d'une femme connue à Paris et à Londres sous le nom de Vénus Hottentote", en *Mémoires du Muséum d'histoire naturelle* n. 3, 1817.

Cyrano de Bergerac, Savinien, "Histoire comique des états et empires de la lune" y "Histoire comique des états et empires du soleil", en *L'autre monde*, Éditions Sociales, París, 1959. [Edición en castellano: *El otro mundo*, CNCA, México, 1992.]

Damrosch, Jr., Leopold, "Myth and Fiction in *Robinson Crusoe*", en *Daniel Defoe's Robinson Crusoe*, ed. de Harold Bloom, Modern Critical Interpretations, Chelsea House Publishers, Nueva York, 1988, pp. 81-109.

Darnton, Robert, "Peasants Tell Tales: the Meaning of Mother Goose", en *The Great Cat Massacre and Other Episodes in French Cultural History*, Basic Books, Nueva York, 1984.

———, "The Social Life of Rousseau. Anthropology and the Loss of Innocence", *Harper's*, julio de 1985, pp. 69-83.

———, "A Star Is Born", *The New York Review of Books*, 27 de octubre de 1988.

De Angelis, Rita, *L'opera pittorica completa di Goya*, Rizzoli, Milán, 1974.

Defoe, Daniel, *Mere Nature Delineated: or, a Body without a Soul. Being Observations upon The Young Forester, lately brought to town from Germany. With Suitable Applications. Also a Brief Dissertation upon the Usefulness and Necessity of Fools, whether political or natural*, T. Warner, Londres, 1726.

———, *Robinson Crusoe. An Authoritative Text, Backgrounds and Sources, Criticism*, edición crítica de Michael Shinagel, Norton, Nueva York, 1975.

Delarue, Paul, y Marie-Louise Tenèze, *Le conte populaire français*, 3 vols., París, 1976.

De Lope, Monique, *Traditions populaires et textualité dans le «Libro de Buen Amor»*, Centre d'Études et de Recherches Sociocritiques, Université Paul Valéry, Monpellier, 1984.

De Man, Paul, *Allegories of Reading. Figural Language in Rousseau, Nietzsche, Rilke and Proust*, Yale University Press, New Haven, 1979.

———, "The Rhetoric of Blindness: Jacques Derrida's Reading of Rousseau", en *Blindness and Insight. Essays in the Rhetoric of Contemporary Criticism*, 2a. edición revisada, University of Minnesota Press, Minneápolis, 1983.

Dennis, Nigel, *Jonathan Swift: A Short Character*, Macmillan, Nueva York, 1964.

Derrida, Jacques, *De la grammatologie*, Minuit, París, 1967.

Desan, Philippe (ed.), *Humanism in Crisis. The Decline of the French Renaissance*, The University of Michigan Press, Ann Arbor, 1991.

Detienne, Marcel, *La invención de la mitología*, Península, Barcelona, 1985.

Deyermond, Alan D., "El hombre salvaje en la novela sentimental", *Filología* n. 10, 1964, pp. 97-111.

———, "Segismundo the Wild Man", en *Golden Age Spanish Literature. Studies in Honour of John Varey*, ed. de Charles Davis y Alan Deyermond, Westfield College, Londres, 1991.

———, *Tradiciones y puntos de vista en la ficción sentimental*, Universidad Nacional Autónoma de México, México, 1993.

Diane Arbus: Magazine Work, Aperture, Nueva York, 1972.

Dibdin, Charles Isaac Mungo, *The Wild Man: A Melodramatic Romance in One Act*, Londres, John Cumberland, 1836 (vol. 11 del *Cumberland's Minor Theatre*).

Dickason, Olive Patricia, "The Concept of *l'homme sauvage*", en *Manlike Monsters on Trial. Early Records and Modern Evidence*, ed. de Marjorie M. Halpin y Michael M. Ames, University of British Columbia Press, Vancouver, 1980.

Dickson, Arthur, *Valentine and Orson. A Study in Late Medieval Romance*, Columbia University Press, Nueva York, 1929.

Diderot, Denis, *Supplément au voyage de Bougainville. Oeuvres philosophiques*, ed. de P. Vernière, Garnier, París, 1964.

———, *Oeuvres complètes*, ed. de J. Assézat y M. Tourneux, Garnier, París, 1975-77.

———, *Le neveu de Rameau*, ed. de J. y A.-M. Chouillet, Librairie Générale Française, París, 1984.

Dircks, R. J., "Gulliver's Tragic Rationalism", *Criticism* n. 2, 1960, pp. 134-49.

Dodds, Jerrilynn D., "The Paintings in the sala de Justicia of the Alhambra: Iconography and Iconology", *The Art Bulletin*, 61, n. 2, 1979, pp. 186-97.

Douglas, Alan, *The Beast Within. Man, Myths and Werewolves*, Orion, Londres, 1992.

Dryden, John, *The Conquest of Granada. Selected Dramas of John Dryden*, ed. de George R. Noyes, Scott, Foresman & Co., Chicago y Nueva York, 1910.

Duchet, Michèle, *Anthropologie et histoire au siècle des lumières*, Maspero, París, 1971.

Dudley, Edward, "The Wild Man goes Barroque", en *The Wild Man Within*, ed. de E. Dudley y M. E. Novak, University of Pittsburgh Press, Pittsburgh, 1972.

Dumont, Jean-Paul, "The Tasaday, Which and Whose? Toward the Political Economy of an Ethnographic Sign", *Cultural Anthropology*, 3, n. 3, 1988, pp. 261-75.

Durán, Manuel y Roberto González Echevarría (comps.), *Calderón y la crítica: historia y antología*, Gredos, Madrid, 1976.

Echeverría, Bolívar, "El *ethos* barroco", en B. Echeverría (comp.), *Modernidad, mestizaje cultural, ethos barroco*, UNAM/El Equilibrista, México, 1994.

Edelman, Gerald M., *Bright Air, Brilliant Fire: On the Matter of the Mind*, Basic Books, Nueva York, 1992.

Egido, Aurora, "El vestido de salvaje en los autos sacramentales de Calderón", en *Serta philologica F. Lázaro Carreter natalem diem sexagesimum celebranti dicata*, II, Cátedra, Madrid, 1983, pp. 171-86.

Ehrenpreis, Irvin, "The Meaning of Gulliver's Last Voyage", *A Review of English Literatura*, 3, n. 3, 1962, pp. 18-38.

———, *Swift. The Man, his Works, the Age*, 3 vols., Methuen, Londres, 1962, 1967, 1983.

Eigeldinger, Marc, *Jean-Jacques Rousseau et la réalité de l'imaginaire*, À la baconnière, Neuchâtel, 1962.

———, *Jean-Jacques Rousseau: univers mythique et cohérence*, À la baconnière, Neuchâtel, 1978.

Einaudi, Mario, *The Early Rousseau*, Cornell University Press, Ithaca, 1967.

Eliade, Mircea, "Le mythe du bon sauvage", *Nouvelle Revue Française* n. 32, 1955, pp. 229-49.

Ellis, John M., *One Fairy Story Too Many. The Brothers Grimm and Their Tales*, The University of Chicago Press, Chicago, 1983.

Emerson, Tony, "The Hunt for 'Wildman'", *Newsweek*, 12 de noviembre de 1990, p. 42.

Ende, Michael, *Die unendliche geschichte*, Thienemanns, Stuttgart, 1979.

Essoe, Gabe, *Tarzan of the Movies. A Pictorial History of More than Fifty Years of Edgar Rice Burroughs' Legendary Hero*, Citadel Press, Nueva York, 1968.

Estés, Clarissa Pinkola, *Women Who Run With the Wolves. Myths and Stories of the Wild Woman Archetype*, Ballantine, Nueva York, 1992.

Estes, Leland L., "The Medical Origins of the European Witch Craze: A Hypothesis", en *A Lycanthropy Reader. Werewolves in Western Culture*, ed. de Charlotte F. Otten, Syracuse University Press, Syracuse, 1986.

Evans, Elizabeth E., *The Story of Kaspar Hauser from Authentic Records*, Swan Sonnenschein, Londres, 1892.

Fairchild, Hoxie Neal, *The Noble Savage. A Study in Romantic Naturalism*, Columbia University Press, Nueva York, 1928.

Farinelli, Arturo, *La vita è un sogno*, Torino, 1916.

Ferrand, Jacques, *A Treatise on Lovesickness*, ed. de Donald A. Beecher y Massimo Ciavolella, Syracuse University Press, Syracuse, 1990.

Feuerbach, Paul Johann Anselm von, *Kaspar Hauser, Beispiel eines Verbrechens am Seelenleben des Menschen*, Dollfuss, Ansbach, 1832.

———, *Caspar Hauser. An account of the individual kept in a dungeon, separated from all communication with the world, from early childhood to about the age of seventeen*, 2a. edición, Simkin and Marshall, Londres, 1834.

Fielding, Henry, *The History of Tom Jones*, Londres, 1749.

Flores, Juan de, *Grimalte y Gradissa*, ed. de Pamela Waley, Tamesis Books, Londres, 1971.

Forry, Steven Earl, *Hideous Progenies. Dramatizations of Frankenstein from Mary Shelley to the Present*, University of Pennsylvania Press, Filadelfia, 1900.

Foucault, Michel, *Histoire de la folie à l'âge classique*, Gallimard, París, 1972.

Fox, Dian, *Refiguring the Hero. From Peasant to Noble in Lope de Vega and Calderón*, Pennsylvania State University Press, University Park, Penn., 1991.

Frankel, Margherita, "Vico and Rousseau Through Derrida", *New Vico Studies* n. 1, 1983, pp. 51-62.

Franz, Marie-Louise von, *Shadow and Evil in Fairy Tales*, Spring Publications, Zurich, 1974.

———, "The Process of Individuation", en Carl G. Jung (ed.), *Man and his Symbols*, Aldus, Londres, 1964.

Frayling, Christopher y Robert Wokler, "From the orang-utan to the vampire: towards an anthropology of Rousseau", en *Rousseau after Two Hundred Years. Proceedings of the Cambridge Bicentennial Colloquium*, Cambridge University Press, Cambridge, 1982.

Freeman, Derek, *Margaret Mead and Samoa*, Penguin Books, Harmondsworth, 1984.

Fromm, Erich, *The Forgotten Language. An Introduction to the Understanding of Dreams, Fairy Tales and Myths*, Nueva York, 1951.

Frost, Thomas, *The Old Showmen and the Old London Fairs*, Tinsley Brothers, Londres, 1874.

Frye, Roland Mushat, "Swift's Yahoo and the Christian Symbols for Sin", *Journal of the History of the Ideas*, 15, n. 2, 1954, pp. 201-17.

Gaingnebet, Claude, *Le carnaval. Essais de mythologie populaire*, Payot, París, 1974.

Gállego, Julián, *Visión y símbolos en la pintura española del Siglo de Oro*, Cátedra, Madrid, 1987.

Galliani, R., "Rousseau, l'illumination de Vincennes et la critique moderne", *Studies on Voltaire and the Eighteenth Century* n. 245, 1986, pp. 403-47.

García de León, Antonio, "El abominable hombre de Occidente", *La Jornada Semanal* n. 181, 1992, pp. 42-45.

Geertz, Clifford, "The Cerebral Savage: On the Work of Claude Lévi-Strauss", en *The Interpretation of Cultures*, Basic Books, Nueva York, 1973.

Gellner, Ernest, "The Savage and the Modern Mind", en *Modes of Thought. Essays on Thinking in Western and non-Western Societies*, ed. de Robin Horton y Ruth Finnegan, Faber & Faber, Londres, 1973.

Geoffrey de Monmouth, *Vida de Merlín*, trad. L. C. Pérez Castro, Siruela, Madrid, 1986.

Gerbi, Antonello, *La disputa del Nuevo Mundo. Historia de una polémica, 1750-1900*, 2a. edición corregida y aumentada, Fondo de Cultura Económica, México, 1982.

Gernet, Jacques, *Primeras reacciones chinas al cristianismo*, Fondo de Cultura Económica, México, 1989.

Gerstinger, Heinz, *Pedro Calderón de la Barca*, Frederick Ungar, Nueva York, 1973.

Giannini, Giovanni, *L'uomo selvaggio (l'om salvaè). Tradizione del Canavese*, Tipografia Giusti, Lucca, 1890.

Ginzburg, Carlo, *Clues, Myths, and the Historical Method*, Johns Hopkins University Press, Baltimore, 1989.

———, *Ecstasies. Deciphering the Witches' Sabbath*, Pantheon Books, Nueva York, 1991.

Glantz, Margo, "El cuerpo inscrito y el texto escrito o la desnudez como naufragio", en *Notas y comentarios sobre Álvar Núñez Cabeza de Vaca*, ed. M. Glantz, Grijalbo/CNCA, México, 1993.

Godelier, Maurice, "Mito e historia: reflexiones sobre los fundamentos del pensamiento salvaje", en *Economía, fetichismo y religión en las sociedades primitivas*, Siglo XXI, Madrid, 1974.

Godwin, William, *Enquiry Concerning Political Justice*, Penguin, Londres, 1985.

Goldschmidt, Victor, *Anthropologie et politique. Les principes du système de Rousseau*, Vrin, París, 1974.

Goldsmith, Robert Hillis, "The Wild Man on the English Stage", *The Modern Language Review*, 53, n. 4, 1958, pp. 481-91.

Goldwater, Robert, *Primitivism in Modern Art*, Harvard University Press, Cambridge, 1986.

Gombrich, E. H., *In Search of Cultural History*, Oxford University Press, Oxford, 1969.

Gómez-Tabanera, José Manuel, "«La plática del villano del Danubio», de fray Antonio de Guevara, o las fuentes hispanas de la concepción europea del «mito del buen salvaje»", *Revista Internacional de Sociología* n. 95-96, 1966, pp. 3-22.

———, "La conseja del hombre salvaje en la tradición popular de la península ibérica", en *Homenaje a Julio Caro Baroja*, CIS, Madrid, 1978.

Goodman, Dena, "The Structure of Political Argument in Diderot's *Supplément au voyage de Bougainville*", *Diderot Studies* n. 21, 1983, pp. 123-37.

Gossman, Lionel, "Time and History in Rousseau", *Studies on Voltaire and the Eighteenth Century* n. 30, 1964, pp. 311-49.

Gouhier, Henri, *Rousseau et Voltaire. Portraits dans deux miroirs*, Vrin, París, 1983.

Gould, Stephen Jay, *Ontogeny and Phylogeny*, Harvard University Press, Cambridge, 1977.

———, "The Hottentot Venus", en *The Flamingo's Smile. Reflections in Natural History*, Norton, Nueva York, 1985.

Gracián, Baltasar, *El criticón. Obras completas*, t. I, Biblioteca Castro, Turner, Madrid, 1993.

———, *El discreto. Obras completas*, t. II, Biblioteca Castro, Turner, Madrid, 1993.

Green, John, *Caspar Hauser, or the Power of External Circumstances Exhibited in Forming the Human Character*, Heywood/Cleave, Manchester y Londres, 1840.

Grimm, Jacob y Wilhelm, *Household Tales*, trad. Margaret Hunt, 2 vols., G. Bell & Sons, Londres, 1910.

Gudiol, José, *Goya, 1746-1828. Biografía, estudio analítico y catálogo de sus pinturas*, 4 vols., Polígrafa, Barcelona, 1970.

Guevara, Antonio de, "El villano del Danubio", en *Obras Escogidas de Filósofos*, t. 65, Biblioteca de Autores Españoles, Madrid, 1953, pp. 160-65.

Gurevich, Aron, *Medieval Popular Culture: Problems of Belief and Perception*, Cambridge University Press/Éditions de la Maison des Sciences de l'Homme, Cambridge y París, 1988.

Halewood, William H., "Plutarch in Houyhnhnmland: A Neglected Source for Gulliver's Fourth Voyage", *Philological Quarterly* n. 44, 1965, pp. 185-94.

Hall, H. B., "Segismundo and the Rebel Soldier", *Bulletin of Hispanic Studies* n. 45, 1968, pp. 189-200.

———, "Poetic Justice in *La vida es sueño*: A Further Comment", *Bulletin of Hispanic Studies* n. 46, 1969, pp. 128-31.

Haller, Albrecht von, *The Alps / Die Alpen*, edición bilingüe, traducción al inglés de Stanley Mason, De Clivo Press, Dübendorf, 1987.

Halpin, Marjorie M. y Michael M. Ames (eds.), *Manlike Monsters on Trial. Early Records and Modern Evidence*, University of British Columbia Press, Vancouver, 1980.

Hampton, Jean, *Hobbes and the Social Contract Tradition*, Cambridge University Press, Cambridge, 1986.

Harlow, Benjamin C., "Houyhnhnmland: A Utopian Satire", *McNeese Review* n. 13, 1962, pp. 44-58.

Havens, George R., "Diderot, Rousseau, and the *Discours sur l'inégalité*", *Diderot Studies* n. 3, 1961, pp. 219-63.

Henkel, Martin, "Was ist eigentlich romantisch", en *Festschrift für Richard Alewyn*, ed. de Benno von Wiese, Böhlau Verlag, Colonia, 1967.

Hentsch, Thierry, *L'Orient imaginaire. La vision politique occidentale de l'Est méditerranéen*, Minuit, París, 1988.

Hernández Paricio, Francisco, "Andrenio y el lenguaje: notas para una historia de las ideas lingüísticas en España durante el siglo XVII", en *Gracián y su época*, Actas de la I Reunión de Filólogos Aragoneses, Institución Fernando el Católico, Zaragoza, 1986.

Herner, Irene, *Tarzán, el hombre mito*, Posada, México, 1984.

Heuvelmans, Bernard y B. F. Porchnev, *L'homme de Néanderthal est toujours vivant*, Plon, París, 1974.

Hobbes, Thomas, *Leviathan*, ed. de Richard Tuck, Cambridge University Press, Cambridge, 1991.

Holtsmark, Erling B., *Tarzan and Tradition. Classical Myth in Popular Culture*, Greenwood Press, Westport, Conn., 1981.

Horkheimer, Max, "Vico and Mythology", *New Vico Studies* n. 5, 1983, pp. 63-77.

Horowitz, Asher, *Rousseau, Nature and History*, University of Toronto Press, Toronto, 1987.

Huet, Marie-Hélène, *Monstrous Imagination*, Harvard University Press, Cambridge, 1993.

Hunter, J. Paul, "Friday as a Convert: Defoe and the Accounts of Indian Missionaries", *The Review of English Studies*, 14, n. 55, 1963, pp. 243-48.

——, "Robinson Crusoe's Rebellion and Punishment", en *Daniel Defoe's Robinson Crusoe*, ed. de Harold Bloom, Modern Critical Interpretations, Chelsea House Publishers, Nueva York, 1988, pp. 67-80.

Hurtado de la Vera, Pedro, *Comedia intitulada Dolería d'el sueño d'el mundo*, en Marcelino Menéndez y Pelayo, *Orígenes de la novela, 3: Novelas dialogadas*, Nueva Biblioteca de Autores Españoles, Madrid, vol. XIV, 1910.

Husband, Timothy, *The Wild Man. Medieval Myth and Symbolism*, The Metropolitan Museum of Art, Nueva York, 1980.

Huxley, Aldous, *Do What You Will*, Chatto & Windus, Londres, 1931.

Iacono, Alfonso M., *Il borghese e il selvaggio. L'immagine dell'uomo isolato nei paradigmi de Defoe, Turgot e Adam Smith*, Franco Angeli Editore, Milán, 1982.

Illuminati, Augusto, *Gli inganni di Sarastro. Ipotesi sul politico e sul potere*, Einaudi, Turín, 1980.

Itard, Jean-Marc-Gaspard, *De l'éducation d'un homme sauvage ou des premiers développements physiques et moraux du jeune sauvage de l'Aveyron*, Goujon, París, 1801.

——, *An Historical Account of the Discovery and Education of a Savage Man, or of the First Developments, Physical and Moral, of the Young Savage Caught in the Woods near Aveyron in the year 1798*, R. Phillips, Londres, 1802.

Jacobs, Joseph, "The Problem of Diffusion, Rejoinders", *Folk-Lore* n. 5, 1894, pp. 129-46.

Janzen, Reinhild, "Albrecht Altdorfer. Four Centuries of Criticism", *Studies in the Fine Arts: Criticism* n. 9, UMI Research Press, Ann Arbor, Michigan, 1980.

Johnson, Paul J., "Hobbes and the Wolf-Man", en *Thomas Hobbes. His view of man*, Proceedings of The Hobbes Symposium at the International School of Philosophy in the Netherlands (Leusden, septiembre de 1979), Rodopi, Amsterdam, 1982.

Johnson, Randy, Jim Secreto y Teddy Varndell, *Freaks, Geeks & Strange Girls. Sideshow Banners of the Great American Midway*, Hardy Marks, Honolulú, 1995.

Jost, François, *Jean-Jacques Rousseau suisse. Étude sur sa personnalité et sa pensée*, 2 vols., Éditions Universitaires, Fribourg, 1971.

Jouffroy, Alain, *Piero di Cosimo ou la forêt sacrilège*, Robert Laffont, París, 1982.

Juan de la Cruz, san, *Cántico espiritual*, en *Obras completas*, Biblioteca de Autores Cristianos, Madrid, 1982.

Jung, Marc-René, *Hercule dans la littérature française du XVIe siècle. De l'Hercule courtois à l'Hercule baroque*, Droz, Ginebra, 1966.

Jünger, Ernst, *La emboscadura*, Tusquets, Barcelona, 1988.

Jupin, Arvin, H. (ed.), *A Contextual Study and Modern-Spelling Edition of MUCEDORUS*, Garland, Nueva York, 1987.

Kallich, Martin, "Three Ways of Looking a Horse: Jonathan Swift's 'Voyage to the Houyhnhnms'", *Criticism* n. 2, 1960, pp. 107-24.

Kassier, Theodore L., *The Truth Disguised. Allegorical Structure and Technique in Gracián's "Criticón"*, Tamesis Books, Londres, 1976.

Kaufmann, Lynn Frier, *The Noble Savage: Satyrs and Satyr Families in Renaissance Art*, UMI Research Press, Ann Arbor, 1984.

Keen, Benjamin, *The Aztec Image in Western Thought*, Rutgers University Press, New Brunswick, 1971.

Kerby-Miller, Charles (ed.), *Memoirs of the Extraordinary Life, Works, and Discoveries of Martinus Scriblerus. Written in Collaboration by the Members of the Scriblerus Club John Arbuthnot, Alexander Pope, Jonathan Swift, John Gay, Thomas Parnell and Robert Harley, Earl of Oxford*, Oxford University Press, Oxford, 1988.

Kermode, Frank, "Yahoos and Houyhnhnms", en *Notes and Queries* n. 195, 1950, pp. 317-18.

Kirby, Steven D., "Juan Ruiz's *Serranas*: The Archpriest-Pilgrim and Medieval Wild Women", en *Hispanic Studies in Honor of Alan D. Deyermond*, Hispanic Seminary of Medieval Studies, Madison, 1986.

Kirk, G. S., *El mito. Su significado y sus funciones en la Antigüedad y otras culturas*, Paidós, Barcelona, 1985.

Kuper, Adam, *The Invention of Primitive Society*, Routledge, Londres, 1988.

La Bruyère, J. de, *Les caractères*, ed. bilingüe, UNAM, México, 1947.

Lacassin, Francis, *Tarzan. Mythe triomphant, mythe humilié*, número especial de *Bizarre*, 29-30, París, 1963.

——, *Tarzan ou le chevalier crispé*, Union Générale d'Éditions, París, 1971.

Laidlaw, G. Norman, "Diderot's Teratology", *Diderot Studies* n. 4, 1963, pp. 105-29.

Landucci, Sergio, *I filosofi e i selvaggi. 1580-1780*, Bari, Laterza, 1972.

Lane, Harlan, *The Wild Boy of Aveyron*, Harvard University Press, Cambridge, 1976.

Lang, Andrew, "Mythology and Fairy Tales", *Fortnightly Review* n. 19, 1873, pp. 618-31.

Las Casas, Bartolomé de, *Apologética historia sumaria*, 2 tomos, ed. de Edmundo O'Gorman, Universidad Nacional Autónoma de México, México, 1967.

Leach, Edmund, *Humanity and Animality* (54th Conway Memorial Lecture), South Place Ethical Society, Londres, 1972.

Leavy, Barbara Fass, "The Wild Men and Wild Women in *When We Dead Awaken*", en Per Schelde Jacobsen y Barbara Fass Leavy, *Ibsen's Forsaken Merman: Folklore in the Late Plays*, New York University Press, Nueva York, 1988.

Le Double, A. F. y François Houssay, *Les velus. Contribution a l'étude des variations par excès du système pileux de l'homme*, Vigor Frères, París, 1912.

Le Goff, Jacques y Pierre Vidal-Naquet, "Lévi-Strauss en Brocéliande. Esquise pour une analyse d'un roman courtois", en *Claude Lévi-Strauss*, ed. de Raymond Bellour y Catherine Clément, Gallimard, París, 1979.

Leite, Ana Cristina, y Paulo Pereira, "São João verde, o Selvagem e o Gigante em Gil Vicente -Apontamento iconológico", en *Estudos portugueses. Homenagem a Luciana Stegagno Picchio*, Difusão Editorial, Lisboa, 1991.

Levin, Harry, *The Myth of the Golden Age in the Renaissance*, Indiana University Press, Bloomington, 1969.

Lévinas, Emmanuel, *Totalité et infini. Essai sur l'exteriorité*, Martinus Nijhoff, La Haya, 1961.

——, *En découvrant l'existence avec Husserl et Heidegger*, Vrin, París, 1984.

Lévi-Strauss, Claude, *Les structures élémentaires de la parenté*, Presses Universitaires de France, París, 1949.

——, *La pensée sauvage*, Plon, París, 1962.

——, "Jean-Jacques Rousseau, fondateur des sciences de l'homme", en *Anthropologie structurale deux*, Plon, París, 1973.
——, *Histoire de Lynx*, Plon, París, 1991.
——, *Saudades do Brasil*, Companhia Das Letras, São Paulo, 1994.
Libro de Alexandre, ed. de Jesús Cañas, Cátedra, Madrid, 1988.
Lilla, Mark, *G. B. Vico: The Making of an Anti-Modern*, Harvard University Press, Cambridge, 1994.
Lipovetsky, Gilles, *L'ère du vide. Essais sur l'individualisme contemporain*, Gallimard, París, 1983.
Livingstone, D. A., "Yeahohs and Mating 'Possums'", *Western Folklore* n. 17, 1958, pp. 55-56.
Lock, F. P., *The Politics of Gulliver's Travels*, Clarendon Press, Oxford, 1980.
Locke, John, *Two Treatises of Government*, ed. de Peter Laslett, Cambridge University Press, Cambridge, 1963.
Longhurst, John E., "Fielding and Swift in Mexico", *Modern Language Journal* n. 36, 1952, pp. 186-87.
López-Ríos, Santiago, "El concepto de «salvaje» en la Edad Media española: algunas consideraciones", *Cuadernos de Filología Hispánica* n. 12, 1994, pp. 145-55.
Lovejoy, Arthur O., "The Supposed Primitivism in Rousseau's *Discourse on Inequality*", en *Essays in the History of Ideas*, The Johns Hopkins Press, Baltimore, 1948.
——, "Monboddo and Rousseau", en *Essays in the History of Ideas*, The Johns Hopkins Press, Baltimore, 1948.
Lyons, Bridget Gellert, *Voices of Melancholy. Studies in Literary Treatments of Melancholy in Renaissance England*, Routledge & Kegan Paul, Londres, 1971.
Maclagan, David, "Outsiders or insiders?", en Susan Hiller (ed.), *The Myth of Primitivism. Perspectives on Art*, Routledge, Londres, 1991.
MacLaine, Allan H., "Robinson Crusoe and the Cyclops", *Studies in Philology*, 52, n. 4, 1955, pp. 599-604.
Macpherson, C. B., *The Political Theory of Possessive Individualism*, The Clarendon Press, Oxford, 1962.
Madrigal, José Antonio, "El 'ome mui feo': ¿primera aparición de la figura del salvaje en la iconografía española?", en *Medieval, Renaissance and Folklore Studies in Honor of John Esten Keller*, ed. de Joseph R. Jones, Neawark, Delaware, Juan de la Cuesta, 1980.
Maillet, Benoît de, *Telliamed, ou entretiens d'un philosophe indien avec un missionaire français sur la diminution de la mer* [1749], Fayard, París, 1984.
Malson, Lucien, *Les enfants sauvages. Mythe et réalité*, Union Générale d'Éditions, París, 1964.
Mannhardt, Wilhelm, *Wald- und Feldkulte*, 2 vols., ed. de W. Heuschkel, Berlín, 1904-1905.
Mannix, Daniel P., *Freaks: We Who are not as Others*, Re/search Publications, San Francisco, 1990.
Mannoni, Octave, "Itard et son sauvage", *Les Temps Modernes* n. 233, 1965, pp. 647-63.
Maquiavelo, Nicolás, *El príncipe*, Alianza Editorial, Madrid, 1981.
Maravall, José Antonio, *La cultura del Barroco*, Ariel, Barcelona, 1975.
——, *Estado moderno y mentalidad social*, 2 tomos, Alianza Editorial, Madrid, 1986.
Marouby, Christian, *Utopie et primitivisme. Essai sur l'imaginaire anthropologique à l'âge classique*, Seuil, París, 1990.
Marshall, David, *The Surprising Effects of Sympathy: Marivaux, Diderot, Rousseau, and Mary Shelley*, The University of Chicago Press, Chicago, 1988.
Marx, Karl, *El capital*, Fondo de Cultura Económica, México, 1959.
Marx, Leo, *The Machine in the Garden: Technology and the Pastoral Ideal in America*, Oxford University Press, Oxford, 1964.

Mason, Peter, *Deconstructing America. Representations of the Other*, Routledge, Londres, 1990.

Matheus, Thomas F., "Piero di Cosimo's *Discovery of Honey*", *Art Bulletin* n. 45, 1963, pp. 357-60.

Matthiesen, F. O., *American Renaissance*, Oxford University Press, Oxford, 1941.

May, T. E., "Segismundo y el soldado rebelde", en *Hacia Calderón. Coloquio anglogermano. Exeter, 1969. Hamburger Romanistische Studien*, tomo 6, 1970.

Mazur, Oleh, *The Wild Man in the Spanish Renaissance and Golden Age Theatre. A Comparative Study*, Dissertation Thesis, University of Pennsylvania, 1966.

McGlathery, James M., *The Brothers Grimm and Folktale*, University of Illinois Press, Urbana, 1988.

Menéndez y Pelayo, Marcelino, *Calderón y su teatro*, Madrid, 1910.

Mercier, Roger, "Image de l'autre et image de soi-même dans le discours ethnologique au XVIIIe siècle", *Studies on Voltaire and the Eighteenth Century* n. 154, 1976, pp. 1417-35.

Michaels, Walter Benn, "*Walden*'s False Bottoms", *Glyph* n. 1, 1977, pp. 132-49.

Miles, Margaret R., *Carnal Knowing: Female Nakedness and Religious Meaning in the Christian West*, Vintage Books, Nueva York, 1991.

Miller, David, "Primitive Art and the Necessity of Primitivism to Art", en *The Myth of Primitivism. Perspectives on Art*, ed. de Susan Hiller, Routledge, Londres, 1991.

Millhauser, Milton, "The Noble Savage in *Frankenstein*", *Notes and Queries* n. 190, 1946, pp. 248-50.

Mintz, Samuel I., *The Hunting of Leviathan. Seventeenth-Century Reactions to the Materialism and Moral Philosophy of Thomas Hobbes*, Cambridge University Press, Cambridge, 1962.

Mitchell, Harvey, "Reclaiming the Self: The Pascal-Rousseau Connection", *Journal of the History of Ideas*, 54, n. 4, 1993, pp. 637-58.

Monestier, Martin, *Human Oddities*, Citadel Press, Nueva York, 1990.

Monk, Samuel Holt, "The Pride of Lemuel Gulliver", *The Sewanee Review* n. 63, 1955, pp. 48-71.

Montaigne, Michel de, "Des cannibales", en *Essais*, I: XXXI, Bibliotèque de la Pléiade, Gallimard, París, 1962.

——, "Du démentir", en *Essais*, II: XVIII, Bibliotèque de la Pléiade, Gallimard, París, 1962.

Montemayor, Jorge de, *Diana*, ed. de F. López de Estrada. *Clásicos castellanos*, vol. 127, Madrid, 1946.

Moore, John Robert, "The Yahoos of the African Travelers", *Notes and Queries* n. 195, 1950, pp. 182-5.

Moran III, Francis, "Between Primates and Primitives: Natural Man as the Missing Link in Rousseau's *Second Discourse*", *Journal of the History of Ideas*, 54, n. 1, 1993, pp. 37-58.

Munteano, Basil, "Les «contradictions» de J.-J. Rousseau", en *Jean-Jacques Rousseau et son oeuvre*, Commémoration et Colloque de Paris, 16-20 octubre de 1962, Klincksieck, París, 1964.

Murray, E. B., "Shelley's Contributions to Mary's *Frankenstein*", *Keats-Shelley Memorial Bulletin* n. 29, 1978, pp. 50-68.

Murray, W. A., "Mr. Roland M. Frye's Article on Swift's Yahoo", *Journal of the History of Ideas* n. 15, 1954, pp. 599-601.

Murry, J. Middleton, *Jonathan Swift: A Critical Biography*, Jonathan Cape, Londres, 1954.

Nance, John, *The Gentle Tasaday. A Stone Age People in the Philippine Rain Forest*, Harcourt Brace Jovanovich, Nueva York, 1975.

——, *Discovery of the Tasaday. A Photo Novel: The Stone Age Meets the Space Age in the Philippine Rain Forest*, Vera-Reyes, Manila, 1981.

Napier, John, *Bigfoot*, Jonathan Cape, Londres, 1972.

Nash, Roderick, *Wilderness and the American Mind*, Yale University Press, New Haven, 1982.

Neumeister, Sebastian, "Schopenhauer als Leser Graciáns", en *El mundo de Gracián*, ed. de S. Neumeister y D. Briesemeister, Actas del Coloquio Internacional, pp. 261-77, Biblioteca Ibero-Americana, Coloquium Verlag, Berlín, 1988.

Nietzsche, Friedrich, *Así habló Zarathustra*, trad. Juan Carlos García Borrón, Ediciones B, Barcelona,1989.

Novak, Maximillian E., "Robinson Crusoe's Fear and the Search for Natural Man", *Modern Philology*, 58, n. 4, 1961, pp. 238-45.

——, *Economics and the Fiction of Daniel Defoe*, University of California Press, Berkeley, 1962.

——, *Defoe and the Nature of Man*, Oxford University Press, Londres, 1963.

——, "The Wild Man Comes to Tea", en Dudley, E. y M. E. Novak (eds.), *The Wild Man Within. An Image in Western Thought from the Renaissance to Romanticism*, University of Pittsburgh Press, Pittsburgh, 1972.

——, *Realism, Myth, and History in Defoe's Fiction*, University of Nebraska Press, Lincoln, 1983.

Nugent, Christopher, *Masks of Satan. The Demonic in History*, Sheed and Ward, Londres, 1983.

Núñez Cabeza de Vaca, Álvar, *Naufragios y Comentarios*, Espasa-Calpe, México, 1942.

Oelschlaeger, Max, *The Idea of Wilderness: From Prehistory to the Age of Ecology*, Yale University Press, New Haven, 1991.

O'Gorman, Edmundo, *Cuatro historiadores de Indias*, Sep-Setentas, n. 51, México, 1972.

O'Rourke, James, "'Nothing more Unnatural': Mary Shelley's Revision of Rousseau", en *English Literary History*, 56, n. 3, 1986, pp. 543-9.

Orwell, George, "Politics vs. Literature: An examination of *Gulliver's Travels*", en *The Collected Essays, Journalism and Letters. Volume IV. In Front of Your Nose 1945-1950*, Penguin, Harmondsworth, 1970.

Otten, Charlotte F., *A Lycanthropy Reader. Werewolves in Western Culture*, Syracuse University Press, Syracuse, 1986.

Ozment, Steven, *The Age of Reform, 1250-1550. An Intellectual and Religious History of Late Medieval and Reformation Europe*, Yale University Press, New Haven, 1980.

Pagden, Anthony, *The Fall of the Natural Man. The American Indian and the Origins of Comparative Ethnology*, Cambridge University Press, Cambridge, 1982.

——, *European Encounters with the New World. From Renaissance to Romanticism*, Yale University Press, New Haven, 1993.

Panofsky, Erwin, *Hercules am Scheidewege*, Leipzig y Berlín, 1930.

——, "The early history of man in a cycle of paintings by Piero di Cosimo", *Journal of the Warburg Institute* n. 1, 1937, pp. 12-30.

——, *The Life and Art of Albrecht Dürer*, Princeton University Press, Princeton, 1955.

——, *Idea. Contribution à l'histoire du concept de l'ancienne théorie de l'art*, Gallimard, París, 1989.

Papini, Giovanni, y Domenico Giuliotti, *Dizionario dell'omo salvatico. Volume primo, A-B, con dodici avvisi e sedici ritratti*, Vallecchi, Florencia, 1923.

Paracelso (Ph. A. Theophrastus Bombast von Hohenheim), *Libro de las ninfas, los silfos, los pigmeos, las salamandras y los demás espíritus*, trad. y ed. bilingüe de Pedro Gálvez, Obelisco, Barcelona, 1983.

Parker, A. A., "Calderón's Rebel Soldier and Poetic Justice", *Bulletin of Hispanic Studies* n. 46, 1969, pp. 120-27.

Pascal, Blaise, *Pensées*, Garnier, París, 1966.

Pastor, Beatriz, "Desmitificación y crítica en la relación de los *Naufragios*", en *Notas y comentarios sobre Álvar Núñez Cabeza de Vaca*, ed. de M. Glantz, Grijalbo/CNCA, México, 1993.

Paul, Sherman, "Resolution at Walden", *Accent* n. 13, 1953, pp. 101-13.

Pelegrin, Benito, *Éthique et esthétique du baroque. L'espace jésuitique de Baltasar Gracián*, Actes Sud, Hubert Nyssen Éditeur, Arles, 1985.

———, "Arquitextura y arquitectura del *Criticón*. Estética y ética de la escritura graciana", en *El mundo de Gracián*, ed. de S. Neumeister y D. Briesemeister, Actas del Coloquio Internacional, pp. 51-66, Biblioteca Ibero-Americana, Coloquium Verlag, Berlín, 1988.

———, *Le fil perdu du "Criticón" de Baltasar Gracián: objectif Port-Royal. Allegorie et composition "conceptiste"*, Université de Provence, Aix-en-Provence, 1984.

Pénel, Jean-Dominique, *Homo caudatus. Les hommes à queue d'Afrique Centrale: un avatar de l'imaginaire occidental*, Laboratoire de Langues et Civilizations à Tradition Orale du Centre National de la Recherche Scientifique, París, 1982.

Pereira, Fernando António Baptista, "Notas sobre a representação do Homem Silvestre na Arte Portuguesa dos séculos XV e XVI", *História e Crítica* n. 9, 1982, pp. 57-66.

Pérez de Moya, Juan, *Philosofia Secreta donde debaxo de historias fabulosas, se contiene mucha doctrina, provechosa: a todos estudios. Con el origen de los Idolos, o Dioses de la Gentilidad. Es materia muy necesaria, para entender Poetas, y Historiadores*, Francisco Sanchez impressor, Madrid, 1585.

Peristiany, J. G. et al., *El concepto de honra en la sociedad mediterránea*, Labor, Madrid, 1968.

Perniola, Mario, "Icônes, visions, simulacres", *Traverses* n. 10, 1978, pp. 39-49.

Pinette, Matthieu y Françoise Soulier-François, *Chefs d'oeuvre de la peinture du Musée des Beaux Arts et d'archeologie de Besançon*, Pierre Zech, París, 1992.

Pitt-Rivers, Julian, *The Fate of Sechem, or the Politics of Sex. Essays in the Anthropology of the Mediaterranean*, Cambridge University Press, Londres, 1977.

Plattner, Marc F., *Rousseau's State of Nature. An Interpretation of the Discourse on Inequality*, Northern Illinois University Press, DeKalb, 1979.

Pope, Alexander, *Works in Verse and Prose*, ed. de William L. Bowles, 10 vols., J. Johnson, Londres, 1806.

Porges, Irwin, *Edgar Rice Burroughs. The Man Who Created Tarzan*, Brigham Young University Press, Provo, Utah, 1975.

Pratt, Mary Louise, *Imperial Eyes. Travel Writing and Transculturation*, Routledge, Londres, 1992.

Pring-Mill, Robert D. F., "La «victoria del hado» en *La vida es sueño*", en *Hacia Calderón. Coloquio anglogermano. Exeter, 1969. Hamburger Romanistische Studien*, tomo 6, 1970.

Probyn, Clive T., "Swift and the Human Predicament", en *The Art of Jonathan Swift*, ed. de C. T. Probyn, Vision, Londres, 1978.

Pufendorf, Samuel, *On the Duty of Man and Citizen According to Natural Law*, ed. de James Tully, trad. de Michael Silverthorne, Cambridge University Press, Cambridge, 1991.

Quintana, Ricardo, *Two Augustans: John Locke, Jonathan Swift*, The University of Wisconsin Press, Madison, 1978.

Rait, Jill, "The *Vagina Dentata* and the *Immaculatus Uterus Divini Fontis*", en *Journal of the American Academy of Religion*, 48, n. 3, 1980, pp. 415-31.

Rapp Buri, Anna y Monica Stucky-Schürer, *Zahm und Wild. Basler und Strassburger Bildteppiche des 15. Jahrhunderts*, Philipp von Zabern, Mainz am Rhein, 1990.

Raymond, Marcel, "La rêverie selon Rousseau et son conditionnement historique", en *Jean-Jacques Rouseau et son oeuvre* (Commémoration et Colloque de Paris, 16-20 de octubre de 1962, Klincksieck, París, 1964).

Rawls, John, *A Theory of Justice*, Harvard University Press, Cambridge, 1971.

Renard, Jean-Bruno, "El hombre salvaje y el extraterrestre: dos figuras de lo imaginario evolucionista", *Diógenes* n. 127, 1984, pp. 65-80.

Rhodes, Colin, *Primitivism and Modern Art*, Thames and Hudson, Londres, 1994.

Ricart, Domingo, "El concepto de la honra en el teatro del Siglo de Oro y las ideas de Juan de Valdés", *Seg* n. 1, 1965, pp. 43-69.

Richetti, John J., *Defoe's Narratives. Situations and Structures*, Clarendon Press, Oxford, 1975.

Ricoeur, Paul, "Structure et herméneutique", *Esprit* n. 322, 1963, pp. 596-628.

Ríos de Lampérez, Blanca de los, *La Vida es sueño y los diez Segismundos de Calderón*, Conferencias dadas en el Centro de Intercambio Germano-Español, VIII, Madrid, 1926.

Roberts, Leonard, "Curious Legend of the Kentucky Mountains", *Western Folklore* n. 16, 1957, pp. 49-51.

Rodríguez, Lucas, *Romancero historiado* (1585), Colección de Libros Españoles Raros o Curiosos, 10, Fortanet, Madrid, 1875.

Rogers, Pat (comp.), *Defoe. The Critical Heritage*, Routledge & Kegan Paul, Londres, 1972.

——, *Robinson Crusoe*, George Allen & Unwin, Londres, 1979.

Rölleke, Heinz (ed.), *Die älteste Märchensammlung der Brüder Grimm*, Foundation Martin Bodmer, Cologny-Geneva, 1975.

——, "New Results of Research on *Grimm's Fairy Tales*", en James M. McGlathery (ed.), *The Brothers Grimm and Folktale*, University of Illinois Press, Urbana, 1988.

Romero de Cepeda, Joaquín, *Comedia salvage* (1582), en Leandro Fernández de Moratín, *Orígenes del teatro español*, I, Baudry, París, 1838, pp. 286-99.

Rorty, Richard, *Philosophy and the Mirror of Nature*, Princeton University Press, Princeton, 1979.

Rousseau, Jean-Jacques, *Correspondance complète*, ed. de R. A. Leigh, Voltaire Foundation, Oxford, 1965-1995.

——, *Oeuvres complètes*, cuatro volúmenes aparecidos hasta la fecha, Bibliothèque de la Pléiade, Gallimard, París, 1959.

——, *Lettre à d'Alembert sur les spectacles*, ed. de M. Fuchs, Droz, Ginebra, 1948.

——, *Essai sur l'origine des langues où il est parlé de la mélodie et de l'imitation musicale*, ed. Jean Starobinski, Gallimard, París, 1990.

Rousset, Clément, *L'anti-nature*, Presses Universitaires de France, París, 1973.

Rubel, Margaret Mary, *Savage and Barbarian. Historical Attitudes in the Criticism of Homer and Ossian in Britain, 1760-1800*, NorthHolland Publishing Company, Amsterdam, 1978.

Rubinof, Lionel, "Vico and the Verification of Historical Interpretation", en *Vico and Contemporary Thought*, ed. de G. Tagliacozzo, M. Mooney y D. Ph. Verene, Humanities Press, Atlantic Highlands, N. J., 1979.

Ruiz, Juan, Arcipreste de Hita, *Libro de Buen Amor*, ed. de Amancio Bolaño, Porrúa, México, 1967.

Ruiz Lagos, Manuel, "Estudio y catálogo del vestuario escénico en las personas dramáticas de Calderón", en *Anales del Instituto de Estudios Madrileños* n. 7, 1971, pp. 181-214.

Russell, Jeffrey Burton, *Mephistopheles. The Devil in the Modern World*, Cornell University Press, Ithaca, 1986.

Ruthven, K. K., "The Savage God: Conrad and Lawrence", en *Word in the Desert*, ed. de C. B. Cox y A. E. Dyson, Oxford University Press, Londres, 1968.

Sachs, Hans, *Werke*, ed. de H. von Keller y E. Goetze, Tübingen, 1870-1908.

Sahagún, Bernardino de, *Historia general de las cosas de la Nueva España*, ed. de Ángel María Garibay, Porrúa, México, 1956.

Sahlins, Marshall, *Islands of History*, The University of Chicago Press, Chicago, 1985.

Said, Edward W., *Orientalism*, Vintage Books, Nueva York, 1979.

—, *Culture and Imperialism*, Knopf, Nueva York, 1993.
Santiago de la Vorágine, *La leyenda dorada*, trad. de José Manuel Macías, 2 tomos, Alianza Editorial, Madrid, 1982.
Sattelmeyer, Robert, "The Remaking of *Walden*", en la edición crítica de *Walden* preparada por W. Rossi, Norton, Nueva York, 1992.
Scherf, Walter, "Jacob and Wilhelm Grimm: A Few Small Corrections to a Commonly Held Image", en James M. McGlathery (ed.), *The Brothers Grimm and Folktale*, University of Illinois Press, Urbana, 1988.
Schlösser, Anselm, "Gulliver in Houyhnhnmland", *The Dublin Magazine*, 6, n. 3 y 4, 1967, pp. 27-36.
Schorr, James L., "Caverns and the Dialogic Structure of the *Supplément au voyage de Bougainville*", *Diderot Studies* n. 25, 1993, pp. 109-18.
Schwab, Raymond, *The Oriental Renaissance. Europe's Rediscovery of India and the East, 1680-1880*, Columbia University Press, Nueva York, 1984.
Schweitzer, Ch., *Étude sur la vie et les oeuvres de Hans Sachs*, Berger-Levrault et Cie., París, 1887.
Sciacca, Michele Federico, "Verdad y sueño de *La vida es sueño* de Calderón de la Barca", en *Calderón y la crítica: historia y antología*, ed. de M. Durán y R. González Echevarría, Gredos, Madrid, 1976.
Seidel, Michael, *Robinson Crusoe. Island Myths and the Novel*, Twayne, Boston, 1991.
Senabre, Ricardo, *Gracián y el Criticón*, Universidad de Salamanca, Salamanca, 1979.
Sendak, Maurice, *Where the Wild Things Are*, Harper & Row, Nueva York, 1963.
Sepúlveda, Juan Ginés de, *Demócrates segundo, o de las justas causas de la guerra contra los indios*, ed. Ángel Losada, Madrid, 1951.
Shackley, Myra, "The Case for Neanderthal Survival: Fact, Fiction, or Faction?", *Antiquity* n. 56, 1982, pp. 41-44.
Shakespeare, William, *The Tempest*, Arden edition, ed. de F. Kermode, Methuen/Harvard University Press, Cambridge, 1962.
—— y John Fletcher, *Cardenio or The Second Maiden's Tragedy*, edición y estudio crítico de Charles Hamilton, Glenbridge Publishing, Lakewood, 1994.
Shattuck, Roger, *The Forbidden Experiment. The Story of the Wild Boy of Aveyron*, Farrar, Straus and Giroux, Nueva York, 1980.
Shelley, Mary, *Frankenstein or the Modern Prometheus*, ed. de Maurice Hindle, Penguin, Londres, 1992.
Shelley, Mary Wollstonecraft, *Frankenstein or the Modern Prometheus: the 1818 Text*, ed. de James Rieger, The University of Chicago Press, Chicago, 1974.
Sherburn, George, "Errors concerning the Houyhnhnms", *Modern Philology* n. 56, 1958, pp. 92-97.
Silva Dias, J. S. da, *Os descobrimentos e a problemática cultural do século XVI*, Presença, Lisboa, 1988.
Silver, Larry, "Forest primeval: Albrecht Altdorfer and the German wilderness landscape", en *Simiolus. Netherlands Quarterly for the History of Art*, 13, n. 1, 1983, pp. 5-43.
Skal, David J., *The Monster Show. A Cultural History of Horror*, Norton, Nueva York, 1993.
Sloman, A. E., "The Structure of Calderón's *La vida es sueño*", en *Critical Essays on the Theatre of Calderón*, New York University Press, Nueva York, 1965.
Small, Christopher, *Mary Shelley's Frankenstein. Tracing the Myth*, University of Pittsburgh Press, Pittsburgh, 1973.
Sontag, Susan, *On Photography*, Farrar, Straus and Giroux, Nueva York, 1977.
Sozzi, Lionello, "Bougainville e i selvaggi", *Studies on Voltaire and the Eighteenth Century* n. 192, 1980, pp. 1181-83.

Starobinski, Jean, *Jean-Jacques Rousseau: la transparence et l'obstacle* (segunda edición ampliada y corregida), Gallimard, París, 1971.

——, "Rousseau et la recherche des origines", en *Jean-Jacques Rousseau: la transparence et l'obstacle*, Gallimard, París, 1971.

——, "Rousseau et Buffon", en *Jean-Jacques Rousseau: la transparence et l'obstacle*, Gallimard, París, 1971.

——, *Le remède dans le mal. Critique et légitimation de l'artifice à l'âge des Lumières*, Gallimard, París, 1989.

Starr, George A., "Robinson Crusoe's Conversion", en *Daniel Defoe. A Collection of Critical Essays*, pp. 78-91, ed. de Max Byrd, Englewood Cliffts, Prentice-Hall, N. J., 1976.

Stone, Edward, "Swift and the Horses: Misanthropy or Comedy?", en *Modern Language Quarterly* n. 10, 1949, pp. 367-76.

Stopp, F. J., "Henry the Younger of Brunswick-Wolfenbüttel. Wild Man and Werewolf in Religious Polemics, 1538-1544", en *Journal of the Warburg and Courtauld Institutes* n. 33, 1970, pp. 200-234.

Strauss, Walter L., *The German Single-Leaf Woodcut, 1550-1600. A Pictorial Catalogue*, Abaris Books, Nueva York, 1975.

Street, Brian V., *The Savage in Literature. Representations of "primitive" society in English fiction, 1858-1920*, Routledge & Kegan Paul, Londres, 1975.

Subirats, Eduardo, *El continente vacío. La conquista del Nuevo Mundo y la conciencia moderna*, Siglo XXI editores, México, 1994.

Suits, Conrad, "The Rôle of the Horses in 'A Voyage to the Houyhnhnms'", *University of Toronto Quarterly*, 24, n. 2, 1965, pp. 118-32.

Sutherland, James, *Daniel Defoe: A Critical Study*, Houghton Mifflin, Boston, 1971.

Swift, Jonathan, *It cannot rain but it pours, or London strowed with rarities* [Londres, 1726], en Pope-Swift, *Miscellanies. The Third Volume*, B. Motte, Londres, 1732; también incluido en George A. Aitken, *The Life and Works of John Arbuthnot*, Clarendon Press, Oxford, 1892, pp. 471-74.

——, *The most wonderful wonder, that ever appeared to the wonder of the British nation* [Londres, 1726], en Pope-Swift, *Miscellanies. The Third Volume*, B. Motte, Londres, 1732; también incluido en George A. Aitken, *The Life and Works of John Arbuthnot*, Clarendon Press, Oxford, 1892, pp. 475-82.

——, *Gulliver's Travels*, ed. de Robert A. Greenberg, Norton, Nueva York y Londres, 1970.

——, "An Argument Against Abolishing Christianity", en *The Writings of Jonathan Swift*, ed. de R. A. Greenberg y W. B. Piper, Norton, Nueva York y Londres, 1973.

——, "A Discourse Concerning the Mechanical Operation of the Spirit", en *The Writings of Jonathan Swift*, ed. de R. A. Greenberg y W. B. Piper, Norton, Nueva York y Londres, 1973.

——, "The Beasts' Confession to the Priest", en *The Writings of Jonathan Swift*, ed. de R. A. Greenberg y W. B. Piper, Norton, Nueva York y Londres, 1973.

Symcox, Geoffrey, "The Wild Man's Return, the Enclosed Vision of Rousseau's *Discourses*", en E. Dudley y M. E. Novak (eds.), *The Wild Man Within. An Image in Western Thought from the Renaissance to Romanticism*, University of Pittsburgh Press, Pittsburgh, 1972.

Taussig, Michael, *Shamanism, Colonialism and the Wild Man. A Study in Terror and Healing*, University of Chicago Press, Chicago, 1987.

Taylor, Aline Mackenzie, "Sights and Monsters in Gulliver's Voyage to Brobdingnag", *Tulane Studies in English* n. 7, 1957, pp. 29-82.

Taylor, Archer, "A Long-sought Parallel Comes to Light", *Western Folklore* n. 16, 1957, p. 49.

Thomas, Keith, *Man and the Natural World. Changing Attitudes in England 1500-1800*, Allen Lane, Londres, 1983.

Thompson, C. J .S., *Giants, Dwarfs and Other Oddities*, Citadel Press, Nueva York, 1968.

Thoreau, Henry David, *Walden*, ed. de William Rossi, Norton, Nueva York, 1992.

———, "Walking", en *The Writings of Henry David Thoreau*, vol. 9 (*Excursions*), Boston, 1893.

Thornburg, Mary K. Patterson, *The Monster in the Mirror. Gender and the Sentimental / Gothic Myth in Frankenstein*, UMI Research Press, Ann Arbor, 1987.

Tieghen, Paul van, *Le sentiment de la nature dans le préromantisme européen*, Nizet, París, 1960.

Timoneda, Juan de, *Farça llamada Paliana*, edición facsimilar en *Obras* (ed. de Eduardo Juliá Martínez), vol. III, Sociedad de Bibliófilos Españoles, Madrid, 1948.

Tinland, Franck, *L'homme sauvage. Homo ferus et homo sylvestris*, Payot, París, 1968.

Todd, Denis, "The Hairy Maid and the Harpsichord: Some Speculations on the Meaning of *Gulliver's Travels*", *Texas Studies in Literature and Language*, 34, n. 2, 1992, pp. 239-83.

Todorov, Tzvetan, *Nous et les autres. La réflexion française sur la diversité humaine*, Seuil, París, 1989.

Torgovnick, Marianna, *Gone Primitive: Savage Intellects, Modern Lives*, The University of Chicago Press, Chicago, 1990.

Torquemada, Juan de, *Los veinte y un libros rituales y Monarquía Indiana*, ed. de Miguel León-Portilla, 7 vols., Universidad Nacional Autónoma de México, México, 1975-83.

Tort, Patrick, *L'ordre et les monstres*, Le Sycomore, París, 1980.

———, "La logique du déviant. Isidore Geoffroy Saint-Hilaire et la classification des monstres", *La raison classificatoire*, Aubier, París, 1989.

Traugott, John, "Swift's Allegory: The Yahoo and the Man of Mode", *University of Toronto Quarterly* n. 33, 1963, pp. 1-18.

Tricaud, François, "Hobbes's Conception of the State of Nature from 1640 to 1651: Evolution and Ambiguities", en G. A. J. Rogers y Alan Ryan (eds.), *Perspectives on Hobbes*, Clarendon Press, Oxford, 1988.

Troisio, Luciano (ed.), *Le riviste di Strapaese e Stracittà. Il Selvaggio. L'Italiano. "900"*, Canova, Treviso, 1975.

Tylor, Edward, *Primitive Culture*, J. Murray, Londres, 1871.

Valbuena Prat, Ángel, "El orden barroco en *La vida es sueño*", en *Calderón y la crítica: historia y antología*, ed. de M. Durán y R. González Echevarría, Gredos, Madrid, 1976.

Varnedoe, Kirk y Adam Gopnik, *High & Low. Modern Art and Popular Culture*, The Museum of Modern Art, Nueva York, 1991.

Vasari, Giorgio, "Vita di Piero di Cosimo", en *Vite scelte*, ed. de Anna Maria Brizio, Unione Tipografico-Editrice Torinese, Turín, 1964.

Vega, Garcilaso de la (El Inca), *Comentarios reales*, Porrúa, México, 1984.

Vega, Lope de, *Comedias escogidas*, Biblioteca de Autores Españoles, vol. XXXIV, Madrid, 1950.

———, *Comedias novelescas*, Biblioteca de Autores Españoles, vol. CCXXXIV, Madrid, 1970.

———, *Obras de Lope de Vega*, 13 vols., Real Academia Española, Madrid, 1916-1930.

———, *Obras selectas*, 3 vols., Aguilar, Madrid, 1974.

Verene, Donald Phillip, "Vico's Philosophy of Imagination", en *Vico and Contemporary Thought*, ed. de G. Tagliacozzo, M. Mooney y D. Ph. Verene, Humanities Press, Atlantic Highlands, N. J., 1979.

Vico, Giambattista, *Scienza nuova*, ed. de Fausto Nicolini. *Scrittori d'Italia* (vols. 112 y 113), Laterza, Bari, 1928.

Vidal, Gore, "The Walking Dream: Tarzan Revisited", en *Reflections Upon a Sinking Ship*, Little, Brown and Company, Boston, 1963.

Voltaire, *Oeuvres complètes*, ed. de L. Moland, París, 1877-85.

Walls, Robert E., "Relict Neanderthals: a Folkloristic Comment", en *Antiquity* n. 58, 1982, pp. 52-4

Warner, Marina, "Beautiful Beasts. The Call of the Wild", en *Six Myths of our Time*, Vintage Books, Nueva York, 1994.

Wassermann, Jakob, *Caspar Hauser*, trad. de Michael Hulse, Penguin, Londres, 1992.

Watt, Ian, "*Robinson Crusoe* as a Myth", *Essays in Criticism* n. 1, 1951, pp. 95-119.

——, *The Rise of the Novel*, University of California Press, Berkeley, 1957.

——, "*Heart of Darkness* and the Nineteenth-Century Thought", en *Partisan Review*, 4, n. 1, 1978.

——, "Individualism and the Novel", en *Daniel Defoe's Robinson Crusoe*, ed. de Harold Bloom, Modern Critical Interpretations, Chelsea House Publishers, Nueva York, 1988, pp. 11-41.

Weber, Max, *The Protestant Ethic and the Spirit of Capitalism*, trad. de Talcott Parsons, Charles Scribner's Sons, Nueva York, 1958.

Wedel, T. O., "On the Philosophical Background of *Gulliver's Travels*", en *Jonathan Swift's Gulliver's Travels*, ed. de Harold Bloom, Chelsea House, Nueva York, 1986.

Wessell, Jr, Leonard P., *Karl Marx, Romantic Irony, and the Proletariat. The Mythopoetic Origins of Marxism*, Louisiana State University Press, Baton Rouge, 1979.

Wey, Valquiria, "Del salvaje al indio: el nacimiento de un tema literario en el siglo XIX en Iberoamérica", *Universidad de México*, vol. 50, n. 530, 1995, pp. 3-7.

White, David Gordon, *Myths of the dog-man*, University of Chicago Press, Chicago, 1991.

Wiener, Philip P., *Dictionary of the History of Ideas*, 6 vols., Scribner's, Nueva York, 1973.

Wild Man, who stiles himself *Secretary to the Wilderness there*; and is reputed Father of PETER the WILD BOY, lately brought from Hannover. *Vivitur Ingenio: Being a Collection of Elegant, Moral, Satirical, and Comical Thoughts on Various Subjects: As, Love and Gallantry, Poetry and Politics, Religion and History, Etc., Written Originally in Characters of CHALK, on the Boards of the Mall in St. James's Park; for the Edification of the Nobility, Quality and Gentry*, J. Roberts, Londres, 1726.

Wilson, Edward M., "*La vida es sueño*", *Revista de la Universidad de Buenos Aires*, 3a. época, 4, n. 3-4, 1946.

Wind, Edgar, "'Hercules' and 'Orpheus': Two Mock-Heroic Designs by Dürer", *Journal of the Warburg and Courtauld Institutes*, 3, n. 3, 1934, pp. 206-18.

——, *Mystères païens de la Renaissance*, Gallimard, París, 1992.

Winton, Calhoun, "Conversion on the Road to Houyhnhnmland", *The Sewanee Review* n. 68, 1960, pp. 20-33.

Wokler, Robert, "Tyson and Buffon on the orangutan", *Studies on Voltaire and the Eighteenth Century* n. 155, 1976, pp. 2301-19.

——, "Perfectible Apes in Decadent Cultures: Rousseau's Anthropology Revisited", *Daedalus* n. 107, 1978, pp. 107-34.

——, "The Ape Debates in Enlightenment Anthropology", *Studies on Voltaire and the Eighteenth Century* n. 192, 1980, pp. 1164-75.

Wood, Christopher S., *Albrecht Aldorfer and the Origins of Lanscape*, The University of Chicago Press, Chicago, 1993.

Wylie, Kenneth, *Bigfoot, A Personal Inquiry into a Phenomenon*, The Viking Press, Nueva York, 1980.

Yuan Ke, *Zhongguo Shenhua Chuan Shuo Cidian* (Diccionario chino de mitos y leyendas), Shanghai Cishu Chubanshe Chuban, 1985.

Zavala, Silvio, *América en el espíritu francés del siglo XVIII*, El Colegio Nacional, México, 1933.

Zhenxin, Yuan y Huang Wanpo, *Wild Man. China's Yeti*, Fortean Times Occasional Paper n. 1, Londres, 1981.

Zimansky, Curt A., "Gulliver, Yahoos, and Critics", *College English* n. 27, 1965, pp. 45-9.

Zimmerman, Everett, *Swift's Narrative Satires*, Cornell University Press, Ithaca, 1983.

Zingg, Robert M., "Feral Man and Extreme Cases of Isolation", *The American Journal of Psychology*, 53, n. 4, 1940, pp. 487-517.

Zipes, Jack, *The Brothers Grimm. From Enchanted Forests to the Modern World*, Routledge, Londres, 1988.

FUENTES DE LAS ILUSTRACIONES

1. Pintura del siglo XIV en un artesonado. Museo de Vic, Cataluña. Foto: Arxiu Mas.
2. Cuartón de un techo, obra castellana del siglo XIV en el monasterio de Vileña, Burgos. Foto: Arxiu Mas.
3. Martin Schongauer, *Escudos con conejo y cabeza de moro sostenidos por un hombre salvaje*, series de escudos de armas (Lehrs 95-104), circa 1480-1490, grabado. National Gallery of Art, Washington, Rosenwald Collection, B-2, 642.
4. Misericordia del coro de la catedral de Toledo. Foto: Arxiu Mas.
5. Sepulcro de Juan II, en la Cartuja de Miraflores, Burgos. Foto: Arxiu Mas.
6. Fragmento de un tapiz alemán de Franconia, circa 1450. Bayerisches Nationalmuseum, Munich, T 1690.
7. Sepulcro de Pedro de Valderrábano (muerto en 1465), Catedral de Ávila. Foto: Arxiu Mas.
8. Joven montando un unicornio, circa 1475. Grabado del Master of the Housebook, Rijksmuseum-Stichting, Amsterdam.
9. Capilla del condestable Fernández de Velasco (siglo XV), catedral de Burgos. Foto: Arxiu Mas.
10. Monstruo marino raptando a una mujer salvaje. Tapiz de Tournai, principios del siglo XVI, Germanisches Nationalmuseum, Nürnberg.
11. Hombres salvajes sosteniendo el escudo de Pedro Fernández de Velasco. Interior de la capilla del condestable Fernández de Velasco (siglo XV), catedral de Burgos. Foto: Arxiu Mas.
12. Capilla del condestable Fernández de Velasco (siglo XV), catedral de Burgos. Foto: Arxiu Mas.
13. Fachada de la catedral de Ávila, realizada por Juan Guas, circa 1461-63. Reconstruida posteriormente. Foto: Roger Bartra.
14. Pere Vall, *San Onofre y san Benito*. Compartimento de la predela de un retablo en Cardona, principios del siglo XV. Foto: Arxiu Mas.
15. Hombre y mujer salvajes. Marca del impresor en la portada de *Horae ad usum sarum [vellum]*, París: Phillipe Pigouchet para Simon Vostre, 1498. The Pierpont Morgan Library, Nueva York.
16. Hombre y mujer salvajes tallados en la puerta de madera de la catedral de Valladolid. Siglo XVI.
17. Walter de Milemente, "De nobilitatibus et sapientiis regum", manuscrito inglés del siglo XIV. Christ Church, Oxford. Ms 92, folio 4 verso.
18. Walter de Milemente, "De nobilitatibus et sapientiis regum", manuscrito inglés del siglo XIV. Christ Church, Oxford. Ms 92, folio 64 verso.
19. Sepulcro de Nuño González del Águila, Catedral de Ávila. Foto: Arxiu Mas.
20. Albrecht Dürer, *Tragicomedia salvaje* o *Hércules*, circa 1498, grabado. National Gallery of Art, Rosenwald Collection, Washington.

21. Albrecht Dürer, *La familia del sátiro*, 1505, grabado. National Gallery of Art, Rosenwald Collection, Washington.
22. Jacopo de' Barbari, *Familia del sátiro,* circa 1503-1504, grabado. National Gallery of Art, Rosenwald Collection, Washington.
23. Albrecht Altdorfer, *Familia salvaje,* circa 1510, dibujo a pluma, Graphische Sammlumng Albertina, Viena.
24. Albrecht Altdorfer, *Hombre salvaje*, 1508, dibujo a pluma, British Museum, Londres.
25. Andrea Mantegna, *Virtus combusta: una alegoría de la virtud*, circa 1495-1500, grabado, National Gallery of Art, Washington.
26. Andrea Mantegna, *Bacanal en torno a una tinaja de vino*, circa 1475, grabado. National Gallery of Art, Washington.
27. Ilustración en la *Hypnerotomachia Poliphili* de Francesco Colonna, publicada en Venecia en 1499.
28. Sátiro que se creía habitaba en el este de la India. Ilustración de la *Historiae Animalium* (1551-1563) de Konrad Gesner.
29. Giovanni Battista Palumba, *Familia del fauno*, circa 1507, grabado. National Gallery of Art, Rosenwald Collection, Washington.
30. Benedetto Montagna, *Familia del sátiro*, circa 1512-1520, grabado. National Gallery of Art, Rosenwald Collection, Washington.
31. Andrea Riccio, *Familia de sátiros*, circa 1500, bronce. National Gallery of Art, Samuel H. Kress Collection, Washington.
32. Maestro de 1515, *Familia del sátiro*, circa 1510-1515, grabado. National Gallery of Art, Rosenwald Collection, Washington.
33. Lucas Cranach, *La Edad de Plata*, circa 1530-1535, grabado en punta de plata. Staatliche Museen Preussischer Kulturbesitz, Kupferstichkabinett, Berlín.
34. Hombre salvaje esculpido en la escalera de la Universidad de Salamanca. Foto: Arxiu Mas.
35. Ilustración en la *Novae Novi Orbis Historiae* (1528-1599) de Girolamo Benzoni y Théodore de Bry.
36. Ilustración en la *Novae Novi Orbis Historiae* (1528-1599) de Girolamo Benzoni y Théodore de Bry.
37. Hombres salvajes en las jambas de la fachada del Colegio de San Gregorio, fines del siglo XV, Valladolid. Foto: Arxiu Mas.
38. François Chauveau, *Estafiers, Cheval de Main et Palfreniers Ameriquains. Carrousel de 1662 au Louvre*, grabado de 1671. Bibliothèque Nationale, París.
39. Ilustración de un aborigen hirsuto en el libro del médico inglés John Bulwer, *Anthropometamorphosis: Man Transform'd: or, the Artificial Changeling*, Londres, 1653.
40. Daniel Defoe, *The Life and Strange Surprising Adventures of Robinson Crusoe*, William Taylor, Londres, 1719.
41. William Hogarth, *La feria de Southwark*, grabado a partir de un óleo, 1733-34, reproducido de *Engravings by Hogarth*, editado por Sean Shesgreen, Dover, Nueva York, 1973.
42. William Hogarth, *El callejón de la ginebra*, grabado a partir de un dibujo, 1750-51, reproducido de *Engravings by Hogarth*, editado por Sean Shesgreen, Dover, Nueva York, 1973.
43. *Escenas de Gulliver con yahoos*, grabado anónimo en la primera edición ilustrada de *Travels Into Several Remote Nations of the World, by Lemuel Gulliver*, Benj. Motte, Londres, 1727. Foto: University of Michigan Library.
44. *Gulliver comparado a un yahoo*, grabado de Thomas Stothard, *Travels Into Several Remote Nations of the World, by Lemuel Gulliver*, dos vols., Harrison, Londres, 1782. Foto: University of Michigan Library.

45. *Gulliver asaltado por una yahoo lasciva*, grabado de S. Gessner, *Lemuel Gullivers samtliche Reisen*, Hamburgo y Leipzig, 1762. Foto: University of Michigan Library.
46. *Gulliver asediado por los yahoos bajo un árbol*, grabado en cobre de I. S. Müller, *The Works of Jonathan Swift*, John Hawkesworth, Londres, 1755. Foto: University of Michigan Library.
47. *Gulliver comparado con dos yahoos*, grabado anónimo, *Voyages de Gulliver*, Hypolite-Louis Guerin, París, 1727. Foto: University of Michigan Library.
48. Procesión de los "signos de honor" (Ehrenzeichen) de Basilea durante el carnaval de 1784, aguafuerte coloreado a mano de Daniel Burckhardt-Wildt. Historisches Museum, Basilea.
49. *Jocko*, ilustración de Buffon, *Histoire Naturelle*, tomo 14, lámina 1, París, 1766, p. 82.
50. Grabado basado en un dibujo realizado en el teatro. Ilustración en Charles Dibdin, *The Wild Man: A Melodramatic Romance in One Act*, John Cumberland, Londres, 1836 (vol. 11 del *Cumberland's Minor Theatre*).
51. Ilustración en Mary Shelley, *Frankenstein*, Standard Novel, n. 9, Londres, 1831.
52. Boris Karloff en *The Bride of Frankenstein*, Universal, 1935.
53. George Stall, circa 1891, presentado como "El hombre salvaje mexicano". Foto: Charles Eisenman. Syracuse University Library, Becker Collection.
54. Julia Pastrana, circa 1855-1860, presentada como "La mujer-gorila". Foto: Circus World Museum, Baraboo, Wisconsin.
55. Julia Pastrana, grabado del libro de A. F. Le Double y François Houssay, *Les velus. Contribution à l'étude des variations par excès du système pileux de l'homme*, Vigor Frères, París, 1912.
56. Waino y Plutano, circa 1875, presentados como "los hombres salvajes de Borneo". Foto: Circus World Museum, Baraboo, Wisconsin.
57. Krao, circa 1885, presentada en Londres como el "eslabón perdido". Foto: Circus World Museum, Baraboo, Wisconsin.
58. Lionel, circa 1907, presentado como el "hombre-león". Foto: Circus World Museum, Baraboo, Wisconsin.
59. William Blake, *America: A Prophecy*, Lambeth, 1793, lámina 12.
60. Dibujo de Hannes Bok, 1946. Franz Rottensteiner, *The Science-Fiction Book. An Illustrated History*, New American Library, Nueva York, 1975.
61. Cartel en el que se pregunta: "¿Ha visto al hombre salvaje (*yeren*)?", distribuido en 1990 por científicos en la provincia de Sichuan. Reproducido en la sección de ciencia del *New York Times* el 19 de junio de 1990.

I. Piero di Cosimo, *La muerte de Procris*, circa 1500-10. Óleo. National Gallery, Londres.
II. Piero di Cosimo, *La batalla de los lapitas y los centauros*, circa 1505-7. Óleo. National Gallery, Londres.
III. Piero di Cosimo, *El descubrimiento de la miel*, circa 1505-10. Óleo. Art Museum, Worcester, Massachusetts.
IV. Piero di Cosimo, *Las desventuras de Sileno*, circa 1500. Óleo. Fogg Art Museum, Harvard University, Cambridge.
V. Piero di Cosimo, *La caza*, circa 1495-1505. Óleo y pintura al temple. Metropolitan Museum of Art, Nueva York, obsequio de Robert Gordon.
VI. Piero di Cosimo, *El retorno de la caza*, circa 1495-1505. Óleo y pintura al temple. Metropolitan Museum of Art, Nueva York, obsequio de Robert Gordon.
VII. Albrecht Altdorfer, *La familia del sátiro*, 1507. Óleo sobre tabla. Staatliche Museen Preussischer Kulturbesitz, Gemäldegalerie, Berlín.
VIII. Lucas Cranach, *El ocaso de la Edad de Plata*. National Gallery, Londres.

IX. Anónimo portugués, *Infierno*, primera mitad del siglo XVI. Óleo sobre madera de roble. Museu Nacional de Arte Antiga, Lisboa.
X. Jan Mostaert, *Episodio de la conquista de América*, circa 1545. Óleo. Frans Hals Museum, Haarlem.
XI. Francisco de Goya, *Salvajes degollando a una mujer*, réplica autógrafa de la primera versión, circa 1800-1805. Óleo sobre hojalata. Museo del Prado, Madrid.
XII. Francisco de Goya, *Los salvajes destazando a sus víctimas*, circa 1800-1805. Óleo sobre tabla de madera. Musée des Beaux-Arts et d'Archéologie, Besançon.
XIII. Francisco de Goya, *Salvajes en torno a una hoguera*, réplica autógrafa de la primera versión, circa 1800-1805. Óleo sobre hojalata. Museo del Prado, Madrid.
XIV. Francisco de Goya, *El festín de los hombres salvajes*, circa 1800-1805. Óleo sobre tabla de madera. Musée des Beaux-Arts et d'Archéologie, Besançon.
XV. Cartel de 1913 anunciando la presentación de Lionel, el hombre-león.
XVI. Tarzán capturado como un hombre salvaje, en un cómic que ilustra la novela *The Quest of Tarzan* (1941) de Edgar Rice Burroughs. *Tarzan*, 28 (agosto de 1975): 240, dibujado por Joe Kubert.
XVII. Tarzán recibido por los simios. *Tarzan*, 26 (diciembre de 1973): 226, dibujado por Russ Manning.
XVIII. Richard Corben, "Den II", *Heavy Metal*, 6 (septiembre de 1980): 6.
XIX. Richard Corben, "The Beast of Wolfton", en *Werewolf*, Catalan Communications, Nueva York, 1984.
XX. *Wolverine Annual 2*, Marvel Entertainment Group, 1991.
XXI. William Blake, *Nabucodonosor*, impresión en color terminada en tinta y acuarela sobre papel, circa 1795-1805. Tate Gallery, Londres.
XXII. Paul Delvaux, *L'homme de la rue*, 1940. Liège, Musée de l'Art Wallon.
XXIII. Paul Klee, *Der wilde Mann*, 1922. Técnica mixta sobre base de yeso. Städtische Galerie im Lenbachhaus, Munich.

ÍNDICE ANALÍTICO

Abraham, 228
Achebe, Chinua, 222-23
Acosta, Joseph de, 68-70
Adán, 28, 35n, 38i, 74, 96n, 184
Aguirre Rojas, Carlos, 13n
Agustín (san), 7n, 83, 160, 164, 175
Alembert, Jean Le Rond d', 187
Alfonso X el Sabio, 112n
Alfonso V de Portugal, 78
Allen, Grant, 222n
Almanzor (personaje de Dryden), 98
Alpes, 167-68, 170, 227
Altdorfer, Albrecht, VII, 53-55, 57, 65
Altrocchi, Rudolph, 216-17
América (Nuevo Mundo), 67-76, 81, 100
Ames, Michael M., 234n
amor, 108-11
Andersen, Jørgen, 114
Anderson, William, 231n
Andrenio (hombre salvaje de Baltasar Gracián), 124, 125, 126, 127, 132, 156
Anouilh, Jean, 224n
Antich, Xavier, 228n
Apolodoro, 19
Aquiles, 90, 158
Arbus, Diane, 208, 210
Arbuthnot, John, 141, 144, 146, 152
Ariosto, Ludovico, 10, 46, 67n, 124
Aristóteles, 76n, 172n
Armandi, G. I., 168
Arnaldo, 92
Arnold, Matthew, 218
Arnold, Patrick M., 230n
art brut, 234
Artaud, Antonin, 10n
ascetismo, 131, 133
Ashcraft, Richard, 100n
Aubery, Jean, 92n
Aulnoy, Marie Cathérine d', 18n

Aveyron (Víctor, el niño salvaje de), 203-205
Avicena (Ibn Sina), 92
Ayrer, Jacob, 121n
aztecas, 70, 99
Azúa, Félix de, 190n

Babb, Lawrence, 131
bacanal, 56i
Baco, 9
Bacon, Francis, 235
Bahr, Ehrhard, 200n
Baldick, Chris, 198n
Ball, Albert, 156n
Barbari, Jacopo de', 50, 51i
Barclay, John, 125n
Barlaam y Josephat, 82
barroco, 86, 90, 96-97, 126
Barthes, Roland, 179
Bartlett, Robert, 68n
Bartra, Agustí, 227n
Bartsch, Adam von, 51
Basajauna, 116
Basandereak, 116n
Basilio (personaje de Calderón de la Barca), 82-83, 86, 87, 91-92, 93
Batman, 219n
Battesti, Jeanne, 113
Baumer, Franklin L., 12
Beare, Mary, 36
Beecher, Donald A., 92n
Béguin, Albert, 215n
Benito (san), 34i
Bergerac, Cyrano de, 156, 157
Berlin, Isaiah, 137, 138n
Bermúdez Pareja, Jesús, 63n
Bernheimer, Richard, 36n, 42, 208n, 229
Berrisford, Carl T., 154n
Bettelheim, Bruno, 16, 205n
Bilje Mann, 167

261

Bilmon, 167
Bitterli, Urs, 166n
Blake, William, XXI, 225-27
Bloom, Alan, 157n
Blumenbach, Johann Friedrich, 203
Bly, Robert, 16-18, 35, 230n
Boas, George, 10n, 11n
Boase, Roger, 112n
Boccaccio, Giovanni, 76
Bogdan, Robert, 206n, 208n
Boileau, Nicolas, 196, 202
Bök, Christian, 202n
Bok, Hannes, 233i
Bolte, Johannes, 17, 18, 19n
Bonnet Reverón, B., 76n
Bord, Colin y Janet, 234n
Borello, Rodolfo A., 113n
Borges, Jorge Luis, 224
Bosco (Hieronymus Bosch), 127
Bougainville, Louis-Antoine, conde de, 187, 188, 189
Bourdichon, Jean, 35, 50
Bowden, Betsy, 159n
Brading, David A., 70n
Bramarante (personaje de Lope de Vega), 123-24
Bramhall, John, 100
Braudel, Fernand, 10, 24
Brébeuf, Jean de, 196
Bremo (hombre salvaje de *Mucedorus*), 97-100, 193
Breton, André, 10n
bricolage, 57, 60
Bridel, Philippe-Sirice, 168
Brotherston, Gordon, 176n
Brown, Norman O., 160
Browne, Malcolm W., 234n
Browning, Tod, 208
brujas, 24, 67-68, 74
Brunswick, Enrique de, 42n
Bry, Théodore de, 71i, 72i
Buda, 82
Buffon, Georges-Louis-Leclerc (conde de), 185-87
Bulwer, John, 78i
Burchard de Worms, 24
Burckhardt, Jacob, 8
Burke, James F., 113n
Burke, Peter, 8n, 10n
Burroughs, Edgar Rice, 216-18
Burton, Robert, 67n

Bynum, Caroline Walker, 133n
Byron, George Gordon, 200

Caamaño Martínez, Jesús María, 112n
Cabeza de Vaca, Álvar Núñez, 101, 102, 104
Caín, 197n
Calderón de la Barca, Pedro, 10, 13, 82-96, 99, 103, 106, 118, 124, 138, 214
Calibán, 46, 97, 195
Calvino, Italo, 226
Calvino (Jean Cauvin), 74
Cam, 138
Canguilhem, Georges, 202n
caníbales, 101-102, 135, 159
Caperucita Roja, 16
Cardenio (personaje de Cervantes), 46, 65n, 67n
Carlos Federico (gran duque de Baden), 214
Carlos VI de Francia, 229-30
carnaval, 52
Carnochan, W. B., 158n
Caro Baroja, Julio, 114n, 116n
Carrillo Trueba, César, 167n
Casalduero, Joaquín, 82n
Cassirer, Ernst, 166n, 180
Castañón, Adolfo, 92n
Castro, Américo, 118
Cavell, Stanley, 226
Cavendish, William, 159n
Céard, Jean, 197n
Ceccarelli, Paola, 8n
Céfalo, 7n
cencerrada, 229
centauros, 7-9, 50n, 80, 197
Certeau, Michel de, 32
Cervantes, Fernando, 68n
Cervantes Saavedra, Miguel de, 10, 46, 65n, 67n, 179
Chabut, Marie-Hélène, 189n
Chaney, Jr., Lon, 200n
charivari, 229
Chateaubriand, François-Auguste-René, 197, 204n
Cheyfitz, Eric, 217n
Cheyne, George, 131n, 156n
Chinard, Gilbert, 11n, 190n
Chuang Tzu, 80
Ciavolella, Massimo, 92n
Cicerón, 74, 99n
cíclopes, 81, 136
Cílaro, 7
Circe, 228, 236

Clastres, Pierre, 231-32
Clifford, James L., 152n
Clodoveo (rey), 121
Clotaldo (personaje de Calderón de la Barca), 84
Colletti, Lucio, 184
Colonna, Francesco, 58i
Colum, Padraic, 161n
Conan, 232n
Condillac, Étienne Bonnot de, 177n, 187, 203
Conger, Syndy McMillen, 202n
Congreve, William, 98
Conrad, Joseph, 221-24
Cook, James, 189
Corben, Richard, XVIII, XIX
Correa Calderón, E., 127n
Cortesão, Jaime, 76, 78, 79n
Covarrubias, Sebastián de, 103n
Cox, C. B., 226n
Cranach, Lucas, VIII, 66i
Crane, R. S., 158
Cranston, Maurice, 166n, 168n, 175n, 183, 188n
Crapanzano, Vincent, 228n
Cristo, 32, 74
Critilo (personaje de Baltasar Gracián), 125-27
Croce, Benedetto, 97n, 219
Cruickshank, Don William, 90, 91n
Cuvier, Georges, 206

Damrosch, Jr., Leopold, 130n
Darnton, Robert, 16n, 18n, 165n, 179
Darwin, Charles, 120
Daumer, Georg Friedrich, 215
De Angelis, Rita, 196n, 197n
De Lope, Monique, 113n, 114n
De Man, Paul, 166n, 177-79
Defoe, Daniel, 128i, 129, 131, 132, 136-41, 143, 157, 179, 183
Delarue, Paul, 20, 22n
Delvaux, Paul, XXII, 228-29
demonio, 67, 70, 72-74, 79, 103, 135-36
Dennis, Nigel, 157
Derathé, Robert, 184n
Derrida, Jacques, 166n, 176-79, 187, 202n
Desan, Philippe, 75n
Descartes, René, 158
Detienne, Marcel, 96
Deyermond, Alan D., 83, 89, 111
Diana, 124
Dibdin, Charles (Charles Isaac Mungo), 192-94
Dickason, Olive Patricia, 171n

Dickson, Arthur, 121n
Diderot, Denis, 10, 170, 175, 182, 187-90, 195-97
Dionisos, 111
Dircks, R. J., 156n
Dodds, Jerrilynn D., 63n
Don Quijote, 67n, 132, 133, 179, 194-95
Donne, John, 161
Douglas, Alan, 230n
Droste-Hülfshoff, Annette y Jenny von, 18n
Dryden, John, 98, 99
Dubuffet, Jean, 235
Duchet, Michèle, 166n, 187n
Duclos, Charles Pinot, 187
duendes, 80
Dulcinea del Toboso, 195
Dumézil, Georges, 60
Dumont, Jean-Paul, 232n
Durán, Manuel, 85n
Durero, Albrecht, 9-10, 35n, 47-51, 52-53, 55, 57, 60, 65

Eckhart, Meister, 35
Edad de Oro, 28, 32, 100, 181
Edelman, Gerald M., 12
Edipo, 117
Egido, Aurora, 82n, 96n
Ehrenpreis, Irvin, 155, 158n
Eigeldinger, Marc, 183
Einaudi, Mario, 191n
Eliade, Mircea, 28
Ellis, John M., 17n, 18n
Emerson, Ralph Waldo, 224, 226
Emerson, Tony, 234n
Emilio (personaje de Rousseau), 218, 226
Ende, Michael, 219n
Enyas, 63n
Épinay, Louise-Florence-Pétronille d', 182
Essoe, Gabe, 218n
Estés, Clarissa Pinkola, 230n
Estes, Leland L., 68n
estructuralismo, 65
Etherege, George, 98
Eurípides, 111n
Eva, 28, 35n, 38i, 184
Evans, Elizabeth E., 214n
evolución, 11-13, 42n
excrementicio, 160-61

Faengge, 26
Fairchild, Hoxie Neal, 99n
fantasmas, 80

Farinelli, Arturo, 85n
fascismo, 220-21
faunos, 50, 59i, 80, 178
Fausto, 230
fauvistes, 234
Federico III de Alemania, 78
Ferenczi, Sandor, 60
Fermor, Sharon, 7n, 8n
Fernández de Velasco, Pedro, 30i, 31i
Ferrand, Jacques, 92, 93
Feuerbach, Ludwig, 214n
Feuerbach, Paul Johann Anselm von, 214
Ficino, Marsilio, 57, 92
Fielding, Henry, 132
Filomancia (personaje de Juan de Timoneda), 88, 89
Fletcher, John, 65n
Flores, Juan de, 110, 111
Follett, Christopher, 19n
Formosa, Feliu, 36n
Forry, Steven Earl, 200n
Foucault, Michel, 190n
Fox, Dian, 118
Frankel, Margherita, 176n
Frankenstein (personajes de Mary Shelley), 10, 198-202, 214, 216, 217
Franz, Marie-Louise von, 230n
Frayling, Christopher, 187n
freak shows, 206, 208
Freeman, Derek, 189n
Freud, Sigmund, 60, 160, 165n
Froissart, Jean, 229n
Fromm, Erich, 16
Frost, Thomas, 143n, 144n, 145n
Frye, Roland Mushat, 161n, 164n
Fuzelier, Louis, 190

Gaingnebet, Claude, 52n
Gállego, Julián, 13n
Galliani, R., 175n
García de León, Antonio, 232n
Gauguin, Paul, 189n, 234
Gay, John, 146n
geeks, 208, 217
Geertz, Clifford, 12n
Gellner, Ernest, 12n
Geoffrey de Monmouth, 16, 17n, 20
Gerbi, Antonello, 181n
Gernet, Jacques, 127n, 154n
Gerstinger, Heinz, 83n
Gesner, Konrad, 58i

Giannini, Giovanni, 168n
gigantes, 136-38, 177-78
Ginzburg, Carlo, 24n, 60
Girard, René, 132n
Giuliotti, Domenico, 219
Glantz, Margo, 101n
Godelier, Maurice, 11n
Godwin, William, 198, 203
Goethe, Johann Wolfgang von, 229-30
Goldschmidt, Victor, 183
Goldsmith, Olivier, 134
Goldsmith, Robert Hillis, 97n, 193n
Goldwater, Robert, 234n
Gombrich, E. H., 65n
Gómez-Tabanera, José Manuel, 44n, 116n
González Echevarría, Roberto, 85n
Goodman, Dena, 189n
Gopnik, Adam, 218n
Gosforostro (personaje de Lope de Vega), 123-24
Gossman, Lionel, 184n
Gouhier, Henri, 180n
Gould, Stephen Jay, 60n, 206n
Goya, Francisco de, 10, 127n, XI, XII, XIII, XIV, 196, 197
Gracián, Baltasar, 40, 42, 97, 124-27, 156, 182
Green, John, 214n
Gregorio de Tours, 32
Grimaldi, Joseph ("Joey"), 192-94
Grimm, Hermann, 17
Grimm, Jacob y Wilhelm, 16-20, 22, 24, 150n
Grocio (Hugo Grotius), 136, 174
guaicurú, 231
Guazzo, Francesco Maria, 217n
Gudiol, José, 196n
Guevara, Antonio de, 44-46, 127
Gulliver (personaje de Swift), 143-64
Gurevich, Aron, 28, 32n

hadas, 80
Haeckel, Ernst Henrich, 60
Haggard, H. Rider, 218
Halewood, William H., 157n
Hall, H. B., 89n
Haller, Albrecht von, 168, 170
Halpin, Marjorie M., 234n
Hamilton, Charles, 65n
Hampton, Jean, 102n, 104n
Handke, Peter, 215
Harley, Robert, 146n
Harlow, Benjamin C., 158n

Hassenpflug, Amalie, Jeannette y Marie, 17n
Hauser, Kaspar, 214, 215
Havens, George R., 182n
Haxthausen, August, Ludowine, Marianne y Werner von, 18, 19n
Heidegger, Martin, 216n
Henkel, Martin, 185
Hentsch, Thierry, 181n
Hércules, 51-53, 55, 57, 65, 115, 158
Hércules Gallicus, 52
hermenéutico (círculo), 228-30, 234, 236
Hernández Paricio, Francisco, 125n
Herner, Irene, 217n
Herzog, Werner, 215
Hesíodo, 28
Heuvelmans, Bernard, 234n
Heylyn, Peter, 82n
Hillman, James, 16n
Hilonome, 7
Hindle, Maurice, 198n
hipertricosis, 206
Hipodamia, 7
hirsutismo, 206
Hobbes, Thomas, 10, 80-81, 83, 84, 85, 91, 92, 95-104, 106-107, 118-20, 124-25, 136, 171-72, 174, 176, 179, 193, 231-32
Hogarth, William, 142i, 143, 147i
Holtsmark, Erling B., 217n
hombre artificial, 81, 191
hombre-lobo, 230
Homero, 57, 217n
homme sauvage, 167, 171-75, 179, 184-85, 229
homo caudatus, 231
homo economicus, 32
homo sylvestris (y *homo sylvaticus*), 9, 13, 26, 28, 35, 42, 55, 60, 75-76, 79, 81, 95, 98, 103, 129-30, 133, 145, 161, 167, 172, 183, 197, 217, 219, 221
honor, 117-20, 231
Horacio, 28
Horkheimer, Max, 136
Horowitz, Asher, 184n
Houdetot, Sophie d', 188n
Houssay, François, 208n
houyhnhnms, 145n, 152-59, 164
Huang Wanpo, 234n
Huet, Marie-Hélène, 198n, 200n, 202
Huffschmid, Anne, 19n
Huitzilopochtli, 70
Hulk, 219n
Hulse, Michael, 214n

Hunter, J. Paul, 131, 135, 136n
Hurtado de la Vera, Pedro, 89n
Husband, Timothy, 63n
Huxley, Thomas H., 120n

Iacono, Alfonso M., 131n
Ibsen, Henrik, 224n
Illuminati, Augusto, 176n
incas, 70
individualismo, 130-33, 164
Itard, Jean-Marc-Gaspard, 203-205

Jacobs, Joseph, 24
Jafet, 138
Janzen, Reinhild, 55n
Jasón, 95n
Johnson, Paul J., 100n
Johnson, Randy, 208n
Jonson, Ben, 98n
Jorge I de Inglaterra, 203
Jost, François, 168n
Jouffroy, Alain, 10n
Juan de Hierro, 16, 18, 24, 28, 39, 46
Juan de la Cruz (san), 32
Jung, Carl Gustav, 60, 230
Jung, Marc-René, 53n
Jünger, Ernst, 215, 216
Jupin, Arvin H., 98n
Juvenal, 173

Kallich, Martin, 158n
Karloff, Boris, 200n, 201i
Kassier, Theodore L., 126
Kaufmann, Lynn Frier, 9n, 50-53, 55
Keen, Benjamin, 181n
Kerby-Miller, Charles, 146n
Kermode, Frank, 146n
Kingsley, Charles, 130n
Kipling, Rudyard, 216, 218
Kirby, Steven D., 112n
Kirk, G. S., 10n
Klee, Paul, XXIII, 234, 236
Knowles, John, 208n
Krao (el eslabón perdido), 212i
Krause, Friedrich (*Wachtmeister*), 18n
Kuper, Adam, 231n
Kurtz (personaje de Conrad), 222-24

La Bruyère, Jean de, 65n, 101
La Fontaine, Jean de, 44n
La Harpe, Jean-François de, 205

La Hontan, Louis-Armand de, 181
lacandones, 232
Lacassin, Francis, 218n
Laidlaw, G. Norman, 195n
Lalande, Joseph-Jerôme de, 205
Lalemant, Gabriel, 196
Lanckmann de Valckenstein, Nicolau, 78n
Landucci, Sergio, 80n
Lane, Harlan, 203n, 204n, 205n
Lang, Andrew, 22
lapitas, 7
Las Casas, Bartolomé de, 28, 70, 72n, 73-75, 76n
Laurens, André du, 92n
Le Double, A. F., 208n
Le Goff, Jacques, 11n
Leach, Edmund, 120n
Leavy, Barbara Fass, 224n
Leigh, R. A., 166n
Leite, Ana Cristina, 113n
Lent, Theodore, 208
Leonarda (serrana de Lope de Vega), 115
Leonido (hombre salvaje de Lope de Vega), 116-19, 124
Lévi-Strauss, Claude, 11n, 57, 60, 63, 65, 95, 165n, 166n, 176, 205, 228n
Levin, Harry, 28n
Lévinas, Emmanuel, 180n, 228
Lévy-Bruhl, Lucien, 228n
libre albedrío, 93
Libro de Alexandre, 112
Licaón, 42n
Lilla, Mark, 137n
Linneo, Karl von, 206
Lionel, el hombre-león, XV, 213i
Lipovetsky, Gilles, 119n, 231n
Liu Hsin, 154n
Livingstone, D. A., 150n
Llull, Ramon, 39
Lock, F. P., 160n
Locke, John, 103, 104, 125n, 140, 156, 203
Longhurst, John E., 161n
López-Ríos, Santiago, 112n, 232n
Lorch, Melchior, 42n
Lovejoy, Arthur O., 10n, 11n, 173n, 180n, 187n
Loyola, Ignacio de (san), 93
Luce, J. V., 160n
Lucrecio, 9, 11, 92, 175
Lugosi, Bela, 200n
Lutero, Martin, 35, 36, 79
Lyons, Bridget Gellert, 131n

Maccari, Mino, 220n
Maclagan, David, 235n
MacLaine, Allan H., 136n
Macpherson, C. B., 80n
Macpherson, James, 202n
Madrigal, José Antonio, 112n
Maestro bxg, 35, 50
Maestro de 1515, 64i
Maillet, Benoît de, 167n
Malson, Lucien, 203n, 205n
Mannhardt, Wilhelm, 167n, 168n
Mannix, Daniel P., 206n
Mannoni, Octave, 204n
Mantegna, Andrea, 50, 53, 56i
maoren, 154n
Maquiavelo, Nicola, 90
Maravall, José Antonio, 89, 119n
Marco Aurelio, 44
María (virgen), 93
Marlow (personaje de Conrad), 222, 226
Marouby, Christian, 167n
Marshall, David, 198n
Mártir, Pedro, 28
Marx, Karl, 131, 160, 185
Marx, Leo, 226n
Mason, Peter, 166n
masturbación, 187
Matheus, Thomas F., 9n
Matisse, Henri, 235
matowateri, 232
Matteotti, Giacomo, 220
Matthiesen, F. O., 223n
May, T. E., 87n
Mazur, Oleh, 96n, 107n, 117
McGlathery, James M., 17n
Mead, Margaret, 189n
Meade, Michael, 16n
Medea, 95n
Mefistófeles, 230
melancolía, 84, 92-93, 131-34, 150
ménades, 53, 55, 60
Mencio (Meng-tse), 154n
Menéndez Pidal, Ramón, 113n
Menéndez y Pelayo, Marcelino, 85n
Mercier, Roger, 181n
Merlik, 20
Merlín, 20, 175
Michaels, Walter Benn, 222n
Midas (rey), 19
Mileno (personaje de Guevara), 44
Miles, Margaret, 114

Miller, David, 235n
Millhauser, Milton, 198n
Milton, John, 140
Mintz, Samuel I., 98n
Miró, Joan, 234
misantropía, 132, 152, 155
misticismo, 32, 133
Mitchell, Harvey, 183n
mitos, 13, 17, 22, 24, 42, 60, 63, 65, 96-97
Monboddo, Lord (James Burnett), 145, 203
Monk, Samuel Holt, 158n
monstruos, 193, 195-202, 208-10
Montagna, Benedetto, 50n, 61i
Montaigne, Michel de, 10, 28, 44, 46, 81, 106, 121, 125, 158, 171-72, 182
Montemayor, Jorge de, 26
Montesquieu, 187
Moore, John Robert, 146n
Moran III, Francis, 187n
More, Henry, 120, 121
Mostaert, Jan, X
Mowgli (personaje de Kipling), 216, 218
Mozart, 198
Mucedorus, 97-100
Müller, Max, 22
Munch, Edvard, 235
Munteano, Basil, 183n
Murlu, 20
Murray, E. B., 198n
Murry, J. Middleton, 160n
mutación, 65

Nabucodonosor, XXI
nambikwara, 176
Namelos, 121
Nance, John, 232n
Napier, John, 234n
Nash, Roderick, 223n
Negker, David de, 35n
Neumeister, Sebastian, 127n
niam-niams, 231
Niccolò da Correggio, 7n
Nicolás de Cusa, 24, 57
Nietzsche, Friedrich, 215
ninfas, 9, 51, 53, 55, 57-58i, 60, 80, 197
Novak, Maximillian, 129, 130n, 131n, 132, 139, 144n
Nugent, Christopher, 67n, 68n

O'Gorman, Edmundo, 70n, 73n, 74
O'Rourke, James, 198n

Oelschlaeger, Max, 223n, 226
om salvadi, 167
om salvaè, 168
om salvei, 168
omo salvatico, 167
Onofre, 34i
Onofrio, 7n
Orc (personaje de Blake), 225-27
Orfeo, 53, 55, 65
Orlando (personaje de Ariosto), 46, 67n, 124
Orwell, George, 157
Osa de Andara, 116
Ossian, 202n
Otten, Charlotte F., 230n
Ovidio, 7, 8n, 9, 55, 74, 92, 111n
Ozment, Steven, 35n, 79n

Pablo (san), 175
Pagden, Anthony, 68n, 181n
Palumba, Giovanni Battista, 50n, 59i
Pan, 229
Panofsky, Erwin, 8n, 9, 10n, 11, 50-52
Papageno (hombre-pájaro de Mozart), 198, 200
Papini, Giovanni, 219, 220
Paracelso (Ph. A. Theophrastus Bombast von Hohenheim), 16, 17n
Paraíso, 28, 37i
Paris du Plessis, James, 144n
Parker, A. A., 89n
Parnell, Thomas, 146n
Pascal, Blaise, 91, 156, 182
Pastor, Beatriz, 101n
Pastrana, Julia, 206, 208-10
Paul, Sherman, 223n
pecado original, 42
Pelagio, 164
Pelegrin, Benito, 127n
Pénel, Jean-Dominique, 231n
Penteo, 111
Pereira, Fernando António Baptista, 76n
Pereira, Paulo, 113n
Pérez de Moya, Juan, 13
Peristiany, J. G., 119n
Perniola, Mario, 183n
Perrault, Charles, 17, 18n, 24
Peter de Hamelin, 139, 140, 141, 144, 145, 153, 154, 155, 203, 205
Petronio, 125n
Picasso, Pablo, 234
Pico della Mirandola, 13, 57
Pictor, Georg, 53n

267

Piero di Cosimo, 7-11, 28, 47, 50n, 55n, I, II, III, IV, V, VI
Pina, Rui de, 78, 79n
Pinel, Philippe, 204
Pinette, Matthieu, 196n
Pipino (rey), 121
Piritoo, 8
Pitt-Rivers, Julian, 118n
Platón, 57, 83, 137n, 157, 214
Plattner, Marc F., 185n
Plutano (hombre salvaje de Borneo), 211i
Plutarco, 92
Plutón, 229
Poirier, Frank E., 234n
Polifemo, 109, 137n
Polívka, Georg, 17n, 18-19
Pollaiuolo, Antonio, 52
Pope, Alexander, 146n, 155
Porchnev, B. F., 234n
Porges, Irwin, 216n
Pratt, Mary Louise, 181n
primitivismo, 10-11
Pring-Mill, Robert D. F., 83n
Probyn, Clive T., 159n
Procris, 7n
Prometeo, 158
Ptolomeo, 73
Pufendorf, Samuel, 136, 137, 174, 176, 179
putto, 55

Quintana, Ricardo, 152n, 156n
Quirón, 90, 158, 159

Rait, Jill, 114n
Rameau, 189, 190
Rapp Buri, Anna, 35n, 50n
Raue Else, 24
Rawls, John, 102
Raymond, Marcel, 174n
Récamier, Madame de, 205
recapitulacionismo, 60
Reccho, Nicolosso de, 76
Recuerda, José Martín, 224n
Renard, Jean-Bruno, 219n
Rhodes, Colin, 235n
Ricart, Domingo, 119n
Ricci, Matteo (padre), 127n
Riccio, Andrea, 50n, 62i
Richella, 24
Richetti, John J., 132n, 133

Ricoeur, Paul, 228
Rieger, James, 198n
Rilke, Rainer Maria, 215
Ríos de Lampérez, Blanca de los, 85n
Roberts, Leonard, 150n, 217n
Robinson Crusoe (personaje de Defoe), 10, 128-36, 138-40, 145, 157, 175-76, 183n
Rogers, Pat, 129n, 143n
Rölleke, Heinz, 17n, 18
Roman de Renart, 39
romanticismo, 185
Romero de Cepeda, Joaquín, 113n
Rorty, Richard, 12n
Rosaura (mujer salvaje de Lope de Vega), 106-10, 124
Rosaura (personaje de Calderón de la Barca), 84-87, 92
Rousseau, Jean-Jacques, 7, 10, 42, 97, 99, 106, 146n, 165-91, 203, 218, 223, 226
Rousset, Clément, 172n
Rubel, Margaret Mary, 202n
Rubinof, Lionel, 138n
Ruiz, Juan (Arcipreste de Hita), 29i, 44, 112-14
Ruiz Lagos, Manuel, 96n
Russell, Jeffrey Burton, 68n, 74n
Ruthven, K. K., 226n

sabbath, 60
Sachs, Hans, 35, 36, 39, 42-44, 46, 127, 161
Sahagún, Bernardino de, 76
Sahlins, Marshall, 189n
Said, Edward W., 181n, 218n
Saint-Hilaire, Isidore Geoffroy de, 202
salvanel, 167
Sancho Panza, 194-95, 200
Sansnom, 121
Santiago de la Vorágine, 82n-83n
Satanás, 76, 79
sátiros, 7, 9, 48-51, 53, 55-62, 64i, 66i, 77i, 80, 171, 177-78, 197
Sattelmeyer, Robert, 223n
Schäufelein, Hans, 35
Scherf, Walter, 18n
Schiller, Johann Christoph Friedrich von, 202n
Schlösser, Anselm, 160n
Schongauer, Martin, 35
Schopenhauer, 127
Schorr, James L., 189n
Schwab, Raymond, 181n
Schwarzenegger, Arnold, 232n
Schweitzer, 35n

Sciacca, Michele Federico, 83n
Scriblerus (club), 146n
Secreto, Jim, 208n
Segismundo (hombre salvaje de Calderón de la Barca), 82-87, 89-93, 106, 108, 118, 124, 126, 214
Seidel, Michael, 157n
Sem, 138
Senabre, Ricardo, 126n
Sendak, Maurice, 219n
Sepúlveda, Juan Ginés de, 73, 74
serranas, 26-27, 112-16
Serrano, Pedro, 103-105
Shackley, Myra, 234n
Shakespeare, William, 10, 46, 65n, 67n, 81, 98, 156n
Shattuck, Roger, 203n
sheelaghs, 113-14
Shelley, Mary, 10, 193, 197-203
Shelley, Percy, 198, 203
Sherburn, George, 158n
Shewey, Don, 16n
Sileno, 19
Silva Dias, J. S. da, 76n
silvanos, 24, 178
Silver, Larry, 55
simulacro, 182-83
Sir Satyrane (personaje de Spenser), 46
Skal, David J., 208n, 210n
Skogsnufra, 26
Sloman, A. E., 85n
Small, Christopher, 198n
Soffici, Ardengo, 220
Sófocles, 117
soledad, 131-33, 138, 182
Solmarino (personaje de Lope de Vega), 123-24
Sontag, Susan, 208, 210n
Soulier-François, Françoise, 196n
Sozzi, Lionello, 189n
Spenser, Edmund, 10, 46, 98, 123, 160
Spiderman, 219n
Spitzer, Leo, 113n
Stall, George (el hombre salvaje mexicano), 207i
Starobinski, Jean, 166n, 172n, 179, 185n
Starr, George A., 131n
Stoker, Bram, 230
Stone, Edward, 156n
Stopp, F. J., 42n
Strauss, Walter L., 35n
Street, Brian V., 218n

Strindberg, August, 234n
Stucky-Schürer, Monica, 35n, 50n
Subirats, Eduardo, 75n
sueños, 80, 86-89, 91-92
Suits, Conrad, 158n
supervivencias, 22, 24
Sutherland, James, 135
Swift, Jonathan, 10, 141-64, 180
Symcox, Geoffrey, 166n, 184n

Tallemite, E., 189n
Tarzán, XVI, XVII, 206n, 216-19, 221, 230
tasaday, 232
Taussig, Michael, 223n
Taylor, Aline Mackenzie, 144n
Taylor, Archer, 150n
teatro, 182-83
Tecla (santa), 114
Tenèze, Marie-Louise, 20, 22n
Teodosia (mujer salvaje de Lope de Vega), 107-10, 124
Tertre, Jean-Baptiste du, 166, 167
Tevlin, Jon, 16n
Theognis, 92
Thomas, Keith, 134
Thompson, C. J. S., 144n
Thoreau, Henry David, 221-24, 226
Thornburg, Mary K. Patterson, 198n
Tickell, Thomas, 144
Tieghen, Paul van, 174n
Timón, 156
Timoneda, Juan de, 88
Tinland, Franck, 187n, 204n
Titán, 234
Todd, Denis, 143n, 144n
Todorov, Tzvetan, 166n
Tomás de Aquino (santo), 73, 83, 90
Torgovnick, Marianna, 218n
Torquemada, Juan de, 70
Tort, Patrick, 202n
Trakl, Georg, 215
Traugott, John, 164
Tricaud, François, 103n
Troisio, Luciano, 220n, 221n
Truffaut, François, 204
Tylor, Edward, 16n, 22
Tyson, Edward, 146n
tzeltales, 232

Ulises, 109, 228, 232, 236
unicornio, 25i, 27i

uomo selvaggio, 168
Ursón (personaje de Lope de Vega), 121-24

vagina dentata, 114
Valbuena Pratt, Ángel, 83n
Valdés Leal, Juan de, 127n
Valentín (personaje de Lope de Vega), 121-23
Vall, Pere, 34i
vampiros, 230
Varndell, Teddy, 208n
Varnedoe, Kirk, 218n
Vasari, Giorgio, 8
Vaudey, baronesa de, 205
Vega, Garcilaso de la (el Inca), 103-105
Vega, Lope de, 10, 106, 108-12, 114-24, 130, 138, 161, 214
Venus hotentote, 206
Verene, Donald Phillip, 138
Verlaine, Paul, 215
Vicente, Gil, 113n
Vico, Giambattista, 7, 136-39
Vidal, Gore, 218
Vidal-Naquet, Pierre, 11n
Viehmann, Dorothea, 17n, 18n
Viernes (personaje de Defoe), 134-36, 176
villano del Danubio (personaje de Guevara), 44, 45i
Vincennes (iluminación de), 170-71, 174-75
Virgilio, 74
Vitruvio, 9
Voltaire, François-Marie Arouet de, 156, 180-81

Wagner, Richard, 35-36
Waino (hombre salvaje de Borneo), 211i
Wairy, L. C., 205n
Waley, Pamela, 111n
Walls, Robert E., 234n
Warens, Louise-Eléanore (baronesa de), 167, 188n
Warner, Marina, 121n

Wassermann, Jakob, 214n, 215
Watt, Ian, 130, 222n
Weber, Max, 129, 133
Wedel, T. O., 158n
Weissmuller, Johnny, 206n
Wessell, Leonard P., 185n
Wey, Valquiria, 171n
Whale, James, 200n
White, David Gordon, 231n
Wiener, Philip P., 11n
Wilberforce, Samuel, 120n
Wild, Dorothea y Gretchen, 18n
wilde Mann, 53
Wildmännl, 167
William, Roy, 200n
Wilson, Edward M., 85n, 90n
Wind, Edgar, 51, 52, 57
Winton, Calhoun, 161n
Wokler, Robert, 187n
Wolfdietrich, 26
Wolverine, XX, 219n
Wood, Christopher S., 55n
Woodward, John, 146n
Wycherley, William, 98
Wylie, Kenneth, 234n

yahoos, 10, 145-52, 156, 158, 160-64, 217n
yeahoh, 217
Yeats, William Butler, 161n, 226
yeren, 154n, 234
Yuan Ke, 154n
Yuan Zhenxin, 234n

Zarathustra, 215
Zavala, Silvio, 190n
Zimansky, Curt A., 152n
Zimmerman, Everett, 152n
Zingg, Robert M., 205n
Zipes, Jack, 17n, 18n

RECONOCIMIENTOS

Éste es tal vez un libro de historia hecho por un antropólogo. Para mí es difícil clasificar el resultado (y no estoy seguro de que sea necesario hacerlo); ¿es un texto de mitología, es una etnología de la literatura renacentista y moderna, forma parte del estudio de las mentalidades, es un ensayo de historia de las ideas? Lo que es seguro es que me he visto obligado a navegar por muy diferentes aguas, y en mis viajes he necesitado la ayuda de expertos navegantes. Los consejos de Alan Deyermond y de Edmundo O'Gorman, grandes y admirados historiadores, han sido muy valiosos para orientar mis reflexiones en territorios poco frecuentados por los antropólogos. He tenido también el privilegio de que mis investigaciones históricas fueran estimuladas por Jean Chesneaux, Florencia Mallon, Edward P. Thompson y Steve Stern. En otros terrenos aún menos hollados por los etnólogos, como son la teología y el barroco español, las conversaciones con el dramaturgo José Ramón Enríquez fueron de gran ayuda. Mis incursiones en la historia de la literatura se han beneficiado también de las frecuentes charlas que he sostenido con Manuel Durán de la Universidad de Yale y con Eduardo Subirats de la Universidad de Princeton. Este libro responde, hasta cierto punto y en la medida de mis posibilidades, a las preocupaciones y señalamientos que al ensayo precedente, *El Salvaje en el espejo,* han hecho mis amigos Adolfo Castañón, Gonzalo Celorio, Christopher Domínguez, José María Espinasa, Antonio García de León, Galo Gómez, Tamás Hofer, Hugo Hiriart, John Kraniauskas, Enzo Segre y Michael Taussig.

El trabajo de investigación que desemboca en este libro fue desarrollado en el Instituto de Investigaciones Sociales de la Universidad Nacional Autónoma de México entre 1991 y 1995; su director, Ricardo Pozas Horcasitas, contribuyó a que este trabajo llegara a buen puerto. Gracias al Sistema Nacional de Investigadores, Germán Franco me apoyó de manera entusiasta, dinámica y efectiva como ayudante de investigador durante la elaboración final de este ensayo. Las observaciones de Christopher Follett, durante la traducción al inglés de este libro, han sido de gran valor. En el mismo periodo decisivo, gracias a los profesores José Luis Barros y Rafael Loyola, la Facultad Latinoamericana de Ciencias Sociales me acogió como investigador y gracias a ello tuve el tiempo necesario para completar la redacción del texto.

El National Humanities Center de North Carolina me invitó en abril de 1994 como investigador y me ofreció el apoyo de sus excelentes servicios bibliográficos. En abril de 1995 Eduardo González me extendió una invitación a dar un seminario, sobre el mismo tema que aborda este libro, en el departamento de Estudios Hispánicos e Italianos de la Johns Hopkins University; ello me ayudó a recuperar algunos cabos sueltos de mi reflexión. El apoyo de Gonzalo Celorio y de Humberto Muñoz, coordinadores de Difusión Cultural y de Humanidades de la Universidad Nacional Autónoma de México, se aunó a la decidida y entusiasta ayuda de Neus Espresate y de Vicente Rojo en Ediciones Era para lograr la edición de este libro. A todos les estoy profundamente agradecido.

El aliento para terminar mi periplo salvaje provino principalmente de Josefina Alcázar; nadie mejor que ella conoce las alegrías y las tristezas que corren como ríos entre las líneas de este libro. Gracias a ella *El Salvaje artificial* existe: por ello le pertenece para siempre.

ÍNDICE GENERAL

Prólogo, 7
I. Mutaciones silvestres, 15
II. ¿Salvajes o demonios?, 47
III. Los sueños del Leviatán, 80
IV. El caníbal disfrazado, 95
V. Las mujeres salvajes del Siglo de Oro,
bellos monstruos de la naturaleza, 106
VI. Robinson Crusoe o el salvaje arrepentido, 129
VII. *Hnuy illa nyha maiah Yahoo*: Las tentaciones de Gulliver, 143
VIII. Los ciudadanos de la naturaleza, 165
IX. Nacimiento y muerte del salvaje romántico, 193
Epílogo, 228

Referencias
Bibliografía, 237 / Fuentes de las ilustraciones, 256
Índice analítico, 261
Reconocimientos, 271

Formación: Alba Rojo
Impresión:
Xpert Press, S. A. de C. V.
Oaxaca 1, 1070 México, D. F.
15-II-1997
Edición de 2 000 ejemplares